D1722982

REDLINE | VERLAG

Michael Laker (Hrsg.)

MARKETING FÜR ENERGIEVERSORGER

Kunden binden und
gewinnen im Wettbewerb

REDLINE | VERLAG

Bibliografische Information der Deutschen Nationalbibliothek

Die Deutsche Nationalbibliothek verzeichnet diese Publikation in der Deutschen Nationalbibliografie. Detaillierte bibliografische Daten sind im Internet über http://dnb.d-nb.de abrufbar.

Für Fragen und Anregungen:
laker@redline-verlag.de

Nachdruck 2013
© 2012 by Redline Verlag, ein Imprint der Münchner Verlagsgruppe GmbH
Nymphenburger Straße 86
D-80636 München
Tel.: 089 651285-0
Fax: 089 652096

© 2000 by Wirtschaftsverlag Carl Ueberreuter, Wien/Frankfurt

Umschlaggestaltung: Münchner Verlagsgruppe GmbH
Druck: Books on Demand GmbH, Norderstedt

ISBN Print 978-3-86881-418-7
ISBN E-Book (PDF) 978-3-86414-406-6

Weitere Informationen zum Verlag finden Sie unter

www.redline-verlag.de

Beachten Sie auch unsere weiteren Verlage unter
www.muenchner-verlagsgruppe.de

| Inhaltsverzeichnis |

| Vorwort |

Mit der Öffnung der Energieversorgungsmärkte bekommt das Marketing einen ganz zentralen Stellenwert für Energieversorgungsunternehmen (EVU), um bestehende Kunden binden und neue Kunden gewinnen zu können. Die von den EVU geforderte Lerngeschwindigkeit und das Veränderungsausmaß ist im Vergleich zu andern Branchen extrem hoch. Das vorliegende Buch soll einen „State of the Art" zum Marketing für EVU geben. Entstanden ist das Buch vor dem Hintergrund langjähriger Beratungserfahrungen der Autoren bei dem Neuaufbau und der Weiterentwicklung von Marketing und Vertrieb in zahlreichen EVU. Im Vordergrund stehen somit sowohl grundlegende Marketingkonzeptionen als auch zahlreiche praxisorientierte Umsetzungsempfehlungen.

Obwohl das Buch aus einem Haus stammt, trägt jeder Beitrag die individuelle Handschrift der jeweiligen Autoren. Nur über die Authentizität von Inhalten und Form läßt sich ein Erfahrungstransfer glaubwürdig bewerkstelligen.

Das Buch wendet sich in erster Linie an Praktiker, insbesondere an die Unternehmensführungen sowie an Führungskräfte und Mitarbeiter mit Marketing- und Vertriebsaufgaben in EVU. Für Kunden sollen Anregungen für die künftigen Entwicklungen auf den Energieversorgungsmärkten gegeben werden. Aber auch Wissenschaftler erhalten zahlreiche Hinweise für ihre Forschungsarbeiten, vor allem hinsichtlich der Wirkung erstmals eingesetzter Marketinginstrumente.

Das Entstehen dieses Buches ist unmittelbar mit der gemeinsamen Zusammenarbeit aller Autoren mit zahlreichen EVU verbunden. Mein Dank gilt in erster Linie meinen Mitarbeitern, die ihre unschätzbaren Erfahrungen mit großem Engagement in den Einzelbeiträgen eingebracht haben. Ich danke auch den vielen Führungskräften und Mitarbeitern aus den EVU, mit denen wir in den letzten Jahren zahlreiche anregende Diskussionen führen durften. Besonderer Dank gebührt Carsten Wallmeier, Diether Tillmann und Stefan Herr, die mit großer Energie und unermüdlichem Einsatz wesentlich dazu beigetragen haben, daß aus Einzelfragmenten letztlich ein Gesamtwerk wurde. Nadja Johannes hat mit großer Geduld und Sorgfalt das Manuskript erstellt, auch ihr danke ich herzlich.

Bonn, im Herbst 1999   Michael Laker

Geleitwort

Angesichts der dramatischen Veränderung auf den Märkten der leitungsgebundenen Energieversorgung wie Strom und Gas suchen Unternehmen und Kunden nach Hilfestellungen für ihre Entscheidungen.

Die Liberalisierung des Stromsektors hat in Deutschland Versorgungsunternehmen und Kundenbeziehungen zum Teil revolutionär verändert. Ein Preisverfall bisher nicht gekannten Ausmaßes auf der einen Seite hat andererseits den Unternehmen neue strategische Ausrichtungen abverlangt und ausnahmslos dafür gesorgt, daß der Kunde in den Mittelpunkt unternehmerischer Überlegungen gestellt worden ist. Versorgungsunternehmen und Kunden haben dabei Neuland entdeckt, das weder theoretisch und noch weniger praktisch erschlossen war.

Die Verfasser dieses Buches füllen damit eine von den Versorgungsunternehmen schmerzlich empfundene Lücke in der umfangreichen Marketing-Literatur: Marketing für Energieversorger unter liberalisierten Bedingungen bedurfte dringend einer soliden Aufarbeitung. Dabei wissen die Verfasser, wovon sie schreiben: Sie haben mehrere Unternehmen bei ihrem Übergang vom Monopolbetrieb zu einem markt- und kundenorientierten Dienstleister beratend begleitet. Ihre bei diesem Prozeß gewonnene Erfahrung kombiniert mit Erkenntnissen aus anderen Ländern mit schon liberalisierten Energiebranchen machen das Buch zu einem unverzichtbaren Standardwerk für jeden, der sich in der Unternehmensspitze, aber auch in den operativen Ebenen mit dem Thema Kundenbindung und Akquisition befaßt.

Das Werk zeichnet sich besonders auch dadurch aus, daß es sich nicht nur auf Analysen der Marketing-Strategien beschränkt, sondern konkrete Handlungsempfehlungen für den Praktiker enthält.

Ich bin überzeugt, daß hier ein Standardwerk entstanden ist, das nicht in den Bücherschrank gehört, sondern aufgeschlagen auf den Schreibtisch.

Dr. Heinz Klinger
Präsident der Vereinigung Deutscher
Elektrizitätswerke e.V. (VDEW)

Zum Inhalt dieses Buches

Michael Laker

Seit April 1998 sind die Stromversorgungsmärkte in Deutschland liberalisiert. Jeder Kunde kann aus dem Kreis der Anbieter frei wählen und ist nicht mehr zwangsläufig an einen festen Lieferanten gebunden. Die Energieversorgungsunternehmen (EVU) stehen damit untereinander im Wettbewerb um Kunden. Bis zum Sommer 1999 richteten sich die Angebote der EVU ausschließlich an letztverbrauchende Industrie-, größere Dienstleistungs- und Gewerbekunden sowie an sogenannte Weiterverteiler. De jure konnten zwar ebenfalls ab April 1998 Haushaltskunden von neuen Anbietern beliefert werden, de facto waren dafür kostenintensive Zählerneuinstallationen (Leistungsmessung, schreibende Messung) und die Entrichtung relativ hoher Entgelte für die Fremdnutzung der Leitungsnetze erforderlich. Für den 30. September 1999 wurde eine ökonomisch tragbare Lösung auch für Kleinverbraucher erwartet. Im dritten Quartal 1999 wurde deshalb – in Erwartung dieser ökonomisch tragbaren Lösung – der Wettbewerb auch um die privaten Haushalte eröffnet.

Damit können in Deutschland auch de facto alle Kunden ihren Anbieter frei wählen.

Eine Branche, die jahrzehntelang als Lehrbuchbeispiel für ein natürliches Monopol galt, ist damit in kürzester Zeit dem freien Spiel des Wettbewerbs ausgesetzt. Für die EVU bedeutet dies, schnell und wirksam Ansätze für die Kundenbindung und -gewinnung zu entwickeln und einzusetzen.

An der Speerspitze der EVU stehen mit Marketing und Vertrieb plötzlich Disziplinen, die für diese Unternehmen völlig neu sind. Durch die bestehenden Überkapazitäten in Europa und die Schwierigkeit, sich im Wettbewerb über das Kernprodukt zu differenzieren, erhöhen sich der Druck auf die Lerngeschwindigkeit und der Zwang zur Professionalität weiter. Das vorliegende Buch widmet sich diesen neuen Disziplinen.

Marketing soll dabei verstanden werden als umfassende und ganzheitliche Marktausrichtung des eigenen Unternehmens. Dieses Begriffsverständnis stimmt mit dem der gängen Marketing-Literatur überein. Der Leser fragt sich – auf den ersten Blick zu Recht –, warum hier ein spezielles Werk zum Marketing für Energieversorger geschrieben wurde. Sowohl zum Marketing als auch für die Elektrizitätswirtschaft liegen zahlreiche einschlägige Publikationen vor. Die Begründungen für ein spezifisches Marketing für EVU liegen, insbesondere in der jetzigen Situation, auf unterschiedlichen Ebenen.

◆ Das Produkt Strom weist einige Charakteristika wie Leitungsbindung oder aber Nicht-Lagerbarkeit auf, die eine unmittelbare Übertragung des bekannten Produkt- und Dienstleistungsmarketing nicht zulassen.

◆ Die bisherige Monopolsituation hat sowohl marktseitig als auch unternehmensintern zu Besonderheiten geführt, denen das Marketing Rechnung tragen muß. Als Beispiele seien hier lediglich genannt: Kundenheterogenität, Bestandssicherung und gleichzeitig Neukundengewinnung auf der externen Seite und völliger Neuaufbau von Marketing und Vertrieb unternehmensintern.

◆ Die Schnelligkeit und das Ausmaß der Marktöffnung in Deutschland erfordern ein ebenso schnelles und konzentriertes Handeln der EVU. Zeit für Trial-and-Error-Versuche bleibt den Unternehmen nicht.

Das vorliegende Buch ist speziell vor diesem Hintergrund entstanden. Es integriert konzeptionelles Marketingwissen, langjährige praktische Marketing-/Vertriebserfahrungen in Energieversorgungsmärkten und umsetzbare Impulse aus anderen Branchen.

Auf dieser Basis soll ein Beitrag geleistet werden, damit die EVU ihre Marketing- und Vertriebs-„Hausaufgaben" effektiver und effizienter lösen, innovative Wege der Marktbearbeitung kennenlernen und somit ihre Wettbewerbsfähigkeit nachhaltig steigern können. Allen Einzelbeiträgen ist es ein Anliegen, Wege der Differenzierung gegenüber Wettbewerbern aufzuzeigen, damit die Branche den bereits eingeschlagenen Weg eines ruinösen Preiswettbewerbs verlassen kann. Insofern werden für EVU neue Marketing-Elemente wie Markenaufbau und Vertriebskanalmanagement spezifisch aufgearbeitet und scheinbar vertraute Instrumente wie Pricing und Personalstrategie vor dem geänderten Ordnungsrahmen neu dargestellt.

Auch wenn die einzelnen Marketinginstrumente in dem Buch separat bearbeitet werden, kommt es für die EVU auf einen ganzheitlichen Ansatz und Einsatz des Marketinginstrumentariums entsprechend der Unternehmenszielsetzung und -zielpositionierung an. In einem derart aufbrechenden Markt haben die EVU – neben dem aufgezeigten Handlungsdruck – enorme Handlungs- und Positionierungsalternativen. Für die EVU ist es von extremer Wichtigkeit, schnell und nachhaltig eine eigenständige Positionierung zu finden und zu besetzen. Insofern werden auch keine Patentrezepte, sondern vielmehr verschiedene Optionen dargestellt und diskutiert.

Neben aller Euphorie, die die Themen Kundenbindung und -gewinnung auslösen können, gilt auch für diese beiden Dimensionen das ökonomische Prinzip. Dies bedeutet, daß sich Aktionen, sowohl zur Kundenbindung als auch zur Kundengewinnung, zumindest mittelfristig „rechnen" müssen. Weder Marketing noch Kundenorientierung sind Selbstzweck, sondern müssen einen nachweisbaren Beitrag zur Realisierung der Unternehmensziele liefern. Insofern dürfen die EVU, die im Marketing bisher eher wenig unternommen haben, auch nicht in die andere Extremposition verfallen. Die zum Teil gigantischen Investitionen in Preissenkungen und Werbeaktivitäten in der ersten Zeit der Marktoffensive sind vor diesem Hintergrund eher kritisch zu werten. Hier gilt die Devise: optimale und nicht maximale Marketingintensität. Diese Bewertungsphilosophie des Marketing liegt diesem Buch zugrunde.

In Teil A des Buches werden zunächst die Grundlagen des Marketing und die Marktentwicklungen in Deutschland und in bereits liberalisierten Märkten aufgearbeitet. Die bisherigen Entwicklungen in Deutschland werden dargestellt und die sich abzeichnenden Entwicklungen in Form von Thesen diskutiert. Es folgt eine Auseinandersetzung mit den Entwicklungen ausländischer Energieversorgungsmärkte, wie denen in Großbritannien, Skandinavien, aber auch USA und Neuseeland. Abgeschlossen wird der erste Teil des Buches mit einer ganzheitlichen Darstellung verschiedener Strategieoptionen im Wettbewerb.

Der Teil B widmet sich dann den einzelnen Instrumenten des Marketing-Mix. Grundlage für die aktive Marktbearbeitung ist die Marktsegmentierung auf Kundenseite. In Kapitel 4 werden unterschiedliche Arten und die damit korrespondierenden Zielsetzungen der Marktsegmentierung aufgezeigt.

Dem schließen sich vier Kapitel zu den klassischen Marketing-Mix-Instrumenten an. In Kapitel 5 wird der Frage nachgegangen, über welche Produkt-/ Dienstleistungskonzepte für unterschiedliche Zielgruppen ein Ausbruch aus dem Preiswettbewerb gelingen kann. Kapitel 6 wendet sich dann den verschiedenen Formen der Preisbildung nicht nur für Strom, sondern auch für Bündelangebote und Paketangebote entlang der Wertschöpfungskette zu. Zielsetzung ist auch hier, intelligente Preisformen herauszuarbeiten, um nicht dem reinen kWh-Pricing ausgeliefert zu sein.

In Kapitel 7 wird sehr ausführlich diskutiert, wie EVU sprichwörtlich eine „Marke" setzen können. Das gesamte Thema Branding wird eingebettet in die erforderliche Neuausrichtung der künftigen Kommunikationsstrategie. Ein Schlüsselfaktor im Wettbewerb ist die Ausgestaltung der Marketing- und Vertriebsorganisation. In Kapitel 8 werden die verschiedenen in der Organisation abzubildenden Funktionen diskutiert und das Zusammenspiel der verschiedenen Vertriebskanäle erläutert. Aufgrund der wachsenden Bedeutung der neuen Medien sind spezifische Ausgestaltungsformen dieses neuen Kommunikations- und Vertriebskanals in Kapitel 9 aufgenommen worden.

Teil C des Buches beschäftigt sich dann mit Fragen der Implementierung und wichtigen internen Instrumenten. So wird künftig das Marketing- und Vertriebscontrolling ein ganz zentrales Instrument der Erfolgssteuerung sein. In Kapitel 10 werden die einzelnen einzusetzenden Instrumente und mögliche Ausgestaltungsformen beschrieben. Es schließt sich ein spezielles Kapitel zum Thema

Kundenbindungs-Controlling an. Hier werden Wege aufgezeigt, wie das extrem wichtige Thema Kundenbindungs-Management angegangen und umgesetzt werden kann. Welche verschiedenen Vertriebs- und Marketinginformationssysteme für einzelne Kundengruppen einzusetzen sind, ist Gegenstand des Kapitels 12. Die künftige Marketing-/Vertriebsunterstützung und -steuerung kann nur über ein wirksames DV-System erfolgen. Die inhaltlichen und instrumentellen Umsetzungsformen werden praxisnah dargelegt. Im letzten Kapitel werden wichtige Fragen für die künftige Personalstrategie diskutiert und konkrete Umsetzungsvorschläge gemacht.

Den Schluß des Buches bildet ein kurzer Ausblick auf zukünftige Herausforderungen der EVU in den Bereichen Marketing und Vertrieb.

A.
Grundlagen
und
Marktentwicklungen

1. Zehn Thesen zur Marktentwicklung

Michael Laker / Stefan Herr

Als am 29. 4. 1998 der Wettbewerb auf dem Strommarkt eingeläutet wurde, waren viele Energieversorger der Meinung, daß die Veränderungen langsamer und weniger umwälzend sein würden. Seitdem enthalten die Zeitungen täglich neue Meldungen über Fusionen, Kooperationen und Preissenkungen. Als im Juli 1999 der knallharte Wettbewerb im Privatkundengeschäft begann, haben viele Entwicklungen nochmals eine massive Beschleunigung erfahren. In zehn Thesen soll ein Zwischenfazit zu den bisherigen Entwicklungen gezogen sowie ein Ausblick auf die Entwicklungen gegeben werden, die der Branche noch bevorstehen.

1 | These 1: Konzentration auf Angebots- und Nachfrageseite

Bisherige Entwicklungen

Fusionen, Kooperationen und strategische Allianzen wurden in den letzten Monaten ständig verkündet und vollzogen. Die regionalen Versorgungsunternehmen HEVAG, EMO, MEVAG und OSE, an denen PreussenElektra die Mehrheit hält, haben sich zur e.dis Energie Nord AG zusammengeschlossen. Zeitgleich fusionierten drei weitere PreussenElektra-Töchter (EVM, ÜZH und HASTRA) mit zwei Gasversorgern und tragen nun den Kunstnamen AVACON AG. Auch RWE Energie führte seine drei regionalen Energieversorgungsunternehmen (EVU) in den östlichen Bundesländern in einem neuen Unternehmen, der Envia AG, zusammen. Parallel dazu wurden die ehemals zwölf Regionalversorgungen der RWE Energie in je vier Netz- und Vertriebsregionen zusammengefaßt. Der bisherige Höhepunkt ist der Zusammenschluß von VEBA und VIAG mit ihren Stromtöchtern PreussenElektra und Bayernwerk. Der neue Stromgigant verfügt über ein zusammenhängendes Gebiet, das von der deutsch-dänischen bis zur deutsch-österreichischen Grenze reicht.

Neben Fusionen sind auch strategische Allianzen und Partnerschaften zu beobachten. Die Stadtwerke Hannover und PreussenElektra bringen ihre jeweiligen Kompetenzen in eine Vertriebspartnerschaft ein. Während die Stadtwerke Hannover die Erfahrungen im Endkundengeschäft in die Waagschale werfen, sorgt PreussenElektra für die kostengünstige Bereitstellung des benötigten Stroms. Mit dieser Arbeitsteilung von Vertrieb und Beschaffung waren die beiden Partner bereits bei der Evangelischen Kirche Deutschland erfolgreich.

Auf der kommunalen Seite bilden Stadtwerke Einkaufs- und Vertriebsgemeinschaften. Im Rhein-Main-Gebiet haben sich die Stadtwerke Mainz und Wiesbaden mit der HEAG, der Energieversorgung Offenbach und den Kraftwerken Mainz-Wiesbaden zusammengeschlossen, um in den Bereichen Erzeugung, Beschaffung und Vertrieb zusammenzuarbeiten. Eine weitere Kooperation von kommunalen Versorgern stellt die Energiehandelsgesellschaft Pfalz-Saar (EnPS) dar. Diese Gesellschaft besteht aus zwölf Stadtwerken, die auf der Beschaffungsseite bei ihrem Stromlieferanten eine Kostenersparnis von rund 40 Mio. DM ausgehandelt haben. Der Kostenvorteil soll durch eine gemeinsame Marketing- und Vertriebsstrategie an die Kunden weitergereicht werden.

Neben diesen nationalen Aktivitäten forcieren einige Verbundunternehmen massiv ihr Engagement in ausländischen Märkten. Das Bayernwerk und die Stadtwerke Verona, VEW Energie und die rumänische Stadt Brasov sowie RWE Energie und der russische Stromproduzent RAO, Moskau, sind nur einige Beispiele.

Auf der Nachfrageseite bündeln immer mehr Kunden ihren Strombedarf. Die Bewag hat mit VW einen Stromlieferungsvertrag für Berlin abgeschlossen, der neben der Konzernrepräsentanz auch rund 100 Abnahmestellen der zum Konzern gehörenden VW-Vertragshändler einschließt. Vasa Energy hat mit der Kinokette CinemaxX AG einen Vertrag für die Belieferung von 30 Standorten abgeschlossen. Die Stadtwerke Hagen haben zusammen mit der VEW Energie AG einen Bündelvertrag mit der Douglas-Gruppe unterzeichnet, zu der insgesamt 1443 Filialen gehören. Diese Beispiele lassen sich beliebig fortsetzen. Allen gemein ist, daß die Kunden deutliche Preisnachlässe erzielen und eine Verringerung des Verwaltungsaufwandes erfahren. Die Stromlieferanten wiederum haben sowohl auf der vertrieblichen als auch auf der organisatorischen Seite (z. B. Klärung der Durchleitung) komplexe Anforderungen zu bewältigen.

Ausblick

Viele Kooperationen werden über kurz oder lang in Fusionen münden. Am Ende dieser Entwicklung werden einige multinationale Energiekonzerne sowie lokal tätige Unternehmen übrigbleiben, die mit den Energieriesen in Vertriebspartnerschaften agieren. Daneben wird es einige wenige Nischenanbieter geben. Um im Wettbewerb zu überleben, müssen die Energieversorger auch in den nächsten Jahren durch Fusionen und Kooperationen wachsen. Diese sind notwendig, um im Wettbewerb eine kritische Größe zu erreichen, wie die Fusion von VEBA und VIAG zeigt. Kosteneinsparungen ergeben sich durch die Zentralisierung von Querschnittsfunktionen, wie Abrechnung, Verwaltung, Personal und Marketing. Durch die zur Zeit herrschende „Fusionitis" wird der Grundsatz „drum prüfe, wer sich ewig bindet" oft sträflich vernachlässigt. Die starke Fokussierung auf rechtliche und ökonomische Aspekte von Fusionen führt dazu, daß wichtige Aspekte, wie unterschiedliche Unternehmenskulturen und Beurteilung der Unternehmen aus Kundensicht, vernachlässigt werden. Der auf eine Fusion folgende Veränderungsprozeß ist aber die mit Abstand schwierigste Aufgabe.

2 | These 2: Neue Player auf dem Markt

Bisherige Entwicklungen

Neben ausländische EVU, die sich an deutschen EVU beteiligen oder eigene deutsche Tochtergesellschaften gründen, treten neue Unternehmen am Markt auf. Eines der agilsten Unternehmen ist die Ampere AG, die vom Berliner Abgeordnetenhaus als Strombroker beauftragt wurde, einen günstigen Stromlieferanten zu finden. Rund 195.000 DM Ersparnis pro Jahr hat der Wechsel von der Bewag zur EnBW gebracht. Neben Brokern agieren Banken und Versicherungen, die sowohl den Stromlieferanten als auch den Stromkunden neue Produkte und Dienstleistungen anbieten wollen. Die Dresdner Bank überlegt z. B. den Einstieg in den finanziellen Stromhandel. Neben der Beratung der Marktteilnehmer beim Absichern von Risiken ist die Übernahme des Risikomanagements angedacht.

Im Juni 1999 schreckte die bis dato weitgehend unbekannte Ares Energie AG die EVU-Branche auf. Durch das Angebot, günstigen Strom über die ProMarkt-Kette zu verkaufen, gelang dem Unternehmen zumindest ein Überraschungscoup. Insbesondere durch finanzstarke Partner gegründete Newcomer werden sich im Preiskampf behaupten können. Die Yello Strom GmbH, ein Tochterunternehmen der EnBW, wurde eigens für den Markt der Privatkunden gegründet. Fortum, der größte finnische Versorger, schickt die neu gegründete HanseStrom ins Rennen im Kampf um die Privatkunden. Fast unbemerkt blieben bisher die Erfolge des österreichischen Verbund (Austrian Energy AG), der im Süden Deutschlands schon zahlreiche Stadtwerke als Kunden gewinnen konnte.

Ausblick

Die Energieunternehmen kommen nicht umhin, in ihrer strategischen Ausrichtung die einfache, aber immens wichtige Frage nach der Einstufung der Player als Partner oder Wettbewerber zu beantworten. Einige Player können zur Abrundung des eigenen Geschäfts genutzt werden. So kombinieren z. B. die Bewag und die Allianz Energie- und Versicherungsleistungen. Über eine bundesweite, flächendeckende Präsenz, ein zentraler Wettbewerbsvorteil der Allianz, verfügt kein Energieversorger. Der Aufbau einer eigenen flächendeckenden Vertriebsorganisation ist kostspielig und zeitraubend. Um dies zu umgehen, bietet sich die Nutzung neuer Vertriebswege an. Auf dem Markt für regenerative Energien arbeiten z. B. die HEW und die Deutsche Shell eng zusammen. In Hamburg dienen die 42 Shell-Tankstellen als zusätzlicher Absatzkanal. Auch hier gelten die gleichen Grundsätze wie bei Fusionen. Die Partner müssen zusammenpassen, und die Kunden sollten die zusätzlichen Absatzwege akzeptieren. Das Verhältnis der Partner untereinander muß geklärt sein. Dazu gehört auch die Antwort auf die einfache, aber entscheidende Frage: „Wem gehört eigentlich der Kunde?"

3 | These 3: Wandel zum internationalen Geschäft

Bisherige Entwicklungen

Die Entwicklungen der jüngsten Vergangenheit wurden bereits an einigen Beispielen aufgezeigt. Um eine gewisse Größe zu erreichen, sind Fusionen im In- und Ausland unerläßlich. Jedoch sollten die Kassen nur für erstklassige Akquisitionskandidaten angetastet werden. PreussenElektra verfolgt mit der Beteiligung an Sydkraft, dem zweitgrößten schwedischen Energieversorger, zwei Ziele. Einerseits kann auf diese Weise von einem wettbewerbserfahrenen Unternehmen gelernt werden, andererseits sichert sich PreussenElektra einen Zugang zu günstigem skandinavischen Strom. RWE Energie gründete die RWE Energy Trading, um eine tragende Rolle im internationalen Energiehandel zu spielen. Als Firmensitz dient London, der wichtigste Handelsplatz für Finanz- und Energiegeschäfte in Europa.

Ausländische Unternehmen drängen vermehrt auf den deutschen Markt. Neben amerikanischen, britischen und skandinavischen Unternehmen spielt der französische Versorger EdF eine sehr prominente Rolle. Um die europäische Vormachtstellung weiter auszubauen, will das Unternehmen stärker in den deutschen Markt eingreifen. Die Teilnahme an der deutschen Strombörse sowie das Interesse an dem Erwerb des zum Verkauf stehenden 25-Prozent-Anteils an der EnBW sind erste Schritte hierzu. Bisher verfügt EdF über 22 Auslandsbüros, davon neun in Europa. In Schweden, Österreich, Großbritannien und der Schweiz hält das Unternehmen Beteiligungen an namhaften Unternehmen. Der Erwerb von London Electricity stellte die bisher bedeutendste Übernahme dar. Fortum, der größte finnische Energieversorger, hat 1999 neben der Gründung von Hanse-Strom auch noch das Elektrizitätswerk Wesertal übernommen.

Ausblick

Das Geschäft wird in Zukunft nicht mehr rein national, sondern international sein. Um zu bestehen, müssen sich die Energieversorger an der ausländischen Konkurrenz messen lassen und auf internationalen Märkten bestehen.

Bei der Akquisition ausländischer Unternehmen muß im Rahmen der strategischen Überlegungen die zukünftige Rolle des übernommenen Unternehmens frühzeitig geklärt werden. Stichworte in diesem Zusammenhang sind Unabhängigkeitsgrad, eigener Marktauftritt, Zielkunden und zentrale Steuerung durch den Mutterkonzern. Wir gehen davon aus, daß mittelfristig ca. vier bis fünf Energiekonsortien in Kontinentaleuropa entstehen werden. Die großen internationalen Fusionen stehen noch aus, sie kündigen sich jedoch heute schon an.

4 | These 4: Hohe Strompreisschwankungen

Bisherige Entwicklungen

Bisher unterlagen die Strompreise aufgrund der bestehenden Monopolsituation in Europa kaum Veränderungen. In den USA hat sich z. B. 1998 gezeigt, daß diese ruhige Situation durch die Liberalisierung gestört wird: Strompreise werden sehr viel anfälliger für Schwankungen. Diese Entwicklung wird forciert durch die entstehenden Strombörsen. Viele Energieversorger bereiten sich auf eine Strombörse durch den Aufbau von Handelsabteilungen, die Entwicklung von Absicherungsinstrumenten und neuen Strombörsenprodukten vor. Durch die Entscheidung, die Strombörse in Frankfurt einzurichten, sind die Aktivitäten der EVU nochmals beschleunigt worden. Sowohl auf der Einkaufs- als auch auf der Vertriebsseite wird intensiv an neuen Produkten gearbeitet, um den neuen Anforderungen und Bedürfnissen der Kunden gerecht zu werden.

Ausblick

Die Abstimmung von Einkauf, Erzeugung und Verkauf wird in Zukunft den Gewinn entscheidend beeinflussen. Die mit dem Endkunden abgeschlossenen Verträge werden u. a. eine Strompreiskopplung an einen Strompreisindex vorsehen. Dabei sind verschiedenste Komponenten zu unterscheiden, wie z. B. der Anpassungsrhythmus an die Strompreisänderung oder eine Begrenzung der Anpassung nach oben und unten. Bisher hatten die deutschen Versorger nur die Möglichkeit der Orientierung am Schweizer Strompreisindex SWEP. PreussenElektra hat dies Anfang 1999 durch die Einführung eines eigenen Strompreisindexes mit dem Namen „Central European Power Index" geändert. Die bisher beobachteten Schwankungen werden in einem voll ausgebildeten Markt noch deutlich ansteigen, wie dies auch in anderen Märkten, zum Beispiel in Norwegen und den USA, zu beobachten ist.

5 | These 5: Produkt- und Unternehmensmarken

Bisherige Entwicklungen

Eine Reihe von Energieversorgern haben durch umfangreiche Kommunikationskampagnen ihre Unternehmen aus dem Schattendasein geführt. Ziel ist es, zunächst die Unternehmen bundesweit bekannt zu machen. Die Stadtwerke Hannover bewerben neben ihrem Unternehmen insbesondere ihre Produkte und Dienstleistungen. AVACON und e.dis Energie Nord haben durch die Schaffung vollkommen neuer Unternehmensnamen ein erstes Zeichen für das Branding von deutschen Energieversorgern gesetzt.

Das eigentliche Branding erfolgte erst im Zuge der Öffnung des Massenmarktes. RWE Energie machte den Anfang durch das Produkt Privatstrom. Die dazugehörige Web-Seite www.privatstrom.de wurde ebenfalls von RWE Energie belegt. Den Versuch, eine erste deutsche Strommarke zu schaffen, unternahm jedoch die EnBW durch die Gründung der Yello Strom GmbH. Dieser Gesellschaft wurde ein völlig neues Image gegeben, das mit der Farbe Gelb, dem Slogan gelb-gut-günstig und einem unverwechselbaren Design in kürzester Zeit den Privatkunden nahe gebracht wurde. RWE Energie reagierte mit dem Markennamen Avanza, PreussenElektra mit der Marke Elektra Direkt für Privatkunden.

Im Nischenmarkt Ökostrom sind ebenfalls erste Branding-Ansätze zu beobachten. Mit einprägsamen Namen wie Newpower (HEW und Shell), BonnNatur (Stadtwerke Bonn) oder Aqua Power (Bayernwerk) versuchen die Anbieter, ihre Tarife in den Köpfen der Kunden zu plazieren. Neben den Tarifen kann auch das gesamte Unternehmen mit einem aussagekräftigen Namen belegt werden. HEAG NaturPur AG, Naturstrom AG und Märkische Naturstromgesellschaft GmbH stellen hierfür Beispiele dar.

Ausblick

Im Kopf des Kunden ist eine Marke ein sogenannter „Information Chunk", d. h. ein hochverdichtetes Informationsgebilde, in das alle bisherigen Erfahrungen und Kommunikationsmaßnahmen in abrufbarer Form einfließen. Im Wettbewerbsmarkt stellt Branding einen enorm wichtigen Wettbewerbsfaktor dar, der sorgfältig in die Marketingstrategie eingepaßt werden sollte. Die Marke hebt die Produkte und Dienstleistungen aus der Anonymität. Der Aufbau und die Pflege von Marken erfordern Weitsicht, Zeit und enorme finanzielle Anstrengungen. Um auf der europäischen Bühne erfolgreich mitspielen zu können, müssen noch größere Summen in das Branding investiert werden. Dies werden nur die größten Energieversorger bewältigen können.

6 | These 6: Neue Angebotsformen

Bisherige Entwicklungen

Der Wandel vom Stromversorger zum Energiemanager wird in den Werbeslogans bereits konsequent propagiert. RWE Energie nennt sich „Energiemanager", das Bayernwerk „powert Ideen", und EnBW will „mit Energie etwas unternehmen". Neben diesen Slogans werden den Kunden auch neue Produkte und

Dienstleistungen angeboten. RWE Energie setzt verstärkt auf Komplettangebote, die Freiburger Energie- und Wasserversorgungs-AG hat in der breitangelegten Beratungskampagne „Meister Lampe" bisher rund 800 Betriebe energetisch untersucht und dabei ein durchschnittliches Einsparpotential von 20 % aufgedeckt. Die Gruppen-Gas- und Elektrizitätswerk Bergstraße AG gewährt ihren Kunden, die Strom und Gas beziehen, einen Rabatt von 3 % auf die Gaskosten. Dieses Paketangebot trägt den Namen „DUOplusVorteil". Die PreussenElektra AG bewirbt seit März 1999 ihre beiden neuen Produkte „Energie • Analyse & Service Programm" sowie „Wärme • Kälte & Service Programm". Beide Produkte werden zusammen mit den Vertriebspartnern deutschlandweit angeboten. Von VEW Energie erhält ein Kunde aus der Branche Gießerei, der einen vierjährigen Stromvertrag abschließt, kostenlos einen neuen Schmelzofen von ABB.

Ausblick

Prinzipiell sind solchen neuen Angebotsformen keine Grenzen gesetzt. Um ein glaubwürdiger Lieferant in den Augen des Kunden zu bleiben, muß aber darauf geachtet werden, daß die Partner-Unternehmen, mit denen zusammen Angebote ausgearbeitet und offeriert werden, zum eigenen Unternehmen passen. Darüber hinaus muß sichergestellt sein, daß die vom Unternehmen gewünschten Verbundeffekte auch durch den Kunden wahrgenommen werden. Dies zeigt obiges Beispiel von VEW Energie: Der Kunde hätte sicherlich auch schon vorher einen Ofen von ABB bei einer anstehenden Neuanschaffung in Betracht gezogen.

Weiteres Kriterium ist die Einbeziehung der Kundenwünsche. Wenn diese außen vor gelassen werden, wird sehr häufig am Kundenwunsch vorbei ein Angebot entwickelt werden, das von ihm allenfalls bedingt akzeptiert wird. Um die Kundenwünsche zu erfassen, sind systematische Kundenbefragungen unerläßlich. Die Kenntnis der Kundenwünsche garantiert die Entwicklung von Produkten, die vom Konsumenten als interessant und kaufwürdig angesehen werden. Nach der ersten Preiswelle im Wettbewerb und den damit einhergehenden Konsolidierungen auf der Anbieterseite wird es einen deutlichen Innovationsschub am Markt geben. Neue Angebote – sei es resultierend aus der Powerline-Technologie oder aus Kombinationsformen mit neuen Dienstleistungen – werden dann zum differenzierenden Faktor im Wettbewerb.

7 | These 7: Neue und heterogene Vertriebswege

Bisherige Entwicklungen

Die Zielgruppen sowie die Unternehmenspositionierung haben entscheidenden Einfluß auf die Vertriebswege. Zunächst erfordern die beiden Segmente Geschäfts- und Privatkunden eine differenzierte Vertriebsstrategie. Diese Segmente müssen weiter unterteilt werden und über unterschiedliche Vertriebskanäle angesprochen werden. Im Segment Privatkunden bietet sich u. a. der Vertrieb über Call Center, Einzelhandel, Tankstellen, Versandkataloge und eigene Shops an.

Bei der Vermarktung von Ökostrom arbeiten Shell Deutschland und HEW zunächst in Hamburg zusammen. Abhängig vom Verkaufserfolg von Ökostrom an den Hamburger Shell-Tankstellen kann diese Partnerschaft auf Deutschland ausgedehnt werden. Der Handelsgigant Metro hat mit dem Bayernwerk die EuroPower Energy GmbH gegründet, deren Geschäftszweck der europaweite Stromhandel ist. Die Tochtergesellschaft EuroPower Private vermarktet Strom für Privatkunden über die Verkaufsflächen des Metro-Konzerns. Die Yello Strom GmbH verkauft ihren Strom u. a. über Call Center und über die Kataloge des Otto-Versandes.

Ausblick

Da die meisten großen Unternehmen im Energiesektor ihren Strom und daran gekoppelte Leistungen deutschlandweit anbieten, besteht die Gefahr, durch Auswahl der falschen oder zu vieler Vertriebspartner ein Vertriebschaos zu generieren, das nicht den gewünschten Erfolg bringen und nicht mehr beherrschbar sein wird. Um ein solches Chaos zu vermeiden, müssen die unterschiedlichen Absatzkanäle aufeinander abgestimmt werden. Ferner dürfen nicht zu viele Kanäle einbezogen werden, da sonst aus rein organisatorischen Gründen die Koordinierung der verschiedenen Aktivitäten schwierig wird. Hier spielt unmittelbar die Harmonisierung der Preis- und Kommunikationspolitik mit hinein. Das gleiche Produkt darf weder von unterschiedlichen Vertriebspartnern auf sich widersprechende Weise angeboten werden, noch dürfen die Preise für verschiedene Vertriebswege zu stark differieren.

Die Gewinnung geeigneter Absatzpartner spielt eine ebenso große Rolle wie die Wahl eines Partners für neue Produkte. Nur die Partner, die zum eigenen Unternehmen passen und mit denen „man sich auf der Straße sehen lassen würde", kommen überhaupt als Kandidaten in Frage. Weiterhin ist zu beachten, daß Überlegungen in dieser Richtung nicht auf die lange Bank geschoben werden dürfen, da sonst die interessanten Vertriebswege durch Wettbewerber blockiert sind.

8 | These 8: Technologische Innovationen

Bisherige Entwicklungen

Einige Stromkonzerne sind an der Entwicklung von Brennstoffzellen, der Verbesserung von Solarzellen sowie der Erprobung von Powerline Communication (PLC) und Strom-per-Chip-Karte intensiv beteiligt. PLC eröffnet die Möglichkeit des Zusammenwachsens von Telekommunikation, Medien wie TV und Internet, Energieversorgung und Energiedienstleistungen über die Stromleitungen. RWE Energie will bis zur Cebit 2000 eine marktreife Lösung für PLC präsentieren, um den Kunden Telekommunikations- und Energiedienstleistungen (z. B. Wartungs- und Störungsmanagement) anbieten zu können.

Die französische EDF stellt ihren Kunden im neuen Tarif „TEMPO" unterschiedliche Arbeitspreise in Rechnung. Diese werden in Abhängigkeit von den Kosten für die Beschaffung des Stromes seitens des EVU gebildet. Da zum Jahresanfang „preiswerte und teure" Tage nicht festgelegt werden können, werden die Preise beim Kunden auf einem mit einer beliebigen Steckdose zu verbindenden Gerät über verschiedenfarbige Lämpchen angezeigt. Zur Informationsübertragung in den Haushalt dienen die Stromleitungen, so daß man hier, wenn auch nicht von Powerline-„Communication", so doch von einem Datentransfer in begrenzter Menge sprechen kann. Der Einsatz von Stromkarten als ein weiteres Beispiel wurde u. a. von den Stadtwerken Hannover und Bremen getestet.

Ausblick

Sollten die Kunden Stromkarten akzeptieren und die EVU-Branche sich auf einen Standard für Stromkartenzähler einigen, stößt der Wettbewerb im Strommarkt in eine völlig neue Dimension vor. Es ist zu erwarten, daß Stromkarten von einer nicht unerheblichen Anzahl Kunden akzeptiert würden. Hierdurch läßt sich dem Call-by-Call-Verfahren im Telekommunikationsbereich näherkommen: Ein Kunde könnte beispielsweise Karten mehrerer Anbieter kaufen. Dies gestattet dem Kunden, auf wechselnde Preise sozusagen online einzugehen, indem er immer die Karte desjenigen Anbieters verwenden kann, der den im jeweiligen Moment günstigsten Strom anbietet. Die Realisierungskosten sind durch die Notwendigkeit, neue Zähler zu installieren, relativ hoch. Zudem müßte eine solches Konzept von mehreren EVU getragen werden, damit es sich als Standard am Markt etablieren kann. Für Deutschland sehen wir diese Entwicklung eher nicht.

Im Bereich der Zählertechnologie erwarten wir sowohl den Einsatz von einfachen und sehr günstigen Geräten als auch intelligente Zähler, die mit ihren Zusatzfunktionen die Tür zu neuen Dienstleistungen öffnen.

Bei sämtlichen technischen Neuentwicklungen muß ständig beobachtet werden, welche Anforderungen sich hierdurch an Marketing, Vertrieb und Organisation ergeben. Eine mangelnde Ausrichtung an den Markterfordernissen wäre insofern fatal, als daß technisch ausgereifte Produkte kreiert würden, das Unternehmen aber nicht in der Lage wäre, diese zu vermarkten.

9 | These 9: Überlebensfaktoren Schnelligkeit und Finanzkraft

Bisherige Entwicklungen

Derzeit dominiert die Finanzkraft vor der Schnelligkeit. VEBA/VIAG und RWE trennen sich von Randaktivitäten, um ihre Kassen für Akquisitionen und den Preiswettbewerb im Strombereich zu füllen. Weiterhin wird die Finanzkraft für den Aufbau von Produkt- und Unternehmensmarken sowie zur Gewinnung neuer Mitarbeiter verwendet. Die Schaffung von Call-, Billing- und Service-Center sowie die Restrukturierung von Marketing und Vertrieb sind Maßnahmen, um die Schnelligkeit im Wettbewerb zu erhöhen. Einige Energieversorger offerieren weitergehende Servicegarantien für Kernleistungen, die mit Zeitgarantien verknüpft sind. Sollten die zugesagten Zeitgarantien z. B. für eine Antwort auf eine Anfrage nicht eingehalten werden, erhält der Kunde eine Entschädigung.

Ausblick

Die meisten EVU sind nach wie vor sowohl in ihren Entscheidungen wie auch in der Umsetzung sehr träge, langsam und risikoscheu. Schnelligkeit ist aber von sehr hoher Bedeutung bei Überlegungen, wie auf die wachsende Konkurrenz durch Fusionen, Allianzen oder Kooperationen reagiert werden kann. Auch hier ist eine zügige Entscheidung notwendig, da ansonsten der Markt geeigneter Kandidaten leergefegt sein wird. Der Faktor Finanzkraft spielt die zweite wichtige Rolle. Denn das alte Sprichwort „Die Schnellen fressen die Langsamen" gilt nur bedingt, wenn die Kasse leer ist. Insofern wird künftig der Markt sowohl von den Schnellen als auch von den Reichen bestimmt werden.

10 | These 10: Erfolgsfaktor Marketing- und Vertriebskompetenz

Bisherige Entwicklungen

Jedes Wochenende sind in großen Tageszeitungen Stellenanzeigen der EVU in den Bereichen Vertrieb und Marketing zu finden. Einige Dutzend ehemalige Berater oder Mitarbeiter aus Markenartikelunternehmen sind als Marketingleiter, Key-Account-Manager oder Vertriebsspezialist zu einem EVU gewechselt. EnBW hat als erstes EVU in Deutschland verstärkt Branchenspezialisten aus den entsprechenden Zielbranchen gewonnen und damit ihre Branchenteams besetzt. Ein Ende dieses Einkaufs von externem Know-how ist noch nicht in Sicht. Neben der Rekrutierung von Mitarbeitern aus wettbewerbsintensiven Branchen werden auch die Organisationsstrukturen für Marketing und Vertrieb neu geschaffen und auf die Zielkundensegmente ausgerichtet.

Ausblick

Die Rekrutierung von neuem Personal wird in den EVU in der nächsten Zeit weitergehen. Die Einstellung neuer Mitarbeiter ist für jedes Unternehmen, das unter den sich verändernden Bedingungen bestehen will, ein, wenn nicht *der* kritischste Faktor. Es muß Wert darauf gelegt werden, daß die neuen Mitarbeiter die Kompetenzen mitbringen, die bisher in EVU nicht notwendig waren, aber jetzt unabdingbar sind. Eine der schwierigsten Hürden ist die Integration der neuen Mitarbeiter in die Organisation. Zum einen werden durch eingefahrene Strukturen im Unternehmen Barrieren aufgebaut, zum anderen kennen die neuen Mitarbeiter nur Unternehmen, die nach erheblich anderen Gesichtspunkten funktionieren. Die Überwindung dieser Gegensätze kann nur von einer Seite vorgenommen werden: das Unternehmen selbst muß sich wandeln, damit der Mitarbeiter die Kompetenzen und Stärken einbringen kann.

Auch die Aspekte erfolgsabhängige Vergütung und flexible Arbeitszeiten sind im wesentlichen neu, da hierfür bisher weder eine Notwendigkeit noch eine Bemessungsgrundlage vorhanden waren. Ferner ist ein richtiger Mix aus alten und neuen Mitarbeitern zu bilden, damit die branchenspezifischen Kompetenzen im Unternehmen vorhanden bleiben. Diese Personalanforderungen stellen die Energieversorger vor vollkommen neue Aufgaben und Herausforderungen. Unter allen wichtigen Erfolgsfaktoren ist der Personalfaktor jedoch der mit deutlichem Abstand wichtigste und wird gleichzeitig als solcher vielfach nicht erkannt.

2. Wettbewerb in liberalisierten Strommärkten

Carsten Wallmeier /
Jeremy Ford / Serkan Gülener

1 | Einleitung

Während sich der Liberalisierungsprozeß in Deutschland noch in seinen Anfängen befindet, sind andere Länder in Europa und im Rest der Welt schon einige Schritte voraus und blicken auf mehrjährige Erfahrungen mit deregulierten Strommärkten zurück. Aus diesen Erfahrungen können und sollten die deutschen Energieversorgungsunternehmen (EVU) Erkenntnisse und Anregungen für ihr Handeln ziehen und wichtige Hinweise für mögliche künftige Entwicklungen des deutschen Strommarktes erhalten. Hierbei gilt es zu bedenken, daß die Ausgangssituationen in den betrachteten Ländern zum Teil sehr unterschiedlich waren und sich die Märkte aufgrund dieser Unterschiede, der verschiedenen vom jeweiligen Staat gewählten Deregulierungsansätze und aufgrund unterschiedlicher Verhaltensweisen auf Kundenseite anders entwickelt haben. Deshalb lassen sich die Erfahrungen nicht unreflektiert auf Deutschland anwenden.

Im folgenden werden die Länder Großbritannien (einschließlich Nordirland), Norwegen, Schweden, USA (Kalifornien, Pennsylvania) und Neuseeland betrachtet. Diese Länder wurden aus drei Gründen ausgewählt. Erstens befinden sie sich in einem fortgeschrittenen Liberalisierungsstadium und sind dem deutschen Strommarkt zeitlich voraus. Zweitens weisen die Strommärkte Unterschiede auf, zum einen in der allgemeinen Struktur des Marktes, zum anderen im gewählten Deregulierungsansatz. Dadurch kann eine Vielfalt von Lehren für den deutschen Markt gewonnen werden. Drittens und abschließend sind die Strommärkte zwar unterschiedlich, die betrachteten Volkswirtschaften befinden sich jedoch in einem ähnlich entwickelten Stadium wie die deutsche, so daß die gewonnenen Erkenntnisse durchaus relevant sind.

Ehe die ausgewählten Länder näher untersucht werden, wird ein Überblick über mögliche Deregulierungsmodelle gegeben. Bei der Analyse der verschiedenen Länder wird das gewählte Reformmodell benannt und die Marktentwicklung seit Beginn des Deregulierungsprozesses skizziert. Im Vordergrund der Betrachtungen steht allerdings die dann folgende Analyse der Marketingaktivitäten der am Markt tätigen Akteure. Im einzelnen werden dazu die angebotenen Produkte, die Preisstrategien, die Kommunikationsaktivitäten sowie der Vertrieb in den jeweiligen Ländern genauer untersucht.

Abschließend werden aus den vorangegangenen Analysen ein Fazit und einige Lehren gezogen.

2 | Deregulierungsmodelle

Vorrangiges Ziel der Deregulierung von Strommärkten ist es, Wettbewerb in den Markt zu bringen und so den Kunden eine größere Auswahl an Anbietern und Produkten zu Wettbewerbspreisen zu ermöglichen.

Notwendig für alle Reformen ist ein Aufbrechen der bisher vertikal integrierten Wertschöpfungskette in die Bereiche Erzeugung, Übertragung, Verteilung und Vertrieb.[1] Eine derartige Trennung eröffnet die Möglichkeit, die Wettbewerbsbereiche (Erzeugung und Vertrieb) und die natürlichen Monopolbereiche (Übertragung und Verteilung) regulatorisch getrennt zu behandeln und zu ökonomisch effizienteren Marktergebnissen zu gelangen. Den ehemaligen vertikal integrierten Monopolisten soll so keine Möglichkeit mehr zur Cross-Subventionierung von verschiedenen Wertschöpfungsbereichen und zur Verschleierung von Preisen für die einzelnen Bereiche gegeben werden. Die Trennung kann in unterschiedlichem Grade durchgeführt werden, von einer rein buchhalterischen Trennung über eine organisatorische bis hin zu einer eigentumsrechtlichen Trennung.

Um das Ziel einer Wettbewerbs- und damit Effizienzsteigerung zu erreichen, können verschiedene Wege beschritten werden, wobei grundsätzlich drei verschiedene Reformmodelle unterschieden werden können: die öffentliche Ausschreibung, das Durchleitungsmodell und die Strombörse/das Pool-Modell.[2] Diese Modelle sind jeweils unterschiedlich gut geeignet, das Ziel eines gesteigerten Wettbewerbs zu erreichen.

Beim Ausschreibungsmodell können zum einen die Stromerzeugung, zum anderen die Versorgungsgebiete ausgeschrieben werden. Im Falle einer Ausschreibung der Stromerzeugung werden benötigte Erzeugungskapazitäten für Ersatz- bzw. Erweiterungsinvestitionen öffentlich ausgeschrieben. Die Stromerzeuger, die zum Zuge gekommen sind, verkaufen ihren Strom dann über langfristige Verträge an den Netzbetreiber. Hintergrund dieses Modells ist der Gedanke, daß auf die Stromerzeugung der Großteil der Gesamtkosten fällt und daß durch die Ausschreibung von Erzeugungskapazitäten Wettbewerb an entscheidender Stelle induziert wird. Problematisch an diesem Modell ist jedoch, daß bestehende Kapazitäten nicht dem Wettbewerb ausgesetzt werden. Zudem findet bei der Reinform dieses Modells kein Wettbewerb im Stromvertrieb statt. Im Falle einer Ausschreibung der Bedarfsdeckung der Versorgungsgebiete wird das Recht zur befristeten Exklusivversorgung von bestimmten Gebieten ausgeschrieben. Da die Verteilung und der Handel hierbei gebündelt ausgeschrieben werden, führt jeder Versorgerwechsel dazu, daß auch das jeweilige Netz den Besitzer wechseln

---

1 Diese Trennung wird im allgemeinen mit dem Begriff „Unbundling" bezeichnet.
2 Für die nachfolgenden Ausführungen siehe Prognos AG (1996), S. 419–433.

muß. Neben den damit zusammenhängenden organisatorischen Fragen treten auch besitzrechtliche Probleme auf. Zudem werden sich unabhängige Erzeuger ohne Verteilungsnetz und reine Stromhändler aufgrund mangelnder Erfahrungen mit dem Netzbetrieb kaum an den Ausschreibungen beteiligen. So kommen lediglich die bestehenden Versorgungsunternehmen zum Zuge, so daß dieses Modell nur zu einem sehr beschränkten Wettbewerb um den Stromverkauf führt.

Beim Durchleitungsmodell wird es EVU gestattet, Strom an Kunden innerhalb eines fremden Versorgungsgebietes zu liefern, indem Strom an einem Punkt in das Netz des fremden Versorgers eingespeist wird und gleichzeitig der Kunde diese Strommenge entnimmt. Hierdurch wird die Stromerzeugung des fremden Versorgers entsprechend verdrängt und sein Stromabsatz verringert. Alte und neue Stromerzeuger erhalten die Chance, sämtliche Kunden im Markt anzugehen. Damit bricht das Durchleitungsmodell Gebietsmonopole auf und sorgt für eine direkte Öffnung des Verkaufsmarktes. Das Modell hat den Vorteil, daß auch kleine Unternehmen und Haushaltskunden Verträge mit allen Stromerzeugern abschließen können. Problematisch ist jedoch, daß die EVU, die Strom in fremdes Gebiet durchleiten wollen, neben dem Durchleitungsvertrag eine Reihe von Zusatzvereinbarungen mit der jeweiligen Netzgesellschaft des Gebietsversorgers treffen müssen, z. B. für den Fall von Störungen. Hier ist ein detaillierter regulatorischer Rahmen zu schaffen.

Beim Pool-Modell hingegen operieren Erzeuger wie auch Kunden an einem Stromhandelsmarkt, dem sogenannten Pool, an dem Angebot und Nachfrage nach Strom durch den Marktpreis ausgeglichen werden. Die Stromerzeuger sind nicht an bestimmte Versorgungsgebiete gebunden, sondern geben ihre Preisgebote am Pool ab. Neueinsteiger haben theoretisch gleiche Chancen am Markt wie etablierte Versorger. Die Verbraucher kaufen direkt oder indirekt über Stromhändler die benötigte Strommenge am Pool ein. Der Betrieb des Pools und die Kontrolle der Übertragungsnetze obliegen einer unabhängigen Regulierungsstelle, die den Stromfluß durch das Netz reguliert und dafür verantwortlich ist, daß alle Parteien Zugang zum Netz haben und den Strom effektiv übertragen und verteilen können. Notwendige Voraussetzung für die Schaffung eines funktionierenden Pools ist die Aufhebung der vertikalen Integration von Erzeugung, Übertragung, Verteilung und Vertrieb.

Für die Liberalisierung kann ein obligatorischer oder freiwilliger Pool genutzt werden. Im obligatorischen Pool müssen alle Erzeuger ihren Strom an den Pool verkaufen, und sämtlicher Strom muß von diesem Pool bezogen werden. Einzelne Parteien können untereinander keine zweiseitigen Verträge abschließen. Im Unterschied dazu vereint ein freiwilliger Pool Merkmale des obligatorischen Pools und des Durchleitungsmodells. Die verschiedenen Marktteilnehmer dürfen auch zweiseitige Vereinbarungen über den Kauf und Verkauf von Strom treffen. In bestimmten Fällen kann dies dazu führen, daß Verkäufer einen höheren Preis bzw. Käufer einen niedrigeren Preis für ihren Strom als am Pool erzielen können. Dieses Modell ist auch als Direktzugangsmodell bekannt, da Verkäufer direkt mit Endkunden über eine Stromlieferung verhandeln können.[3]

3 | Europäische Strommärkte

Viele europäische Länder sind momentan in einer Phase der Deregulierung ihrer Strommärkte. Die Europäische Kommission erließ 1996 eine Richtlinie über „Gemeinsame Regeln für den Elektrizitätsbinnenmarkt" mit dem Ziel der Öffnung der Elektrizitätsversorgungsmärkte in der Gemeinschaft. Diese trat zum 1. 1. 1997 mit einer zweijährigen Übergangsfrist zur Anpassung der jeweiligen nationalen Gesetze in Kraft. Die Richtlinie sieht vor, daß die Strommärkte in der Gemeinschaft schrittweise dem Wettbewerb geöffnet werden, wobei unterschiedliche Zeiträume für einzelne Länder vereinbart wurden.

Einige Länder, wie Großbritannien, Schweden und Norwegen (als Nicht-EU-Mitglied) haben schon früher als andere Länder begonnen, ihre Strommärkte zu liberalisieren, und sind mit den Reformen bereits sehr weit fortgeschritten. Großbritannien nimmt unter diesen Ländern eine Vorreiterrolle ein, Norwegen liberalisierte auch früh, während Schweden nachzog und sich an Norwegen orientierte. Im folgenden werden diese Länder eingehender untersucht.

3.1 Großbritannien

Im Falle Großbritanniens begann der Prozeß der Deregulierung sehr früh, d. h. mit der Verabschiedung der „Electricity Act" im Jahre 1989. Dadurch wurde Großbritannien zu einem Vorreiter in Europa und von den anderen Ländern interessiert beobachtet. In dieser Act wurden die Richtlinien und Prozeduren für die stufenweise Marktliberalisierung definiert, wobei die Bereiche Erzeugung und Versorgung für den Wettbewerb geöffnet wurden und Übertragung und Verteilung als Monopol erhalten blieben.

Generell sind im Vereinigten Königreich drei Märkte zu unterscheiden: England-Wales, Schottland sowie Nordirland, wobei England-Wales der wichtigste Markt gemessen am Bedarf ist. Vor der Liberalisierung existierte in England-Wales ein staatliches Unternehmen, das sogenannte Central Electricity Generating Board (CEGB), das für die Erzeugung und Übertragung von Strom verantwortlich war. Zwölf regionale Unternehmen übernahmen die Verteilung

---

3 Yajima (1997), S. 19–20.

und den Vertrieb an die Kunden in abgegrenzten Versorgungsgebieten. In Schottland und Nordirland hingegen existierten vertikal integrierte Monopolunternehmen.[4]

Im Zuge der Liberalisierung wurde in England-Wales im April 1990 das CEGB in vier Unternehmen aufgeteilt: Die konventionellen Kraftwerke wurden in die Hände zweier Privatunternehmen, PowerGen und National Power, gegeben, die Kernkraftwerke gingen an Nuclear Electric, außerdem wurde ein Unternehmen, das die Verantwortung für das nationale Übertragungsnetz bekam, die National Grid Company (NGC), gegründet. Aus den zwölf bisher dem CEGB unterstellten Area Boards entstanden unabhängige regionale Stromunternehmen, sogenannte Regional Electricity Companies (REC). Diese müssen allen Wettbewerbern einen offenen Zugang zu ihrem Netz und damit zu den Kunden gewähren. Nachdem anfänglich nur Großkunden ihren Versorger frei wählen konnten, bekamen schrittweise auch Haushaltskunden die Möglichkeit zur freien Wahl ihres Stromversorgers.[5] Seit Mai 1999 können alle Kunden ihren Versorger frei wählen.[6]

In Schottland wurde auch nach der Deregulierung die frühere vertikale Integration der Unternehmen ScottishPower und Scottish Hydro-Electric beibehalten, jedoch müssen die verschiedenen Wertschöpfungsbereiche getrennt voneinander betrieben und abgerechnet werden und unterliegen der staatlichen Regulierung. Ein separates Unternehmen, Scottish Nuclear[7], ist für die Kernkraftwerke zuständig und verkauft seinen Strom ausschließlich an die anderen beiden Unternehmen. Wettbewerb um die Kunden ist dadurch gewährleistet, daß Dritten der uneingeschränkte Zugang zum Übertragungs- und Verteilungsnetz gewährt werden muß („Non-Discriminatory Third Party Access").[8]

In Nordirland wurden mit der Liberalisierung im Jahre 1992 die vier Kraftwerke des staatlichen Monopolunternehmens Northern Ireland Electricity (NIE) an private Investoren verkauft. NIE behielt die Zuständigkeit für die Übertragung, die Verteilung und den Vertrieb des Stroms an die Kunden in Nordirland. Im Jahre 1993 wurde das Unternehmen erfolgreich an den Aktienmarkt gebracht. Die Stromerzeuger verkaufen ihren gesamten Strom an NIE, das die Stellung des alleinigen Käufers inne hat. Neue Wettbewerber am Markt müssen den Strom durch NIE beziehen und können nicht direkt Strom von den Erzeugern kaufen; dies bedeutet eine starke Behinderung des Wettbewerbs.[9]

---

4 www.electricity.org.uk/uk_inds/how_work.html
5 www.electricity.org.uk/uk_inds/how_work.html
6 o. V. (1999a).
7 Scottish Nuclear wurde 1996 privatisiert und zusammen mit Nuclear Electric eine Tochtergesellschaft der British Energy.
8 www.electricity.org.uk/uk_inds/how_work.html
9 www.electricity.org.uk/uk_inds/how_work.html

Bei der Koordination und Preisfindung im britischen Energiemarkt ist der von der NGC kontrollierte Pool das Hauptinstrument. Der Pool ist für alle englisch-walisischen Stromerzeuger mit einer Erzeugungskapazität von mehr als 100 MW obligatorisch, d. h. sie müssen den gesamten von ihnen erzeugten Strom über den Strompool verkaufen. Weitere Teilnehmer am Pool sind die REC und Strom-händler. Die Stromerzeuger geben täglich die Strommengen und Preise an, zu denen sie den Strom am nächsten Tag anbieten wollen. Jeder Tag ist dabei in Zeitin-tervalle eingeteilt, für die der Netzbetreiber jeweils den günstigsten Stromerzeu-gern den Zuschlag erteilt.[10] Die REC und die Stromhändler kaufen den Strom am Pool und verkaufen ihn an die Kunden. In Schottland existiert kein separater Pool, die schottischen Versorger nehmen am englisch-walisischen teil.

Neben den aus dem staatlichen Monopol hervorgegangenen Unternehmen ist inzwischen eine zunehmende Anzahl neuer Wettbewerber in den liberalisierten Markt eingetreten. Seit der Privatisierung wurden bis Ende September 1999 72 Stromerzeugungslizenzen ausgestellt.[11] Eine Reihe von unabhängigen Erzeu-gern (Independent Power Producer – IPP) verkauft ihren Strom an den Pool. Zu-dem kaufen sich vermehrt ausländische, vor allem US-amerikanische Investoren in den britischen Energiemarkt ein. So kaufte beispielsweise Texas Utilities Co. 1998 die Eastern Energy Group, den größten Energiekonzern Großbritan-niens.[12]

Wie erfolgreich waren die eingesetzten Deregulierungsmaßnahmen? Aus Kundensicht gab es deutliche Preissenkungen, für Industriekunden fielen die Preise real um 28 % bis 33 %, für Haushaltskunden um 26 % seit der Liberalisie-rung bis April 1999.[13]

Beim Wechselverhalten sind deutliche Unterschiede zwischen den Kunden-gruppen festzustellen, wobei zu bedenken ist, daß der Markt schrittweise für die verschiedenen Kundengruppen geöffnet wurde. Im ersten Jahr nach der Liberali-sierung haben in England-Wales ein Drittel der mittelgroßen Kunden (100 kW und MW) den Versorger gewechselt. Bei den Großkunden (1 MW) wurden 1997 ca. 66 % von einem neuen Versorger beliefert.[14] Im Segment der Haushaltskun-den haben bis Mai 1999 ca. 11 % der Haushalte ihren Versorger gewechselt.[15] Für die meisten Wechsler ist der Preis das wichtigste Entscheidungskriterium für den

---

10 Für eine genauere Beschreibung des Britischen Pool Systems siehe beispielsweise Thomas (1997), S. 41–87.
11 Expertengespräch mit der Regulierungsbehörde OFFER, Oktober 1999.
12 www.eastern-energy.co.uk
13 Electricity Association, www.electricity.org.uk/inds_fr.html.
14 Üblicherweise holen Großunternehmen in Großbritannien jährlich Angebote von verschiede-nen Versorgern ein und entscheiden sich dann für den günstigsten Versorger (Expertengesprä-che mit Key Account Managern im August 1999).
15 Pressemitteilung Centrica, 21. 5. 1999.

Wechsel. Das mit Abstand erfolgreichste Unternehmen war British Gas mit 1,5 Mio. neuen Kunden bis Mai 1999.[16]

Die EVU nutzen im Kampf um Kunden verschiedene Preisgestaltungsmöglichkeiten. Für Privatkunden bestehen die Tarife ähnlich wie in Deutschland aus einer verbrauchsunabhängigen Grundgebühr („Standing Charge")[17] und einer verbrauchsabhängigen Komponente (kWh-Preis). Eine Preisdifferenzierung erfolgt hauptsächlich über die Elemente Zeit, Menge, Produktart sowie Anwendungsart.

Eine zeitliche Preisdifferenzierung ist weitverbreitet. Am gebräuchlichsten ist der Economy 7 Tarif, der von fast allen Versorgungsunternehmen mit der mehr oder weniger gleichen Struktur angeboten wird (z. B. von East Midlands Electricity, Manweb, Southern Electric, Yorkshire Electricity). Dieser Tarif ist mit den HT/NT-Tarifmodellen deutscher EVU vergleichbar. Economy 7 bedeutet sieben NT-Stunden täglich, die vom Unternehmen vorgegeben werden. Eastern Energy bietet zudem einen Economy 10 Tarif mit zehn NT-Stunden an.[18]

Neben dieser tageszeitlichen Preisdifferenzierung gibt es auch saisonale Preisdifferenzierungen nach Sommer und Winter. Im Sommer werden aufgrund des geringeren Stromverbrauchs niedrigere Preise verlangt. Ein Beispiel ist der „Domestic Seasonal" Tarif von South Western Electricity für Privatkunden. Dieser enthält neben der fixen eine variable Komponente, bei der der kWh-Preis HT differenziert wird nach Sommer und Winter, nicht aber der kWh-Preis NT. Außerdem bieten einige EVU Tarife mit einer Wochenendkomponente für Haushalts- und Gewerbekunden an.

Mengenabhängige Preisdifferenzierung ist in Großbritannien ebenfalls anzutreffen. Beispielsweise bietet Norweb Energi sowohl beim Standardtarif als auch beim Economy 7 ab 1200 kWh einen günstigeren HT-Preis an. Außerdem werden Sondertarife für Kleinverbraucher angeboten. Eastern Energy beispielsweise bietet einen gesonderten Tarif für Haushalte mit einem geringen Verbrauch (weniger als 1000 kWh pro Jahr) an. Dieser Tarif enthält keine fixe Komponente, dafür einen leicht höheren kWh-Preis gegenüber dem Standardtarif.[19] Für Gewerbekunden, die keine Sondervertragskunden sind, gibt es ebenfalls Mengenstaffelungen. Bei East Midlands Electricity greift für Gewerbekunden, die mehr als 10.000 kWh pro Jahr verbrauchen, eine Mengenstaffelung.

Eine Preisdifferenzierung nach der Produktart gibt es hauptsächlich in Form von umweltfreundlichem oder sogenanntem grünen Strom. Hier bietet beispielsweise South Western Electricity Privatkunden unter dem Namen „Green Elec-

---

16 Pressemitteilung Centrica, 21. 5. 1999.
17 Die Höhe der „Standing Charge" ist von den jeweils für den einzelnen Tarif notwendigen Meßeinrichtungen abhängig.
18 www.eastern-energy.co.uk
19 www.eastern-energy.co.uk

tron" einen Umwelttarif an. Der Kunde zahlt dabei einen zehnprozentigen Aufschlag auf seinen normalen Rechnungsbetrag, wobei ein Teil dieses Aufpreises in einen Fonds zur Errichtung von Stromerzeugungsanlagen auf Basis regenerativer Energien fließt.

Eine anwendungsabhängige Tarifierung gibt es sowohl im Privatkundenbereich wie auch im Gewerbekundenbereich. Im Segment der Haushaltskunden gibt es bei den meisten Versorgungsunternehmen gesonderte Tarife für Heizung und Warmwasserbereitung. Ein innovativer Tarif ist der Wärmetarif „Comfort Plus Control", den ScottishPower unter dem Markennamen „Weathercall" anbietet. Aufbauend auf der Wettervorhersage des kommenden Tages wird der Nachtspeicherheizung des Kunden per Fernsteuerung die notwendige Wärme mitgeteilt, die gespeichert werden muß. Im Gewerbekundenbereich hat London Electricity einen speziellen Tarif für Lichtanwendung, die „Staircase Lighting Rate". Dieser Tarif richtet sich an Vermieter, die den Stromverbrauch der Treppenhausbeleuchtung separat erfassen wollen. Ein weiteres Beispiel ist Scottish Hydro-Electrics „Catering" Tarif. Dieser Tarif richtet sich an Großküchen, Restaurants und sonstige größere Einrichtungen mit Essenzubereitung. Für diese Anwendungen erfolgt eine separate Erfassung des Stromverbrauchs. Ein weiteres Beispiel ist der „Crop Drying" Tarif von Scottish Hydro-Electric für Landwirtschaftskunden mit Heu- und Korntrocknung.

Eine segmentspezifische Preisdifferenzierung ist aufgrund des gesetzlich festgeschriebenen Gleichbehandlungsgrundsatzes aller Tarifkunden in Großbritannien weder bei Haushalts- noch bei Gewerbekunden möglich. Einige EVU äußerten jedoch in Gesprächen den Wunsch, spezielle Kundensegmente, wie z. B. Rentner, preislich gesondert behandeln zu können. Momentan arbeitet eine Kommission an der gesetzlichen Grundlage, so daß eventuell die rechtlichen Voraussetzungen für ein segmentspezifisches Pricing in Zukunft geschaffen werden. Eine Ausnahme bilden Großkunden, die die Möglichkeit haben, aufgrund individueller Lastprofile Sonderkonditionen bei der Stromabrechnung zu erhalten.

Eine bewußte regionale Preisdifferenzierung ist ebenfalls aufgrund des Gleichbehandlungsanspruches nicht möglich, bestehende regionale Preisunterschiede resultieren aus den unterschiedlichen Entgelten für die Nutzung des Übertragungs- und Verteilungsnetzes.

Zur Zahlung ihrer Stromrechnung haben die Kunden bei den meisten britischen Versorgern eine Vielzahl von Optionen:

◆ Monatlicher Dauerauftrag im Sinne einer Abschlagszahlung (Monthly Direct Debit).

◆ Vierteljährliche Zahlung des tatsächlichen Stromverbrauches (Quarterly Payment).

◆ Vorauszahlung per Stromkarte (Token Meter) oder Stromschlüssel (Key Meter). Hier existieren zwei Varianten: aufladbare und nichtaufladbare Karten/Schlüssel. Die Karte bzw. der Schlüssel wird in den Stromzähler gesteckt, und der bezahlte Betrag wird auf den Stromzähler geladen.

◆ Flexibles Ansparen des Rechnungsbetrages mit Strommarken bzw. auf einer Karte. Der Kunde kauft Strommarken und sammelt diese in einem Heft. Beim Ansparen auf einer Karte zahlt der Kunde zu beliebigen Terminen variable Summen ein. Bei beiden Varianten wird der angesparte Betrag mit der tatsächlichen Stromrechnung verrechnet.

Standardmäßig werden die Stromzähler der Kunden alle drei Monate abgelesen und im Anschluß eine Rechnung erstellt (Quarterly Payment). Diese Rechnung kann der Kunde auf verschiedenen Wegen begleichen, z. B. per Bank- oder Postüberweisung, in einem Service Center des EVU oder auch via PC-Banking.

In Abhängigkeit von der Zahlungsvariante können Haushaltskunden mit Rabatten rechnen. Bei Scottish Hydro-Electric erhalten Kunden für eine Zahlung als Monthly Direct Debit einen vierprozentigen Rabatt auf den kWh-Preis. Im Unterschied dazu gewährt London Electricity einen Rabatt von drei Prozent, allerdings auf den gesamten Rechnungsbetrag bzw. mindestens 10 Pfund pro Jahr. Für die verschiedenen Zahlungsweisen haben einige Versorger eigene Markennamen entwickelt, wie z. B. Easipay von Northern Electric and Gas.

Auch für Gewerbekunden existieren verschiedene Zahlungsoptionen, wobei monatliche Daueraufträge am häufigsten von den Kunden aufgrund der gleichmäßigen Verteilung der Stromkosten gewählt werden. Die Vorauszahlung per Stromkarte bzw. -schlüssel ist bei deutlich weniger Tarifen möglich als im Privatkundensegment. Auch Rabatte sind bei den Gewerbekundentarifen weniger verbreitet. Ein interessantes Abrechnungssystem bietet Eastern Electricity Unternehmen mit zehn und mehr Standorten unter dem Namen „Multi-site Billing" an. Der Kunde erhält nur noch eine übersichtliche Rechnung im gewünschten Format.

Britische Energieversorger bieten eine Vielzahl zusätzlicher, zum Teil außergewöhnlicher Servicedienstleistungen und Rabatte an. Im Haushaltskundenbereich bietet Eastern Energy beispielsweise eine 24-Stunden-Service-Hotline, Umzugsservice bezüglich der Stromrechnung, eine „Bill Payment Protection", eine Art Versicherung zur Begleichung der Stromrechnung im Falle eines Arbeitsplatzverlustes wegen Krankheit, Unfall etc. für maximal zwölf Monate. Außerdem arbeitet Barclaycard mit Eastern Energy zusammen. Die Inhaber dieser Kreditkarte können bis zu 13 % sparen, wenn sie Strom und Gas durch Eastern Energy beziehen und mit dieser Karte bezahlen.[20] Zusätzlich können Barclay-

---

20 Im Vergleich zu den Standardtarifen von Southern Electric und British Gas.

card-Inhaber gesammelte Bonuspunkte für die Verringerung der Stromrechnung einsetzen (z. B. wird die jährliche Stromrechnung mit 500 Punkten um 5 % gesenkt).

Den Gewerbekunden bieten einige Versorger umfassende energienahe Dienstleistungen an; dies sind z. B. bei Eastern Energy: Energieberatung, Lastprofiluntersuchung und -darstellung, Energiemanagementsysteme, Energieanalyse sowie Seminare und Training von Mitarbeitern. Norweb Energi bietet seinen Gewerbekunden einen Business Club mit einer Vielzahl von Leistungen an, u. a. energiebezogene Dienstleistungen (z. B. kostenlose 24-Stunden-Service-Hotline mit umfassenden Beratungsdiensten), kostenlose Rechtsberatung (für sämtliche Fragestellungen) sowie exklusive Angebote (z. B. Rabatte in Hotels, Restaurants und für Theaterveranstaltungen).

Fast ohne Ausnahme bieten britische Energieversorger ihren Kunden Strom und Gas aus einer Hand an. Kunden, die dieses Bündelangebot nutzen, können teilweise mit erheblichen Preisnachlässen rechnen. Bei Eastern Energy wird beispielsweise Strom und Gas im Paket unter dem Namen „DUO" vermarktet.

Im Bereich der Kommunikation setzen britische EVU insbesondere auf TV-Werbung, Printkampagnen, Tür-zu-Tür-Besuche, Direktmailing sowie Events, um das Marken- bzw. Firmenbewußtsein der Kunden zu prägen.[21] Der Preis nimmt in der Kommunikation eine zentrale Rolle ein, typische Werbeslogans sind: „You have the power to save" oder „Guaranteed savings".

Die britischen EVU und Vertriebsgesellschaften nutzen eine Reihe von Vertriebswegen, um den Strom zu verkaufen. Im einzelnen sind dies:

◆ Direktvertrieb, d. h. über Call Center, Direct Mail, eigene Shops, Tür-zu-Tür-Verkauf und Internet
◆ Kauf-/Warenhäuser, Elektrofachmärkte
◆ Tankstellen
◆ Gas-/Wasserversorger
◆ Gewerkschaften
◆ Immobilienmakler
◆ Kreditgesellschaften
◆ Air Miles Club

Mit zwei Drittel wird der Großteil des Vertriebs über die direkten Kanäle abgewickelt.[22] Hierbei hat der Vertrieb von Tür-zu-Tür in Großbritannien eine wichtige Bedeutung. Bereits beim Vertrieb von Kabelfernsehen und Telekommunikationsdienstleistungen spielte er in der Vergangenheit eine wesentliche

---

21 Expertengespräche mit Marketingmanagern in Großbritannien im Juli 1999.
22 Expertengespräche mit Marketingmanagern in Großbritannien im August 1999.

Rolle. Im Januar 1999 waren 55 % der Bevölkerung mindestens einmal von Tür-zu-Tür-Verkäufern besucht worden. Tür-zu-Tür-Kontakte spielen beim Wechsel des Versorgungsunternehmens eine große Rolle, 90 % der privaten Stromwechsler hatten mindestens einen Tür-zu-Tür-Kontakt. In einer Befragung bestätigten 65 % der Wechsler, daß dieser Kontakt die wichtigste Informationsquelle und der wichtigste Anlaß für den Wechsel waren.[23] Die EVU PowerGen und National Power, die vor der Deregulierung reine Erzeugungsunternehmen waren, haben eigene Vertriebsorganisationen aufgebaut und beliefern mittlerweile Privat- und Geschäftskunden.

Beim Vertrieb über Einkaufszentren nutzen Vertriebsteams beispielsweise einen Stand in einer Einkaufsgalerie und bieten den Kunden direkt Verträge an. Einige Stromanbieter haben sich für eigene Shops entschieden (z. B. British Gas), über die sie auch zusätzliche Produkte vertreiben. Mehrere Energieversorger sind Allianzen mit Handelsketten, wie z. B. Norweb Energi mit Tesco, eingegangen.

Der Vertrieb von Strom über Tankstellen, Einzelhandelsgeschäfte und Poststellen bezieht sich ausschließlich auf Stromkarten für Prepayment-Zähler, die dort auch wiederaufgeladen werden können. Die Nachfrage nach diesen Karten – bei London Electricity nutzen mehr als 20 % der privaten Haushalte diese Zahlungsweise – ist in den letzten Jahren stark angestiegen. Obwohl die Karten allen Kunden angeboten werden, sind die Hauptzielgruppe Kunden mit einer schlechten Zahlungsmoral.

Zusätzlich haben EVU versucht, über Immobilienagenturen die Kunden zu erreichen, die eine neue Wohnung kaufen und sich daher zwangsläufig für einen neuen Stromanbieter entscheiden müssen. Die Zielgruppe ist allerdings eher klein, und die Ergebnisse sind demnach trotz einer engen Zusammenarbeit mit den Immobilienagenturen noch nicht zufriedenstellend. Ähnlich hat die Zusammenarbeit mit einigen Gewerkschaften bisher nur geringe Erfolge gebracht. Des weiteren haben einige Stromanbieter mit Kreditinstituten Vertriebskonzepte entwickelt (siehe Barclaycard und Eastern Energy).

In diesem Zusammenhang sind auch Kundenclubs zu erwähnen, mit denen eine höhere Kundenbindung erzeugt werden soll. Scottish Hydro-Electric arbeitet beispielsweise mit Air Miles zusammen und bietet Kunden die Möglichkeit, entsprechend der Höhe der Stromrechnung Meilen zu sammeln (100 Meilen bei Vertragsabschluß und 1 Meile je 6 Pfund Rechnungsbetrag), die später u. a. für Flugreisen verwendet werden können.[24]

---

23 www.centrica.co.uk
24 Bereits für 100 Meilen erhält der Kunde beispielsweise eine Übernachtung in einem Luxushotel.

Fallstudie British Gas

Als strategisch richtungsweisendes Unternehmen im britischen Energiemarkt hat sich in der Vergangenheit British Gas präsentiert. British Gas versorgt nach eigenen Angaben 78 % aller Gaskunden im heimischen Markt. Mehr als 1,5 Millionen Stromkunden haben bei British Gas bis Mai 1999 einen Vertrag unterzeichnet.

British Gas hat sich in den vergangenen Jahren strategisch neu orientiert. Aus einem, wie der Name sagt, lediglich Gas anbietenden Unternehmen ist in den letzten Jahren ein stark diversifiziertes Unternehmen geworden. Chairman Sir Michael Perry verfolgt bezüglich der zukünftigen Aktivitäten des Unternehmens eine klare Vision. Die Aktivitäten sollen deutlich über den traditionellen Gas- und Energiemarkt ausgeweitet werden, um zu einem Allround Serviceanbieter für Haushaltskunden zu werden. Ein wichtiger Baustein hierfür ist der Ausbau der erfolgreichen Marke „Goldfish" auf Haushaltsprodukte und Dienstleistungen, deren wichtigstes Produkt momentan die Goldfish-Kreditkarte ist.

„Die Marke British Gas ist extrem stark", sagte Sir Perry in einer Pressekonferenz, „unsere Kunden haben uns gesagt, für sie umfaßt sie nicht nur Energie, sondern auch Beruhigung, Sicherheit, Komfort und Wärme". Deshalb seien die Kunden daran interessiert, eine ganze Reihe von verwandten Produkten und Dienstleistungen von British Gas zu beziehen. Diese Produkte und Dienstleistungen anzubieten, sei das Ziel des Unternehmens.[25]

British Gas setzt gezielte Kommunikationsmaßnahmen ein, um Kunden über Produkte und Dienstleistungen zu informieren und den Absatz zu fördern. Nachfolgend einige Beispiele aus den ersten Monaten nach Öffnung des Strommarktes für Privatkunden:

Dezember 1998:	Zeitungsanzeigen zum Thema „Home Security" Systeme.
Mai 1999:	Telemarketing und Wurfsendungen in Yorkshire zum Thema Versicherungen für Küchengeräte.
Juni 1999:	Direct Mail und Zeitungsbeilagen in Südengland zum Thema Air Conditioning Service.
Juli 1999:	Direct Mail zur Verbesserung des Images als Allround Home Service Anbieter.

Als Vertriebswege nutzt British Gas eigene Shops, Internet, Direct Mail, Versandkataloge, Supermärkte (z. B. Sainsbury's) und Baumärkte.

---

25 Pressemitteilung Centrica, 10. 5. 1999.

Insgesamt wird British Gas die horizontale Diversifizierung konsequent weiterverfolgen, insbesondere auch durch Akquisitionen, wie die des britischen Automobilclubs AA als weiteres unternehmerisches Standbein und neuer Vertriebskanal für British Gas Produkte.

Insgesamt bleibt festzuhalten, daß das britische Modell für viele Länder Europas eine wichtige Beispielfunktion hat. Während andere europäische Länder intensiv mit der Umsetzung der im Januar 1997 in Kraft getretenen EU-Richtlinie befaßt sind, ist das britische System bereits richtlinienkonform. Es ist bisher unter allen liberalisierten Märkten als das System zu erachten, das auf dem erfolgreichsten Konzept aufbaut. Zum einen garantierte der gewählte Liberalisierungsansatz mit einer klaren Trennung bzw. Kontrolle der natürlichen Monopolbereiche Übertragung und Verteilung allen Teilnehmern einen diskriminierungsfreien Netzzugang. Zum anderen überwacht die Aufsichtsbehörde OFFER alle Marktteilnehmer und sorgt für einen fairen Wettbewerb im gesamten liberalisierten Strommarkt.

Im britischen Markt hat die neue Freiheit der Stromkunden zu Umstrukturierungen der Versorgungsunternehmen und zu einem radikalen Umdenken geführt. Vor der Liberalisierung dominierte in den britischen EVU, wie in anderen Ländern, eine technische, kaum kundenorientierte Denkweise. Produkte waren standardisiert und nicht auf die individuellen Kundenwünsche ausgerichtet. Preise wurden auf Kosten-Plus-Basis festgelegt. Kommunikation fand höchstens in der Form von Imagepflege statt.

Mittlerweile hat sich der britische Strommarkt vollkommen gewandelt: Der Kunde steht im Vordergrund aller Bemühungen. Die Unternehmen versuchen, sich durch eine hohe Anzahl zusätzlicher Serviceleistungen voneinander zu differenzieren. Britische Energieversorger bewegen sich zusätzlich immer öfter auf versorgungsfremden Geschäftsgebieten, um dem Wettbewerbsdruck zu begegnen und das Risikomanagement auf eine breitere Basis zu stellen. Als Beispiele seien British Gas und ScottishPower genannt, die sich horizontal diversifiziert haben.

3.2 Norwegen

Ähnlich wie in Großbritannien begann die Liberalisierung des norwegischen Strommarktes früh, das norwegische Parlament beschloß bereits 1990 eine schrittweise Reform des Strommarktes, die 1995 abgeschlossen wurde. Am 1. Januar 1991 traten folgende Regelungen in Kraft:[26]

---

26 Vgl. Midttun (1997), S. 89–130.

◆ Ausgliederung des von der staatlichen Gesellschaft Statkraft gehaltenen Hochspannungsnetzes in das staatliche Netzunternehmen Statnett
◆ Freier Netzzugang zu allen regionalen und kommunalen Versorgungsgebieten
◆ Öffnung des Strom-Spotmarktes für alle Kunden
◆ Buchhalterische Trennung der verschiedenen Wertschöpfungsbereiche bei vertikal integrierten Unternehmen.

Wie in Großbritannien gibt es auch in Norwegen eine Strombörse, die sogenannte Nord Pool, die jedoch als freiwilliger Pool organisiert ist.[27] Diese Börse ging aus einem bereits bestehenden Poolsystem hervor, das reformiert wurde. Statnett, die norwegische Netzgesellschaft, überwacht und koordiniert die Funktionsfähigkeit des Stromnetzes. Im Jahr 1996 wurde Schweden in die Strombörse integriert, außerdem agieren mittlerweile dänische, finnische, britische und auch deutsche Unternehmen an der Börse.[28] Sie nimmt eine wichtige Stellung im norwegischen Strommarkt ein, auch wenn sie lediglich ein freiwilliger Pool ist. Die Preise in den bilateralen Verträgen orientieren sich in der Regel an den Preisniveaus an der Börse.

Der Energiemix bei der Stromerzeugung ist durch die überragende Bedeutung der Wasserkraft geprägt (ca. 99 %).[29] In vielen Jahrzehnten ist eine sehr hohe Akzeptanz der emissionsfreien Stromgewinnung durch Wasserkraft gewachsen, was dazu führt, daß die öffentliche Meinung dem Bau von Kernkraftwerken oder Kraftwerken auf fossiler Basis entgegensteht.

In Norwegen gab es 1998 rund 250 Stromversorgungsunternehmen. Hiervon sind ca. 200 Unternehmen im Bereich Verteilung tätig, ca. 90 in der Stromerzeugung.[30] Allerdings besteht eine relativ hohe Konzentration im Markt, die zehn größten Stromerzeuger haben einen Marktanteil von ca. 70 %, das staatliche Unternehmen Statkraft hat allein einen Marktanteil von 40 %.

Mit der Liberalisierung sind neue Wettbewerber, wie ausländische Versorger, Ölgesellschaften, Händler, Broker und Einkaufsgemeinschaften, als neue Marktakteure in den norwegischen Strommarkt eingetreten. Vattenfall aus Schweden beispielsweise ist mit Oslo Energi eine strategische Allianz eingegangen und drängt in den norwegischen Markt. Das britische Unternehmen Eastern Energy, das zur US-amerikanischen Firmengruppe Eastern Group gehört, versucht mit seiner schwedischen Tochterfirma Lunds Eastern Energi AB, ebenfalls in den norwegischen Markt vorzudringen. Im Großhandelsbereich versuchen ausländische Firmen wie Enron oder Centrica Einfluß zu gewinnen.

---

27 Dies bedeutet, wie oben ausgeführt, daß auch bilaterale Verträge zwischen den Marktteilnehmern möglich sind.
28 Für nähere Informationen über Nord Pool siehe www.nordpool.no.
29 Die restlichen 1 % Strom werden überwiegend durch Kohlekraft gewonnen.
30 In diesen Zahlen sind auch vertikal integrierte Unternehmen enthalten.

Trotz der früh begonnenen Liberalisierung gab es im Markt bis Ende 1996 einige Hürden, die einen Versorgerwechsel unattraktiv machten. Privatkunden hatten eine Wechselgebühr zu entrichten und mußten einen teuren Zähler mit stündlicher Messung installieren. Zudem mußte der potentielle neue Versorger eine Gebühr an die jeweilige regionale Netzgesellschaft für die Nutzung des Netzes entrichten. Dementsprechend gering waren die Wechselraten. Seit 1997 dürfen Netzgesellschaften keine Gebühr mehr für den Versorgerwechsel erheben. Im Jahr 1998 wurde außerdem ein wöchentlicher Versorgerwechsel, anstatt zuvor vierteljährlich, möglich. Nach diesen Änderungen stiegen die Wechselraten an. Bis Oktober 1998 wechselten 4,5 % der Haushaltskunden ihren Versorger.[31]

Ein Blick auf die Strompreisentwicklung seit Beginn der Liberalisierung ergibt ein gemischtes Bild. Während Großkunden im Zuge der Deregulierung deutliche Preissenkungen erzielen konnten, profitierten Haushaltskunden nur von leichten Preissenkungen.[32] Bei Aussagen über die Auswirkungen der Deregulierungsmaßnahmen auf die Preisentwicklung ist allerdings die starke Abhängigkeit von der Wasserkraft zu bedenken, so daß regenarme Jahre zu höheren Preisen führen. Darüber hinaus ist Strom im Winter teurer als im Sommer, da sowohl der Stromverbrauch höher als auch der Wasservorrat geringer sind. Diese Faktoren führen zu deutlich stärkeren Strompreisschwankungen als in Ländern mit Stromerzeugung auf fossiler Basis und haben einen starken Einfluß auf die Preisgestaltung. Somit ist der Erfolg der Reformen, gemessen an den Preisreduktionen, schwer abzulesen.

Jeder Tarif besteht aus den Komponenten Netzgebühren, Stromabgabe, Mehrwertsteuer und Gewinnanteil des EVU. Die Bestandteile Netzgebühren, Steuern und Abgaben, die außerhalb des Einflußbereichs der EVU liegen, machen rund 80 % des Bruttostrompreises aus. Somit ist lediglich ein Fünftel des Strompreises wettbewerbsrelevant, und demnach ist die Möglichkeit der Einflußnahme der norwegischen Versorgungsunternehmen auf den Preis gering. Zudem sorgt die Strombörse für die Ermittlung „echter" Marktpreise.

Im wesentlichen werden in Norwegen drei Vertragsarten für den Strombezug angeboten, die an der Risikoeinstellung des Kunden anknüpfen. Beim *Spotmarkt-Tarif* ändert sich der Strompreis täglich mit dem Spotmarkt-Preis. Im Unterschied dazu wird beim *fließend/variablen Standardtarif*, der von den meisten Kunden genutzt wird, der Strompreis nur in längeren Zeiträumen, d. h. einige Male im Jahr, an die Preisentwicklung am Spotmarkt angepaßt. Bei der Variante des *fixen Vertrages* wird hingegen ein fester kWh-Preis für einen Zeitraum von 1 bis 3 Jahren garantiert, wobei aufgrund der beschriebenen Abhängigkeit von der Wasserkraft längere Laufzeiten zu höheren Preisen führen. Diese fixen Verträge

---

31 Siehe o. V. (1999b).
32 Norges vassdrags- og energidirektorat (NVE) (1999).

schützen vor Strompreisschwankungen bedingt durch geringe Niederschlags-
mengen und andere Einflüsse.

Darüber hinaus bieten die meisten norwegischen Energieversorger zeitliche
Preisdifferenzierungen an und unterscheiden nach Stark- und Schwachlast sowie
Winter und Sommer. Eine Preisdifferenzierung nach der Abnahmemenge ist bei
Privatkunden nicht weit verbreitet, Ausnahmen sind Oslo Energi und Din Ener-
gi, die Mengentarife anbieten.

Umwelttarife finden in Norwegen bisher wenig Resonanz. Dies ist nicht sehr
verwunderlich, da weithin bei den Kunden bekannt ist, daß Norwegens Strom zu
99 % aus Wasserkraft erzeugt wird, d. h. schon an sich ökologischer Strom ist.
Oslo Energi bot seinen Kunden probeweise Ökostrom als neues Produkt an. Die
Nachfrage nach diesem Umwelttarif war jedoch sehr gering, und das Produkt
wurde nach einer Testphase wieder eingestellt.[33] Nord-Trøndelag Elektrisitetsverk bietet seinen Kunden einen Windkrafttarif mit wesentlich höheren als den
normalen Preisen an.

Eine von der Stromanwendung abhängige Tarifierung gibt es in Norwegen
nicht. Im Gewerbebereich bieten nur wenige EVU nach Kundensegmenten differenzierte Tarife an. Eine Ausnahme ist BKK Bergen, das einen Rahmenvertrag
mit der landwirtschaftlichen Einkaufsgemeinschaft Agrol abgeschlossen hat und
den Mitgliedern Sondertarife anbietet.[34]

Der Wohnort eines Kunden hingegen hat einen Einfluß auf den Preis. Durch
die Trennung von Stromnetz und Stromverkauf ist in Norwegen die kuriose Situation entstanden, daß manche Energieversorger in ihrem eigenen Versorgungsgebiet von ihren Kunden – bedingt durch die nicht von ihnen zu beeinflussenden
Netzkosten – höhere Preise verlangen als in anderen Versorgungsgebieten.

Bei der Zahlungsweise können die Kunden, unabhängig ob Haushalts- oder
Gewerbekunden, zwischen verschiedenen Zahlungszeiträumen wählen. Die
Zahlungsweise hat jedoch keinen Einfluß auf die Gewährung von Rabatten. Die
meisten Gewerbekunden bezahlen monatlich, während die meisten Haushaltskunden alle zwei Monate oder vierteljährlich zahlen. Bei Interkraft Energi können Gewerbekunden auch wöchentlich ihre Stromrechnung begleichen.[35]

Für Haushaltskunden gibt es die üblichen Serviceleistungen wie Energieberatung. Einige Unternehmen, wie z. B. Nord-Trøndelag Elektrisitetsverk, verkaufen in eigenen Shops energiesparende Haushaltsgeräte, die von einer eigenen
Installationsabteilung angeschlossen werden können. Außerdem besteht die
Möglichkeit, Versicherungen gegen durch Elektrizität verursachte Schäden abzuschließen. Im Gegensatz zu Großbritannien bieten norwegische Energiever-

---

33 Expertengespräch mit Oslo Energi, Oktober 1999.
34 www.bkk.no
35 www.interkraft.no

sorger neben Strom nicht automatisch auch Gas bzw. Wasser an. Einige Unternehmen, wie Trondheim Energiverk, bieten Paketangebote an, jedoch erhält der Kunde dafür keinen wesentlichen Preisnachlaß.

Die wichtigsten Kommunikations- und Vertriebswege der Energieversorger sind Videotextmitteilungen im Fernsehen, Anzeigen in Zeitschriften, Werbespots, Direktmarketing-Aktionen sowie Broschüren. BKK Bergen nutzt intensiv den Tür-zu-Tür-Vertrieb und hat zu diesem Zweck eine eigene Vertriebsmannschaft aufgebaut. Viele Unternehmen wie Hydro Energi oder Oslo Energi nutzen das Internet, um mit ihren Kunden zu kommunizieren. In den Werbebotschaften werden überwiegend die Preisvorteile im Vergleich zur Konkurrenz hervorgehoben. Die Markenstrategie im norwegischen Markt bezieht sich auf die Verwendung der Konzernmarke als Energiemarke, wobei internationale Tochtergesellschaften ihre eigene Markenidentität haben. Die dominierende Farbe in den Logos ist blau, eine Reminiszenz an die Wasserkraft.

Neue Absatzkanäle wurden in Norwegen ausgetestet, jedoch nach Testphasen wieder eingestellt. Beispielsweise hat BKK Bergen probeweise Strom über die Elektrohandelskette Elkjop vertrieben, diesen Vertriebskanal aber letztlich aufgrund geringer Resonanz der Kunden nicht weiterverfolgt.[36] Von Statoil, einem staatlichen Öl- und Gasunternehmen mit einem der größten Tankstellennetze in Norwegen und Schweden, wurden Tankstellen als Vertriebskanal getestet. Bis Anfang Mai 1998 lief dazu in mehreren Gebieten in Norwegen ein Pilotversuch. Jedoch wurde nach dieser Testphase entschieden, vorerst keinen Strom über diesen Vertriebskanal abzusetzen.[37]

Zusammenfassend kann man feststellen, daß durch die schrittweise Liberalisierung, das Vorhandensein eines weithin dezentralisierten Elektrizitätssektors und durch das bereits existierende Poolsystem die organisatorischen Veränderungen des norwegischen Strommarktes vergleichsweise gering waren. Das jetzige System stellt dabei eher einen Kompromiß auf dem Weg zu einem wirklich freien Wettbewerb dar. So wurden einigen Kunden der Schwerindustrie im Jahr 1992 Langfristverträge bis 2010 eingeräumt, um Preisunsicherheiten zu vermeiden. Außerdem befindet sich nach wie vor ein großer Teil der EVU in öffentlicher Hand. Eine Privatisierung dieser Unternehmen war bis dato nicht erklärtes Ziel der Liberalisierungspolitik.

Im Vergleich zu anderen Märkten kann der norwegische Strommarkt aber dennoch als weitgehend liberalisiert betrachtet werden, insbesondere auch aufgrund der funktionierenden Strombörse, die sich mittlerweile auf ganz Nordeuropa ausdehnt. Als Auswirkung der Liberalisierung haben sich die Strompreise landesweit angeglichen, wobei jedoch keine deutlichen Senkungen eingetreten

---

36 Expertengespräche mit BKK Bergen, Oktober 1999.
37 Expertengespräche mit Statoil, Oktober 1999.

sind. Die starke Abhängigkeit von der Wasserkraft und die hohen Fluktuationen im Wasserangebot haben in den letzten Jahren dazu geführt, daß die Strompreise starke Schwankungen aufwiesen.

Die norwegischen Versorgungsunternehmen waren zu Beginn der Liberalisierung beim Kampf um die Kunden aufgrund der dargestellten rechtlichen Hürden gehandikapt, konnten aber auch nach Abschaffung dieser Hürden noch nicht viele Kunden zu einem Wechsel bewegen. Außerdem ist das Niveau der Strompreise im internationalen Vergleich relativ niedrig, und lediglich 20 % des Strompreises können von den EVU beeinflußt werden. Insgesamt scheint es, als ob der Kampf um die Kunden in Norwegen mit weicheren Bandagen geführt wird als beispielsweise in Großbritannien. Die norwegischen Versorger sind weniger kreativ, wenn es um den Einsatz von Marketinginstrumenten geht, wie sich z. B. bei den angewandten Preisdifferenzierungsmethoden zeigt.

3.3 Schweden

Ein wesentlicher Anstoß für den Liberalisierungsprozeß in Schweden waren die bereits fortgeschrittenen Deregulierungsaktivitäten in Norwegen, welches daher bei den Reformen als Vorbild diente. Vor der Liberalisierung war der schwedische Strommarkt ähnlich strukturiert wie der britische Markt. Der größte und gleichzeitig staatliche Stromerzeuger, Statens Vattenfallswerk, war neben der Stromerzeugung für sein Versorgungsgebiet auch für den Betrieb und die Wartung des nationalen Höchstspannungsnetzes (220 und 400 kV) verantwortlich und kontrollierte zudem einen Teil des Hochspannungsnetzes (40–130 kV).

Im Jahr 1991 entschied sich die schwedische Regierung in einem ersten Reformschritt, die staatliche Gesellschaft Vattenfall zu entflechten. Dazu wurde der Netzbereich vom Erzeugungsbereich getrennt und in die staatliche Netzgesellschaft Svenska Kraftnät überführt. Diese Maßnahme hatte jedoch kaum Auswirkungen auf den Wettbewerb, da die regionalen und lokalen Netze nicht geöffnet wurden.

Zum 1. Januar 1996 traten weitergehende Reformen in Kraft. Wie in Norwegen mußten die Wettbewerbsbereiche Stromversorgung und Erzeugung als eigenständige Organisationseinheiten von den Monopolbereichen Übertragung und Verteilung getrennt werden. Während der Übertragungsbereich aus den EVU komplett herausgelöst wurde, gab es in den Bereichen Erzeugung, Verteilung und Versorgung nur ein Unbundling im Sinne einer buchhalterischen und organisatorischen Trennung. Allen Anbietern und Nachfragern wurde ein freier Netzzugang durch Svenska Kraftnät gewährt (Third Party Access), die bis dahin geschlossenen Versorgungsgebiete wurden geöffnet.[38]

---

38 Energimyndigheten (1999).

Außerdem trat Schweden 1996 dem von Norwegen gegründeten Nord Pool bei, der als freiwilliger Pool organisiert ist. Der schwedische Netzbetreiber Svenska Kraftnät kaufte 50 % der Anteile an Nord Pool und betreibt diesen freiwilligen Pool zusammen mit dem norwegischen Netzbetreiber Statnett.

In den Jahren seit 1996 ist eine Verschärfung des Wettbewerbs und eine Konsolidierung auf dem Markt durch zahlreiche Fusionen und Akquisitionen festzustellen. Ähnlich wie in Norwegen sind ausländische Versorger, Händler und Broker, Einkaufsgemeinschaften sowie Ölgesellschaften als neue Marktakteure aufgetreten. Beispiele für ausländische Versorger sind Eastern Energy (Gründung von Lund Eastern Energi), IVO (Beteiligung an Birka), EdF und PreussenElektra.

Die schwedische Stromerzeugung basiert zu 53 % auf Kernenergie, zu 37 % auf Wasserkraft und stammt zu 10 % aus Wärmekraftwerken.[39] Somit besteht wie in Norwegen durch den hohen Anteil an Wasserkraft eine Abhängigkeit der Stromversorgung vom Wetter. So lag der Strompreis an der Börse im Frühjahr 1996, einem wasserarmen Jahr, bei ca. 20 Öre/kWh, im Sommer 1998, einem sehr wasserreichen Jahr, bei nur ca. 5 Öre/kWh.[40]

Mit der Liberalisierung konnten alle Kunden ihren Energieversorger frei wählen, jedoch mußte der Wechsel sechs Monate im voraus angekündigt werden und moderne Meßgeräte zur stündlichen Messung vorhanden sein, d. h. in der Regel durch den Kunden gekauft werden. Diese Regelungen beeinflußten das Verhalten der Kunden erheblich, trotz Liberalisierung wechselten bis dato nur ca. 1 % der Haushaltskunden ihren Versorger.[41] Zudem sind die Preise für Haushaltskunden seit 1996 gestiegen, teilweise bedingt durch den Anstieg der Erzeugersteuer im Jahr 1997. Für Industriekunden sah die Situation besser aus, 25–30 % handelten im ersten Jahr der Liberalisierung neue Verträge zu verbesserten Konditionen aus.[42]

Ende 1998 beschloß das schwedische Parlament die Abschaffung der stündlichen Messung und die Möglichkeit eines monatlichen Versorgerwechsels, beginnend zum 1. November 1999. Ab diesem Zeitpunkt ist mit vermehrten Wechselaktivitäten der Kunden zu rechnen.[43]

Auch in Schweden besteht der Strompreis aus den Bestandteilen Netznutzungsgebühr, Steuern und Abgaben sowie dem eigentlichen Preis für Elektrizität. Die verschiedenen Komponenten müssen bei der Rechnungsstellung separat ausgewiesen werden. Im Vergleich zu anderen liberalisierten Märkten werden in Schweden nur wenige Preisdifferenzierungsmöglichkeiten genutzt. Um dem Ri-

---

39 www.strom.de/sw_lb_s.htm
40 Energimyndigheten (1999).
41 Expertengespräche mit Marketing-Experten im Februar 1999.
42 Energimyndigheten (1999) und www.strom.de/sw_lb_s.htm.
43 Swedish Power Association (1999).

siko starker Strompreisschwankungen durch unterschiedliche Wassermengen zu begegnen, können sich schwedische Kunden durch Verträge mit einer Preisgarantie über eine fixierte Laufzeit absichern. In der Regel erhält der Kunde dabei einen Preisabschlag gegenüber den Standardpreisen. Bei Jönköping Energi konnte der Kunde beispielsweise im September 1999 Verträge mit verschiedenen Laufzeiten und Fixpreisen für die Jahre 1999–2002 abschließen. Sollten die Preise für die normalen Verträge gesenkt werden, wird der Strompreis im langfristigen Vertrag auch gesenkt. Ähnliche Verträge mit garantierten Preisen bietet Öresundskraft seinen Kunden an.

Auch eine Preisdifferenzierung nach der Abnahmemenge wird wenig angewandt. Eine Ausnahme bildet hier Helsingborg Energi, wo Kunden einen dreijährigen Vertrag mit Fixpreisen abschließen können, der in Abhängigkeit von der Abnahmemenge unterschiedliche Preise pro kWh enthält.

Im Unterschied zu Norwegen bietet nahezu jedes schwedische Unternehmen einen Umwelttarif an, ein Beispiel ist der Tarif „Bra Miljöval" (gute Umweltwahl) von Göteborg Energi. Außerdem werden einige anwendungsabhängige Tarife angeboten. Viele Energieversorger unterscheiden ihre Tarife danach, ob der Kunde eine Elektroheizung hat oder nicht, erstere erhalten günstigere Tarife. Eine weitere Besonderheit ist eine Unterscheidung in der Tarifierung nach permanenter und nicht permanenter Bewohnung von Häusern, z. B. für Wochenendhäuser. Für Kommunen bietet Västeras Energi & Vatten einen Tarif für Straßenbeleuchtung an.

Eine auf verschiedene Kundensegmente ausgerichtete Tarifierung gibt es weder bei Haushalts- noch bei Gewerbekunden. Ebensowenig gibt es eine bewußte regionale Preisdifferenzierung, lediglich unterschiedliche Nutzungsentgelte führen zu regionalen Preisunterschieden.

Wie in Norwegen, aber im Unterschied zu Großbritannien, gibt es in Schweden keine Rabatte für bestimmte Zahlungsvarianten, der Kunde kann ohne Aufschlag die für ihn angenehmste Zahlungsart wählen.

Diverse zusätzliche Leistungen, zum Teil kostenpflichtig, bieten schwedische EVU ihren Kunden an. Ein interessantes Beispiel ist der Kundenclub von Öresundskraft. Für eine jährliche Gebühr von ca. 250 Kronen (54 DM) – für Kunden, die neben Strom auch Fernwärme oder Gas beziehen, nur die Hälfte des Betrages – werden u. a. folgende Clubleistungen angeboten:

◆ Ein persönlicher Ansprechpartner für alle Energiefragen
◆ Kostenloser Verleih von Meßgeräten
◆ Kostenlose Rechnungserstellung mit detaillierter Übersicht über den Stromverbrauch der letzten 24 Monate
◆ Clubzeitung (zweimal jährlich)
◆ Rabatte auf Elektrogeräte und bei Konzerten und Sportveranstaltungen

Einige schwedische EVU bieten neben Elektrizität auch Fernwärme und Gas an, wobei für eine gebündelte Abnahme in der Regel keine Preisnachlässe gewährt werden.

Die Kommunikationsmaßnahmen enthalten überwiegend Botschaften über Preisrabatte. Außerdem wird die Konzernmarke bei den Kommunikationsmaßnahmen stark betont, wobei manche Unternehmen Spezialtarife über getrennte Marken absetzen. Ein Beispiel hierfür ist Sydkraft, das bis Anfang 1999 Strom gleichzeitig über die Marken Spektra und Sydkraft vertrieben hat. Mittlerweile hat sich das Unternehmen jedoch gegen diese Strategie entschieden, da sie zu teuer und wenig lohnenswert war. Ein weiteres Beispiel ist Gullspång Kraft AB. Dieses Unternehmen vertreibt Strom zum einen über die Marke Gullspång, zum anderen über die Marke Hemel, was sinngemäß soviel wie Haushaltselektrizität bedeutet.

Die meist verwandten Vertriebswege sind Call Center, Teleshops, Internet und Shops, wobei Call Center von allen Wettbewerbern als Vertriebskanal eingesetzt werden, eigene Shops hingegen nur von wenigen Wettbewerbern. Mehr und mehr nutzen schwedische Versorgungsunternehmen das Internet. Ein Beispiel hierfür ist Jämkraft AB, das Kunden einen Versorgerwechsel online ermöglicht.

Zusammenfassend präsentiert sich der schwedische Markt im Vergleich zu Großbritannien oder Norwegen als im Wettbewerbssinn noch nicht so weit entwickelt. Allerdings startete der eigentliche Liberalisierungsprozeß auch erst später. Gründe für den weniger entwickelten Markt liegen in den im Vergleich zu Großbritannien nicht so radikalen Reformen, d. h. vertikal integrierte Unternehmen können weiter existieren. Außerdem gehört der Großteil des schwedischen Elektrizitätssystems weiterhin der öffentlichen Hand. Hier besteht ein Optimierungspotential. Während Industriekunden durchaus mit den Entwicklungen zufrieden sein konnten, stellten die Reformen für Haushaltskunden bisher keine wirkliche Verbesserung dar. Die Versorgungsunternehmen hinken bezüglich ihrer Marketingaktivitäten hinter den britischen Unternehmen her, die die ganze Bandbreite an Preisdifferenzierungsmaßnahmen und Zusatzdiensten anbieten.

Insgesamt aber ist der schwedische Markt ein attraktiver Markt, der zunehmend mit den anderen nordischen Märkten zusammenwächst. Die Attraktivität beweist das Engagement zahlreicher ausländischer Energieversorger. Die Kunden werden sich in Zukunft wahrscheinlich über Neuerungen freuen können, die sich aus Kundenbindungs- und -gewinnungsmaßnahmen der in- und ausländischen Versorger ergeben.

4 | Internationale Strommärkte

Außerhalb Europas sind ähnliche Liberalisierungstendenzen festzustellen. Vorreiterrolle nehmen hier die Strommärkte in den USA, hier insbesondere Kalifornien und Pennsylvania, und Neuseeland ein. Diese Märkte liefern interessante Beispiele für den Einfluß der verschiedenen staatlich festgelegten Regeln und Rahmenbedingungen auf die Entwicklung des jeweiligen Marktes und die Aktivitäten der Marktakteure.

4.1 Kalifornien

Der Liberalisierungsprozeß ist in den einzelnen US-Bundesstaaten unterschiedlich weit fortgeschritten, da keine einheitliche nationale Regelung existiert.[44] Am weitesten fortgeschritten auf dem Weg zu freien Strommärkten ist Kalifornien.

Vor der Liberalisierung gab es in Kalifornien und auch Pennsylvania, im Unterschied zu Ländern wie Großbritannien, anstatt eines einzelnen staatlichen Elektrizitätsmonopols mehrere Unternehmen, die Strom erzeugten und vertrieben. Im Falle Kaliforniens versorgten drei Unternehmen in Privatbesitz, Pacific Gas & Electric (PG&E), Southern California Edison (SCE), San Diego Gas & Electric (SDG&E) sowie einige kommunale Versorger, beispielsweise in Los Angeles, die Kunden in ihren jeweiligen Versorgungsgebieten.

Grundlage für die Deregulierung des kalifornischen Strommarktes war die „Assembly Bill 1890" aus dem Jahr 1996. In diesem Gesetz wurde festgelegt, daß die Privatunternehmen, die 80 % der Kunden in Kalifornien versorgten, ihr Monopol zum 1. 1. 1998 verlieren und so der Wettbewerb um den Verkauf von Strom beginnen sollte. Die kommunalen Versorger waren von dieser Regelung ausgenommen. Mit dreimonatiger Verspätung aufgrund von Problemen mit dem Computersystem wurde der kalifornische Strommarkt am 1. 4. 1998 geöffnet, alle Kunden außer denen der kommunalen Versorgungsunternehmen können seitdem ihren Versorger frei wählen.

Wichtig zu erwähnen ist die Berücksichtigung der „Stranded Costs" in den Rahmenbedingungen der Deregulierung, im Gegensatz zu beispielsweise Großbritannien. Alle Kunden in Kalifornien müssen bis zum Jahr 2002 eine sogenannte „Competition Transition Charge" (CTC) in Höhe von ca. 3 Cents pro kWh als festen Bestandteil ihrer Stromrechnung bezahlen. Mit dieser Gebühr werden die Investitionskosten der ehemaligen Monopolunternehmen in mittlerweile überflüssige und veraltete Kraftwerke beglichen. Die Berücksichtigung der Stranded

---

44 Zur Zeit erarbeitet das Energiekomitee im US-Kongreß an einem Gesetzesvorschlag für eine nationale Gesetzgebung (vgl. o. V. 1999c).

Costs stellt eine starke Einschränkung des Wettbewerbs dar, da der Preissetzungsspielraum für neue Anbieter stark eingeschränkt wird.

Als weitere Neuerung wurde eine Strombörse eingerichtet („Power Exchange"), an der Erzeuger, Versorgungsunternehmen (private und kommunale), Händler und große Stromverbraucher auftreten. Die drei großen kalifornischen Erzeuger müssen von März 1998 bis März 2002 ihre gesamte Erzeugung an die Strombörse verkaufen und von dieser kaufen, um eigene Verteilungs- und Versorgungsunternehmen mit Strom zu versorgen. Andere Erzeuger, unabhängige (IPP), kommunale und Erzeuger aus anderen Staaten haben die freie Wahl, ob sie an der Börse agieren. Insofern stellt dieses System ein Mischform eines obligatorischen und eines freiwilligen Pools dar.

Mit der Liberalisierung haben sich die Marketing- und Vertriebsaktivitäten der drei großen Versorgungsunternehmen Pacific Gas & Electric, Southern California Edison und San Diego Gas & Electric rapide verstärkt. Jedes Unternehmen hat eine unabhängige Vertriebsgesellschaft gegründet, die in den Versorgungsgebieten der anderen Unternehmen Strom anbietet, was den Versorgungsunternehmen per Gesetz verboten ist.

Die größten Aktivitäten gehen jedoch von den Neueinsteigern aus, sogenannten „Energy Service Providern" (ESP), die den Kunden Rabatte bieten und einen starken Schwerpunkt auf den Vertrieb von umweltfreundlichem Strom legen. Im September 1999 gab es 28 ESP in Kalifornien. Die Neueinsteiger werben um Kunden mit „Sign-up"-Gutschriften, prozentualen Abschlägen auf die erste Rechnung und auf den Strompreis an der Börse.

Trotz der neuen Wettbewerber ist die Wechselrate bei den Haushaltskunden bisher jedoch sehr niedrig gewesen. Bis Mai 1999 haben lediglich ca. 1 % der Haushaltskunden ihren Versorger gewechselt.[45] Dies lag hauptsächlich an dem mangelnden finanziellen Anreiz, bedingt durch zwei Umstände. Erstens ist nur ein relativ geringer Teil von ca. 20–30 % des Strompreises dem Wettbewerb ausgesetzt, nämlich lediglich der Preis an der Strombörse, der „Power Exchange (PX) Charge". Die anderen Komponenten des Strompreises sind fix.[46] Die von den neuen Wettbewerbern angebotenen Rabatte von bis zu 10 % auf den Börsenpreis bewirken somit nur einen maximal dreiprozentigen Gesamtrabatt auf die Rechnung. Zweitens erhielten alle Haushalts- und Kleingewerbekunden per Gesetz einen automatischen zehnprozentigen Rabatt auf die Stromrechnung ab dem Marktöffnungstermin, dem 1. Januar 1998. Diese regulatorischen Umstände setzten geringe Anreize zum Wechsel.

---

45 o. V. (1999b).

46 Hierzu zählen neben der oben angesprochenen Competition Transition Charge Gebühren für Übertragung und Verteilung, Stillegung von Atomkraftwerken („Nuclear Decommissioning"), staatliche Wohlfahrtsprogramme („Public Purpose Programs") und Finanzierungskosten eines gesetzlich vorgeschriebenen Rabatts von 10 % („Trust Transfer Amount").

Mit den durch diese Umstände bedingten geringen Wechselraten waren auch die Markteintrittschancen und die Profitaussichten für Neueinsteiger sehr schlecht. Enron, als eines der größten Versorgungsunternehmen in den USA, mußte dies auf schmerzhafte Art erfahren. Gleichzeitig mit der Marktöffnung entschied sich Enron zum Markteintritt und startete eine enorme Werbekampagne. Unter anderem wurde Kunden zwei Wochen Gratisstrom versprochen. Trotz Ausgaben von 5 Mio. $ konnte Enron nur ca. 30.000 Haushaltskunden gewinnen und zog sich wieder aus dem Markt zurück.[47] Dieses Beispiel zeigt, wie eine staatlich verordnete Deregulierung nicht zum gewünschten Ziel eines stärkeren Wettbewerbs führt. Die drei Unternehmen Pacific Gas & Electric, Southern California Edison und San Diego Gas & Electric versorgen weiterhin die große Masse der Kunden mangels Anreizen durch die Deregulierung.

Trotz der mangelnden Anreize durch den Regulierer versuchen auch andere Unternehmen durch massive Werbekampagnen auf dem kalifornischen Markt Fuß zu fassen. Ein auffallendes Beispiel ist die Firma Commonwealth Energy, die durch aggressive Werbung im Radio und auf Plakaten im Süden Kaliforniens versucht, Kunden auf ihre Wechselmöglichkeiten aufmerksam zu machen. Ein weiteres interessantes Beispiel ist das Unternehmen Utility.com, das erste Versorgungsunternehmen in den USA, welches ausschließlich über das Internet operiert.[48] Utility.com verspricht seinen Kunden niedrigere Preise aufgrund geringerer Kosten für das Unternehmen. Obwohl die beiden genannten Unternehmen hohe Werbeanstrengungen unternommen haben, konnten sie bisher nur einen geringen Teil der Kunden für sich gewinnen. Dies läßt sich wiederum vor allem mit dem geringen Preissetzungsspielraum der Versorgungsunternehmen begründen.

Die Tarifmodelle der drei großen Anbieter haben sich durch die Deregulierung nicht grundlegend verändert. Schon vor der Liberalisierung gab es eine große Anzahl von Preisoptionen für Haushalts- und kleine Gewerbekunden, die es den Kunden erlauben sollten, den für sie besten Tarif zu wählen. Für Haushaltskunden besteht die Hauptwahlmöglichkeit zwischen zwei Tarifmodellen, wobei beide aus einer Grundgebühr und einem kWh-Preis bestehen. Beim sogenannten „Time-of-use Schedule" zahlt der Kunde ähnlich wie bei den in Deutschland üblichen HT/NT-Tarifen unterschiedliche kWh-Preise für bestimmte Zeiten, wobei zwischen Peak, Mid-Peak und Off-Peak Zeiten unterschieden wird. Im anderen Tarifmodell zahlt der Kunde auch zusätzlich zur Grundgebühr einen variablen kWh-Preis, die sogenannte „Baseline Charge", die für alle Tageszeiten gleich ist, jedoch nur innerhalb einer bestimmten Gesamtverbrauchsmenge. Überschreitet der Kunde die vorgegebene Verbrauchsmenge, so zahlt er die hö-

---

47 Baumann (1999), S. 14–18.
48 Utility.com veröffentlicht nicht einmal eine Telefonnummer auf der Internetseite.

here „Over Baseline Charge", d. h. einen höheren kWh-Preis, im Sinne eines negativen Mengenrabatts. Die Baseline ist nicht verhandelbar und hängt von der Region ab. Dies führt zu regionalen Preisunterschieden innerhalb Kaliforniens. Gewerbekunden haben neben diesen Tarifmodellen die Möglichkeit, saisonabhängige Tarife zu wählen.

In den Stromrechnungen sind die verschiedenen Rechnungskomponenten detailliert aufgeschlüsselt, wobei die PX Charge die wichtigste Größe für den Kunden darstellt, da nur hier Einsparungen möglich sind. Ein Kunde, der von einem der ehemaligen Monopolunternehmen zu einem anderen Versorger wechselt, kann wählen, ob er nach wie vor nur eine Rechnung von seinem ehemaligen Versorger erhält, in der die Gebühren entsprechend dem neu vereinbarten Tarif berücksichtigt sind, oder ob er zwei getrennte Rechnungen erhält, eine von seinem ehemaligen Versorger mit den fixen Rechnungskomponenten und eine Rechnung über die variable PX Charge von seinem neuen Versorger.

Die kalifornischen Kunden haben verschiedene Zahlungsmöglichkeiten, im Vergleich zu anderen liberalisierten Märkten bekommen die Kunden allerdings keine Rabatte für einzelne Zahlungsvarianten. Eine Besonderheit für Gewerbekunden ist die Möglichkeit einer „Single Source" Zahlung, d. h. einer einzelnen Rechnung für alle Filialen eines Unternehmens. Diese Zahlungsmöglichkeit wird von allen großen Versorgern angeboten.

In Ergänzung zu den grundsätzlichen Tarifmodellen bieten die kalifornischen Stromversorgungsunternehmen eine Reihe von Tarifoptionen an, z. B. einen Spezialtarif für elektrische Fahrzeuge, der beispielsweise von SCE unter dem Namen „EV Rate" angeboten wird. Eine der wichtigsten Optionen in Kalifornien ist umweltfreundlicher Strom. Viele EVU bieten spezielle Programme mit umweltfreundlichen Produkten an. Trotz eines Strompreises, der über den Standardtarifen liegt, ist eine zunehmende Anzahl von Kunden bereit, diese zusätzlichen Ausgaben zu tragen. Branding ist für umweltfreundliche Produkte stark ausgeprägt, Beispiele für Tarifnamen sind „Clean Choice" von PG&E, „Earth Source" von SCE oder „Tree Smart" von SDG&E. Normale Tarife haben dagegen keine speziellen Namen, es dominieren Bezeichnungen wie „General Service" oder „Domestic Rate".

In Ergänzung zu den verschiedenen Tarifoptionen bieten die EVU in Kalifornien ihren Kunden zusätzliche Dienstleistungen an und versuchen, sich so von den Konkurrenten abzusetzen. Alle Versorger bieten 24 Stunden Call Center-Dienste an. Darüber hinaus vertreiben sie ein Reihe von energiesparenden Produkten, wie Energiesparleuchten und Haushaltsgeräte. Für Industrie- und Gewerbekunden werden außerdem Energieberatung und -analyse, eine Bestpricing Option sowie Energiemanagementsysteme angeboten. Die Planung des gesamten Energieverbrauchs und des dafür am besten geeigneten Tarifs ist eines der Hauptinstrumente der EVU in Kalifornien zur Erhöhung der Kundenloyalität.

Insgesamt läßt sich feststellen, daß der regulatorische Rahmen eines limitierten Preissetzungsspielraums und einer staatlich garantierten Preisreduzierung von 10 % insbesondere den alten etablierten Anbietern keine Veranlassung gab, wirklich neuartige Tarifmodelle zu entwickeln, um sich vom Wettbewerb abzusetzen. Der limitierte Preiswettbewerb führte dazu, daß sich die Stromanbieter über Mehrwertdienstleistungen im Markt zu behaupten versuchen. Ein wichtiges Angebot stellt hier ökologischer Strom dar, der von fast allen angeboten wird. Einige neue Unternehmen haben versucht, sich mittels massiver Werbeauftritte am kalifornischen Markt zu etablieren, jedoch waren sie gemessen an den Wechselraten bisher nicht sehr erfolgreich. Ein auffallendes Beispiel ist der gescheiterte Versuch von Enron.

Der Bundesstaat Kalifornien informiert die Verbraucher über verschiedene Quellen bezüglich ihrer Wahl- und Wechselmöglichkeiten. Diese umfassen Webseiten im Internet, Informationsbroschüren und Fernsehspots. Andere Bundesstaaten, wie z. B. Pennsylvania, haben jedoch größere Anstrengungen unternommen, um ihre Bürger zu informieren. Dies mag dazu beigetragen haben, daß der Erfolg der Liberalisierung gemessen an den Wechselraten der Kunden bisher eher moderat war.

Alles in allem ist Kalifornien ein Beispiel für staatliches Vorgehen mit der richtigen Intention, aber den falschen Mitteln, so daß die gewünschten Wettbewerbseffekte nicht eintraten.

4.2 Pennsylvania

Der Strommarkt in Pennsylvania befindet sich in einem fortgeschrittenen Stadium der Deregulierung. Zwei Drittel der Bürger des Bundesstaates, d. h. ca. 3,5 Mio. Kunden, können zur Zeit ihren Energieversorger frei zwischen drei Gruppen wählen.

Im Gegensatz zu Kalifornien wurde der Strommarkt hinsichtlich der verschiedenen Regionen und Kunden nicht auf einen Schlag, sondern schrittweise liberalisiert. Der Liberalisierungsprozeß startete im Jahr 1996 mit der „Pennsylvania Electric Generation, Customer Choice & Competition Act", in der Richtlinien für die Deregulierung des Strommarktes aufgestellt wurden. Das Deregulierungsprogramm startete mit einem Pilotprogramm für eine kleinere Kundengruppe, um die Auswirkungen der Deregulierung besser abschätzen zu können. Die Liberalisierung beinhaltete folgende Regelungen:

◆ Die Kunden müssen zur Amortisation der „Stranded Costs" der ehemaligen Monopolisten für eine maximale Übergangszeit von zehn Jahren, ähnlich wie in Kalifornien, eine Übergangsgebühr, die „Competition Transition Charge", zahlen.

◆ Die Kosten für Übertragung und Verteilung wurden für 1 1/2 Jahre für die Endkunden festgeschrieben.

◆ Die Stromanbieter müssen in ihren Rechnungen die Erzeugungs-, Übertragungs- und Übergangskosten getrennt ausweisen.[49]

Auch in Pennsylvania wurde eine Strombörse eingerichtet, die als freiwilliger Pool organisiert ist, d. h. es werden neben den Börsengeschäften auch zweiseitige Verträge zwischen einzelnen Parteien geschlossen.

Außerdem wurde eine Regulierungsbehörde, die Pennsylvania Public Utilities Commission (PUC), errichtet, die den Übergang in den freien Markt und das Wettbewerbsverhalten der Marktteilnehmer kontrollieren sollte. Im September 1999 haben 3,5 Mio. der insgesamt ca. 5,25 Mio. Stromkunden die Möglichkeit zur freien Wahl ihres Versorgers. Das Deregulierungsprogramm wird zum Januar 2000 abgeschlossen werden, dann haben alle Kunden die freie Wahl des Stromanbieters.

Vor der Liberalisierung gab es in Pennsylvania elf regionale Stromanbieter, deren Aktivitäten auf ihr Versorgungsgebiet beschränkt waren. Nach der Liberalisierung dürfen diese regionalen Anbieter ihren Strom im gesamten Bundesstaat verkaufen. In einigen Fällen haben diese Unternehmen Tochtergesellschaften gegründet, die in den anderen Regionen am Wettbewerb teilnehmen. Beispielsweise hat PECO Energy die unabhängige Tochter Exelon Corporation gegründet, die Strom in ganz Pennsylvania vertreibt. Exelon konnte erfolgreich Marktanteile gewinnen und ist momentan dabei, auch in andere US-Bundesstaaten zu expandieren, die ihre Strommärkte deregulieren.[50] Außer diesen Töchtern von ehemaligen Monopolunternehmen sind im Markt ein Reihe neuer Anbieter, wie der Ökostromanbieter Green Mountain Energy Resources, tätig.

Haushalts-, Gewerbe- und Industriekunden können wählen, ob sie bei ihrem alten Versorger bleiben oder zu einem anderen Versorger, Händler, Broker oder Bündler wechseln. Die Kunden müssen jedoch wie in Kalifornien die Verteilungs- und Wettbewerbsübergangsgebühren an den jeweiligen regionalen Anbieter entrichten.

Im Unterschied zu Kalifornien machen die wettbewerbsrelevanten Energiekosten mit ca. 40 % einen relativ großen Anteil an den Gesamtkosten aus. Dementsprechend größer ist der Preissetzungsspielraum für die Versorgungsunternehmen. Der Hauptgrund dafür ist, daß es in Pennsylvania im Unterschied zu Kalifornien keine gesetzlich festgelegte Reduktion der Stromkosten gibt, die zu finanzieren ist. Insgesamt können Kunden Ersparnisse von bis zu 10 % auf ihre Stromrechnung erzielen.

---

49 www.pa-electric.org
50 www.exelon.com

Wie in Kalifornien gibt es für Kunden die grundsätzlichen Tarifmodelle „Time-of-use Schedule" und „Baseline Charge/Over Baseline Charge". Diese Tarifmodelle haben sich durch die Liberalisierung kaum verändert. Ebenso wie in Kalifornien sind die Strompreise regional stark unterschiedlich, die von den Unternehmen offerierten regionalen Preise beruhen auf einem von der Regulierungsbehörde für die jeweilige Region festgelegten Basispreis.

Bei der Kommunikation konzentrieren sich die Versorgungsunternehmen in Pennsylvania auf den kWh-Preis ihres Stroms im Vergleich zum Wettbewerb, im Gegensatz zu Kalifornien, wo die Energieversorger in der Kommunikation ihrer Preisstrategien auf die Gewährung von Rabatten auf den Strombörsenpreis abzielen. Dies erlaubt den Kunden einen einfachen und direkten Preisvergleich der einzelnen Anbieter.

Bei der Rechnungsstellung werden wie in Kalifornien die verschiedenen Rechnungskomponenten detailliert aufgeschlüsselt, und ein Kunde, der wechselt, kann wählen, ob er nur eine Rechnung von seinem ehemaligen Versorger oder zwei getrennte Rechnungen erhält, eine von seinem ehemaligen Versorger mit den Verteilungs- und Wettbewerbsübergangsgebühren und eine von seinem neuen Versorger über den eigentlichen Strompreis.

Die Versorger in Pennsylvania gewähren grundsätzlich keine Rabatte auf bestimmte Zahlungsformen. Eine Ausnahme ist der Neueinsteiger Detroit Edison (DTE) in Pennsylvania. Detroit Edison bietet seinen Kunden verschiedene Zahlungsmöglichkeiten, entweder per Post oder online, wobei zwischen monatlicher und jährlicher Vorauszahlung gewählt werden kann. Bei der günstigsten Zahlungsweise, der jährlichen Online-Vorauszahlung, spart ein Normalkunde jährlich bis zu 40 DM gegenüber einer monatlichen Zahlung per Post.[51] Auch andere Versorgungsunternehmen bieten ihren Kunden einen Online-Service für die Bezahlung ihrer Rechnung an, jedoch nur als eine zusätzliche Service-Option, die nicht mit Rabatten verbunden ist.

In bezug auf Zusatzleistungen kann ein Wandel der Versorgungsunternehmen zu Gesamtversorgern festgestellt werden. Zunehmend werden Kunden neben Strom auch Gas, Wasser und Telekommunikationsdienste angeboten. PECO Energy bietet beispielsweise Kunden Strom und Gas zusammen an. GPU Energy hingegen bietet seinen Kunden zusätzlich zum Strom Telekommunikationsdienste an. Im Gegensatz zu Großbritannien bieten wenige Versorgungsunternehmen ihren Kunden zusätzliche Rabatte auf die Nutzung gebündelter Leistungen an.

Die traditionellen Vertriebswege, wie Call Center und Direct Mailings, dominieren nach wie vor den Strommarkt in Pennsylvania. Die Liberalisierung hat nicht zur verstärkten Einrichtung neuer Verkaufsstellen bzw. Shops geführt. Das Internet spielt zunehmend eine wichtige Rolle, insbesondere bei der Aufklärung

---

51 www.dtcsavings.com

der Kunden über die neu gewonnenen Möglichkeiten im liberalisierten Markt. Eine der am meisten über das Internet kommunizierten Themen ist die Bedeutung von erneuerbaren Energiequellen. Insbesondere Marktneueinsteiger haben dieses Thema vorangetrieben und werben mit dem Vertrieb von umweltfreundlichem Strom, als Gegensatz zu dem überwiegend aus Kohlekraft gewonnenen traditionellen Strom. Einer der Hauptanbieter ist Green Mountain Energy Resources, mit drei verschiedenen umweltfreundlichen Tarifen, die wie folgt ausgestaltet sind:[52]

Econ Smart: 1 % regenerative Energie, 99 % aus sauber verbrennendem Gas oder Wasserkraft, Strompreis von 4,04 Cents pro kWh

Enviro Blend: 50 % regenerative Energie, 50 % aus sauber verbrennendem Gas oder Wasserkraft, Strompreis von 5,06 Cents bis 1200 kWh bzw. 4,23 Cents über 1200 kWh

Nature's Choice: 100 % regenerative Energie (keine Verbrennungsgasemissionen mehr), Strompreis von 5,70 Cents bis 1200 kWh bzw. 4,66 Cents über 1200 kWh

Obwohl der aus erneuerbaren Energiequellen gewonnene Strom im allgemeinen teurer ist als herkömmlicher Strom, sind die Kunden zunehmend bereit, die höheren Kosten zu tragen, um einen Beitrag zum Umweltschutz zu leisten.

Obwohl sich der Strommarkt in Pennsylvania noch in einer relativ frühen Phase der Liberalisierung befindet, gab es dennoch insbesondere für die Kunden einige Neuerungen. Mit der Deregulierung des Strommarktes wurden die Kunden plötzlich mit einer Reihe von neuen Preisoptionen, Anbietern und auch neuen Produkten konfrontiert.

Im Vergleich zu Kalifornien waren die eingeführten Liberalisierungsmaßnahmen und die Marketingaktivitäten der Anbieter gemessen an den Wechselraten wesentlich erfolgreicher. Im Zeitraum von Beginn der Liberalisierung bis September 1999 haben mehr als 10 % der Kunden, die die Wahlmöglichkeit hatten, ihren Versorger gewechselt.[53]

Die eingerichtete Aufsichtsbehörde spielte in diesem Zusammenhang die wichtige Rolle, die Kunden über die Entwicklungen und ihre Möglichkeiten neutral zu informieren. Die Werbe- und Informationskampagnen des Bundesstaates können hier als weit effektiver als die in Kalifornien gesehen werden. Es wurden sowohl in Printmedien als auch im Fernsehen Anzeigen geschaltet und Massenmailings eingesetzt. Diese Aufklärungskampagnen machten es für die Kunden leichter, sich zu informieren und das EVU zu wechseln. Andererseits ermöglichte dies den EVU, und hier insbesondere Neuanbietern, neue Kunden zu gewinnen.

---

52 www.gmer.com
53 www.pa-electric.org

Zwei Hauptlehren können aus dem liberalisierten Strommarkt in Pennsylvania für andere Märkte gezogen werden. Die Erfahrungen haben gezeigt, wie wichtig es ist, Kunden frühzeitig und auf breiter Ebene über die neuen Möglichkeiten im Zuge der Liberalisierung zu informieren. Dies geschah im Unterschied zu Kalifornien in Pennsylvania sehr erfolgreich durch den Staat. Außerdem kann an den Entwicklungen gesehen werden, daß der Strompreis der zentrale Faktor bei der Wahl eines EVU ist, aber daß dessen Bedeutung abnimmt durch die Ausweitung des Serviceangebotes und durch den Wandel der EVU zu sogenannten „Multi-Utility"-Unternehmen, die dem Kunden Strom, Gas, Wasser und Telekommunikationsdienste anbieten.

4.3 Neuseeland

In Neuseeland gab es vor der Liberalisierung einen einzigen Energieversorger, die „Electricity Company of New Zealand" (ECNZ). Der Liberalisierungsprozeß begann bereits 1987 mit einem Pilotprogramm, um verschiedene Szenarien für die Deregulierung zu analysieren.

Nach dieser Probezeit startete die eigentliche Deregulierung im Jahr 1994 mit der Ausgliederung des nationalen Netzes aus der ECNZ in das staatliche Unternehmen Transpower. Ein Jahr später wurde die ECNZ in zwei Unternehmen aufgeteilt: die ECNZ und Contact Energy. 1996 wurde der Strommarkt von Neuseeland, der „New Zealand Electricity Market" (NZEM) gegründet, an dem die EVU ihren Strom kaufen und verkaufen müssen (obligatorischer Pool). Als letzte Stufe der Liberalisierung wurde die ECNZ durch die „Electricity Industry Reform Act" in drei EVU aufgeteilt, Genesis Power, Meridian Energy sowie Mighty River Power, um den Wettbewerb im Strommarkt zu erhöhen.

Mit Inkrafttreten des Gesetzes im April 1998 wurde den lokalen Verteilungsgesellschaften („Local Line Companies"), Stromerzeugung und -vertrieb verboten, ihnen blieb lediglich der Besitz der lokalen Verteilungsnetze. Stromerzeugern hingegen wurde der Vertrieb von Strom erlaubt. Allerdings wurden für die lokalen Verteilungsgesellschaften keine Preiskontrollen festgelegt, wodurch der Wettbewerb stark eingeschränkt wurde. Weitere Wettbewerbseinschränkungen ergeben sich dadurch, daß sich auch heute noch, nach der Liberalisierung, fast 60 % der Stromerzeugung in öffentlicher Hand befinden und daß seit der Marktöffnung nur wenige neue Anbieter in den neuseeländischen Markt eingetreten sind. Neben den öffentlichen und privaten Stromerzeugern gibt es mittlerweile fünf Stromhändler in Neuseeland.[54]

---

54 Für nähere Informationen über die Struktur des neuseeländischen Marktes siehe www.consumer.org.nz/powerswitch/industry.html.

Die neuseeländischen Kunden können ihren Versorger frei wählen. Um die Energie an den Stromkunden liefern zu können, müssen sich die Händler und Stromerzeuger der regionalen Netzgesellschaften bedienen, welche die lokalen Netzwerke betreiben. Derzeit existieren in Neuseeland ca. 30 lokale Netzunternehmen mit verschiedenen Eigentümerstrukturen.

Obwohl der Wettbewerb im neuseeländischen Strommarkt als Folge der Liberalisierung zunahm, stiegen die Preise für Haushaltskunden in einigen Gebieten (z. B. Wellington, Auckland und Christchurch) in der Zeit von Mai 1998 bis Mai 1999 an.[55] Nach Einschätzung von Experten sind viele Kunden heute der Meinung, daß es ihnen in der Zeit vor der Liberalisierung besser ging.[56]

Die Tarifmodelle in Neuseeland setzen sich aus einer Grundgebühr und einem kWh-Preis zusammen. Für den variablen Anteil existieren nach Auskunft der Verbraucherorganisation Power Switch sechs Modelle, wobei nicht jeder Versorger sämtliche Varianten anbietet:[57]

1. Ungeregelte Stromabnahme: Ein einheitlicher Strompreis gilt für 24 Stunden am Tag.

2. Geregelte Stromabnahme mit einem Zähler: Das EVU ist in der Lage, die Energiezufuhr zum Warmwasserboiler zu kontrollieren. Das Verfahren wird „Ripple Control" genannt und ist eine weit verbreitete technische Anwendung, die effektives Lastmanagement möglich macht. Es nutzt die elektrischen Netze als Kommunikationsmedium für die Übertragung von Informationen von einem zentralen Punkt zu einer unbegrenzten Anzahl von entfernten Punkten. Bei hoher Energieabnahme zu Tagesspitzenzeiten kann der Energieversorger die Verteilung der Energie durch Ripple Control regeln. Andere Anwendungen, die mittels Ripple Control gesteuert werden können, sind z. B. multitarifäre Zähler und Straßenbeleuchtungen.[58] Ripple Control hat sich in Neuseeland zu einem Standard entwickelt. Es gilt der gleiche Preis für geregelte und ungeregelte Stromabnahme. Der Vorteil für die Haushalte liegt darin, daß die Warmwasserbereitung nicht rund um die Uhr läuft, während die EVU in der Hinsicht profitieren, daß sie den Stromverbrauch effektiv regeln und planen können.

3. Geregelte Stromabnahme mit zwei Zählern: Bei dieser Variante hat der Kunde zwei separate Zähler für geregelte bzw. ungeregelte Stromabnahme. Für jeden Zähler gibt es einen separaten Tarif, wobei die geregelte Stromabnahme billiger ist.

---

55 Ministry of Commerce, New Zealand, http://www.moc.govt.nz/ers/inf_disc/prices/index.html
56 Expertengespräche mit Marketing-Managern in Neuseeland, August 1999.
57 www.consumer.org.nz/powerswitch/pricingplans.html
58 www.enermet.co.nz/products/ripple.htm

4. Tag&Nacht-Tarif mit ungeregelter Stromabnahme: Es gelten verschiedene kWh-Preise für Tag- und Nachtstrom, das EVU kontrolliert die Energiezufuhr zum Warmwasserspeicher jedoch nicht.

5. Tag&Nacht-Tarif mit geregelter Stromabnahme: Es gelten verschiedene kWh-Preise für Tag- und Nachtstrom, das EVU kontrolliert die Energiezufuhr zum Warmwasserspeicher. Es gilt der gleiche Preis für geregelte und ungeregelte Stromabnahme.

6. Prepaid Tarif: Bei diesem Modell wird der Strom im voraus bezahlt, entweder durch Aufladen einer SmartCard oder mittels einer PIN-Nummer, mit der das Stromkonto belastet wird. Vorausbezahlter Strom ist gewöhnlich etwas günstiger. Wenn der Kunde jedoch die vorbezahlte Energiemenge ausgeschöpft hat, muß eine Notfallaufladung des Stromkontos oder der SmartCard getätigt werden, was teuer ist. Einige EVU kombinieren Prepaid Tarife mit Energiemanagementsystemen, die dem Kunden vor der Benutzung eines elektrischen Geräts die voraussichtlichen Kosten anzeigen, damit der Kunde entscheiden kann, ob er eventuell mit der Benutzung wartet, bis der Strompreis fällt.

Spezielle Namen erleichtern den Überblick über bestimmte Tarifgruppen und die Einprägsamkeit; Beispiele sind „Always Energy", „Power Plus" oder „Supersaver Day/Night". Always Energy ist beispielsweise ein Tarif mit ungeregelter Stromabnahme und einem einheitlichen 24stündigen kWh-Preis. Neuseeländische Versorger bieten für Privatkunden, z. B. „Mercury Electricity Household", und für gewerbliche Kunden, z. B. „TransAlta Commercial Anytime", unterschiedliche Tarife an.

Bei einer längerfristigen Bindung an das EVU offerieren einige EVU Rabatte. In Trust Powers „Friends Program" erhalten Kunden einen fünfprozentigen Rabatt, wenn sie im August 1999 einen Vertrag bis März 2001 unterschreiben.[59] Das Programm verhilft Trust Power nach eigenen Angaben, den Energiebedarf genauer zu prognostizieren und so kostengünstiger Strom einkaufen zu können.

Größtenteils existieren in Neuseeland konventionelle Zahlungsmethoden (Bankeinzug, telefonisch, persönlich, Scheck). Rabatte werden z. B. bei Sofortzahlung gewährt, wie beim Prompt Payment Program von Meridian Energy, wo der Kunde einen fünfprozentigen Rabatt bei sofortiger Zahlung erhält.

Als einzige Zusatzleistung wird ein Kundendienst 7 Tage die Woche (Trust Power, Meridian Energy, Trans Alta), teilweise auch rund um die Uhr (24/24 von Mercury, First Electric) angeboten. Bei den Distributionskanälen dominieren die konventionellen Absatzwege.

---

59 www.trustpower.co.nz

Das Hauptziel der Liberalisierung des Strommarktes war, durch gesteigerten Wettbewerb Preissenkungen herbeizuführen, um so vor allem die Endverbraucher profitieren zu lassen. Das Ergebnis der durchgeführten Maßnahmen widerspricht jedoch grundlegend dieser Zielsetzung, da die Stromkosten für den Endverbraucher teilweise erheblich gestiegen sind. So kündigte beispielsweise Trans Alta, das Unternehmen mit dem größten Kundenstamm, gleich zu Beginn des freien Wettbewerbs im April 1998 Preiserhöhungen zwischen 3 und 13 %, je nach Region, an. Zusätzlich erhöhten die lokalen Verteilungsgesellschaften ihre Preise.

Die Unternehmen begründeten dies damit, daß ihre Kosten gestiegen waren, da sie den lokalen Gesellschaften die Kunden abkaufen mußten. Es scheint allerdings, daß sowohl die Erzeuger als auch die lokalen Verteiler die für die Kunden unklare Situation ausnutzten, um ihre Preise zu erhöhen und zu Lasten der Kunden ihre Profite zu maximieren. Die lokalen Verteilungsgesellschaften hatten dazu den Freiraum, da es für sie keine Preiskontrollen gab. Dies ist einer der größten Kritikpunkte an dem gewählten Ansatz. Allerdings sollte auch berücksichtigt werden, daß der neuseeländische Strommarkt im Vergleich zu den anderen analysierten Märkten klein und zudem vollkommen isoliert ist.

5 | Fazit

Was bleibt nun stehen nach der Betrachtung von sechs verschiedenen ausländischen Märkten?

Aus regulatorischer Sicht läßt sich feststellen, daß es möglich ist, das Ziel der Wettbewerbs- und Effizienzsteigerung mit den richtigen Methoden zu erreichen. Großbritannien ist das Paradebeispiel für eine gelungene Deregulierung. Das Modell eines obligatorischen Pools scheint am besten geeignet, fairen Wettbewerb zu fördern und effiziente Marktergebnisse zu liefern. Außerdem läßt sich aus den Analysen ableiten, daß eine saubere Trennung in Wettbewerbs- und natürliche Monopolbereiche notwendig ist und daß klare Rahmenbedingungen und Regeln durch den Staat aufzustellen sind. Das Beispiel Neuseelands zeigt dies deutlich. Außerdem ist eine Aufklärung der Kunden notwendig, um diesen ihre neu gewonnenen Möglichkeiten in einem liberalisierten Markt aufzuzeigen.

Aus Marketingsicht lassen sich aus den aufgeführten Beispielen für den Praktiker direkte Anregungen für innovative Produkte, Preismodelle, Kommunikationsansätze und Vertriebskanäle ableiten. Eine Vielzahl von Beispielen liefert hier Großbritannien mit einer großen Menge an Produkten, Tarifmodellen, Zahlungsmethoden, neuartigen und gebündelten Dienstleistungen sowie neuen Vertriebswegen. Hier ist der Wandel von einem Monopolmarkt zu einem auf den Kunden ausgerichteten Markt in seiner reinsten Form zu erkennen. Aber auch andere Märkte liefern eine Reihe von interessanten Beispielen für den deutschen Betrachter.

Eine wichtige Erkenntnis ist auch, daß sich die Marketingaktivitäten den lokalen Gegebenheiten anpassen müssen. Ein Ökostrom-Tarif in einem Land, das ausschließlich Strom aus Wasserkraft bezieht, wird von den Kunden nicht akzeptiert. Im Gegenteil, der Kunde weiß, was er will, seien es Tarife für die Heutrocknung oder für das Aufladen von elektrischen Fahrzeugen. Es gilt, diese Kundenwünsche herauszufinden und in geeignete Marketingmaßnahmen umzusetzen. Es gilt auch, neue Wege zu suchen und zu gehen, aber nicht im Sinne von innovativen Produkten der Innovation wegen, sondern weil es einen konkreten Bedarf beim Kunden gibt.

Der Blick über den eigenen Tellerrand lohnt sich, man muß nicht einmal sehr weit schauen!

3. | Wettbewerbsstrategien

Michael Laker / Diether Tillmann

1 | Einleitung

In diesem Kapitel werden mögliche Strategien von Energieversorgern im Strom-Wettbewerb behandelt. Der Erfahrungshintergrund mit Wettbewerbssituationen ist aufgrund der Kürze der Strommarkt-Liberalisierung sehr gering. Die geringe Strukturfestigkeit des sich öffnenden Marktes bietet andererseits aber für die Anbieter am Markt ein breites Handlungsspektrum. Die folgenden Darstellungen enthalten daher auch keine Patentrezepte, sondern verschiedene Strategieoptionen mit ihren jeweiligen Besonderheiten und Implikationen. Darüber hinaus darf der Leser im folgenden auch keine Hinweise zu Winkelzügen und rechtlichen Schlupflöchern erwarten, sondern vielmehr Ausführungen, die letztendlich zu einer klaren und ehrlichen Positionierung und einer konsequenten Strategie im Wettbewerb führen.

Der Aufbau dieses Kapitels ist wie folgt: Zunächst werden Rahmenbedingungen für und Ausgangssituationen von unterschiedlichen Anbietern am Markt beleuchtet, anschließend die verschiedenen unternehmerischen Zielsetzungen mit ihren jeweiligen Auswirkungen betrachtet sowie die Ausgestaltungsformen und Erfolgsfaktoren analysiert. Auf Basis dieser nach außen gerichteten Maßnahmen werden schließlich die unternehmensinternen wettbewerbsrelevanten und zu schaffenden Voraussetzungen abgeleitet. Den Schluß bilden die Handlungsempfehlungen.

2 | Rückblick und Ausgangssituation

2.1 Rückblick

Die Stromversorgungsbranche galt über Jahrzehnte hinweg als Lehrbuchbeispiel für eine Monopolbranche schlechthin. Ein einzelner Kunde hatte keine Wahl zwischen verschiedenen Stromanbietern, d. h. ein Wettbewerb im engeren Sinne fand nicht statt. Diese Situation hat zu einem regen Informationsaustausch und Verflechtungsgrad zwischen den Unternehmen und zu einer relativ geringen Marktausrichtung geführt. So waren beispielsweise der organisatorische Aufbau, die eingesetzten DV-Systeme und die vertraglichen Angebote sehr ähnlich. Intern gab sich die Branche eher wie eine große Familie. Beispielsweise fanden personelle Wechsel sowohl innerhalb wie auch zwischen der EVU-Branche und anderen Branchen nur höchst selten statt (noch in der 2. Jahreshälfte 1998 waren Wechsel von Abteilungsleitern großer EVU Gegenstand von Vorstandssitzungen), Branchenveranstaltungen waren eher gesellschaftliche Ereignisse, und in den Chefetagen dominierten Techniker, Juristen und Politiker. Dies war der Situation durchaus angemessen, denn ein Kampf um Kunden fand nur sehr eingeschränkt statt. Die Hauptwettbewerbsstoßrichtungen lagen – wenn man überhaupt davon sprechen konnte – auf zwei Ebenen:

◆ Zum einen auf der Ebene der Konzessionsgebiete. Hier ging es vor allem darum, Neu- bzw. Anschlußverträge für die Versorgung kommunaler Gebiete erfolgreich abzuschließen. Laufzeiten von bis zu 20 Jahren waren dabei durchaus an der Tagesordnung.

◆ Zum anderen gab es natürlich einen regen Wettbewerb auf dem Wärmemarkt. Hier trat aber weniger das Unternehmen als der Energieträger Strom gegen andere Brennstoffe wie Gas, Öl, Kohle etc. an. Mit letzter Konsequenz wurde dieser Wettbewerb jedoch niemals geführt.

Insgesamt haben wir es in dieser Branche mit relativ wettbewerbsunerfahrenen Unternehmen zu tun. Dies gilt für Verbundunternehmen (Produktion, Übertragung, Verteilung), Regionalunternehmen und lokale Unternehmen – unabhängig davon, ob sie in öffentlicher oder privater Hand sind.

Der historische Aufbau der Stromversorgung in Deutschland hat darüber hinaus zu einem sehr hohen Verflechtungsgrad zwischen Unternehmen aus diesen drei Kategorien geführt. Unter Wettbewerbsgesichtspunkten wird diese Interdependenz zwischen den Versorgungsunternehmen zu besonderen Ausgestaltungsformen des Wettbewerbs führen. Deshalb seien im folgenden die verschiedenen möglichen und in der Praxis sehr häufig anzutreffenden Verbindungen aufgezeigt.

Betrachten wir dazu ein Verbundunternehmen und ein kommunales Stadtwerk. Letzteres verfügt über ein kleines Kraftwerk, das allerdings nicht die Komplettversorgung sicherstellen kann. Der Hauptvorlieferant ist das Verbundunternehmen, das zugleich 20 % des Kapitals an dem Stadtwerk hält. Gleichzeitig ist die Kommune zusammen mit anderen Kommunen Mit-Anteilseigner des Verbundunternehmens.

Für diese beiden Unternehmen stellt sich die Öffnung des Strommarktes nun wie folgt dar:

◆ Die Kommune bzw. das Stadtwerk und das Verbundunternehmen sind gegenseitige Anteilseigner.

◆ Das Stadtwerk ist Kunde des Verbundunternehmens, und gleichzeitig ist das Verbundunternehmen für die überschüssig produzierte Menge Strom Kunde des Stadtwerks. Beide Unternehmen sind somit wechselseitig Kunde und Lieferant.

◆ Mit der Liberalisierung des Strommarktes tritt zudem eine weitere Dimension hinzu: Beide stehen nunmehr auch in einem Wettbewerberverhältnis zueinander.

◆ Personelle Verbindungen über Aufsichtsrat-/Kontroll- bzw. Beiratsgremien, gemeinsam gehaltene Beteiligungen etc. verstärken die gegenseitigen Abhängigkeiten.

Anders als in anderen Branchen ist die einfache Frage „Wer ist Freund – wer ist Feind?" somit extrem schwierig zu beantworten. Eine nachhaltige und wirksame Liberalisierung des Strommarktes setzt deshalb die personelle und kapitalmäßige Entflechtung zwischen den Unternehmen voraus. Die Abschaffung der Mehrfachstimmrechte der Kommunen bei RWE und der VEW, der Rückzug der Länder Baden-Württemberg bzw. Bayern aus Unternehmen wie EnBW und VIAG sind Schritte in die richtige Richtung, denen allerdings weitere folgen müssen. Angesprochen sind hier insbesondere die Entflechtungen zwischen privatwirtschaftlich organisierten Stromversorgungsunternehmen und öffentlichen Trägerschaften. Erst wenn dieser Schritt mit seinen tiefgreifenden Folgen für die Kommunen vollzogen ist, werden wir von einer wirklichen Liberalisierung der Strommärkte sprechen können. Auf diese Entwicklung mit ihren massiven Konsequenzen für die finanzpolitische Situation der Kommunen soll an dieser Stelle jedoch nicht eingegangen werden.

Im Sinne einer Arbeitshypothese soll im folgenden dagegen von einem symmetrischen Wettbewerb in dem Sinne ausgegangen werden, daß künftig jeder Kunde in Deutschland unter gleichen Bedingungen seinen Stromanbieter wählen kann.

2.2 Rahmenbedingungen und ihre Implikationen

Der Wettbewerb im Strommarkt unterscheidet sich grundsätzlich nicht von einem Wettbewerb um andere Produkte. Jedes Produkt/jede Branche weist jedoch Charakteristika auf, die unmittelbar Auswirkungen auf die Ausgestaltungsformen des Wettbewerbs haben. Im Strommarkt liegen diese Charakteristika zum ersten in den Besonderheiten des Produktes Strom, zum zweiten in rechtlichen Aspekten und zum dritten in der konkreten Form der Liberalisierung begründet.

Die wettbewerbsrelevanten Charakteristika des Produktes Strom sind wie folgt:
◆ Produkthomogenität
◆ Leitungsbindung
◆ Nicht-Lagerbarkeit
◆ Mittelbare Nutzenstiftung

Aus diesen Charakteristika ergeben sich einige maßgebliche Implikationen für den Strom-Wettbewerb.

◆ Eine Differenzierung im Wettbewerb über das Produkt im engeren Sinne ist nicht möglich. Strom hat keine Form oder Farbe, keinen Geruch oder Geschmack. Folglich müssen die Differenzierungsformen im Wettbewerb auf anderen Ebenen erfolgen.

◆ Aufgrund der Nicht-Lagerbarkeit müssen Produktion und Verbrauch des Produktes Strom uno actu erfolgen. Unterschiedliche Verbrauchsintensitäten innerhalb eines Zeitintervalls sind nur möglich, wenn zeitgleich die identischen Mengen auch produziert werden.

◆ Die Distribution des Produktes Strom erfolgt immer über Leitungen und läßt keine Alternativen zu. Produzent und Verbraucher müssen immer über ein Leitungsnetz miteinander verbunden sein.

Im Unterschied zu vielen anderen Branchen entfallen damit zwei ganz entscheidende Differenzierungsparameter: Produkt und physische Distribution/ Logistik.

Die nächste Kategorie wettbewerbsrelevanter Charakteristika resultiert aus der besonderen Wertschöpfungsstruktur. Im Wettbewerbsumfeld unterscheiden wir dabei die folgenden vier Wettbewerbsebenen:
◆ Erzeugung
◆ Übertragung
◆ Verteilung
◆ Vertrieb/Handel

Aus dieser besonderen Wertschöpfungsstruktur könnten sich theoretisch vier verschiedene Wettbewerbsebenen herausbilden. Tatsächlich ergeben sich jedoch nur zwei unterschiedliche Ebenen des Wettbewerbs. Der Bereich der Übertragung und Verteilung wird vom Grundsatz her nicht dem Wettbewerb ausgesetzt. Denn dies hätte zur Folge, daß parallel unterschiedliche Netze aufgebaut werden müßten. Dies wäre sowohl unter volkswirtschaftlichen wie auch unter betriebswirtschaftlichen Gesichtspunkten nicht zu rechtfertigen. Das heißt, der Übertragungs- und Verteilungsbereich bleibt weiterhin eine administrativ regulierte Wertschöpfungsstufe. Damit unterliegt der Preis für die Nutzung der Netze nicht dem freien Spiel des Wettbewerbs. Im Wettbewerb stehen somit nur die Wertschöpfungsstufen Erzeugung und Vertrieb/Handel.

Die möglichen Ausgestaltungsformen eines Wettbewerbs im Strommarkt werden ganz entscheidend von der Form der Liberalisierung beeinflußt. Im wesentlichen reduziert sich die Form der Liberalisierung auf die Zugangsvoraussetzungen von Anbietern am Markt und auf die Nutzungsbedingungen des vorhandenen Leitungsnetzes.

Die Zugangsvoraussetzungen zum Stromversorgungsmarkt sind in Deutschland sehr offen gestaltet. Nahezu jedes ernsthaft interessierte Unternehmen kann die Zulassung als EVU erhalten. Die Bedingungen, die an die Nutzung der vorhandenen Leitungsnetze gekoppelt sind, werden hauptsächlich durch die Form und Höhe des Nutzungsentgeltes bestimmt.

In der ersten Stufe haben sich in Deutschland unterschiedliche Interessengemeinschaften (im wesentlichen Industrie und EVU in der sogenannten Verbändevereinbarung) auf ein Modell geeinigt, das unter ökonomischen Gesichtspunkten primär nur einen Wettbewerb um Großverbraucher zuläßt. Das entsprechende Gesetz trat am 28. April 1998 in Kraft, und die erste Stufe der Verbändevereinbarung hatte eine Gültigkeit bis zum 30. September 1999. Für das Segment der Kleinverbraucher (private Haushalte und kleinere Gewerbekunden) resultierte diese Vereinbarung in relativ hohen Durchleitungsentgelten (durchschnittlich ca. 10–13 Pfennig/kWh) und der Notwendigkeit, neue Zähler mit sogenannter Leistungsmessung zu installieren.

In der neuen Verbändevereinbarung sind wesentliche Voraussetzungen auch für einen ökonomisch zu führenden Wettbewerb auf der Privat- und Gewerbekundenebene geschaffen worden. Zählerinstallationen sind demnach nicht mehr erforderlich.

2.3 Überblick über die strategische Situation

Die strategische Situation auf dem deutschen Strommarkt läßt sich wie folgt zusammenfassen:

◆ Bis zur vollständigen Öffnung des Strommarktes in Deutschland gab es ca. 1000 primär nationale Anbieter am Markt.

◆ Mit der Öffnung des Strommarktes treten zunehmend ausländische Unternehmen, insbesondere gegenüber Weiterverteilern und Industriekunden, am Markt auf.

◆ Deutschland verfügt über massive Überkapazitäten.

◆ Die deutschen EVU sind miteinander in hohem Maße verflochten.

◆ Der rechtliche Rahmen der Liberalisierung des deutschen Strommarktes läßt einen sehr freien Zugang zum Markt und zu sämtlichen Kundengruppen zu.

◆ Der primär national geprägte Charakter des Strommarktes in Deutschland wird sich zu einem internationalen Geschäft wandeln, das heißt, ausländische Anbieter werden in massivem Maße auf dem deutschen Markt auftreten, wie umgekehrt deutsche EVU international agieren werden.

3 | Phasen des Wettbewerbs

Wie in anderen Branchen auch, vollzieht sich die Wandlung vom Monopol- zum Wettbewerbsmarkt nicht in einem Schritt, sondern erfolgt in Phasen. Diese Phasen laufen nicht notwendigerweise strikt nacheinander, sondern teilweise überlappend ab. Die mit jeder Phase verbundene Ausrichtung auf und Strategie für den Wettbewerb ist dabei sehr unterschiedlich und baut dennoch auf den vorangegangenen Phasen auf.

Die folgenden Ausführungen zum Bereich Strategien im Strom-Wettbewerb sind deshalb vor dem Hintergrund dieses Phasenmodells zu sehen und zu werten. Analoge Beobachtungen sind in ausländischen Strommärkten (UK, Skandinavien), aber auch in anderen Branchen (Telekommunikation, Finanzdienstleistung) zu beobachten. Die folgende Übersicht gibt dieses Phasenschema wieder.

	1. Orientierungs-/Aufbauphase	2. Professionalisierungs-/Konsolidierungsphase	3. Differenzierungs-/Stabilisierungsphase
1. Dauer	ca. 2–3 Jahre	ca. 2–3 Jahre	über 3 Jahre
2. Ziele	Positionshaltung, Kundenbindung	Kundengewinnung, Internationalisierung	Positionsstabilisierung
3. Kunden	Großkunden national	Großkunden international, Massenkunden national	Groß- und Massenkunden national und international
4. Erfolgsfaktoren	Preis, Vertragslaufzeiten, persönlicher Vertrieb (Aufbau)	Preis, Kommunikation, Massen-Vertrieb, Kooperation/Käufe/Fusionen, internationaler Vertriebsaufbau, Organisationsentwicklung	Organisationsstabilisierung, Differenzierung im Wettbewerb
5. Region	national	national und international	national und international

Abbildung 1: Phasen des Wettbewerbs im Strommarkt

1. Orientierungs-/Aufbauphase

In der ersten Phase, die in Deutschland seit ca. Mitte 1997 andauert, geht es für die EVU vor allem darum, sich grundsätzlich auf Wettbewerbssituationen vorzubereiten und erste Erfahrungen im Sinne einer Positionsschaffung zu sammeln. Primäres Ziel ist es, vorhandene Kunden an das eigene Unternehmen zu binden. Darüber hinaus finden erste Angriffe in fremden Versorgungsgebieten statt. Im Fokus stehen in erster Linie nationale Großkunden (Industrie, Weiterverteiler), und als Wettbewerbsinstrumente greifen vor allem der Preis, Vertragslaufzeiten und der persönliche Vertrieb.

In diese Phase fallen zum Beispiel die Ausgründung von Vertriebsgesellschaften (z. B. EnBW Vertriebsgesellschaft), der Aufbau von Vertriebsbüros der großen Verbundunternehmen außerhalb der eigenen Versorgungsgebiete, aber auch die konzeptionelle Vorbereitung der offensiven Marktbearbeitung im Massenkundensegment.

2. Professionalisierungs-/Konsolidierungsphase

Diese im Sommer 1999 begonnene Phase ist charakterisiert durch aggressive Kundengewinnung in allen Kundensegmenten – also auch im Privatkundenbereich – und einer stärkeren Orientierung auf ausländische Großkunden. Diese Phase wird mindestens bis zum Jahr 2002 andauern und zeichnet sich unter anderem dadurch aus, das klassische Instrumentarium eines Markenartiklers zur Vermarktung des Commodity Strom professionell einzusetzen. Gleichzeitig fällt in diese Phase die Zeit der Kooperationen, Fusionen und Übernahmen. Beste Beispiele hierfür sind das Zusammengehen von VEBA und VIAG sowie von RWE und VEW, die Veräußerung der 25-Prozent-Anteile des Landes Baden-Württemberg an der EnBW und des Landes Hamburg an der HEW, der Einstieg der PreussenElektra bei dem niederländischen Versorger EZH etc.

Neben dem Preis als klassischem Wettbewerbsinstrument treten jetzt massive Kommunikationsaktivitäten, die Nutzung unterschiedlichster Vertriebskanäle (angefangen von Versandhäusern, Direktvertrieb über Call Center, bis hin zu Tankstellen und Lebensmittelgeschäften). Parallel dazu erfolgt der konzeptionelle Aufbau der Massenkundenbearbeitung auch im Ausland und die gezielte Suche nach Differenzierungsformen, um nicht einem reinen Preiswettbewerb ausgeliefert zu sein. Hierzu zählen zum Beispiel der Multi-Energy/Multi-Utility-Ansatz der RWE-Energie AG, die Kopplung von Energie- und IT-Leistungen des neuen Anbieters VOSSnet oder aber Service-Leistungen einiger Stadtwerke, die bis zur Haus-Rundum-Versorgung während des Urlaubs reichen (z. B. Stadtwerke Kiel). Dies dürfte insgesamt die kreativste Phase des Wettbewerbs sein und Innovationen nicht nur im Marketing-/Vertriebsbereich, sondern auch in technologischen Bereichen hervorbringen. In den nächsten ein bis zwei Jahren wird es in diesem Zusammenhang auch zu zahlreichen Anwendungsmöglichkeiten der Inhouse-Powerline-Technologie kommen.

3. Differenzierung-/Stabilisierungsphase

Die dritte Phase im Wettbewerb wird durch eine deutlich reduzierte Anzahl von Anbietern am Markt gekennzeichnet sein, einer klareren Positionierung der Unternehmen, die sich letztendlich in einer deutlicheren Differenzierung untereinander äußern wird. Diese Phase dürfte in der 2. Hälfte des Jahres 2000 einsetzen und über einen Zeitraum von drei bis fünf Jahren andauern.

In die grundsätzlichen Strategien der Anbieter am Strommarkt müssen diese Entwicklungen einbezogen werden. So muß jedes Unternehmen für sich beantworten, wie es zum Beispiel die Phase des massiven Preiswettbewerbs, der enormen Investitionen in Kommunikationsaktivitäten, aber auch in Vertriebsaufbau oder internationale Präsenz bewerkstelligen will und kann.

Vor diesem Hintergrund werden im folgenden die unterschiedlichen Zielsetzungen und Ebenen im Strom-Wettbewerb diskutiert, bevor dann sehr ausführlich die Erfolgsfaktoren und Wettbewerbsparameter gegenübergestellt werden.

4 | Positionierung und Zielsetzungen im Strom-Wettbewerb

4.1 Positionierung

Die Basis für ein erfolgreiches Überleben im Wettbewerb bildet die Antwort auf die Frage „Wie will und kann das eigene Unternehmen in ca. drei bis fünf Jahren positioniert sein?". Für die heutigen Marktteilnehmer werden die Antworten dabei sehr unterschiedlich ausfallen. Dies trifft sowohl zwischen den verschiedenen Anbietertypen

- Verbundunternehmen
- Regionalunternehmen
- Stadtwerke
- Händler
- Broker
- Vertriebsunternehmen
  wie auch jeweils innerhalb dieser Kategorien zu.

Dazu einige Beispiele:
- RWE will in Europa einen Marktanteil von ca. 10–15 % (zum Vergleich 1999: 2,3 %) erreichen und sich als Multi-Energy-/Multi-Utility-Anbieter positionieren.
- Die Stadtwerke Düsseldorf gründen mit fünf weiteren Stadtwerken ein neues Regionalunternehmen, das sich gezielt als überlebensfähiges Querverbundunternehmen positionieren will und insbesondere regionale Nähe und Serviceorientierung herausstellt.
- Für Unternehmen wie das Versandhaus Quelle oder aber den Otto-Versand – also Handelsunternehmen – kommt es als Absatzmittler insbesondere darauf an, in der entscheidenden Phase der Marktöffnung einen Teil der Gesamtwertschöpfung für sich realisieren zu können. Sie stellen den Zugang zu den End-

kunden her und werden als Gegenleistung die Maximierung ihrer Spanne anstreben.

Grundsätzlich müssen im Rahmen der Festlegung der Positionierung Aussagen zu den folgenden Bereichen getroffen werden.

1. Regionale Dimension

Die Festlegung des künftigen regionalen Territoriums hat weitreichende Auswirkungen auf die künftige Gesamtstrategie und die Gesamtpositionierung im Wettbewerb. So ist zunächst einmal zu klären, ob und in welchem Ausmaß heute Versorgungsunternehmen außerhalb ihrer angestammten Gebiete tätig werden können und wollen bzw. wie neue Anbieter gezielt etablierte Unternehmen angreifen können. Insofern wird festgelegt, inwiefern die künftige Wettbewerbsstrategie auf Verteidigung und/oder Angriff auszurichten ist. Bei der Festlegung von Zielregionen sind zu berücksichtigen: rechtliche Rahmenbedingungen (z. B. dürfen kommunale Stadtwerke das angestammte Versorgungsgebiet nicht verlassen), Konzernrichtlinien (vielfach sind regionale Weiterverteiler entsprechend der Konzernrichtlinie auf ihr angestammtes Versorgungsgebiet beschränkt) und das eigene Kompetenzspektrum (so ist z. B. ein wirksamer flächendeckender bundesweiter Auftritt im Haushaltskundenbereich nur mit enormen Investitionen erfolgreich zu realisieren). Auf spezifische Besonderheiten und Unterschiede zwischen Angriffs- und Verteidigungsstrategien wird weiter unten noch vertiefend eingegangen.

2. Positionierung in der Wertschöpfungskette

Von gleicher strategischer Bedeutung wie die regionale Dimension ist die Frage, ob und in welchem Ausmaß sich das eigene Unternehmen in der Kette Erzeugung, Übertragung, Verteilung, Vertrieb und Handel positionieren möchte und kann. Große Verbundunternehmen, wie z. B. RWE/VEW oder VEBA/VIAG, werden auch künftig sämtliche Stufen der Wertschöpfungskette abdecken (so hat beispielsweise RWE eine neue Handelsgesellschaft in London gegründet, die VEBA einen Trading floor implementiert), während beispielsweise Regionalunternehmen oder neue Anbieter wie Ares sich ganz auf den Vertrieb konzentrieren. Broker wie Ampere oder Electryon treten dagegen lediglich als Nachfragebündler auf.

Die Implikationen der unterschiedlichen Positionierungen in der Wertschöpfungskette sind gravierend. Dies sei anhand der folgenden Beispiele illustriert:

◆ Eine erfolgreiche reine Positionierung als Vertriebs- und/oder Handelsunternehmen verlangt im wesentlichen zwei miteinander zu verbindende Kernkompetenzen: professionelles Einkaufsmanagement und wirksamer Kundenzugang. Hier sind aufgrund der massiven Überkapazitäten in Europa Unternehmen ohne „Altlasten" von Eigenerzeugungsanlagen (noch?) im klaren Vorteil, können sie doch sehr viel flexibler nach den jeweiligen Marktgegebenheiten auf dem internationalen Parkett einkaufen.

♦ Für Unternehmen, die heute schon in einer bestimmten Region präsent sind, bietet sich darüber hinaus die Option der Positionierung als umfassendes Vertriebsunternehmen an. Das eigene Leistungsspektrum kann dabei durchaus ausgeweitet werden, z. B. auf weitere Energieträger wie Gas und Öl, aber auch auf Telekommunikations- und/oder IT-Leistungen wie spezielle Internet-Angebote (horizontale Dimension).

♦ Unternehmen mit eigenen Erzeugungskapazitäten stehen neben dem Wettbewerb um Endkunden in einem weiteren Wettbewerbsmarkt. Die Kunden können andere EVU, Weiterverteiler, Händler und/oder Industriekunden sein. Die Marktcharakteristika und Gesetze sind völlig andere als auf dem klassischen Endkundenmarkt. Hier spielen Mengenverteilungen innerhalb eines bestimmten Zeitintervalls, Fristigkeiten und Risikoabsicherungsgeschäfte eine ganz zentrale Rolle.

♦ Einen weiteren wichtigen Aspekt stellen das Ausmaß und die Intensität der angebotenen Dienstleistungen dar (vertikale Dimension). Die Positionierung als Energiedienstleister galt über viele Jahre hinweg geradezu als chic. Unter harten Wettbewerbsbedingungen ist jedoch kritisch zu hinterfragen, welche Dienstleistungen der Kunde tatsächlich will, diese auch honoriert (sei es in Form eines Preispremiums oder in Form von z. B. erhöhter Kundentreue) und welche Dienstleistungen tatsächlich zur Differenzierung gegenüber der Konkurrenz beitragen (vergleiche im einzelnen dazu Abschnitt 5.2 und Kapitel 5).

Zusammenfassend bleibt festzuhalten, daß die konkrete Form der Positionierung in der Wertschöpfungskette richtungsweisend für die Unternehmensentwicklung über viele Jahre hinweg ist. Eine nachträgliche Korrektur ist häufig überhaupt nicht oder nur mit hohem finanziellen Aufwand realisierbar.

3. Positionierung in unterschiedlichen Kundengruppen

Obwohl die etablierten EVU in ihren bisherigen Gebieten sämtliche Kunden bedient haben, stellt sich unter Wettbewerbsbedingungen durchaus die Frage, ob und in welchem Ausmaß bestimmte Kundensegmente künftig anzugehen sind. Gerade für neue Anbieter, aber auch für etablierte Unternehmen außerhalb ihres angestammten Gebietes ist eine scharfe Kundenselektion unter ökonomischen Gesichtspunkten notwendig. Die ersten Erfahrungen in dem bereits liberalisierten Strommarkt bestätigen diese These. Dazu einige Beispiele:

◆ Das österreichische Verbundunternehmen (Austrian Energy AG) und die finnische Fortum AG wenden sich gezielt an die Zielgruppe Stadtwerke.

◆ Bündler wie die Ampere AG suchen dagegen in erster Linie den Zugang zu Gewerbekunden, während sich das Gemeinschaftsunternehmen des Bayernwerks und der Metro AG, die Europower AG, in erster Linie an Industrieunternehmen mit einer Stromrechnung von mehr als 60.000 DM p. a. wendet.

◆ Die vielen Newcomer, wie z. B. VOSSnet, FHE oder aber die EnBW-Tochter Yello Strom, richten sich ausschließlich an bisherige Tarifkunden. Unternehmen wie Lichtblick und Naturstrom wenden sich zudem mit ihrem Ökostrom an ein Teilsegment aus dem Gesamtbereich der Privatkunden.

◆ Konzerngebundene Weiterverteiler treten bei den Megakunden häufig nur in Zusammenarbeit mit den jeweiligen Müttern auf. Das Unternehmen EnBW bedient Privatkunden nur im alten Versorgungsgebiet, außerhalb des Versorgungsgebietes tritt im Privatkundenbereich lediglich Yello Strom auf.

◆ Neben dieser expliziten Ausrichtung auf bestimmte Kundengruppen tritt vielfach eine implizite Selektion. Beispielsweise sind einteilige Tarife von Yello Strom nur für Kunden ab einer bestimmten Verbrauchsmenge pro Jahr vorteilhaft. Für Kunden mit geringeren Verbräuchen sind andere Anbieter deutlich attraktiver.

Die wesentlichen Kriterien zur Beantwortung der Kundenselektion sind: Marktzugang, Attraktivität des Kundensegments, Fit zum eigenen Unternehmen/Angebot und damit letztendlich die Frage nach der eigenen Kompetenz für die jeweilige Kundengruppe. So verläuft beispielsweise die Bearbeitung des Privatkundensegments der Zukunft ganz anders als die des Industriesegments. Erfahrungen im Industriesegment können für die Bearbeitung der Privatkunden sogar kontraproduktiv sein, wenn sich organisatorische Separationen intern nicht um- bzw. durchsetzen lassen.

Zusammengefaßt müssen in der grundsätzlichen Positionierung verbindliche Aussagen zur Region, der Positionierung innerhalb der gesamten Wertschöpfungskette sowie zu Kundengruppen gemacht werden.

4.2 Zielsetzungen

Neben der eigenen Positionierung sollte sich jedes Unternehmen schlußendlich auch darüber klar werden, welche Zielsetzungen es im Wettbewerb verfolgt. Auf den ersten Blick scheint dies banal zu sein, bei genauer Betrachtung der bisherigen Verhaltensweise seit der Liberalisierung erscheint diese Frage jedoch gerechtfertigt. Auch dazu einige Beispiele:

◆ Im Industriekundengeschäft wurden Kontrakte geschlossen, die sehr nahe an die Grenzkosten herangekommen sind.

◆ Im Gewerbebereich schließt die PreussenElektra mit der VEA einen Rahmenvertrag ab, in den Gewerbebetriebe zu einem Durchschnittspreis von 11 Pfennig/kWh eintreten können. Verglichen mit einem historischen Durchschnittspreis für das Gewerbekundensegment von ca. 30 Pfennig/kWh bedeutet dieses eine sensationelle Preisreduktion von 63 %.

◆ Zwei Monate nachdem der Branchenführer RWE Energie als erster Anbieter den bundesweiten Wettbewerb auch im Tarifkundensegment mit attraktiven Preisen eröffnet hatte, unterbot Newcomer VOSSnet mit seinem Tarif 18 Pfennig/kWh und 9,90 DM Grundgebühr/Monat das Anfangsangebot von RWE um nahezu 30 %, gemessen an einem Haushalt mit einem Jahresverbrauch von 4000 kWh.

Das einzige, was in der Branche offensichtlich zählt, sind Marktanteile oder auch nur das Bewußtsein, endlich aus der jahrzehntelangen Versenkung des „Aschenputtel-Daseins" herauszutreten – koste es, was es wolle.

Gerade in den frühen Phasen des Wettbewerbs sind Marktanteilsgewinne extrem wichtig,
◆ um in den Köpfen der Entscheider präsent zu sein,
◆ da ein oftmaliger Wechsel zwischen verschiedenen Anbietern auf der Kundenseite nur sehr selten stattfindet,
◆ da das schnelle Erlangen einer kritischen Kundenmasse für die Überwälzung der Fixkosten von zentraler Bedeutung ist.

Das mittelfristige Ziel muß jedoch klar auf der Ergebnisseite liegen, um als Unternehmen überhaupt überleben zu können. Und hier ist keine statische, sondern vielmehr eine dynamische Betrachtung erforderlich. So sind z. B. die Kosten der Marktbearbeitung, der Kundengewinnung und -bindung wie auch die Einnahmenseite vor dem Hintergrund der zu erwartenden geänderten Preis- und Kostensituationen über einen längeren Zeitraum von z. B. fünf Jahren zu betrachten.

Grundsätzlich sind zwei verschiedene Strategien möglich: Verteidigungsstrategie und/oder Angriffsstrategie. Newcomern am Markt stellt sich lediglich die Alternative Angriff, während etablierte EVU hier vor einer echten Entscheidung stehen. A priori ist keine der beiden Strategien der jeweils anderen überlegen. Vielmehr muß die konkrete Entscheidung vor der konkreten Unternehmenssituation und den künftigen wahrscheinlichen Entwicklungen getroffen werden. Die Implikationen aus beiden Strategievarianten unterscheiden sich grundlegend voneinander. In der folgenden Übersicht sind die wesentlichen Unterschiede gegenübergestellt.

	Verteidigungsstrategie	Angriffsstrategie
Absatzmenge	sinkend	steigend
Preis	relative Hochpreispolitik	relative Niedrigpreispolitik
Marktbearbeitungskosten	gering	hoch
Strategischer Fokus	Kostensenkung/ Kundenbindung	Marktanteilsgewinne/ Kundengewinnung

Abbildung 2: Verteidigungs- vs. Angriffsstrategien

Vor dem Hintergrund wahrscheinlicher weiterer Preissenkungen (dies dürfte aufgrund des bisherigen Verhaltens der EVU für sämtliche Kundengruppen, bis auf die Größt-Industriekunden, zutreffen) und der Tatsache, daß das verteidigende Unternehmen ein Preispremium nur bis zu einer bestimmten Grenze realisieren kann bzw. umgekehrt der neue Anbieter eine gewisse Preisschwelle unterschreiten muß, ergeben sich für die Verteidigungs- und Angriffsstrategie in Reinform völlig unterschiedliche Ausgestaltungsmuster.

Eine reine Verteidigungsstrategie muß an einer hohen Kundenbindung und an einer deutlichen Kostensenkung und Kostenflexibilisierung ansetzen. Wachstumspotentiale ergeben sich allenfalls aus einer Erhöhung der Wertschöpfung pro Kunde (z. B. durch das Angebot weiterer Produkte/Dienstleistungen). Tendenziell kann das verteidigende Unternehmen auch ein gewisses Preis-Premium gegenüber dem Angreifer realisieren.

Demgegenüber muß eine Angriffsstrategie klar auf Mengenwachstum ausgelegt sein. Gerade in den ersten Phasen des Wettbewerbs wird dies nur durch eine relative Niedrigpreispolitik erreicht werden können. Die Marktbearbeitungskosten (z. B. für Vertrieb und Kommunikation) liegen deutlich höher als in einer Verteidigungssituation. Schlußendlich muß in einer Angriffsstrategie der aus dem Mengenwachstum resultierende Umsatzanstieg höher sein als die Aufwendungen für die Marktbearbeitung und die Einbußen durch Preissenkungen.

Gerade Newcomer tun sich in der Angriffssituation natürlich sehr viel leichter als etablierte Unternehmen. Preisänderungen betreffen hier in der Phase des Markteintritts das Neugeschäft, bei etablierten Unternehmen schlagen diese jedoch voll auf den Bestand durch. Selbst künstlich herbeigeführte Separationen zwischen Neu- und Bestandsgeschäft, z. B. durch Gründung von Tochterunternehmen, lassen sich nur eine sehr begrenzte Zeit durchhalten. Einen solch asymmetrisch geführten Wettbewerb werden Kunden und insbesondere Institutionen wie Verbraucherschutzgemeinschaften sehr schnell bemerken. Die Gefahr einer Kundenabwanderung auf breiter Front ist bei einer solchen Strategie sehr hoch. Auch die völlige Abschottung gegenüber potentiellen Kunden über eine Durchleitungsblockade, wie z. B. im Sommer 1999 von der Bewag versucht, wird dem öffentlichen Druck nicht standhalten können. Sowohl in der Angriffs- wie auch in der Verteidigungssituation sind somit drei Erfolgsdimensionen für eine Positionierung gegenüber den Kunden entscheidend: Klarheit, Einfachheit und Aufrichtigkeit.

Die Intensität des eigenen Engagements muß dabei nicht uniform sein, sondern kann sowohl in der Verteidigungs- wie auch in der Angriffssituation von Kundengruppe zu Kundengruppe sehr unterschiedlich ausgestaltet werden. Schließlich bietet der Wettbewerb auch die Möglichkeit, sich von unattraktiven Kunden zu trennen bzw. die Kundengewinnung ausschließlich auf attraktive Kunden zu beschränken. Die Attraktivität macht sich dabei im wesentlichen an den Faktoren Volumen und Rendite fest. Die Volumen- und Renditesituationen sind dabei von Kundengruppe zu Kundengruppe sehr unterschiedlich. Die Bewertung muß allerdings jedes Unternehmen für sich vornehmen, da die strategischen Ausgangssituationen sehr verschieden sein können. (EVU mit relativ hohen Eigenerzeugungskapazitäten sind in sehr viel stärkerem Maße auf Volumensegmente angewiesen als Unternehmen, die den Strom primär von Dritten zukaufen.) Die folgende Abbildung zeigt ein solches Strukturschema der Kundenklassifikation (siehe Abbildung 3, Seite 80).

In der Praxis ist eine rein auf Verteidigung ausgelegte Strategie nur bei hinreichend großem Kundenbindungs- und Kostensenkungs- bzw. Kostenflexibilisierungspotential durchhaltbar (profitables Gesundschrumpfen). Das Verfolgen einer reinen Angriffsstrategie stellt sich nur für Newcomer in den ersten Phasen des Wettbewerbs. Somit werden insbesondere mittelfristig die meisten EVU sowohl in Angriffs- wie auch in Verteidigungssituationen stehen, und hier besteht ein ganz wesentlicher Unterschied zur Telekommunikationsbranche, die ja häufig als Benchmark-Branche herangezogen wird. Hier gab es bei der Marktöffnung einen Verteidiger und viele Angreifer.

Als Fazit bleibt festzuhalten, daß weder eine Angriffs- noch eine Verteidigungsstrategie dem jeweils anderen Strategietypus grundsätzlich überlegen ist. Auf den ersten Blick erscheint die Verteidigungsstrategie ein Opferkonzept zu sein, unter ökonomischen Gesichtspunkten kann dieser Weg aber durchaus sinnvoll sein, insbesondere vor dem Hintergrund der zum Teil gigantischen Ausgaben für Vertrieb und Marketing, die letztendlich für eine wirksame und nachhaltige Marktbearbeitung erforderlich sind.

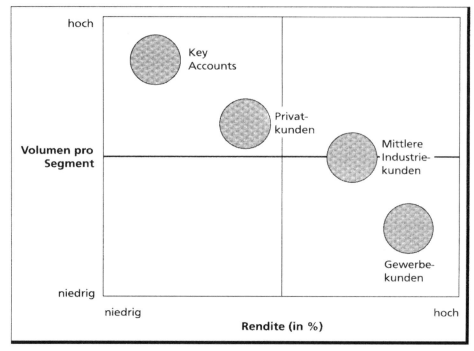

Abbildung 3: Kunden-Portfolio

5 | Erfolgsfaktoren und Wettbewerbsparameter

5.1 Erfolgsfaktoren im Wettbewerb

Die immer wieder gestellte Frage im Wettbewerb ist die nach der Differenzierung gegenüber der Konkurrenz. Da das Kernprodukt Strom prinzipiell keine Differenzierungsmöglichkeit zuläßt, muß die Differenzierung auf anderen Ebenen gesucht werden. Dabei müssen die nach außen sichtbaren Differenzierungsformen auf einem internen Fundament aufbauen. Sie bilden letztlich damit die Erfolgsfaktoren im Wettbewerb. Diese Erfolgsfaktoren sind jedoch grundlegend andere als zu Monopolzeiten und unterscheiden sich zudem in der Ausgestaltung auch von denen anderer Branchen.

In der folgenden Abbildung sind die Erfolgsfaktoren im Überblick dargestellt.

Die Basis für die konkreten Inhalte der insgesamt acht zentralen Erfolgsfaktoren bildet die grundsätzliche strategische Stoßrichtung. Ohne im Detail an dieser Stelle darauf einzugehen, muß die Unternehmensstrategie verbindliche Aussagen zu den folgenden Bereichen enthalten:

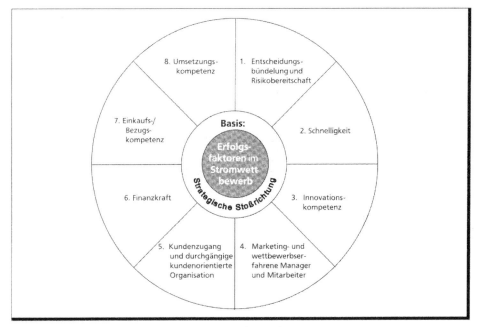

Abbildung 4: Erfolgsfaktoren im Stromwettbewerb

◆ Geschäftsdefinition und Positionierung
◆ Ziele und Aktivitäten innerhalb und außerhalb des eigenen Versorgungsgebietes, differenziert nach Kundengruppen und Regionen
◆ Wertschöpfungsstruktur
◆ Angebots-/Leistungsspektrum
◆ Preispositionierung und -strukturen
◆ Vertriebskanäle und -organisation
◆ Kommunikationskonzept
◆ Bezugskonzept
◆ Partnerschaften, Kooperationen, Zusammenschlüsse

Auf diese Aspekte wird u. a. in Abschnitt 6 im Rahmen der Diskussion von Strategieoptionen noch weiter einzugehen sein.

Die Erfolgsfaktoren reihen sich wie ein Kranz um die Strategie. In vielen EVU sind Veränderungen dermaßen gravierend, daß eine erfolgreiche Umsetzung letztlich nur über massive organisatorische und personelle Einschnitte realisiert werden kann.

1. Entscheidungsbündelung und Risikobereitschaft

In den meisten EVU ist das, was landläufig mit Unternehmertum tituliert wird, noch zu schwach ausgeprägt. Die heutigen Entscheidungen laufen vielfach noch über zu viele Instanzen, werden auf dem Weg von einem Entscheidungsgremium zum anderen kontinuierlich modifiziert und vielfach vor dem Hintergrund einer ausgeprägten Absicherungsmentalität getroffen.

Künftig sind markt- und wettbewerbsrelevante Entscheidungen in einer Instanz und bei nur wenigen Personen zu bündeln. Beispielsweise ist es künftig undenkbar, daß Preisentscheidungen vom Aufsichtsrat genehmigt werden müssen. Ein unmittelbares Agieren am Markt ist über einen solchen Instanzenweg nicht möglich. Die Entscheidungen selbst werden mit einem sehr viel höheren Maß an Unsicherheit behaftet sein, als es in der Vergangenheit der Fall war. Garantierte Verzinsungen des eingesetzten Kapitals sichert im Wettbewerb niemand mehr zu. So sind z. B. die Wirksamkeit von Werbebudgets, der Effekt von Preissenkungen oder auch die Erfolgsaussichten einer Vertriebsorganisation im Vergleich zur Kosten-Plus-Welt zu Monopolzeiten nur bedingt vorhersehbar. Die Entscheidungsträger müssen sich demzufolge durch eine maßvolle Risikobereitschaft und in gewissem Maße auch durch eine Radikalität im Denken und in der internen Durchsetzung auszeichnen, ohne aber die mittelfristige Zielsetzung der Ergebnisoptimierung aus den Augen zu verlieren.

2. Schnelligkeit

Dauerhafte Wettbewerbsvorteile sind aufgrund der Produkt- und Branchencharakteristika im Kerngeschäft nicht möglich. Demzufolge kann ein Wettbewerbsvorteil darin liegen, möglichst schnell am Markt wirksam aufzutreten. So hat RWE die gesamte Branche überrascht, als sie Ende Juli 1999 den bundesweiten Wettbewerb im Haushaltskundenbereich eröffneten.

3. Innovationskompetenz

Wenn bei einem Kernprodukt auf absehbare Zeit keine Innovationen zu erwarten sind, erfolgt vielfach eine weitere Wettbewerbsdifferenzierung über Innovationen auf anderen Ebenen. Hierzu zählen erstens Vermarktungsinnovationen, wie Strom plus Internet, Strom und Farbe, Strom per Katalog etc., zweitens Technologieinnovationen, die aus der Inhouse-Powerline-Technologie resultieren können (Ansteuerung einzelner Haushaltsgeräte), oder drittens Prozeßinnovationen, wie Abrechnungsdienstleistungen für Wohnungsgesellschaften oder aber Betreibermodelle für kleine Weiterverteiler.

4. Marketing- und wettbewerbserfahrene Manager und Mitarbeiter

Die erfolgreiche Behauptung im Wettbewerb wird kein EVU ausschließlich mit dem angestammten Management und den bisherigen Mitarbeitern erfolgreich bewerkstelligen können. Hier ist eine Rekrutierung aus wettbewerbsintensiven

Branchen mit dem Ziel erforderlich, diese mit der Stamm-Mannschaft zusammenzubringen. Je nach Kundenzielgruppe sind unterschiedliche Kompetenzen gefragt. Beispielsweise erfordert die Ausrichtung im Massenkundengeschäft eher Markenartikelkompetenz, während im Industriesegment eher Führungskräfte und Mitarbeiter aus der Investitionsgüterbranche eingesetzt werden sollten.

5. Kundenzugang und durchgängig kundenorientierte Organisation

Viele EVU sehen das Heil, dem wachsenden Kostendruck entgegenzutreten, im Outsourcing wesentlicher Teile der Wertschöpfungskette. Unter kurzfristigen Kostengesichtspunkten kann dies im Einzelfall eine richtige Entscheidung sein. Bei sämtlichen Aktivitäten, die einen Kundenzugang bedingen, muß das EVU jedoch den Durchgriff auf die Kunden behalten können. Marktpartnerschaften bergen in diesen Fällen das nicht unerhebliche Risiko, daß das eigene Unternehmen in die Rolle eines Lieferanten in z. B. einen Vertriebskanal gedrängt wird und die Kunden letztendlich zum Marktpartner abwandern. Gerade Kooperationen mit großen Handelsorganisationen sind vor diesem Hintergrund kritisch zu prüfen.

Darüber hinaus ist die eigene Organisation strikt auf die einzelnen Kundensegmente hin auszurichten. Beispielsweise laufen die internen Prozesse bei der Bearbeitung der Industriekunden völlig anders als im Haushaltskundenbereich. Die beiden Vertriebsprozesse sollten konsequenterweise strikt voneinander getrennt werden (im einzelnen vergleiche dazu Kapitel 8).

6. Finanzkraft

Insbesondere die Realisierung einer Angriffsstrategie erfordert nicht unerhebliche finanzielle Ressourcen. So sind die bereits mehrfach angesprochenen Aufwendungen für Vertrieb und Kommunikation, aber auch das Durchhalten von Preiskämpfen nur mit einem soliden finanziellen Polster möglich.

Ein altes Sprichwort besagt zwar, daß die Schnellen die Langsamen fressen, die Phase bis zur Marktkonsolidierung wird jedoch eher von den Reichen als von den Armen gestaltet werden.

7. Einkaufs-/Bezugskompetenz

Eine weitere im Wettbewerb ganz entscheidende Frage ist die Strom-Einkaufs-/ Bezugskompetenz. Neben der Realisierung eines geringen Einkaufspreisniveaus kommt es auf Faktoren wie Mengenflexibilisierung, Risiko-Management, regionale Alternativen, Garantie der Liefersicherheit und insbesondere auf die interne Verbindung/Nähe zwischen Vertrieb und Einkauf/Handel an. Gerade der letztgenannte Punkt wird bei Großkunden offensichtlich. Mit zunehmender Öffnung des Massenkundenmarktes nimmt die Bedeutung eines professionellen Einkaufsmanagements rapide zu. Unternehmen, die nicht ihre Lieferverpflichtung zu 100 % sicherstellen können, werden in enorme finanzielle Schwierigkeiten geraten, wie einige Beispiele aus den USA bereits gezeigt haben.

8. Umsetzungskompetenz

Insbesondere in den ersten Phasen der Marktöffnung ist die Nähe zwischen Entscheidungsfindung und -umsetzung der zentrale Erfolgsfaktor, da hier zum einen das Thema Schnelligkeit greift, zum anderen die Rückkopplung zwischen Umsetzungserfahrung und Entscheidungsfindung erfolgt. Insofern muß der jeweilige Entscheider auch der Umsetzungsmanager sein. Dazu ein Beispiel: Als die meisten EVU in Deutschland noch mit den konzeptionellen Überlegungen zur Bearbeitung des Industriekundensegments beschäftigt waren, hatte die EnBW den Branchenansatz als das für sie richtige Konzept erachtet und sofort mit der Rekrutierung von Mitarbeitern aus den Zielbranchen begonnen. Noch bevor die Konkurrenz mit den Konzeptionen fertig war, verkauften die Branchenmanager der EnBW bereits erfolgreich Strom in den Zielbranchen.

5.2 Wettbewerbsparameter und Marketing-Mix

Vor dem Hintergrund dieser acht Erfolgsfaktoren kommt es für die EVU vor allem auf die Ausgestaltung und Abstimmung innerhalb des Marketing-Mix an, um strategische Wettbewerbsvorteile am Markt erzielen zu können (siehe Abbildung 5).

Strategische Wettbewerbsvorteile sind bei allen Parametern möglich, die die folgenden drei Kriterien erfüllen.[1]

1. Der Parameter muß aus Kundensicht wichtig sein,
2. vom Kunden als solcher wahrgenommen werden
3. und dauerhaft, d. h. von der Konkurrenz nicht schnell einholbar sein.

Unter diesen Anforderungen erfüllt gerade der Preis das dritte Kriterium nur bei einer umfassenden und langfristig durchhaltbaren Kostenstrategie.

Weitere Wettbewerbsvorteile können die in den letzten Jahren intensiv diskutierten und von vielen EVU angebotenen Dienstleistungen sein (vgl. Kapitel 5). Diese überspringen aber die Hürde des ersten Kriteriums häufig nicht. Zudem traut man den EVU die jeweilige Kompetenz nicht zu, insbesondere wenn die Dienstleistungen weit von deren Kerngeschäft entfernt liegen. Beispiele sind hier die von britischen Versorgern angebotenen Finanzdienstleistungen. Der Aus-

---

1   Vgl. Simon (1988).

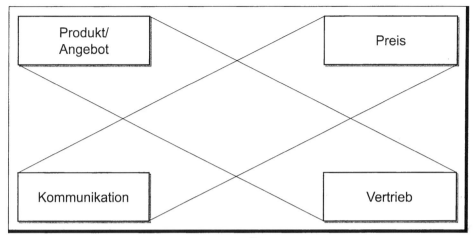

Abbildung 5: Marketing-Mix-Instrumente im Überblick

wahl und Bewertung von Dienstleistungen, sei es unter der Zielsetzung der Kundengewinnung, der Kundenbindung und/oder der Erhöhung der Wertschöpfung pro Kunde, sollten sehr scharfe Maßstäbe zugrunde gelegt werden.

Wirksame und nachhaltige Differenzierung vom Wettbewerb kann dagegen beim Vertrieb erzielt werden. Die wesentlichen Stoßrichtungen betreffen die Wahl und Ausgestaltung der Vertriebskanäle, die interne Form der Vertriebsorganisation sowie – ganz wesentlich – die personelle Besetzung der Vertriebsstellen (vgl. Kapitel 13).

Mit der Marktkommunikation betreten die EVU einerseits völliges Neuland, auf der anderen Seite zeigen die gigantischen Anstiege der Werbeausgaben der Branche allein in den ersten zwei Jahren der Marktliberalisierung, daß dieses Handlungsfeld erkannt wurde und eine massive Außenorientierung bereits erfolgt ist. Die Kommunikationsaktivitäten erfolgen durch Imagewerbekampagnen in der ersten Phase des Wettbewerbs, durch den Versuch eines Markenaufbaus – allerdings häufig ohne den erforderlichen und vom Kunden als wichtig wahrgenommenen Markenkern – und durch Forcierung redaktioneller Beiträge in Funk, Fernsehen und Printmedien. Die bisherigen Erfahrungen zeigen: Günstig müssen alle Anbieter sein, auch die Werbung konnte dem Kernprodukt keine dauerhafte Differenzierung verleihen (weder durch Form, Farbe noch Geruch), und die Kunden fallen nicht auf jede kurzlebige Masche herein. Die Phase der Kreativität der Werbeagenturen liegt offensichtlich noch vor uns.

Darüber hinaus darf nicht vergessen werden, daß Strom zu der sogenannten Kategorie von Hygieneprodukten zählt, d. h. Strom ist unabdingbar erforderlich und fällt nur im Fall des Nichtfunktionierens auf. Somit sind Sicherheit und Seriosität ganz zentrale Wettbewerbsfaktoren – insbesondere im Anfangsstadium des Wettbewerbs. Spontane Test- oder Versuchskäufe finden kaum statt.

Die EVU sind zusammenfassend auf dem richtigen Weg, die Marketing-Mix-Instrumente mit Leben zu füllen (vgl. im Detail Kapitel 5 bis 9), der „große Wurf" ist bis dato jedoch noch keinem Unternehmen gelungen.

6 | Strategiedimensionen und -optionen im Wettbewerb

An dieser Stelle sollen die wesentlichen Strategiedimensionen und -optionen noch einmal zusammengefaßt werden. In der Abbildung 6 sind die jeweiligen Strategie-Polaritäten gegenübergestellt.

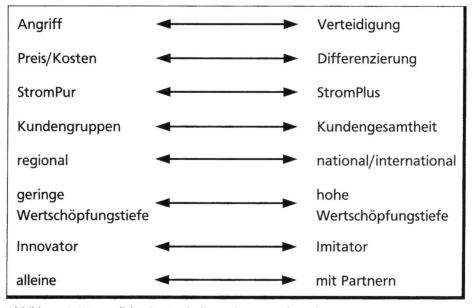

Abbildung 6: Wesentliche Strategiedimensionen und -optionen

In der Praxis wählt ein einzelnes Unternehmen nicht ausschließlich die jeweiligen Polaritäten, sondern vielmehr Hybridformen. Die konkrete Umsetzung der Strategieoptionen wird darüber hinaus von Unternehmen zu Unternehmen unterschiedlich sein.

Die entscheidenden Kriterien, die bei der jeweiligen Auswahl zugrunde gelegt werden sollten, sind:
◆ Ausgangssituation des Unternehmens
◆ Attraktivität der Marktsegmente
◆ Risikobereitschaft des Managements

◆ Umfeldbedingungen/-änderungen
◆ (beschaff-/beherrschbare) Kompetenzen und Ressourcen

Das in der Abbildung 6 wiedergegebene Polaritätenprofil eignet sich zusammen mit diesen Bewertungskriterien sehr gut, um die eigene Strategie, aber auch die der Wettbewerber identifizieren zu können.

Hierzu ein Beispiel aus dem Haushaltskundenbereich. Ein Strategieprofil eines TOP-Verbundunternehmens im Vergleich zu einem Newcomer ergibt folgendes Bild.

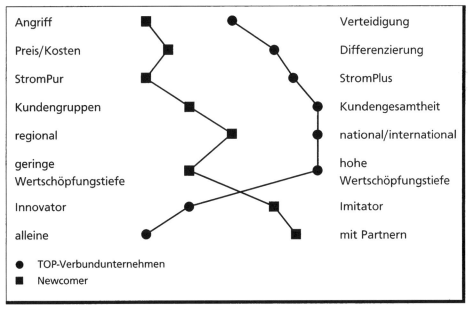

Abbildung 7: Konkurrenz-Strategieprofile

Die beiden Profile unterscheiden sich grundlegend voneinander. Bei der zu erwartenden Aufspaltung des Marktes werden beide Unternehmen unter diesen Konstellationen nicht wirklich im Wettbewerb um die gleichen Kunden stehen.

7 | Notwendige interne Voraussetzungen

Im wesentlichen sind im eigenen Unternehmen die Voraussetzungen zu schaffen, um die Strategien der Wettbewerber frühzeitig erkennen und ggf. neutralisieren zu können und um die eigenen Strategien im Wettbewerb erfolgreich um-/durchsetzen zu können.

Zum Aufdecken möglicher künftiger Aktionen der Wettbewerber kommt es vor allem darauf an, frühzeitig relevante Informationen zu erhalten. Die Informationen wird der Wettbewerb jedoch nicht „frei Haus" liefern, sondern das eigene Unternehmen muß verschiedene Wege der Informationssammlung und -aufbereitung beschreiten.[2] In der Praxis haben sich dabei insbesondere die folgenden Instrumente bewährt:

◆ Systematische Konkurrenzbeobachtung/-aufklärung z. B. über organisatorische Stabsstellen und Spiegelorganisationen
◆ Systematische Informationsbeschaffung über Partnerunternehmen, Lieferanten und Kunden der Konkurrenten
◆ Systematisches Benchmarking
◆ Analyse der Manager der Konkurrenz
◆ Abwerben von Managern der Konkurrenz
◆ Konkurrenzbezogene Workshops
◆ Kooperationen/Strategische Allianzen mit Wettbewerbern auf sogenannten „Nebenkriegsschauplätzen"

Sämtliche dieser Instrumente können einen wichtigen Beitrag zur Konkurrenzaufklärung liefern. Daher sollte hier nicht nur ein Weg beschritten, sondern es sollten unterschiedliche Ansätze verfolgt werden. Der erfahrungsgemäß wirksamste Ansatz zur Ableitung künftiger Konkurrenzstrategien besteht in der gründlichen Analyse der Manager auf der Gegenseite einschließlich ihres Persönlichkeitsumfeldes und der Entscheidungsstrukturen innerhalb der Konkurrenzunternehmen.

Zur erfolgreichen Erarbeitung und Umsetzung der eigenen Strategien im Wettbewerb sind im wesentlichen die folgenden internen Voraussetzungen zu schaffen.

1. Wahl des Zeitpunktes

Die Wahl des Zeitpunktes für den Auftritt am Markt ist von besonderer Bedeutung, da die Konkurrenz nicht jederzeit über die gleiche Schlagkraft verfügt. So war es sicherlich kein Zufall, daß die Privatkundenoffensive von RWE zu einem

---

2 Eine ausführliche Darstellung der unterschiedlichen Wege findet sich in Simon/Laker (1994).

Zeitpunkt gestartet wurde, als in den meisten Bundesländern in Deutschland Sommerferien waren.

2. Geheimhaltung

Die Erarbeitung der Wettbewerbsstrategie sollte in einem kleinen, kompetenten und hinsichtlich Funktion und Alter gemischten Kreis erfolgen, der im Vorfeld zu Geheimhaltung verpflichtet wurde. Die Ausgestaltung der einzelnen Konzeptionen umfaßt dann naturgemäß einen größeren Kreis.

Die konkrete Strategieerarbeitung in den Teams sollte hier außerhalb der Stammorganisation an einem neutralen Ort erfolgen. Die im Laufe dieses Prozesses einzubindenden Partner (z. B. Vertriebspartner, Werbeagenturen etc.) sind ebenfalls zu Geheimhaltung zu verpflichten und vertraglich an das eigene Unternehmen zu binden.

Die konkrete Umsetzung/der Marktauftritt sollte zeitlich extrem komprimiert sein, damit die Konkurrenz nur geringe Möglichkeiten zur Gegenwehr hat.

3. Dynamik der Umsetzung

Genauso wenig, wie man in den Krieg mit nur einem Schuß Munition ziehen kann, kann man im Wettbewerb mit nur einer Aktion bestehen. Dies hat zwei Konsequenzen: Zum ersten sollten mögliche Reaktionen der Konkurrenz antizipiert werden und zum zweiten müssen vor diesem Hintergrund die eigenen weiteren Schritte umsetzungsfähig sein. So hatte zwar RWE die gesamte Konkurrenz mit dem Auftritt im Massenkundenmarkt völlig überrascht, konnte jedoch dem kommunikativen Auftritt und preislichen Angebot von Yello Strom lange Zeit nichts entgegensetzen.

4. Wettbewerbskultur

Neben der nach außen gerichteten Positionierung im Wettbewerb müssen die EVU eine interne Wettbewerbskultur schaffen. Dies umfaßt verschiedene Aspekte, von denen hier lediglich die wichtigsten aufgeführt werden sollen.

Wettbewerb enthält bei aller Ernsthaftigkeit eine nicht unerhebliche Spaßkomponente und damit eine gewisse Leichtigkeit im internen Umgang. Sie bildet letztlich die Basis für Kreativität und Innovationsfreudigkeit im Wettbewerb. Unternehmen wie Gore, Mannesmann Arcor oder Unternehmen aus der IT-Branche, die im täglichen Konkurrenzkampf stehen, sind hier sicherlich Vorbilder.

Die interne Wettbewerbskultur muß darüber hinaus von einem „natürlichen" Umgang mit dem Wettbewerb getragen sein. Nicht allzu selten schlägt das

Pendel der bisherigen Branchen-Familie genau in das Gegenteil einer internen „Kriegsmentalität" um. Die Folgen sind blinder Aktionismus, häufig gegen einen oder zwei Wettbewerber, mit der Konsequenz, die eigene Position zu schwächen.

Die beste Wettbewerbsstrategie kann unter dem Strich wertlos sein, wenn das eigene Unternehmen nicht in etwa weiß, wohin die Konkurrenz steuert, bzw. dann, wenn die Konkurrenz zu früh von den eigenen Absichten erfährt.

8 | Zusammenfassende Handlungsempfehlungen

Mit der Liberalisierung der Strommärkte sind die EVU mit einer Situation konfrontiert, die in Schärfe und Schnelligkeit der Veränderung im Vergleich zu anderen Branchen wohl einmalig ist.

Die wettbewerbsstrategischen Aktionsfelder lassen sich zu sechs Handlungsempfehlungen zusammenfassen.

1. Die EVU sind gut beraten, die eigenen Zielsetzungen unter mittelfristiger Perspektive sorgfältigst festzulegen: Nur eine mittelfristig auf das Ergebnis angelegte Wettbewerbsstrategie führt zu einem profitablen Überleben im Wettbewerb.

2. Angriffs- und Verteidigungsstrategien haben keinen Wert an sich, sondern sind nur Wege, das eigene Ziel zu erreichen.

3. Im Wettbewerb stehende EVU müssen sich jeweils durch eine klare Identität in drei Dimensionen auszeichnen:
   ◆ Regionale Dimension
   ◆ Positionierung in der Wertschöpfungskette
   ◆ Positionierung in unterschiedlichen Kundengruppen

4. Acht Faktoren müssen berücksichtigt werden, um im Wettbewerb erfolgreich zu sein:
   ◆ Entscheidungsbündelung/Risikobereitschaft
   ◆ Schnelligkeit
   ◆ Innovationskompetenz
   ◆ Marketing- und wettbewerbserfahrene Manager und Mitarbeiter
   ◆ Kundenzugang und durchgängige kundenorientierte Organisation
   ◆ Finanzkraft
   ◆ Einkaufs-/Bezugskompetenz
   ◆ Umsetzungskompetenz

5. Die Differenzierung gegenüber Wettbewerbern liegt nicht beim Kernprodukt,

sondern bei der Umsetzung der acht Erfolgsfaktoren in der Angebots-, Preis-, Vertriebs- und Kommunikationspositionierung.

6. Neben den grundsätzlich notwendigen organisatorischen und personellen internen Voraussetzungen kommt es unter wettbewerbsstrategischen Gesichtspunkten darauf an, Vorkehrungen zu treffen, die eigene Wettbewerbsstrategie nicht nach außen dringen zu lassen, mögliche Aktionen der Wettbewerber schon in der eigenen Strategie optional zu berücksichtigen und intern eine dauerhafte Wettbewerbskultur zu implementieren.

B.
Marketing-Mix

4. Marktsegmentierung
   (*Andreas von der Gathen*)
5. Produkt- und Dienstleistungs-
   strategien
   (*Michael Laker / Stefan Herr*)
6. Strom-Pricing im Wettbewerb
   (*Michael Laker / Stefan Herr*)
7. Marke und Kommunikation
   (*Andreas Tesch / Georg Wübker /
   Michael Paul*)
8. Vertriebsorganisation
   (*Andreas Tesch / Denise Dahlhoff /
   Michael Paul*)
9. Online-Marketing und E-Commerce
   (*Ulf Munack*)

4. Marktsegmentierung

Andreas von der Gathen

1 | Grundlagen der Marktsegmentierung

1.1 Kundenbindung und Kundengewinnung

Die Neuordnung der Märkte für leitungsgebundene Energieträger in Deutschland und in Europa hat einen grundlegenden Wandel des Strommarktes bewirkt: Aus einem abgeschotteten und aufgeteilten Markt wurde ein Wettbewerbsmarkt.

Bis zum April 1998 ergab sich der Kundenkreis eines EVU eindeutig aus den Gebietsmonopolen der Anbieter[1]: Er umfaßte prinzipiell alle Kunden im Versorgungsgebiet. Eine Differenzierung der Kunden fand dennoch auch zu Monopolzeiten statt. So wurden die Kunden entsprechend ihrer Abnahmemenge und/oder ihrer Leistungsinanspruchnahme entweder als Tarif- oder als Sondervertragskunden behandelt. Während Tarifkunden nach einheitlichen, veröffentlichten Tarifen versorgt wurden, bestand für Sondervertragskunden die Möglichkeit, standardisierte, in Ausnahmefällen auch individuelle Sondervereinbarungen zu treffen.[2] Diese Einteilung wird mit der Änderung des Ordnungsrahmens verwischen, vielleicht sogar völlig überflüssig werden.

Sowohl die Sondervertrags- als auch die Tarifkunden können nun ihren Stromanbieter frei wählen. Die Marktabgrenzung aus Anbieterperspektive ist daher neu zu treffen, der relevante Markt hat sich vergrößert. Somit ergeben sich neue Fragestellungen hinsichtlich der Wettbewerbsstrategie eines EVU (vgl. Kapitel 3).

Die Aufgabe der *Kundenbindung* stellt sich für alle etablierten Anbieter. in gleicher Weise. Zwar können die Kunden auf Strom nicht verzichten und ihn auch nur im Ausnahmefall durch ein anderes Produkt substituieren, aber sie können den Anbieter wechseln. Zum einen drängen neue Anbieter auf den Markt, die aggressiv um Kunden werben (z. B. die sog. „Bündler"[3]), zum anderen haben auch die etablierten Anbieter den Wettbewerb um die Kunden außerhalb ihres ehemaligen Versorgungsgebietes aufgenommen.[4]

Die *Gewinnung neuer Kunden* ist sowohl für die Etablierten als auch für die

---

1 Die Rechtslage wurde bis zum April 1998 durch das Energiewirtschaftsgesetz (EnWG v. 3. 12. 1935 i.d.F. v. 19. 12. 1977) und das Gesetz gegen Wettbewerbsbeschränkungen (GWB v. 27.7.1957 i.d.F. v. 1. 1. 1990) bestimmt. Aus den beiden Gesetzen folgten umfassende Regulierungen hinsichtlich Markteintritts- und Marktaustrittsentscheidungen, Preis-, Investitions-, Mengen- und Qualitätsentscheidungen.

2 Im Mai 1999 gab es in Deutschland etwa 277.000 Sondervertragskunden, von denen knapp 800 einen Mindestverbrauch von 40 GWh hatten, was ca. 27 % des deutschen Strommarktes entspricht. Vgl. Dröber/Greifeneder (1999), S. 26.

3 Diese Gruppe von Unternehmen produziert selbst keinen Strom, sondern bündelt die Nachfragemengen ihrer Kunden und erreicht auf diese Weise günstigere Konditionen (z. B. die Ampere AG).

4 So bietet z. B. die RWE unter der Marke „Avanza" ebenso wie die EnBW unter der Marke „Yello" Strom in ganz Deutschland an.

Newcomer auf dem Strommarkt eine Herausforderung. Für neue Anbieter kommt als zusätzliche Herausforderung hinzu, daß die Unternehmen selbst ebenfalls (noch) nicht bekannt sind.

Sowohl für die Bindung existierender Kunden als auch für die Gewinnung neuer Kunden ist das Wissen um die Kunden, ihre Wünsche und Bedürfnisse von elementarer Bedeutung für die EVU. Nur so kann eine auf die Anforderungen der Kunden abgestimmte Marketingstrategie realisiert werden, denn Kundenorientierung setzt immer Wissen über die Kunden voraus.

1.2 Alternativen der Marktbearbeitung

Grundsätzlich stehen einem EVU zwei Alternativen der Marktbearbeitung zur Verfügung. Im Hinblick auf die Frage nach dem effizienten Einsatz der Marketinginstrumente Produkt, Kommunikation, Distribution und Preis ist zu entscheiden, ob ein Stromanbieter ein undifferenziertes Marketing verfolgt oder ob er sich für eine Segmentierungsstrategie entscheidet.

Ein *undifferenziertes Marketing* ist ausgerichtet an Standardanforderungen, die der Befriedigung von Bedürfnissen eines durchschnittlichen Kunden dienen.[5] Im Extremfall wird allen potentiellen Kunden das gleiche Produkt zu einem einheitlichen Preis angeboten, wobei auch beim Vertrieb und bei der Kommunikation nicht gezielt einzelne Kundengruppen angesprochen werden.

Die große Gefahr bei der Verfolgung eines undifferenzierten Marketing besteht darin, daß die Energieversorger in einen Preiswettbewerb geraten: Da die Angebote selbst keine Differenzierungsmöglichkeiten gegenüber dem Wettbewerb bieten, verbleibt allein der Preis als kaufentscheidendes Merkmal. So kann es zu einem (für viele Anbieter) ruinösen Preiswettbewerb kommen, der die Verdrängung von Anbietern beschleunigen wird.

Als Ausweg bietet sich eine *Strategie der Segmentierung* an, indem spezielle Kundengruppen (Segmente) identifiziert und jeweils mit einer auf sie speziell ausgerichteten Strategie angesprochen werden. Hierbei sind zwei Fälle denkbar: Entweder werden alle Kundensegmente angesprochen oder aber einzelne Segmente unter Vernachlässigung des restlichen Marktes gezielt bearbeitet.

1.3 Marktsegmentierung

Ziel der *Marktsegmentierung* ist die Zerlegung des Strommarktes in mehrere Teilmärkte, in denen die Stromkunden auf den Einsatz des Marketing eines Energieversorgers jeweils gleichförmiger reagieren als die Kunden im Gesamtstrommarkt

---

5 Vgl. Becker (1992), S. 214 ff.

(Identifikation der Marktsegmente).[6] Das heißt, die tatsächlichen und potentiellen Kunden eines Energieversorgers sollen so in Gruppen aufgeteilt werden, daß die Mitglieder einer Gruppe hinsichtlich ihrer Anforderungen möglichst ähnlich sind. Anschließend ist unter den Marktsegmenten eine Auswahl zu treffen und das Marketing-Mix auf diese Segmente so auszurichten, daß für die einzelnen Kundengruppen gezielt ein effizientes Marketing umgesetzt werden kann.

Eine Marktsegmentierungsstrategie umfaßt daher die folgenden drei Schritte (vgl. Abbildung 1):[7]

Abbildung 1: Schritte der Marktsegmentierung

Im Zentrum der Betrachtung steht hier die Identifikation der Marktsegmente. Die Auswahl der Marktsegmente richtet sich nach ihrer Attraktivität (vgl. hierzu ausführlich Kapitel 10 und 11). Die Bearbeitung der Segmente wird in den Kapiteln 5 bis 9, die sich der Ausgestaltung der Marketinginstrumente widmen, vertiefend dargestellt.

Hat sich ein Energieversorger für eine Marktsegmentierung entschieden, müssen die folgenden *Voraussetzungen und Kriterien* beachtet werden:[8]

1. Voraussetzung für eine erfolgreiche Marktsegmentierung ist, daß die Kunden im Hinblick auf ihre Stromnachfrage tatsächlich unterschiedliche Bedürfnisse haben bzw. auf das Marketing des Stromanbieters unterschiedlich reagieren.

---

6 Vgl. hierzu Hammann/Palupski/von der Gathen (1998), S. 79.
7 Vgl. Kleinaltenkamp (1999), S. 665.
8 Vgl. Becker (1992), S. 250 sowie Busse von Colbe/Hammann/Laßmann (1992), S. 95 f.

2. Es müssen geeignete Kriterien gefunden werden, anhand derer die Kunden in Segmente eingeteilt werden können. Lassen sich für die Segmente keine typischen Charakteristika feststellen, gibt es keinen Ausgangspunkt für einen differenzierten Einsatz der Marketinginstrumente.

3. Die identifizierten Segmente müssen vom Energieversorger einzeln angesprochen werden können. Läßt sich feststellen, daß die Stromkunden unterschiedliche Bedürfnisse haben und zu Segmenten zusammengefaßt werden können, so müssen sie auch entsprechend ihrer Segmentzugehörigkeit vom Energieversorger erreicht werden. Ansonsten ist ein segmentspezifischer Einsatz des Marketing Mix nicht realisierbar. In der Praxis scheitern Segmentierungsstrategien häufig an dieser mangelnden Erreichbarkeit der segmentierten Kundengruppen.
Einen Ausweg bietet hier der Ansatz der sog. „*Self-selection*“: Die Grundidee der Self-selection ist, die Rollen des Stromanbieters und des Stromkunden zu vertauschen. Der Energieversorger versucht nicht, die Kunden in den von ihm ausgewählten Marktsegmenten einzeln zu erreichen, sondern bietet ihnen stattdessen die Möglichkcit, sich selbst einem Segment zuzuordnen. So kann sich ein Energieversorger die Mühe sparen, Single- und Mehr-Personen-Haushalte gezielt anzusprechen, indem er einfach zwei Tarife anbietet, die auf die zwei Zielgruppen zurechtgeschnitten sind. Durch die Tarifwahl gibt sich ein Kunde als einem Segment zugehörig zu erkennen.

4. Für die Entscheidung zu einer Marktsegmentierung reicht es nicht aus, daß sich Marktsegmente identifizieren und gezielt ansprechen lassen. Da eine Segmentierung immer einen zusätzlichen Aufwand bedeutet, müssen sich durch die Segmentierung zusätzliche Erlöse erzielen lassen, damit die gezielte Marktbearbeitung auch ökonomisch sinnvoll ist. Mehrerlöse lassen sich realisieren, falls die Kunden in einzelnen Segmenten bereit sind, einen höheren Preis für Strom zu zahlen, oder falls sich aufgrund der Segmentierung mehr Kunden bei ihrer Bezugsentscheidung für gerade diesen Energieversorger entscheiden.

Nur für den Fall, daß alle vier vorgestellten Voraussetzungen erfüllt sind, kann eine Marktsegmentierungsstrategie in vollem Umfang verfolgt werden.

2 | Bestimmung der Marktsegmente

Eine erste grobe Einteilung der Marktsegmente kann danach erfolgen, ob Strom für konsumtive oder für investive Zwecke nachgefragt wird. Ausschließlich private Haushalte fragen Strom als Konsumgut nach, während in allen anderen Fällen Strom von Unternehmen oder Behörden als Investitionsgut eingesetzt wird, wobei die Beschaffung häufig formalisiert erfolgt und Entscheidungen unter Mitwirkung mehrerer Personen getroffen werden (Buying-Center). Zudem verfügen große Unternehmen aufgrund der von ihnen nachgefragten Strommenge über eine wesentlich größere Verhandlungsmacht, die sie in den Einkaufsverhandlungen mit Energieversorgern entsprechend einsetzen können. Im folgenden wird daher eine erste Einteilung in zwei Segmente betrachtet: Die privaten Haushalte, für die Strom ein Konsumgut darstellt, und die Unternehmen und Behörden, für die Strom ein Investitionsgut ist.

2.1 Segmentierung der Privatkunden

2.1.1 Überblick über relevante Segmentierungskriterien

Die Kriterien zur Segmentierung im Konsumgüterbereich können danach unterschieden werden, ob allgemeine Merkmale eines Kunden, z. B. sein Einkommen oder die Haushaltsgröße, oder ob kaufverhaltensbezogene Merkmale betrachtet werden, z. B. die nachgefragte Strommenge. Für eine Segmentierung sind immer die Merkmale aussagekräftiger, die direkt mit der Nachfrage nach Strom in Verbindung stehen. Die betrachteten Merkmale können zusätzlich nach ihrer empirischen Erfaßbarkeit unterschieden werden, d. h. ob es sich um direkt beobachtbare Einzelmerkmale, z. B. die Stromabnahmemenge, oder um abgeleitete komplexe Merkmale, z. B. die Einstellung eines Kunden gegenüber dem Produkt Strom, handelt. Zusammengefaßt ergibt sich folgendes Schema (siehe Abbildung 2):

Allerdings sind für einen Energieversorger nicht alle Kriterien relevant. Die Frage, welche Kriterien genutzt werden sollen, ist im Einzelfall anhand der Ziele eines Energieversorgers und der Struktur seiner Kunden zu entscheiden und anschließend empirisch zu überprüfen. Die im folgenden getroffene Auswahl repräsentiert die am häufigsten verwendeten Kriterien.

2.1.2 Mögliche Ansatzpunkte für eine Segmentierung der Privatkunden

Segmentierung nach geographischen Kriterien

Aufgrund der besonderen Struktur des Strommarktes, der bis zu seiner Öffnung für den Wettbewerb in Gebietsmonopole geographisch eindeutig aufgeteilt war, bietet sich die Möglichkeit, die Kunden in Abhängigkeit von ihrem Wohnort in Marktsegmente aufzuteilen. Da der Wettbewerb im Privatkundenmarkt gerade erst begonnen hat, läßt sich vom Wohnort eines Kunden zuverlässig auf seinen bisherigen Stromlieferanten schließen. So kann ein preisaggressiver Stromanbieter speziell die Kunden ansprechen, die bisher von einem eher hochpreisigen Anbieter beliefert werden. In der Kommunikationspolitik muß dann der Preis entsprechend

	Merkmale der Zielperson	
	Allgemeine Merkmale	**Kaufspezifische Merkmale**
Direkt beobachtbare Einzel-merkmale	• Demographische Merkmale (Alter, Geschlecht, Familienstand, geographische Merkmale usw.) • Sozioökonomische Merkmale (Einkommen, Beruf, Schulbildung, Religion, soziale Schicht usw.)	• Abnahmemenge • Kaufanlässe • Verwendungszweck • Marken-, Lieferantentreue • Reaktionsbereitschaft auf Marketinginstrumente • Stadium der Kaufbereitschaft
Ableitbare komplexe Merkmale	• Persönlichkeitsmerkmale (Risikoneigung, Entscheidungsfreudigkeit, Selbstvertrauen usw.) • Life-Style	• Kaufmotive • Erwartungen gegenüber dem Produkt bzw. Anbieter • Einstellungen gegenüber dem Produkt bzw. Anbieter • Präferenzen

Abbildung 2: Segmentierung im Konsumgüterbereich[9]

in den Vordergrund gestellt werden, indem z. B. aussagekräftige Vergleichsrechnungen aufgestellt werden. Auf der anderen Seite bietet die geographische Segmentierung den natürlichen Ausgangspunkt der Marktsegmentierung von Stadtwerken und regionalen Versorgern zum Zwecke der Kundenbindung.

Segmentierung nach der Haushaltsgröße

Die anderen soziodemographischen Merkmale sind mit Ausnahme des Familienstandes als Segmentierungskriterien eher ungeeignet. Viele Stromanbieter unterscheiden zwei Marktsegmente, die Singles und die Familien: So zeichnet sich die Tarifstruktur häufig durch eine Zweiteilung aus: ein Tarif für Haushalte mit geringeren Verbrauchsmengen (z. B. für Singles), ein zweiter Tarif mit höherer Grundgebühr und niedrigeren Kosten pro kWh für Haushalte mit höheren Verbrauchsmengen (z. B. für Familien) (siehe Abbildung 3, Seite 102).

Tatsächlich verbirgt sich hinter diesem Kriterium jedoch ein kaufspezifisches Merkmal, die Abnahmemenge. Aufgrund der Charakteristika des Produktes besteht meist ein stabiler Zusammenhang zwischen der Anzahl der in einem Haushalt lebenden Personen und der nachgefragten Strommenge, so daß eine Segmentierung nach der Abnahmemenge einfach durchzuführen ist.

---

9 Vgl. Hammann/Palupski/von der Gathen (1998), S. 81.

Anbieter	Tarif „Single"	Tarif „Family"
Bayernwerk	Power Private	Power Family
PreussenElektra	Elektra Direkt Single	Elektra Direkt Family
Stadtwerke Hannover	EnercityS	EnercityM
GEW Köln	Faircolon Classic	Faircolon Big

Abbildung 3: Beispiele für Tarifstrukturen deutscher Energieversorger

Segmentierung nach Kaufanlässen

Spezielle Anlässe, die als Kriterium für eine Segmentierung herangezogen werden können, treten sowohl beim Stromkauf als auch bei der Stromverwendung auf: Ein Kaufanlaß, der Grundlage für eine Segmentierung sein kann, ist ein Umzug, der einzige Anlaß, bei dem ein Kunde auf jeden Fall über seinen Strombezug nachdenken muß. Früher mußte bei einem Umzug der Anbieter gewechselt werden, falls der neue Wohnort außerhalb des Versorgungsgebietes des alten Energieversorgers lag. Zum Gebietsmonopolisten am neuen Wohnort bestand jedoch keine Alternative. Nun stellen die Kunden, die umziehen, eine attraktive Zielgruppe dar, denn sie müssen sich mit der Frage nach dem Stromanbieter befassen. Auf der anderen Seite besteht für den bisherigen Anbieter die Möglichkeit, einen Kunden auch im Falle eines Wohnortwechsels an sich zu binden und so seine Kundenbasis außerhalb des bisherigen Versorgungsgebietes zu vergrößern.

Segmentierung nach dem Verwendungszweck

Spezifische Verwendungsanlässe für Strom gibt es kaum, es handelt sich vielmehr um ein Produkt, welches laufend zur Verfügung stehen muß und nicht anlaßbezogen konsumiert wird. Dennoch können verschiedene Verwendungszwecke unterschieden werden: In den Fällen, in denen spezielle stromintensive Geräte im Haushalt genutzt werden, kann über eine verwendungszweckbezogene Segmentierung nachgedacht werden. Ein typisches Beispiel hierfür sind die Nachtspeicherheizungen. Die Kunden, die auf diese Art heizen, haben nicht nur einen höheren Stromverbrauch, sondern auch eine andere zeitliche Nachfragestruktur. Daher ist es üblich, sie in einem Segment zusammenzufassen.

Segmentierung nach dem Nutzen

Die Nutzen-Segmentierung (Benefit-segmentation) beruht auf dem Gedanken, daß die Erwartungen, die die Kunden beim Kauf bzw. Konsum von Strom haben, ihr Kauf- bzw. Konsumverhalten determinieren. Hierzu zählt z. B. die Erwartung einiger Kunden, daß ihr Strom möglichst umweltfreundlich produziert wird. Eine Segmentierung nach dem Nutzen ist immer dann durchführbar, wenn das Wertesystem eines potentiellen Kunden zusammen mit seinen Einstellungen gegenüber Angeboten auf dem Strommarkt im Detail gemessen werden kann. Folgende Vorgehensweise ist dabei zu empfehlen:

◆ Zu Beginn werden die wichtigsten Nutzenbestandteile bestimmt, deren Erfüllung die Kunden vom Strom bzw. einem Stromanbieter erwarten, z. B. eine übersichtliche Rechnung oder stromnahe Dienstleistungen wie eine Energieberatung.

◆ Anschließend werden geeignete Skalen entwickelt, um die Einstellungen der Kunden zu den einzelnen Nutzenaspekten zu messen.

◆ Abschließend werden die Einstellungen gegenüber unterschiedlichen Stromangeboten gemessen und entsprechende Segmente gebildet, die durch gleiche Nutzenvorstellungen gekennzeichnet sind.

Als Verfahren zur Einstellungsmessung dient die Conjoint-Analyse (Conjoint Measurement). Mit ihrer Hilfe läßt sich der Beitrag einzelner Eigenschaften eines Stromangebotes zum Gesamtnutzen ermitteln.[10] Ausgangspunkt einer Conjoint-Analyse ist die Analyse individueller Nutzenvorstellungen der Kunden. Durch eine Aggregation der individuellen Ergebnisse kann auf die Nutzenstruktur einer Gruppe von Kunden geschlossen werden. Die Befragung erfolgt dabei nicht direkt, vielmehr werden die Befragten mit unterschiedlichen Kombinationen von Angebotseigenschaften konfrontiert. Abgefragt werden so lediglich die Präferenzen für die vorgelegten Alternativen. Kunden mit gleichen oder ähnlichen Nutzenvorstellungen werden dann zu Marktsegmenten zusammengefaßt.

Die Segmentierung der Kunden nach ihrem empfundenen Nutzen bietet sich insbesondere in drei Fällen an:

1. Denkt ein Energieversorger daran, sein Stromangebot durch Elemente anzureichern, die den Kundennutzen betonen, so kann er dem Preiswettbewerb für das Kernprodukt Strom eventuell entgehen. Ein über das Kernprodukt „Strom" hinausgehendes Angebot sind z. B. Paketangebote, die nicht nur Strom beinhalten, sondern noch weitere, „stromnahe" Dienstleistungen, z. B.

---

10 Vgl. Backhaus et al. (1996), S. 497 ff.

eine individuelle Beratung in der Wohnung des Kunden, in der über Möglichkeiten des Stromsparens informiert wird.

2. Einen Schritt weiter gehen die Angebote, die neben Strom nicht nur Dienstleistungen umfassen, sondern im Bündel auch Gas und Wasser. Der Kunde erhält dabei nicht nur häufig einen preispolitischen Vorteil, sondern auch ein „Alles-aus-einer-Hand"-Angebot, was meistens als Zusatznutzen wahrgenommen wird.

3. Ein sehr weites Anwendungsfeld für eine nutzenorientierte Segmentierung bietet schließlich das Angebot von „Grünem Strom"[11]. Zwar ist der Strompreis auch hier nicht zu vernachlässigen, aber der Preis ist nicht die allein dominierende Aktionsvariable. Die Kunden sind sogar z. T. bereit, für Grünen Strom einen Preisaufschlag zu bezahlen (vgl. Abbildung 4).

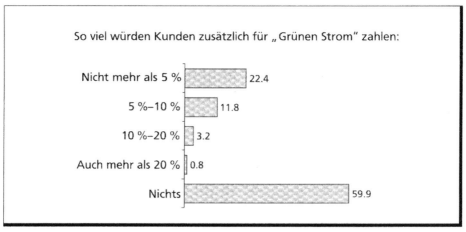

Abbildung 4: Zusätzliche Zahlungsbereitschaft für „Grünen Strom" (in Prozent der Befragten)[12]

Die Zielgruppe für Grünen Strom läßt sich ausschließlich über den Nutzen bestimmen, den die Kunden erzielen. In ihm spiegeln sich die Erwartungen und Einstellungen an einen Anbieter von Grünem Strom wider, d. h. der Nutzen für die Konsumenten besteht nicht nur in der Nutzung des Stroms, sondern auch in dem Gefühl, durch den Kauf von Grünem Strom einen Beitrag zur Schonung der Umwelt geleistet zu haben. Die Zielgruppe stellt daher höchste Ansprüche an die Glaubwürdigkeit des jeweiligen Anbieters.

---

11 Teilweise wird unter „Grünem Strom" ausschließlich Strom aus regenerativen Quellen (Wasser, Wind, Sonne) verstanden, teilweise ein Mix aus Strom aus regenerativen Quellen und Strom aus relativ umweltfreundlichen Kraft-Wärme-Kopplungs-Anlagen (KWK).
12 Vgl. Stephan (1999), S. 166–168.

Bei der Frage nach der Ermittlung der relevanten Zielgruppe darf nicht der Fehler gemacht werden, ausschließlich im grün-alternativen Milieu Kunden zu vermuten. Eine empirische Untersuchung kommt vielmehr zu dem Schluß, daß die Zielgruppe die Altersgruppe der 35- bis 50jährigen umfaßt, die überdurchschnittlich gut ausgebildet sind, gesellschaftspolitisches Interesse und Kinder haben.[13]

Insgesamt stellt eine Segmentierung der Kunden hinsichtlich ihrer Einstellung zu Grünem Strom für viele (kleine) Anbieter, die sich ausschließlich auf den Vertrieb von Grünem Strom spezialisiert haben, eine Voraussetzung nicht nur für ihren Erfolg, sondern für ihr Überleben dar.

Wechselbereitschaft

Zum Abschluß der Diskussion des Privatkundenmarktes soll das in der Anfangsphase der Liberalisierung des Strommarktes vielleicht wichtigste Segmentierungskriterium diskutiert werden: die Wechselbereitschaft potentieller Kunden. Bisher war eine bewußte Kaufentscheidung für Strom nicht notwendig, da jeweils nur ein Anbieter zur Verfügung stand. Das Wissen um die neuen Möglichkeiten und der Mut, sie zu nutzen, werden sich aber trotz massiver Aufklärung durch die Presse und Werbemaßnahmen der Stromanbieter nur allmählich in der Gesellschaft verbreiten, so daß das Stadium der Wechselbereitschaft einen guten Segmentierungsansatz bietet. Die Wechselbereitschaft eines Kunden wird insbesondere durch seinen Informationsstand beeinflußt. Drei Fälle sind möglich:

1. Einem Kunden ist die grundsätzliche Möglichkeit zur freien Anbieterwahl in einem liberalisierten Strommarkt nicht bekannt, eine Wechselbereitschaft kann nicht vorhanden sein.

2. Die Möglichkeit zur freien Anbieterwahl ist bekannt, allerdings fehlen detaillierte Informationen über Anbieter und ihre Produkte. In diesem Fall kann lediglich eine potentielle Wechselbereitschaft vorhanden sein. Ein konkreter Wechsel kommt nicht in Betracht.

3. Besitzt ein Kunde zusätzlich zum Wissen um die Wechselmöglichkeit auch Informationen über den Wechselprozeß, neue Anbieter, ihre Produkte und Preise, so ist die informationelle Grundlage für einen Wechsel gelegt.

Die Identifizierung der Wissensstände einzelner Kunden bzw. Kundengruppen ist empirisch relativ leicht lösbar. Zwar reicht dies allein für eine Segmentierung nicht aus, es lassen sich jedoch wertvolle Hinweise für die Kommunikationspolitik eines Energieversorgers daraus ableiten.

---

13 Vgl. Klähn (1999a), S. 122.

Für eine Segmentierung können in einem umfassenderen Ansatz in Anlehnung an den Diffusionsprozeß bei neuen Produkten fünf Gruppen von Kunden hinsichtlich ihrer generellen Wechsel- bzw. Innovationsbereitschaft unterschieden werden:[14]

1. Ein kleiner Teil der Privatkunden wird den Anbieter wechseln, sobald sich ihnen die Möglichkeit dazu bietet. Sie können als die „Mutigen" („Boldly Going") bezeichnet werden. Insgesamt werden durch sie ca. 2–5 % der Bevölkerung repräsentiert. Sie waren die Innovatoren bei Call-by-Call-Telefongesprächen, Computern, Mobilfunktelefonen und CD-Recordern, sind eher jung, männlich und verfügen über einen hohen Bildungsstand sowie ein hohes Einkommen.

2. Die den „mutigen Innovatoren" folgende Gruppe sind die „Aufgeschlossenen" („Look then Leapers"). Sie sind zwar etwas vorsichtiger, gehören jedoch zu den Konsumenten, die neue Produkte zu einem frühen Zeitpunkt des Produktlebenszyklus adoptieren. Ihr Anteil an der Gesamtbevölkerung beträgt 10–15 %. In vielen Fällen entscheidet diese Gruppe über den Erfolg von Produkten.

3. Die nächste Gruppe nimmt eine Haltung ein, die sich durch ein vorsichtiges Abwarten beschreiben läßt („Ready But Waiting"). Die Kunden, die sich dieser Gruppe zurechnen lassen, informieren sich gründlich, um die Vor- und Nachteile eines Anbieterwechsels in Ruhe abzuschätzen. Sollten sie sich nicht sicher sein, ob sie das beste Angebot kennen, verschieben sie ihre Entscheidung auf einen späteren Zeitpunkt. Innerhalb der Bevölkerung machen sie etwa 30–40 % aus.

4. Die Grundhaltung der Kunden der vierten Gruppe, die ebenfalls etwa 30–40 % der Bevölkerung repräsentiert, ist skeptisch („Better Late Than Nevers"). Es handelt sich um eher konservative Kunden, die vorwiegend älter sind und über ein vergleichsweise geringes Bildungsniveau und Einkommen verfügen. Oftmals nehmen sie neue Produkte nur an, weil sie einen Konformitätsdruck verspüren.

5. Die aus der Perspektive der Neukundengewinnung unattraktivste Gruppe bilden die ca. 5–20 % der Bevölkerung, die konservativ sind und einem Wechsel – so wie allem Neuen – grundsätzlich ablehnend gegenüber stehen („Sleepers At The Switch"). Sie sind tendenziell älter und wollen die Sicherheit und Zuverlässigkeit des Stromanbieters, den sie kennen und der sie ihr bisheriges Leben lang mit Strom versorgt hat.

---

14 Vgl. Tornabene/Greenberger (1998), S. 14 ff.

Die Darstellung dieser fünf Gruppen soll nicht den Eindruck erwecken, als ob zuerst die Kunden der ersten Gruppe wechseln, bevor die Kunden der zweiten Gruppe an der Reihe sind usw., so daß ein Stromanbieter im Rahmen der Neukundengewinnung zu Beginn ausschließlich das erste Segment bearbeiten sollte, bevor er sich dem zweiten zuwendet usw. Lediglich die Höhe der Wahrscheinlichkeit eines Anbieterwechsels ist bei den einzelnen Segmenten sehr unterschiedlich. Durch eine gezielte, segmentspezifische Ausrichtung der Marketinginstrumente auf die Kunden können Erfolge in allen Segmenten erzielt werden. Beispielsweise müssen für die jeweiligen Segmente unterschiedliche Kommunikationskanäle und -inhalte genutzt werden, um auf die spezifischen Erwartungen und Bedürfnisse der Kunden eingehen zu können.

Insgesamt ist festzuhalten, daß die Wechselbereitschaft einen umfassenden Segmentierungsansatz bietet, der gerade vor dem Hintergrund der Öffnung des Strommarktes vielversprechend ist. Ergänzt werden kann er um die anderen vorgestellten Segmentierungsansätze.

2.2 Segmentierung der Industriekunden

Die Marktsegmentierung für Kunden, die Strom als Investitionsgut nachfragen, erfordert eine zweistufige Vorgehensweise. Die Kaufprozesse im Business-to-Business-Bereich sind genau zu analysieren, da sie von zwei bedeutenden Determinanten beeinflußt werden: Den Ausgangspunkt einer Segmentierung im Business-to-Business-Bereich bilden Merkmale der Unternehmen, z. B. die Branche oder die Unternehmensgröße. Allerdings treten als tatsächliche Kunden nicht die Unternehmen, sondern die Mitarbeiter auf. Diese sind wiederum durch Merkmale charakterisierbar, die in ihrer Persönlichkeit begründet sind. Wird die Entscheidung über den Strombezug nicht von einem Mitarbeiter allein, sondern von einer Gruppe getroffen (Buying-Center), so können zusätzlich noch die Stellung des einzelnen in der Gruppe und Gruppenprozesse berücksichtigt werden. Die folgende Abbildung gibt einen Überblick über Kriterien zur Unternehmenssegmentierung (vgl. Abbildung 5, Seite 108).

Vor der eigentlichen Segmentierung werden die Kunden erfaßt, die im Rahmen eines Key-Account-Managements betreut werden. Es handelt sich dabei um die Großkunden, die aufgrund ihrer Abnahmemengen eine sehr gute Verhandlungsposition bzgl. der Preise und Konditionen haben und daher Verhandlungen mit einer Vielzahl von Lieferanten führen können. Hierzu gehören insbesondere auch Filialunternehmen. Auch die Gründung von Einkaufsgemeinschaften wird in der neuen Wettbewerbssituation für die Kunden sehr attraktiv. Ziel des Key-Account-Managements ist die intensive Betreuung der Schlüsselkunden und eine umfassende Beziehungspflege. Ein Unternehmen qualifiziert sich als Key-Ac-

		Merkmale des Unternehmens	
		Allgemeine Merkmale	**Kaufspezifische Merkmale**
Erfassung der Merkmale	**Direkt beobachtbare Merkmale**	• Unternehmensgröße • Branche • Standort • Betriebsform	• Stromabnahmemenge • Stromanwendungen • Erst- bzw. Wiederholungsbeschaffung • Lieferantentreue
	Abgeleitete komplexe Merkmale	• Corporate Identity • Unternehmensphilosophie • Zielsystem des Unternehmens	• Organisatorische Beschaffungsregeln

Abbildung 5: Segmentierungskriterien für Unternehmen im Investitionsgüterbereich[15]

count, wenn es eine bestimmte Strommenge abnimmt. Daneben können auch qualitative Kriterien herangezogen werden. Dazu zählen die Imagewirkung, die Meinungsbildnerfunktion, ein hoher Innovationsgrad, das Wachstumspotential, die Abwanderungsgefahr oder die Möglichkeit, Zugang zu einer Einkaufsgemeinschaft (z. B. Ketten- oder Tochterunternehmen eines Konzerns) zu erlangen.

Im Anschluß an die Aussonderung der Key-Accounts wird für die verbleibenden Unternehmen eine Marktsegmentierung in folgenden Schritten empfohlen:

1. Ausgangspunkt sollte zunächst die Gliederung der Kunden nach einfach erfaßbaren allgemeinen, organisationsbezogenen Kriterien sein. Dazu gehören der Standort des Unternehmens oder die Branche. Im Gegensatz zur Situation bei den Privatkunden ist der Standort eines Unternehmens kein eindeutiger Hinweis mehr auf den bisherigen Energieversorger, da der Wettbewerb um Unternehmenskunden früher begann und inzwischen viele Unternehmen den Stromversorger gewechselt haben. Als Segmentierungskriterium wird von vielen Energieversorgern die Branche genutzt: Allerdings zeigen empirische Studien, daß die Branche allein zwar Ausgangspunkt einer Segmentierung sein kann, eine feine Segmentierung jedoch erst durch die Berücksichtigung weiterer Merkmale erzielt wird, da typische Kundenerwartungen und -bedürfnisse nicht branchenspezifisch auftreten. Als Einstieg in eine Marktsegmentierung ist eine Branchenorientierung jedoch angebracht.

2. Die Suche nach weiteren Segmentierungskriterien sollte verstärkt kaufspezifische Merkmale einbeziehen. So können Besonderheiten, die aus spezifischen Stromanwendungen resultieren und z. B. das Angebot zusätzlicher Dienstlei-

---

15 Vgl. hierzu Hammann/Palupski/von der Gathen (1998), S. 82.

stungen ermöglichen, berücksichtigt werden. Eine tatsächlich trennscharfe Segmentierung läßt sich so aber immer noch nicht erreichen.

3. Während die ersten beiden Schritte der Segmentierung an den unternehmensspezifischen Merkmalen eines potentiellen Kunden anknüpfen, werden im dritten Schritt die Merkmale der Person, die über die Beschaffung des Stroms entscheidet, näher untersucht. Die Komplexität der Segmentierungsaufgabe und die Kosten für die Erhebung sind dabei wesentlich höher, da ein intensiver Kundenkontakt notwendig ist, um Primärdaten zu erheben. Als Kriterien kommen in Betracht (vgl. Abbildung 6).

Begonnen werden sollte wiederum mit den leicht zu erfassenden Merkmalen

		Merkmale der Mitglieder des Buying-Centers	
		Allgemeine Merkmale	Kaufspezifische Merkmale
Erfassung der Merkmale	**Direkt beobachtbare Merkmale**	• demographische Merkmale • sozioökonomische Merkmale	• Größe und Struktur des Buying-Centers (Zuständigkeit für die Strombeschaffung)
	Abgeleitete komplexe Merkmale	• Persönlichkeitsmerkmale (Know-how, Risikoneigung, Selbstvertrauen, Entscheidungsfreudigkeit)	• Kaufmotive • Individuelle Zielsysteme • Entscheidungsregeln der Kaufbeteiligten • Einstellungen/Erwartungen gegenüber Strom bzw. dem Stromanbieter

Abbildung 6: Segmentierung der Mitglieder des Buying-Centers[16]

der Mitglieder des Buying-Centers. Da demographische und sozioökonomische Kriterien nicht sinnvoll sind (vgl. oben), ist zu prüfen, inwieweit eine Segmentierung nach der Funktion bzw. hierarchischen Position der am Beschaffungsprozeß beteiligten Personen möglich ist. Im Rahmen einer empirischen Untersuchung zeigte sich, daß auf diesem Weg keine trennscharfe Segmentierung erreicht werden konnte.

4. Die Erhebung und Nutzung abgeleiteter, komplexer und kaufverhaltensrelevanter Kriterien der Mitglieder des Buying-Centers bildet die beste Grundlage einer Segmentierung. Für ihre Ermittlung müssen gezielt Marktforschungsdaten erhoben und ausgewertet werden. Geeignete und noch relativ leicht erfaßbare Merkmale sind die von den Anwendern empfundenen Unterschiede hin-

---

16 Vgl. Kleinaltenkamp (1999), S. 667.

sichtlich der Bedeutung und des Erfüllungsgrades einzelner Anforderungen an Strom und Energiedienstleistungen.[17] Hierzu zählen z. B. der Preis für Strom und energienahe Dienstleistungen oder die Zuverlässigkeit des Stromanbieters.

Das Dilemma jeder Marktsegmentierung zeigt sich an dieser Stelle besonders deutlich: Die tatsächlich kaufverhaltensrelevanten Merkmale sind nur schwer zu ermitteln, so daß häufig einfach zu erhebende Kriterien, wie die Branche oder die Größe des stromnachfragenden Unternehmens, benutzt werden.

2.3 Segmentierung der Gewerbekunden

Prinzipiell kann bei der Segmentierung der Gewerbekunden in gleicher Weise vorgegangen werden wie bei Industriekunden. Da die betrachteten Betriebe jedoch geringere Strommengen nachfragen, ist der Segmentierungsaufwand zu begrenzen. Daher sollte für die Segmentierung der Gewerbekunden ein einstufiger Ansatz verfolgt werden, der an der Unternehmensgröße, dem Anwendungsfeld für Strom (z. B. Betrieb eines Ofens, eines Kernspintomographen oder Beleuchtung von Büroräumen) sowie der Abnahmemenge ansetzt.

Wichtigstes Kriterium zur Beurteilung der Attraktivität eines Gewerbekunden ist die nachgefragte Strommenge. Diese wird insbesondere durch zwei Faktoren beeinflußt:

1. Wichtigstes Segmentierungskriterium ist hier die Branche, zu der der betrachtete Betrieb gehört. In Abhängigkeit von den Branchen variiert die Stromnachfrage aufgrund unterschiedlicher, branchenspezifischer Stromeinsatzfelder. So sind die Stromkosten (in Prozent des Umsatzes) eines Dienstleistungsunternehmens für Zwecke der Beleuchtung von Büroräumen geringer als für den Betrieb der Öfen einer Bäckerei. Die folgende Abbildung gibt einen beispielhaften Überblick über eine mögliche Gewerbekundensegmentierung in Abhängigkeit vom spezifischen Strombedarf verschiedener Branchen.

Neben der absoluten Höhe der nachgefragten Strommenge wird durch eine branchenspezifische Betrachtung zusätzlich eine Differenzierung des Dienstleistungsangebots eines Energieversorgers ermöglicht. So kann bei einer Energieberatung auf die Bedürfnisse eingegangen werden, die aus den speziellen Stromanwendungen einer Branche resultieren. So dürfte für Metzgereien eine Beratung im Hinblick auf eine Optimierung des Stromverbrauchs für Kühlzwecke, für

---

17 Vgl. Kleinaltenkamp (1999), S. 681.

Branche	Stromkosten/Umsatz
Gaststätten	1,3%
Metallgewerbe	0,6%
Bäckereien	0,8%
Fleischereien	1,0%
Holzgewerbe	0,3%
Wäschereien	2,0%
Gartenbau	0,5%
Kfz-Gewerbe	0,3%
Papier und Druck	0,8%

Abbildung 7: Durchschnittlicher Stromverbrauch in Prozent des Unternehmensumsatzes im Gewerbe (in Abhängigkeit von der Branche)

Bäckereien im Hinblick auf eine Optimierung des Stromverbrauchs für Heizzwecke besonders attraktiv sein.

2. Neben das Segmentierungskriterium Branche tritt als zweites Segmentierungskriterium die Unternehmensgröße, da mit steigender Unternehmensgröße die Stromnachfrage zunimmt. Dieser Zusammenhang gilt für jedes Unternehmen, ist aber für stromintensive Branchen von besonderer Relevanz. Die Unternehmensgröße ist nicht nur für die Höhe der Stromabnahme ein guter Indikator, darüber hinaus ist der Kaufprozeß in größeren Gewerbebetrieben häufig formalisierter als in kleinen, im Extremfall nur aus einer Person bestehenden Unternehmen. Ein Problem bei der empirischen Identifikation von Gewerbebetrieben besteht an dieser Stelle darin, daß sich z. T. nicht im vorhinein feststellen läßt, ob es sich bei einem Betrieb um ein Einzelunternehmen oder um ein Filialunternehmen handelt. Letztere zählen aufgrund des für Filialbetriebe typischen Kaufprozesses in den seltensten Fällen zur Zielgruppe, da i. d. R. in der Zentrale über den Stromeinkauf entschieden wird.

Selbstverständlich kann auch für Gewerbebetriebe eine zweistufige Segmentierungsstrategie verfolgt werden, wie sie in Abschnitt 2.2 für Industriekunden vorgestellt wurde. Neben der Branche und der Unternehmensgröße können dann noch Merkmale einbezogen werden, die den Unternehmensinhaber bzw. den Entscheider für den Stromeinkauf näher charakterisieren. Dies wird jedoch aus ökonomischen Gründen nicht der Ausgangspunkt einer ersten Segmentierung sein. Sollten aber entsprechende Daten schon zur Verfügung stehen, z. B.

weil der Außendienst kurze Besuchsprotokolle anfertigt, in denen die wichtigsten Personendaten enthalten sind, so kann ein Energieversorger noch gezielter die Klientel der Gewerbekunden ansprechen.

3 | Empirische Bestimmung von Marktsegmenten

Unabhängig davon, für welche der betrachteten Gruppen – Privat-, Industrie- oder Gewerbekunden – die Durchführung einer Marktsegmentierung geprüft werden soll, reicht es nicht aus, plausible und einleuchtende Segmentierungskriterien zu finden. In einem zweiten Schritt muß der Energieversorger empirisch überprüfen, ob sich die Kunden tatsächlich in die entsprechenden Segmente einteilen lassen. Dies erfolgt mit Hilfe multivariater Analyseverfahren, wobei sich neben dem Conjoint Measurement (vgl. Abschnitt 2.1.2, S. 103) insbesondere die Faktoren-, die Cluster- und die Diskriminanzanalyse kombiniert einsetzen lassen.[18]

Bei der Diskussion der in Frage kommenden Segmentierungskriterien ist deutlich geworden, daß eine Vielzahl möglicher Kriterien in Betracht kommt, die das Kaufverhalten der Kunden beeinflussen können. Je mehr Kriterien jedoch Berücksichtigung finden, desto größer ist die Wahrscheinlichkeit, daß die Kriterien nicht unabhängig voneinander sind. Durch den Einsatz der Faktorenanalyse kann ein statistischer Zusammenhang zwischen der Beurteilung einzelner Kriterien und möglichen übergeordneten Beurteilungsfaktoren hergestellt werden.[19] So wird die Gruppe der voneinander unabhängigen Kriterien bestimmt und zugleich die Anzahl der Kriterien auf einige wenige, wichtige reduziert.

Sind die kaufentscheidenden Faktoren bekannt, können die Kunden im zweiten Schritt einer Clusteranalyse unterzogen werden.[20] Unter einer Clusteranalyse versteht man Verfahren zur Gruppenbildung, d. h. die Kunden werden anhand der kaufentscheidenden Faktoren in Gruppen zusammengefaßt. Diese Gruppen bilden dann mögliche Marktsegmente, wobei die Kunden eines Segments weitgehend eine verwandte Struktur aufweisen, während zwischen den einzelnen Segmenten möglichst wenig Ähnlichkeiten bestehen.

Im Anschluß an die Clusteranalyse stellt sich die Frage, ob Merkmale existieren, die zum einen leicht zu erfassen sind (z. B. demographische Merkmale), nach denen sich zum anderen aber auch alle nicht befragten Kunden einem Marktsegment eindeutig zuordnen lassen. Diese in der empirischen Erhebung ebenfalls erfaßten sogenannten „Außenkriterien" können mit einer Diskriminanzana-

---

18 Vgl. zum folgenden Kleinaltenkamp (1999), S. 681.
19 Zur Faktorenanalyse vgl. Backhaus et al. (1996), S. 189 ff.
20 Zur Clusteranalyse vgl. Backhaus et al. (1996), S. 262 ff.

lyse[21] bestimmt werden. In einer Diskriminanzanalyse wird untersucht, ob sich die jeweiligen Marktsegmente hinsichtlich soziodemographischer Merkmale unterscheiden und welche dieser Kriterien zur Segmentierung besonders geeignet sind. Die Kriterien, die die repräsentierten Segmente besonders gut beschreiben, werden dann für die Segmentauswahl genutzt.

Die folgende Abbildung (Abbildung 8) faßt den Prozeß der Segmentbestimmung im Anschluß an eine empirische Erhebung zusammen.

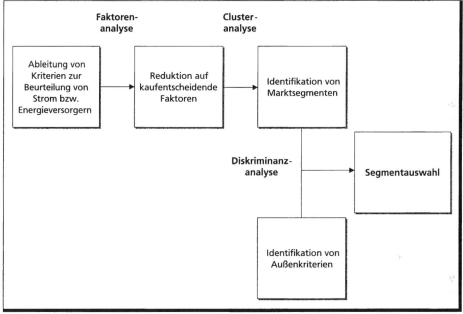

Abbildung 8: Bestimmung von Marktsegmenten mit Hilfe Multivariater Analyseverfahren

Erst eine empirische Überprüfung möglicher Segmentierungskriterien und die Validierung der Tragfähigkeit der gefundenen Segmente stellt sicher, daß die Strategie der Marktsegmentierung den angestrebten Erfolg bringt. Die Segmentierung der Kunden erfolgt dann nicht „aus dem Bauch heraus", sondern nach den tatsächlichen Bedürfnissen und Anforderungen der Kunden.

---

21 Zur Diskriminanzanalyse vgl. Backhaus et al. (1996), S. 90 ff.

4 | Weiterführende Handlungsempfehlungen

Die Segmentierung der Kunden stellt den ersten Schritt der Marktbearbeitung durch einen Energieversorger dar. Durch sie erst wird ein effizienter Einsatz der Marketinginstrumente ermöglicht und die Grundlage für den Erfolg eines Stromanbieters im Wettbewerb gelegt:

1. Mit Hilfe einer Marktsegmentierung kann ein Energieversorger die Effektivität und Effizienz der Kundenbindung und -gewinnung steigern, da die Ausrichtung der Marketinginstrumente auf die betrachteten Segmente (Gruppen) zielgerichtet erfolgen kann.

2. Aufgrund der grundsätzlichen Unterschiede beim Beschaffungsverhalten für Strom sollten in einem ersten Schritt die drei Gruppen Privatkunden, Industriekunden und Gewerbekunden unterschieden werden.

3. Aus der Vielzahl möglicher Segmentierungskriterien für Privatkunden sind eine geographische Segmentierung, eine Segmentierung nach der Haushaltsgröße, nach Anlässen für den Stromkauf (z. B. ein Umzug) bzw. für die Stromverwendung (z. B. Sauna) oder nach dem vom Kunden empfundenen Nutzen (z. B. beim Angebot gesonderter Dienstleistungen, bei der Bündelung von Strom, Gas und Wasser oder beim Angebot von Grünem Strom) bevorzugt auszuwählen.

4. In der Anfangsphase der Marktöffnung stellt eine Segmentierung der Privatkunden nach der Bereitschaft, den Stromanbieter zu wechseln, das vielversprechendste Kriterium zum Zwecke der Kundengewinnung dar. So können die identifizierten Segmente gezielt angesprochen werden.

5. Eine Segmentierung der Industriekunden erfolgt in einem zweistufigen Ansatz: Nach der Bestimmung der Kunden, die sich als Key-Account qualifizieren, werden die verbleibenden Kunden nach einfach zu erfassenden Kriterien, wie Unternehmensgröße oder Branche, segmentiert. Erst in einem zweiten Schritt werden Merkmale, die die Person des Strombeschaffers charakterisieren, zur Segmentierung herangezogen.

6. Die Gewerbekundensegmentierung kann grundsätzlich nach dem gleichen Schema erfolgen wie die Industriekundensegmentierung. Allerdings kommt hier die ökonomische Tragfähigkeit einer Segmentierung aufgrund der dahinterstehenden Absatzmengen schneller an ihre Grenzen.

7. Die empirische Bestimmung der Segmente kann mit Hilfe moderner Analyseverfahren wie dem Conjoint Measurement oder der Faktoren-, der Cluster- und der Diskriminanzanalyse erfolgen; diese ermöglichen eine trennscharfe Segmentierung.

5. Produkt- und Dienstleistungsstrategien

Michael Laker / Stefan Herr

1 | Intelligente Preis- und Dienstleistungspolitik zur Vermeidung von Preiskriegen

Erfahrungen aus bereits liberalisierten Märkten sowie zahlreiche empirische Studien zum Energieversorgungsunternehmens-Markt zeigen, daß aus Sicht des Kunden der Preis einen enorm hohen Stellenwert einnimmt. Ein wettbewerbsorientierter Preis ist notwendig, reicht aber zum erfolgreichen Überleben im Wettbewerb alleine nur bei überlegener Kostenführerschaft aus. Eklatante Schwächen beim Preis kann sich in Zukunft kein Energieversorgungsunternehmen (EVU) mehr erlauben. Andererseits führt eine Überbetonung des Preiswettbewerbes unweigerlich zum Preiskrieg. Intelligente Branchen haben die Sinnlosigkeit von Preiskriegen erkannt und sollten als Beispiel für die liberalisierte EVU-Branche dienen.

Unternehmen in intelligenten Branchen verfolgen einerseits ihre eigenen Ziele, sind andererseits aber darauf bedacht, eine Erosion der Branchenstrukturen möglichst zu verhindern. Eine weniger intelligente Branche besteht hingegen aus Wettbewerbern, die den Preiswettbewerb überbetonen – bei gleichzeitiger Vernachlässigung anderer Marketing-Mix-Instrumente –, weshalb sowohl das einzelne Unternehmen als auch die gesamte Branche nur geringe Gewinne erzielen. Diese Zusammenhänge werden in drei Branchen-Beispielen ausgeführt.

Die Luftfahrt soll als erstes Beispiel dienen. Innerhalb von vier Jahren (1989 bis 1992) haben die westlichen Luftfahrtunternehmen einen Verlust von 16 Milliarden Dollar eingeflogen. Dieser Verlust ist höher als der kumulierte Gewinn seit dem Erstflug der Gebrüder Wright im Jahre 1908. Hemjö Klein, Mitglied des Vorstandes der Deutschen Lufthansa AG, bezeichnet diese Entwicklung als einen „gruppendynamischen Selbstmordversuch einer ganzen Industrie"[1]. Die US-amerikanischen Luftfahrtunternehmen stellten Anfang der neunziger Jahre nur den Preis und den Marktanteil in den Mittelpunkt ihrer Aktivitäten. In der Folge versuchten die Wettbewerber, durch rapide Preissenkungen und unausgereifte Rabattsysteme ihren Marktanteil auszuweiten. Da jede Preissenkung jedoch durch einen entsprechenden Gegenschlag der Konkurrenten beantwortet wurde, konnte nie ein dauerhafter Wettbewerbsvorteil realisiert werden. Die dramatischen Ergebnisse dieses Preiskrieges sind bekannt.

Ein zweites – völlig anders gelagertes – Beispiel ist die Zigarettenindustrie. Hier kann von einem Paradebeispiel für eine intelligente Branche gesprochen werden. Bereits in den zwanziger Jahren haben die größten amerikanischen Zigarettenhersteller ihre gegenseitige Abhängigkeit erkannt und eine Art Branchengewinnmentalität entwickelt. Untersuchungen stellen eindrucksvoll dar, daß die

---

1 Vgl. Klein (1997), S. 787 f.

durchschnittlichen Endverbraucherpreise für Zigaretten zwischen 1982 und 1992 um jährlich rund 10 % gestiegen sind. Der Marktführer Philip Morris erzielte 1992 bei einem Umsatz von 9,9 Milliarden Dollar ein Betriebsergebnis von 5,2 Milliarden Dollar.

Ein drittes Beispiel für eine intelligente Branche ist die Mineralölindustrie. Innerhalb einer Region sind kaum Preisunterschiede zwischen den einzelnen Tankstellen zu beobachten. Da Preisabsprachen kartellrechtlich verboten sind, bedienen sich Unternehmen kluger Branchen dem Hilfsmittel des Signaling. Philip Morris kündigt beispielsweise eine Erhöhung der Zigarettenpreise über die Presse an und begründet diese Entscheidung z. B. mit der gestiegenen Tabaksteuer. Wettbewerber, wie BAT oder Reemtsma, signalisieren einige Tage später über die Presse ihre „Zustimmung" und kündigen ebenfalls notwendige Preiserhöhungen an.[2]

Jeder Autofahrer kennt dieses Verhalten auch von der Mineralölindustrie. Weniger intelligente Wettbewerber würden hingegen die Preise nicht erhöhen, vielleicht sogar senken. Marktanteilsverluste eines Wettbewerbers würden in eine Preissenkungsspirale führen. Das Ergebnis: Die Marktanteile pendeln sich in etwa auf dem ursprünglichen Niveau ein, die Branchenrendite und damit die Renditen aller Wettbewerber sinken jedoch dramatisch. Intelligente Branchen haben diesen verhängnisvollen Zusammenhang erkannt und nutzen andere Marketinginstrumente, um eine Differenzierung von der Konkurrenz zu erzielen, wie beispielsweise Standortwettbewerb im Tankstellengeschäft oder massive Imagekampagnen von Zigarettenherstellern.

Erforderlich wird der Ausbruch aus der Vergleichbarkeit, um nicht dem reinen Preiswettbewerb ausgeliefert zu sein. Neben dem Preis werden vor allem Maßnahmen zur Differenzierung von den Wettbewerbern von entscheidender Bedeutung sein. Der erste Schritt besteht in einer Aufteilung des heterogenen Gesamtmarktes in verschiedene homogene Teilsegmente. Diese Teilsegmente stellen unterschiedliche Anforderungen an ein EVU und müssen mit segmentspezifischen Produkt-, Preis-, Kommunikations- und Vertriebskonzepten bearbeitet werden.

Die fundamentale Bedeutung einer Differenzierungsstrategie wird durch Abbildung 1 (siehe Seite 118) illustriert. Strom kann mit zusätzlichen Attributen gespickt werden, um eine Differenzierung von den Wettbewerbern zu erzielen. So kann aufgrund dieser Differenzierung ein höheres Preisniveau erreicht werden (Idealsituation). Strom kann als Commodity – in Anlehnung an die Discounter im Lebensmittelhandel – ohne „Schnick-Schnack" verkauft werden, wobei die Austauschbarkeit der Anbieter enorm hoch ist und deshalb auch das Preisniveau niedrig (reiner Preiswettbewerb). Hingegen sind sowohl die Vorstellungen des

---

2 Vgl. Simon/Dolan (1997), S. 120 f.

Kunden, viele Zusatzleistungen zum eigentlichen Produkt bei gleichzeitig niedrigem Preis zu erhalten, genauso illusorisch wie die der Versorger, ohne Differenzierung von den Leistungen anderer Unternehmen einen, verglichen mit der Konkurrenz, höheren Preis zu erzielen.

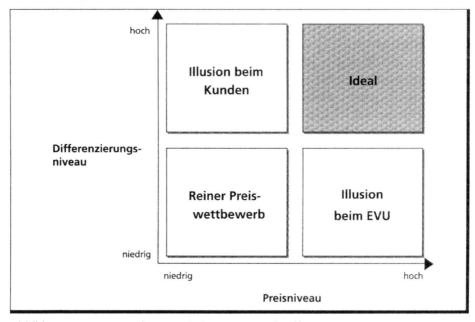

Abbildung 1: Zusammenhang zwischen Preis- und Differenzierungsniveau

Dem Strom müssen weitere Produkte und Dienstleistungen hinzugefügt werden, um eine klare Differenzierung von der Konkurrenz zu erzielen.

2 | Arten von Dienstleistungen und Produkten

Da Strom als Non-Produkt kaum zu verändern oder zu verbessern ist, stellen alle Dienstleistungen rund um das Kernprodukt mögliche Differenzierungsinstrumente dar. Wir sprechen hier von energienahen Dienstleistungen bzw. von StromPlusDienstleistungen. Eine weitere Differenzierung ist durch das Angebot von zusätzlichen Energieträgern/Versorgungsleistungen und energiefernen Dienstleistungen realisierbar. Abbildung 2 stellt das Produkt- und Dienstleistungsspektrum dar, mit dem das Produkt Strom angereichert werden kann. Zu den jeweiligen Produkten und Dienstleistungen sind im äußeren Kranz einige Beispiele hinzugefügt worden, die im folgenden näher beschrieben werden.

Im Rahmen der Produkt-/Dienstleistungspolitik muß berücksichtigt werden, daß nicht alle Kunden an den Angeboten das gleiche Interesse aufweisen. Einer-

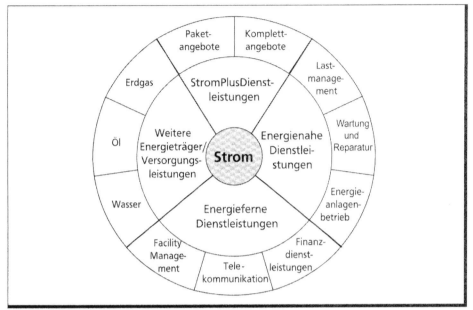

Abbildung 2: Produkt- und Dienstleistungsspektrum

seits gibt es Kunden, die nur an der reinen Stromlieferung interessiert sind, anderseits existieren Kundensegmente, die durch ergänzende Dienstleistungen angesprochen werden können. Insbesondere Groß- und Größtkunden sind in erster Linie an massiven Preissenkungen interessiert. Um diese Kunden nicht zu verlieren, setzt RWE Energie vermehrt Komplettangebote ein. Durch den Bau und Betrieb von Kundenanlagen (z. B. RWE Energie AG für BASF AG und Adam Opel AG) werden Kundenbindung und die langfristige Verzahnung mit der Wertschöpfungskette des Kunden realisiert. Auch Paketangebote, die Strom- und Erdgaslieferung aus einer Hand umfassen, stoßen bei den Kunden auf enorm hohes Interesse. Rund zwei Drittel der Industriekunden zählen laut RWE Energie hierzu.[3]

Alle Dienstleistungen und Produkte lassen sich unter dem Aspekt der Preisbereitschaft drei Kategorien zuordnen. Die erste Kategorie umfaßt alle Dienstleistungen, die kostenlos angeboten werden sollen und zum Kerngeschäft zählen (z. B. die Tarif- und Vertragsberatung). Für eine zweite Kategorie von Dienstleistungen besteht seitens der Kunden zwar Interesse, aber keine Preisbereitschaft. Diese sollten nur selektiv angeboten werden, wenn sie das Kerngeschäft stützen. Ansonsten ist eine Reduzierung oder Trennung von diesen Aktivitäten anzuraten. Die dritte und interessanteste Art von Dienstleistungen ist charakterisiert durch die Merkmale hohes Interesse und Preisbereitschaft seitens der Kunden.

---

3 Vgl. Junker (1998), S. 8 f.

Hierzu zählen alle Dienstleistungen, die eine tiefgehende Analyse und Optimierung der Energieverbräuche und -bezugskosten zum Inhalt haben, z. B. energetische Ist-Analysen, Komplettangebote, Wärme- und Kälte-Contracting sowie Gebäudemanagement. Die Identifikation erfolgversprechender sowie die bewußte Trennung von unrentablen Dienstleistungen eröffnen bei entsprechender Vermarktung ungeahnte Potentiale zur Erzielung von Wettbewerbsvorteilen.

Bevor ein EVU eine Ausweitung seiner Produkt- und Dienstleistungspalette vollzieht, müssen die strategischen Rahmenbedingungen klar sein. Bei jeder Dienstleistung ist zu klären, welche Funktion diese für das eigene Unternehmen hat. Handelt es sich um eine Unterstützungsfunktion für das Kerngeschäft Stromverkauf oder um ein eigenständiges Geschäftsfeld, in dem weitestgehend unabhängig vom Strom Gewinne erwirtschaftet werden sollen? Da diese Frage enorme Auswirkungen auf die Kommunikation, den Vertrieb, den Preis und die Organisation hat, muß sie vor der Markteinführung neuer Produkte und Dienstleistungen beantwortet werden.

2.1 Strom

Zwar ist Strom hinsichtlich seiner Eigenschaften kaum zu verbessern, aber selbst die reine Stromlieferung bedingt ein Mindestmaß an Dienstleistungen, die zur Differenzierung genutzt werden können. Beispiele sind der Vertragsabschluß, die Verbrauchserfassung und die Abrechnung. Diese Basisleistungen zählen weder zu den StromPlusDienstleistungen noch zu den energienahen Dienstleistungen. Ein adäquates Differenzierungsinstrument ist die Einführung bestimmter Servicegarantien, die unmittelbar mit den Basisleistungen verknüpft sind, wie z. B. Bearbeitung eines Stromliefervertrages innerhalb von 3 Werktagen.

Darüber hinaus wird die Entstehung der drei Strommärkte – Grundlast-, Termin- und Spotmarkt – eine weitere Differenzierung beim Kernprodukt Strom zur Folge haben. Der Grundlastmarkt dient der Absicherung der Grundlast und wird eher mittelfristiger Natur sein. Über den Terminmarkt wird der zukünftige Strombedarf gedeckt, der über die Grundlast hinausgeht, wie z. B. saisonale Spitzen. Der Spotmarkt hat die Funktion, den Bedarf bei entstehenden Engpässen kurzfristig zu decken. Jedes Energiedienstleistungsunternehmen kann alle oder nur ausgewählte Strommärkte bearbeiten. Weiterhin stellen der Grad der Spezialisierung hinsichtlich der drei Märkte sowie das Erfüllungsniveau der Basisdienstleistungen wichtige Differenzierungsmerkmale dar. Die Risikoeinstellung der Kunden sowie die Prognostizierbarkeit der Lastkurve tragen entscheidend dazu bei, welcher Markt von den Kunden vordringlich genutzt wird. Die Energieversorger müssen jedoch die Spielregeln aller drei Märkte beherrschen.

2.2 StromPlusDienstleistungen

Sobald zur reinen Stromlieferung weitere Dienstleistungen hinzukommen, die nicht zu den Basisleistungen zählen, sprechen wir von StromPlusDienstleistungen. Diese teilen sich in die beiden Bereiche Komplett- und Paketangebote auf. Komplettangebote bestehen aus maximal neun Phasen (siehe Abbildung 3).

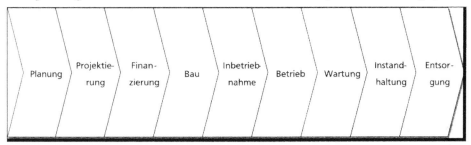

Abbildung 3: Die neun Phasen der Komplettangebote

Das EVU tritt gegenüber dem Kunden als Generalunternehmer auf, ohne jedoch alle Phasen auch in eigener Regie durchführen zu müssen. Auf der anderen Seite können aber auch nicht alle Phasen eines Komplettangebots ausschließlich durch Dritte erbracht werden. So ist es durchaus üblich, daß erst ab der Phase „Betrieb" das EVU ins Geschehen eingreift. Insbesondere bei Anlagen, die bereits errichtet wurden, bleiben zwangsläufig nur die letzten vier Phasen übrig.

Die Besonderheit von Komplettangeboten besteht in dem Wandel vom Stromlieferanten zum Systemdienstleister und somit von einem austauschbaren Lieferanten zu einem Geschäftspartner, der fest in der Wertschöpfungskette des Kunden verankert ist. Einige Beispiele für Komplettangebote sind in Abbildung 4 dargestellt.

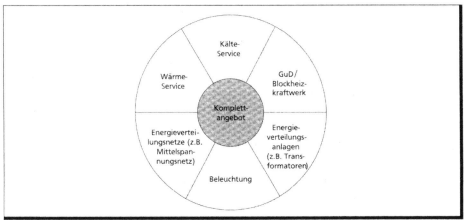

Abbildung 4: Beispiele für Komplettangebote

Einige dieser Komplettangebote werden bereits heute von deutschen EVU angeboten. Die Vermarktung ist meist zu technikorientiert und noch zu passiv. Die Gründung von speziellen Abteilungen innerhalb eines Unternehmens bzw. die Gründung neuer Gesellschaften schaffen die organisatorischen Voraussetzungen für einen aktiveren Marktauftritt. So haben beispielsweise die Hamburgische Electricitäts-Werke AG eine Tochtergesellschaft gegründet, die für die Vermarktung von Komplettlösungen verantwortlich ist. RWE Energie setzt vermehrt Komplettangebote für Eigenerzeugungsanlagen zur Bindung seiner Größtkunden ein. Anfang März 1998 wurde z. B. mit der Bayer AG ein Vertrag zur Errichtung eines neuen GuD-Kraftwerks in Dormagen unterzeichnet. Dieses gasbetriebene Kraftwerk wird Mitte 2000 das 40 Jahre alte Braunkohlekraftwerk ersetzen und führt für beide Vertragspartner zu deutlichen Vorteilen. Die Bayer AG kann sich durch das Outsourcen der Energieversorgung an die RWE Energie AG auf ihre eigentlichen Kernkompetenzen konzentrieren. Darüber hinaus werden die betroffenen Bayer-Mitarbeiter von RWE Energie übernommen. Die Vorteile von RWE Energie liegen sowohl in der Intensivierung der Kundenbindung als auch in der Erweiterung der Wertschöpfungstiefe und damit in der Ertragsbasis.

Komplettangebote für Beleuchtungsanlagen sind ein weiteres Betätigungsfeld für EVU. Zielgruppe sind hier meist Kommunen, für die Betrieb, Wartung und Instandsetzung der Straßenbeleuchtung übernommen werden. Mit diesem Angebot treffen die Energieversorger bei den Kommunen auf offene Ohren, da die „Ebbe in den öffentlichen Kassen" ein gesteigertes Interesse am Outsourcing ausgelöst hat. Beleuchtungsanlagen in privater Hand, wie z. B. die Außenbeleuchtung auf einem Industriegelände, stellen ähnliche Anforderungen an den Betreiber und sind ebenfalls interessante Betätigungsfelder für die Energieversorger. Komplettangebote von der Planung über den Bau bis hin zum Betrieb werden von der Stadtwerke Hannover AG auch für die Innenbeleuchtung durchgeführt. Im Rahmen eines Beleuchtungs-Contracting wurde z. B. die Tennishalle des Hannoverschen Tennisvereins mit einer neuen Beleuchtungsanlage ausgestattet. Contracting stellt eine spezielle Variante von Komplettangeboten dar, da der Energieversorger eine energiesparende Maßnahme vorfinanziert und der Kunde diese über einen definierten Zeitraum abzahlt.

Paketangebote unterscheiden sich von Komplettangeboten dadurch, daß sie sehr stark in die Breite gehen, Komplettangebote dagegen in die Tiefe. Bei Paketangeboten werden neben dem Strom weitere Dienstleistungen oder Energieträger durch das EVU geliefert und zu einem Paketpreis abgerechnet. Das Besondere besteht darin, daß einzelne Produkte bzw. Dienstleistungen zu einem Paket zusammengestellt werden, um diese zu einem Paketpreis zu verkaufen, der in der Regel niedriger ist als die Summe der Einzelpreise.

Nach der Liberalisierung des britischen Gasmarktes im April 1998 haben sehr viele regionale Stromversorger ihre Produktpalette um den Energieträger Erdgas erweitert. Northern Electric war der erste britische Stromversorger, der seinen Privatkunden für den kombinierten Bezug von Strom und Erdgas einen Paketpreis anbot und dies auch durch eine Namensergänzung dokumentiert: Northern Electric and Gas. Inzwischen sind solche Pakete von Strom und Gas in Großbritannien Standard. British Gas, der ehemalige Gasmonopolist, bietet seinerseits Strom als Ergänzung zum Gas an. Innerhalb von acht Monaten hat Centrica, die Muttergesellschaft von British Gas, einen Anteil von 6 % bei britischen Haushaltskunden im Strommarkt erzielt.

Auch der schwedische Energieversorger Sydkraft setzt Paketangebote zur Kundenbindung ein. Sydkraft, der zweitgrößte schwedische Stromproduzent nach Vattenfall, bedient über eigene Tochtergesellschaften und Beteiligungen Geschäfts- und Privatkunden mit Strom. Die verantwortlichen Sydkraft-Manager wissen um ihre Kostennachteile bei der Stromerzeugung und können Vattenfall im Rahmen eines reinen kWh-Preiswettbewerbs allenfalls kurzfristig unterbieten. Um den preislichen Nachteil, der insbesondere in der Industrie zu Kundenverlusten führen würde, auszugleichen, bietet Sydkraft eine umfassende Energiepartnerschaft an. Zentraler Bestandteil ist die Analyse und Optimierung des gesamten Energieeinsatzes. Neben den Energieträgern Strom, Gas und Öl wird auch die Wasser- und Abwassersituation untersucht. Als Gegenleistung für diese Optimierung und die damit verbundenen Einsparungen stehen dem Kunden zwei Möglichkeiten zur Verfügung. Entweder wird die erbrachte Beratungs- und Optimierungsleistung vergütet, oder der Kunde verpflichtet sich zum mehrjährigen Strombezug bei Sydkraft.

In Deutschland setzt der Preisträger des Energie Management Awards 1997, die PESAG AG aus Paderborn, auf einen ähnlichen Ansatz.[4] Seit 1994 werden die Industrie- und Gewerbekunden intensiv beraten und betreut, um alle Möglichkeiten zur Optimierung des Energieeinsatzes auszunutzen. Nach einer energetischen Ist- und Schwachstellenanalyse schließen sich die Erarbeitung eines individuellen Energieversorgungskonzeptes und die Umsetzung daraus abgeleiteter Maßnahmen an. Während viele EVU nach der Analyse und der Empfehlung die Beratung beenden, fängt die PESAG AG hier erst richtig an. Erfahrungsgemäß besteht der Engpaß nicht in der Analyse der Schwachstellen, sondern in der Umsetzung der erarbeiteten Maßnahmen. Durch die Begleitung in der Umsetzungsphase und der Einbringung von Know-how aus den bisherigen Beratungsprojekten steht am Ende des Prozesses ein umfassend optimiertes Energiekonzept. Durch diese weitreichenden Leistungen will die PESAG AG einen Beitrag zur Verbesserung der Wettbewerbsfähigkeit ihrer Kunden leisten und gleichzeitig das eigene Stromgeschäft stützen. PreussenElektra hat Anfang 1999 ebenfalls

---

4 Vgl. Bergelt/Schwarze (1997), S. 604 f.

zwei neue Produkte an den Markt gebracht, die in die Kategorie Komplettangebote fallen. Die Produkte tragen die Markennamen Energie • Analyse & Service
Programm sowie Wärme • Kälte & Service Programm.

StromPlusDienstleistungen, bestehend aus Komplett- und Paketangeboten
sowie Contracting als Sonderform von Komplettangeboten, bieten den Energieversorgern die Möglichkeit zur tiefgehenden Verzahnung mit der Wertschöpfungskette des Kunden. Bei einer entsprechenden Ausgestaltung der restlichen
Marketing-Mix-Instrumente ist die Generierung von erheblichen zusätzlichen
Ertragspotentialen zu erwarten.

2.3 Energienahe Dienstleistungen

Energienahe Dienstleistungen sind solche, die nahe am heutigen Geschäft liegen
und im Gegensatz zu StromPlusDienstleistungen unabhängig von der Stromlieferung erbracht werden können. Ein Beispiel für energienahe Dienstleistungen,
die in der jüngsten Vergangenheit bei den EVU an Beliebtheit zugenommen haben, sind Vermietung, Reparatur, Wartung, Entsorgung und Recycling von
Transformatoren. Das regionale EVU ÜNH AG hat 1989 ein Verfahren zur De-
kontamination von PCB-belasteten Transformatoren entwickelt und patentieren
lassen. Dieses Patent war die Keimzelle für den Aufbau des Transformatoren-
Dienstleistungs-Zentrums (TDZ).

Lastmanagement- bzw. Lastganganalysen werden von fast allen EVU – meist
kostenlos – durchgeführt. Die Tiefe dieser Analysen kann so weit reichen wie bei
der PESAG AG oder dem Energie • Analyse & Service Programm der Preussen
Elektra AG mit dem Bestandteilen Grob- und Detailanalyse, Handlungsempfehlungen und Umsetzung der empfohlenen Maßnahmen, kann aber auch nur in
Form von einfachen Lastganganalysen zur Ermittlung des Potentials zur Spit-
zenlastverlagerung erfolgen. Die Vereinigte-Saar-Elektrizitäts-AG (VSE) bietet
ihren Kunden ein Energie-Managementsystem mit Lastmanagement-Untersu-
chungen und Energieflußrechnungen auf Basis energiewirtschaftlicher Daten-
auswertungsprogramme an. Die Ergebnisse ermöglichen eine fundierte Kunden-
beratung zu Fragen der Energieträger- und Tarifwahl sowie Maßnahmen zur
Spitzenlastsenkung. Ergänzend hierzu erhält der Kunde im Rahmen des neu entwickelten EnerCont-Vertrages jeden Monat detaillierte Strombilanzen sowie
Optimierungsvorschläge zum effizienten Stromeinsatz. Die hierbei vorgenom-
mene Visualisierung des Stromverbrauchs mittels Diagrammen oder Tabellen erfolgt kostenpflichtig. Neben Geschäftskunden kommen hierfür auch Privatkunden als Zielgruppe in Frage. Als Beispiel sei der schwedische Energieversorger
Jämtkraft genannt, der seinen Privatkunden für ein Diagramm des Stromverbrauchs der letzten vier Jahre ca. 6 DM berechnet.

Ein weiteres Feld betrifft alle Dienstleistungen zur Bereitstellung und Vermittlung von Informationen, wie z. B. Schulungen, Seminare und sonstige Informationsveranstaltungen. Einige dieser Aktivitäten sind strenggenommen keine Dienstleistungen, sondern eher Kommunikations- und Vertriebsaktivitäten zur Kundenbindung und -gewinnung. Sehr viele EVU bieten Informationsmaterialien und -veranstaltungen für Schulen und Lehrpersonal an. Diese Dienstleistungen sollten ebenso wie die vielfältigen Veranstaltungen in den Kundenzentren (z. B. Kochkurse, Haushaltsgeräteausstellung und Küchenplanung) unter Kosten-Nutzen-Gesichtspunkten kritisch überprüft werden. Strategisch wichtige Informationsveranstaltungen sollten hingegen ausgebaut werden. Zu dieser Art zählen alle Aktionen, die mit Gewerbe- und Industriekunden durchgeführt werden. Einige EVU laden in regelmäßigen Abständen Entscheidungsträger dieser Kundengruppe zum Informationsaustausch (z. B. bei Stammtischen) ein. Die Ziele solcher Veranstaltungen reichen von der Kontaktpflege über die Informationsgewinnung bis hin zur Vorstellung neuer Produkte und Dienstleistungen.

Die Einrichtung einer Strombörse führt zu weiteren neuen Dienstleistungen. Der britische Energieversorger Yorkshire Electricity bietet seinen Kunden hierzu eine Reihe von energienahen Dienstleistungen an. Die „Pool Services" richten sich an Kunden, die Verträge haben, die direkt an den Strom-Poolpreis geknüpft sind. Diese Unternehmen wollen Informationen über die Entwicklung des Strompreises möglichst zeitnah erfahren, um geeignete Maßnahmen zur Lastreduzierung durchzuführen. Der „Ein-Tag-im-voraus-Service" beinhaltet eine halbstündige Aufstellung der erwarteten Strompreise des nächsten Tages (48 Meßperioden) sowie der Preise, die vor genau vier Wochen berechnet wurden. Ein weiterer Service ist die Warnmeldung im Winter vor den drei teuersten 30-Minuten-Perioden. Jeden Tag erhält der Kunde vor 10.00 Uhr eine Warnung per Fax oder E-Mail, wann die Tagesspitzenlast voraussichtlich auftreten wird. Der industrielle Kunde hat somit die Möglichkeit, sein Produktionsverhalten an die Strompreisentwicklung anzupassen, falls die Produktionsprozesse dies zulassen. Die Kosten der Produktionsverlagerung sollten geringer sein als die Kosten durch die erwarteten hohen Strompreise.

2.4 Energieferne Dienstleistungen

Telekommunikation und Facility Management sind die beiden beliebtesten Diversifikationsfelder der deutschen Energieversorger. Verbundunternehmen, regionale und kommunale Versorger setzen auf diese beiden Betätigungsfelder, jedoch mit unterschiedlicher Vehemenz. Man muß kein Prophet sein, um vorauszusagen, daß sich innerhalb weniger Jahre die Spreu vom Weizen trennen wird und nur wenige Unternehmen nachhaltige Erfolge verbuchen werden. Der Verkauf von o.tel.o, der gemeinsamen Festnetztochter von VEBA und RWE, an Mannesmann war nur der Anfang. Aufgrund der Liberalisierung ist eine Diversifikation in neue Geschäftsfelder zur Verbreiterung der Geschäftsbasis durchaus sinnvoll, jedoch nur dann, wenn dies auch konsequent verfolgt wird. Nachfolgend werden die beiden britischen Stromversorger ScottishPower und East Midlands Electricity (EME) als Beispiele für energieferne Dienstleistungen herangezogen.

Der vertikal integrierte schottische Stromversorger ScottishPower hat in den letzten Jahren eine aggressive Beteiligungspolitik verfolgt und inzwischen den englischen Stromversorger Manweb, den Wasserversorger Southern Water und die Telekommunikationsgesellschaft Scottish Telecom in seinem Portfolio. Für die meisten dieser Unternehmen bietet ScottishPower touristische Aktivitäten an. Das Wasserkraftwerk Ben Cruachan wird von mehreren tausend Touristen pro Jahr besucht. Die Interessenten werden in Gruppenführungen durch den Berg geführt und können dabei die Anlagen besichtigen. Für ein weiteres Wasserkraftwerk gibt es eine organisierte Tour mit Minibussen, die die Besucher durch die Anlagen im Berg führt. Nach der sogenannten Tongland Tour können die Besucher in einem Picknickbereich ausspannen und sich mit Erfrischungen versorgen. Die Touren finden in den Monaten Mai bis September von Montag bis Samstag zwischen 10.00 Uhr und 17.00 Uhr statt. Southern Water besitzt einen 1200 Morgen großen Natur- und Erholungspark in Kent und Sussex namens Bewl Water, in dem über 200.000 Besucher pro Jahr gezählt werden. Diese können sportlichen Betätigungen nachgehen und die Natur genießen. Der Park ermöglicht den Touristen Vogel- und Naturstudien, Wandern, Segeln, Angeln, Reiten, Rudern, Segeln, Windsurfen, Tauchen und Picknicken. Die benötigte Sportausrüstung kann im Park geliehen oder gekauft werden.

East Midlands Electricity offeriert Privatkunden mehrere Dienstleistungen rund um das Eigenheim. Aufgrund der hohen Eigenheimquote in Großbritannien ist der relevante Markt nicht unerheblich. So gehören Sicherheitsanlagen, Elektrikerdienstleistungen und Produkte für das Badezimmer zu den Angeboten. Diese werden nicht nur verkauft, sondern auch von zertifizierten Partnern installiert. Der dafür zuständige Bereich ist EME Contracting. Da das Verhältnis der Privatkunden zum Handwerk eher von Mißtrauen und Unzuverlässigkeit geprägt ist, sieht EME Contracting seinen Vorteil, den es in den Kommunikationsaktivitäten auch klar herausstellt. So wird von einer noch nie dagewesenen 5-Jahres-Garantie gesprochen. Zuverlässigkeit und Bekanntheit sind die beiden wichtigsten Wettbewerbsvorteile, die in die Waagschale geworfen werden. Bedingt durch die Größe des Unternehmens sind die Einkaufskonditionen bei den Herstellern deutlich besser als die kleiner Handwerksbetriebe. Im Rahmen der Überwachung und Sicherung von Häusern werden folgende Produkte angeboten: Homesafe System, Homesafe Plus System und Home Security Camera System. Hinsichtlich der Zahlungsbedingungen offeriert EME seinen Kunden die Möglichkeit eines sechsmonatigen zinslosen Kredits.

Viele EVU diversifizieren verstärkt in den Bereich Facility Management. Hier tummeln sich bereits viele andere Unternehmen, die aus den verschiedensten Bereichen stammen und sehr unterschiedliche Kernkompetenzen aufweisen. Facility Management kann in die drei Bereiche kaufmännische, infrastrukturelle und technische Dienstleistungen aufgeteilt werden. Banken, Versicherungen und Investmentfonds sind insbesondere im kaufmännischen Bereich aktiv. Gebäudereinigungsgesellschaften sind mit infrastrukturellen Tätigkeiten vertraut, und Energieversorger sind für technische Fragestellungen der richtige Ansprechpartner. EVU, die die gesamte Palette des Facility Managements anbieten wollen, sollten sich starke Partner für die fehlenden Kernkompetenzen suchen, um als Generalunternehmer auftreten zu können. Andererseits ist eine Beschränkung auf den technischen Teil des Facility Management ernsthaft zu prüfen und gegebenenfalls auch vorzuziehen, um mögliche negative Abstrahleffekte auf das eigentliche Kerngeschäft zu vermeiden.

2.5 Weitere Energieträger/Versorgungsleistungen

Sobald weitere Energieträger (Erdgas, Öl) oder Versorgungsleistungen (Wasser, Entsorgung) zusammen mit Strom vermarktet werden und dafür ein Gesamtpreis gefordert wird, sprechen wir von Paketangeboten (vgl. Abschnitt 2.2).

Beispielsweise erstreckt sich das Leistungsspektrum des RWE-Konzerns über Telekommunikations-, Erdgas-, Strom-, Wasser- und Entsorgungsleistungen. Die meisten Bereiche agieren jedoch nicht gemeinsam am Markt. Die möglichen Synergieeffekte werden noch nicht vollständig genutzt. Unter vertrieblichen Gesichtspunkten wie auch aus Sicht der Kunden ist ein gemeinsamer Marktauftritt von Strom, Erdgas und Wasser durchaus sinnvoll (Multi-Utility-Ansatz), während die Einbindung des Telekommunikationsbereiches weniger zweckmäßig erscheint. So sind die Entscheidungsträger für Versorgungsleistungen in Industrieunternehmen meist nicht identisch mit denen für Telekommunikationsleistungen. Anders im Segment der Privatkunden: Hier ist ein Vertrieb von Telekommunikationsleistungen gemeinsam mit Strom und Erdgas äußerst sinnvoll. Durch intelligente Kundenbindungsprogramme, wie z. B. Bonusprogramme und Sonderleistungen für Kunden, die mehrere Leistungen bei einem Unternehmen einkaufen, lassen sich unschätzbare Wettbewerbsvorteile gegenüber Einproduktunternehmen (z. B. reiner Stromversorger) aufbauen. RWE und VEBA sind beide auf dem Weg zu europäischen Multi-Utility-Konzernen.

2.6 Erfolgschancen für die Vermarktung von Dienstleistungen und Produkten

Die Erfolgschancen der EVU sind sowohl für die verschiedenen Produkte und Dienstleistungen als auch in den beiden Märkten der Privat- und Geschäftskunden unterschiedlich hoch (vgl. Abbildung 5). Industrie-, Gewerbe- und Privatkunden haben sehr ähnliche Anforderungen an die Kernleistungen, völlig unterschiedliche jedoch in bezug auf zusätzliche Produkte und Dienstleistungen. Im Privatkundensegment sind die Möglichkeiten der erfolgreichen Plazierung von gewinnbringenden Dienstleistungen deutlich geringer als im Geschäftskundensegment. Daher sollten die EVU zunächst ihre Customer Care Maßnahmen (Service-Hotline, Service-Garantien, Schnelligkeit, Kundenfreundlichkeit etc.) für das Kernprodukt optimieren, anstatt Zeit, Personal und finanzielle Mittel für falsche Maßnahmen einzusetzen.

	Erfolgschancen für EVU	
	Privatkundenmarkt	Geschäftskundenmarkt
StromPlusDienstleistungen		
• Paketangebote	👍	 👍
• Komplettangebote	👉	👉
Energienahe Dienstleistungen	👉	 👉
Energieferne Dienstleistungen	 👎	👎
Weitere Energieträger/ Versorgungsleistungen	 👍	 👍

Abbildung 5: Erfolgschancen der EVU nach Kundensegmenten und Dienstleistungen

3 | Zusammenfassende Handlungsempfehlungen

1. Der Aufbau von neuen Dienstleistungen, Produkten und Geschäftsfeldern dient zur Differenzierung von den Wettbewerbern und ist eine Alternative zum reinen Preiswettbewerb.

2. Die klare Strukturierung der Produkte und Dienstleistungen in verschiedene Kategorien und Zuordnung zu Kundensegmenten sind unabdingbare Voraussetzungen für einen prägnanten Marktauftritt.

3. Die Entwicklung einer eindeutigen Haltung hinsichtlich der mit den neuen Dienstleistungen und Produkten verfolgten Zielsetzung im Sinne von Unterstützungsfunktion für das Kerngeschäft Strom oder als eigenständiges Geschäftsfeld ist unerläßlich.

4. Das Eindringen in neue Betätigungsfelder führt unweigerlich zur Konfrontation mit etablierten Anbietern. Dieser Wettbewerb, der häufig mit wettbewerbserfahrenen Konkurrenten eingegangen wird, erfordert ein konsequentes Agieren.

5. Die Entwicklung von Dienstleistungen ist ein weitaus kleineres Problem als die tatsächliche Vermarktung. Daher sind alle Marketing-Mix-Instrumente sowohl untereinander als auch mit der Gesamtstrategie des Unternehmens abzustimmen.

6. Die Verschärfung des Wettbewerbs wird dazu führen, daß nicht alle Aktivitäten zu dem erwarteten Erfolg führen. Daher müssen in Zukunft Niederlagen und Flops als Teil des Spiels akzeptiert werden.

7. Umfassendes Know-how ist eine unabdingbare Voraussetzung zur erfolgreichen Diversifikation in neue Geschäftsfelder. Insbesondere für Facility Management, Telekommunikation und Finanzdienstleistungen ist das Marketing-Know-how entscheidend für den Erfolg.

8. Den Kunden muß ein klar erkennbarer Mehrwert erbracht werden, um sie gewinnen und dauerhaft binden zu können.

9. Energienahe Dienstleistungen und Komplettangebote werden insbesondere im Geschäftskundenmarkt erfolgreich sein, im Privatkundenmarkt sind die Erfolgschancen deutlich geringer. Hier sind zunächst die Kerndienstleistungen für die Produkte Strom und Gas deutlich zu verbessern.

6. Strom-Pricing im Wettbewerb

Michael Laker / Stefan Herr

1 | Preis ist nicht gleich Preis

Durch die Liberalisierung des Strommarktes ist die Bedeutung des Preises drastisch gestiegen. Um im Wettbewerb überleben zu können, spielen nicht nur die absolute Preishöhe, sondern insbesondere Möglichkeiten zur Preisdifferenzierung eine entscheidende Rolle. Daher stehen erfolgversprechende Maßnahmen zur flexiblen Preis- und Vertragsgestaltung im Mittelpunkt der folgenden Betrachtungen. Unbestritten ist die herausragende Bedeutung des Preises im EVU-Wettbewerbsmarkt. Deutliche Preisreduktionen sind in allen liberalisierten Ländern zu beobachten. So sind die Preise in Großbritannien seit 1989 für Privatkunden um ca. 26 % und für Geschäftskunden um ca. 30 % gesunken.

In den USA ist die Liberalisierung von Bundesstaat zu Bundesstaat unterschiedlich weit fortgeschritten. In Kalifornien können seit dem 31. 3. 1998 alle Kunden ihren Energieversorger frei wählen. Über 20 % der Geschäftskunden wechselten seither ihren Versorger. Im Privatkundengeschäft waren es bis Juli 1999 lediglich 1,2 %, in Pennsylvania dagegen über 10 %. Tendenziell ist festzuhalten, daß die Wechselrate im Geschäftskundenbereich deutlich höher ist als im Privatkundenbereich. Anfangs konnten nur die Großkunden in Großbritannien ihren Versorger frei wählen. Es handelte sich hierbei um ca. 55.000 Kunden, die die Hälfte des britischen Stroms verbrauchen. In diesem Segment wechselten über 50 % ihren Versorger.

Wie Erfahrungen mit dem Wechselverhalten der Verbraucher zeigen, ist der Preis bei der Neukundengewinnung sowie der Bindung von Kunden ein wichtiges – wenn nicht das wichtigste Instrument. Neben einem wettbewerbsfähigen Preisniveau müssen außerdem alle Preisdifferenzierungsinstrumente zur Gewinnoptimierung genutzt und aufeinander abgestimmt werden. Die Zielsetzung dieses Kapitels besteht daher darin, die vielfältigen Möglichkeiten zur Preisgestaltung im EVU-Markt praxisrelevant darzulegen sowie konkrete Handlungsempfehlungen zum abgestimmten Management der Preis-Instrumente zu geben. Basis des Beitrages bilden umfangreiche und langjährige Erfahrungen im EVU-Marketing sowie mehrere hundert Beratungsprojekte zur Preisgestaltung in verschiedensten Branchen.

2 | Relevante Pricing-Dimensionen

Die Abkehr von der bisher üblichen Kosten-Plus-Kalkulation zu einer nutzen- und wettbewerbsorientierten Preisbildung erfordert die Betrachtung von zwei Pricing-Dimensionen im EVU-Geschäft:

1. Gegenstand des Pricing (Welches Produkt/welche Dienstleistung soll gepreist werden?)
2. Preisdifferenzierung (Welche Preisdifferenzierungen sollen angewendet werden?)

Zwischen dem Gegenstand des Pricing sowie den verschiedenen Preisdifferenzierungsmöglichkeiten bestehen mehrere Beziehungen (vgl. Abbildung 1). Im folgenden werden die beiden Dimensionen näher erläutert und konkrete Hinweise zur Anwendung der Preisdifferenzierungselemente in einem EVU-Wettbewerbsmarkt gegeben.

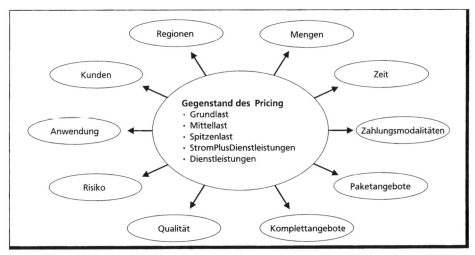

Abbildung 1: Preisdifferenzierungsfaktoren und Gegenstand des Strom-Pricing

2.1 Gegenstand des Pricing

Gegenstand der Preisbildung im EVU-Geschäft können sein: Strom, StromPlus Dienstleistungen sowie energienahe und energieferne Dienstleistungen. Die Preisbildungsmechanismen für diese drei Kategorien sind sehr unterschiedlich, wie die folgenden Ausführungen zeigen werden.

Bei dem reinen Strom-Pricing für Grund-, Mittel- und Spitzenlast spielt insbesondere das Zusammenwirken von Zeit- und Mengenbezug eine herausragende Rolle.

Bei dem reinen Pricing für Dienstleistungen sind Vertrauen und Wahrnehmung seitens der Kunden sowie interne Kapazitäten die wesentlichen Bestimmungsfaktoren für den Preis.

Bei StromPlusDienstleistungen nehmen neben den bereits genannten Faktoren insbesondere Preistransparenz und Preisersparnis eine wichtige Funktion ein. In allen drei Fällen lassen sich die preisbestimmenden Faktoren zurückführen auf die vier Elemente:

◆ Preisbereitschaft seitens der Kunden
◆ Risikobereitschaft und -einstellung auf Kundenseite
◆ Preisniveau und -strukturen der Konkurrenten
◆ eigene Kostensituation

Betrachten wir zunächst das reine Strom-Pricing. Hier hat die Struktur des Stromverbrauchs beim Kunden enorme Auswirkungen auf die Preisdifferenzierungsmöglichkeiten. Die Verteilung von Stromverbräuchen ist bekanntlich stunden-, tages-, wochen-, monats- und auch jahresweise sehr unterschiedlich. Zur Illustration der Implikationen der unterschiedlichen Lastkurven auf die Preisbildung werden schematisch die Tageslastkurven von drei verschiedenen Unternehmen dargestellt (vgl. Abbildung 2).

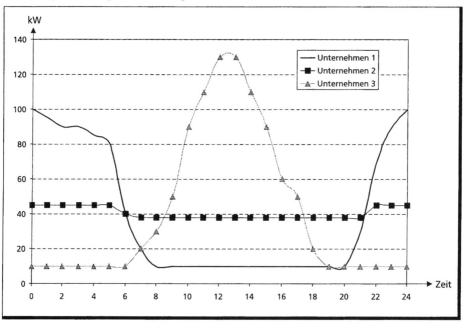

Abbildung 2: Drei grundsätzlich unterschiedliche Tageslastkurven

Der gesamte Stromverbrauch ist bei allen drei Unternehmen ungefähr gleich hoch, die Verbrauchscharakteristika weichen jedoch deutlich voneinander ab. Allein aufgrund dieser strukturellen Unterschiede ist die Schaffung von unterschiedlichen Tarifen, die einer tageszeitlichen Preisdifferenzierung folgen, zwingend geboten. Eine gleichbleibend hohe Grundlast kann beispielsweise über mittelfristige Verträge abgesichert werden, während die Spitzenlast flexibel zugekauft wird. Auch im Wochen-, Monats- oder Jahresverlauf können wiederkehrende Lastspitzen auftreten. Für diese Fälle sind Saison- und Wochenendtarife die geeignete Lösung.

Ein ganz entscheidender Aspekt für die Preisbildung betrifft die Prognostizierbarkeit der dargestellten Stromverbräuche. Ist der Verlauf sehr gut vorhersehbar, kann der Kunde den Strombedarf über langfristige Kontrakte, Futures und/oder Optionen absichern. Eine detaillierte Erläuterung hierzu erfolgt im Abschnitt 3.

Selbst die reine Stromlieferung beinhaltet bereits ein Minimum an Dienstleistungen, wie z. B. die Tarif- und Vertragsberatung. StromPlusDienstleistungen beinhalten sowohl die Stromlieferung als auch zusätzliche, weitergehende Dienstleistungen. Hier findet eine kombinierte Preisbildung statt. So bietet beispielsweise der schwedische Energieversorger Sydkraft Analyse- und Optimierungsleistungen für den gesamten Energieverbrauch an und kombiniert diese mit einem langfristigen Stromliefervertrag.

Weiterhin können energienahe und energieferne Dienstleistungen Gegenstand des Pricing sein. Die Preisgestaltung für reine Dienstleistungen ist hier nicht Gegenstand, sondern die detaillierte Betrachtung des Pricing für Strom und StromPlusDienstleistungen.

2.2 Möglichkeiten der Preisdifferenzierung

Preisdifferenzierung bedeutet, daß für ein Produkt oder eine Dienstleistung unterschiedliche Preise in Abhängigkeit von bestimmten Faktoren, wie Zeit, Menge und Qualität, verlangt werden. Das Ziel der Preisdifferenzierung besteht einerseits darin, die unterschiedlichen Preisbereitschaften verschiedener Kundensegmente zu nutzen, um höhere Gewinne zu erzielen. Andererseits können die Wünsche der Kunden durch eine stärkere Differenzierung besser erfüllt werden. Somit ergeben sich sowohl für den Energieversorger als auch für den Kunden eine Vielzahl von Vorteilen.

In Zukunft wird es nicht mehr einen einheitlichen Strommarkt geben, statt dessen entstehen mindestens drei Arten von Strommärkten: Grundlast-, Termin- und Spotmarkt. Der Grundlastmarkt dient der Absicherung der Grundlast und wird eher mittelfristiger Natur sein. Für diesen Markt sind mittelfristige Kontrakte mit mehr als einem Jahr Laufzeit geeignet. Über den Terminmarkt wird der zukünftige Strombedarf gedeckt, der über die Grundlast hinausgeht, wie saisonale Spitzen. Als adäquate Instrumente dienen Optionen, Futures und Forwards. Der Spotmarkt hat die Funktion, den Bedarf bei entstehenden Engpässen kurzfristig zu decken. Insbesondere für den Grundlast- und den Terminmarkt werden die nachfolgenden Preisdifferenzierungsinstrumente eingesetzt. Für den Spotmarkt hingegen gelten aufgrund der geringen Planbarkeit größtenteils ande-

re Regeln. Im wesentlichen geht es hier um den kurzfristigen Ausgleich von Angebot und Nachfrage. Die Risikoeinstellung der Kunden sowie die Prognostizierbarkeit der Lastkurve tragen entscheidend dazu bei, welcher Markt von den
Kunden in welchem Ausmaß vordringlich genutzt wird. Die Energieversorger
müssen jedoch die Spielregeln aller drei Märkte beherrschen.

Im folgenden werden acht Preisdifferenzierungsinstrumente vorgestellt, die
auf diesen Märkten zur Anwendung kommen.

2.2.1 Zeitliche Preisdifferenzierungen in vier Dimensionen

Zeitliche Preisdifferenzierungen sind auch außerhalb der EVU-Branche weit
verbreitet und hinlänglich bekannt (z. B. günstiger Preis für die Nachmittagsvor-
stellung im Kino oder unterschiedliche Preise für Urlaubsreisen in Vor-, Haupt-
und Nachsaison). Hierzu zählen tageszeitliche, wochenendorientierte und saisonale Preisgestaltungen. Im Stromgeschäft war die Trennung von HT und NT einer der wenigen Ansätze. Diese Differenzierungen sind aber noch nicht ausreichend und werden aufgrund der Liberalisierung in höherem Maße erforderlich.

Lange Zeit beschränkte sich in der EVU-Branche die Diskussion meist auf die
Einführung von Stromverträgen mit unterschiedlichen Laufzeiten und die Gewährung von laufzeitabhängigen Rabatten. Zu der reinen Laufzeitbetrachtung
müssen künftig die zeitbezogenen Aspekte Entscheidungs- und Bezugszeitpunkt hinzutreten (vgl. Abbildung 3). Die Zeitspanne zwischen dem Entschei-
dungszeitpunkt und dem Bezugszeitpunkt für die Energie schwankt sehr stark.
In liberalisierten Ländern werden an Spotmärkten die Stromspitzen kurzfristig
gekauft. Für absehbare Stromspitzen, die beispielsweise in einer bestimmten Jah-
reszeit auftreten, eignen sich Strom-Futures bzw. -Forwards. Verträge können
Lieferungen ab Vertragsabschluß oder erst zu einem späteren Zeitpunkt beinhalten und dabei Laufzeiten von wenigen Stunden bis hin zu mehreren Jahren haben. Auch hinsichtlich der Bezugsrhythmen sollte eine Unterscheidung erfolgen.
Einerseits werden regelmäßig wiederkehrende Liefermengen (z. B. jedes Wochenende), gleichzeitig aber auch unregelmäßig auftretende Liefermengen (z. B.
ad hoc-Verträge zur Deckung von Lastspitzen) gefordert sein.

Der in Hagen ansässige Versorger Elektromark hat sich eine besonders pfiffige
Art der zeitlichen Preisdifferenzierung überlegt. Alle Kunden, die das gesamte
Jahr Strom beziehen, erhalten für den an den Weihnachts- und Osterfeiertagen
verbrauchten Strom eine Gutschrift als Treuebonus.

Eine besonders ausgefeilte Art der zeitlichen Preisdifferenzierung findet sich
in dem Privatkundentarif „Tempo" des französischen Versorgers Electricité de
France (EdF). Neben der Einteilung jeden Tages in Haupt- und Nebenzeit wird
das Jahr in 300 blaue, 43 weiße und 22 rote Tage aufgeteilt. Insgesamt gibt es somit sechs verschiedene kWh-Preise. Mittels Powerline-Communication (PLC)

werden dem Kunden die Farbe und damit der Preis für den aktuellen und den folgenden Tag mitgeteilt. Gegen 20.00 Uhr erfolgt die Aktualisierung. Das dafür benötigte Gerät erhält der Kunde kostenlos, und er kann dieses an einer beliebigen Steckdose im Haus anschließen. Da die Unterschiede zwischen den einzelnen Preisen enorm sind, ist dieser Tarif für den Kunden nur attraktiv, wenn er sein Verbrauchsverhalten an die Kostensituation anpassen kann.

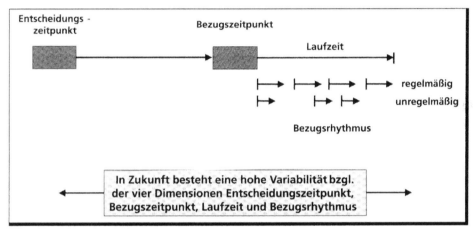

Abbildung 3: Die vier Zeitdimensionen

2.2.2 Formen von Mengenrabatten

Die Thematik Mengenrabatte erscheint auf den ersten Blick trivial: mit steigender Menge wird ein höherer Rabatt gewährt. Der Rabatt kann auf die gesamte Menge gewährt werden (durchgerechneter Mengenrabatt) oder jeweils nur auf die Menge, die über der Rabattgrenze liegt (angestoßener Mengenrabatt). Weiter ist zu beachten, daß eine Rabattierung sowohl für jeden einzelnen Vertrag erfolgen kann als auch für die im Jahresverlauf gelieferte Gesamtmenge am Ende eines Jahres. Das ist insbesondere für die Kunden bedeutsam, die einerseits langfristige Verträge abschließen, um die Grundlast zu decken, und andererseits Saison- oder Wochenendverträge für Verbrauchsspitzen nutzen. Ein weiterer interessanter Aspekt ist die Einführung eines Jahresendbonus in Abhängigkeit von der gekauften Menge. Dieser führt dazu, daß die Kunden ein starkes Interesse daran haben, auch die Verbrauchsspitzen bei dem Energieversorger einzukaufen, der die Grundlast deckt. Die Privatkunden von Elektra Direkt erhalten beispielsweise ab einem Verbrauch von 2400 kWh einen Mengenrabatt von 200 kostenlosen kWh.

2.2.3 Regionale Preisdifferenzierung

Regionale Preisdifferenzen zwischen den ehemaligen Monopol-Versorgungsgebieten sind üblich. Nach der Auflösung der Versorgungsgebiete konnte beobachtet werden, daß diese regionalen Preisdifferenzen bestehen blieben und sich nur langsam einem einheitlicheren Niveau anglichen. Der Grund liegt in den unterschiedlichen Kosten für die Nutzung der regionalen Stromnetze. Im Rahmen des Unbundling von Erzeugung, Stromnetz und Vertrieb verbleibt der Netzbereich als Monopol.

Regionale Preisdifferenzierung, im Unterschied zu regionalen Preisdifferenzen, beschreibt hingegen die bewußte Setzung von regional unterschiedlichen Preisen in einem Zielmarkt (z. B. Deutschland). Da sowohl die Konzessionsabgaben als auch die Durchleitungsentgelte bundesweit nicht einheitlich sind, kann aus EVU-Sicht von „teuren" und „billigen" Regionen gesprochen werden. Nachdem der Wettbewerb um die Privatkunden entbrannt ist, ist jedoch zu beobachten, daß sowohl die Newcomer als auch die etablierten Wettbewerber deutschlandweit einheitliche Strompreise anbieten. Diese Rechnung geht jedoch unter Kostengesichtspunkten nur auf, wenn gleichermaßen Kunden aus „teuren" und „billigen" Gebieten gewonnen werden. Sofern die Rahmenbedingungen – unterschiedliche Höhe der Konzessionsabgabe und Durchleitungsentgelte für Privatkunden – bestehen bleiben, wird spätestens nach einem Einbruch der Unternehmensgewinne eine regionale Preisdifferenzierung vorgenommen. Unterschiedlich hohe Konzessionsabgaben bieten eine sinnvolle und nachvollziehbare Berechtigung für eine Differenzierung in Stadt- und Landtarife.

2.2.4 Preisdifferenzierung nach Kundengruppen

Die gängigen kundenbezogenen Preisdifferenzierungsformen in Deutschland sind Tarif-, Sonder- und Individualverträge. In anderen Ländern wird in Privatkunden-, Geschäftskunden- und Individualkundentarife unterschieden. Weitere Formen der Preisdifferenzierung orientieren sich an bestimmten Kundenkriterien, wie z. B. Branche, Filialist, Einkaufsgemeinschaft und Key-Account.

In einigen Branchen zeichnen sich Unternehmen durch ähnliche Lastprofile aus. Dies eröffnet die Möglichkeit, besondere Branchentarife einzuführen. So sind Bäcker-, Sommerhotel- oder auch Winterhoteltarife durchaus sinnvoll. Gleichzeitig führt die Belegung solcher Tarife mit eingängigen Namen zu positiven Kommunikationswirkungen nach außen.

Filialisierte Unternehmen wie Metro verlangen allein aufgrund ihrer Größe deutliche Preisabschläge und streben nach Rahmenverträgen. Diese Kunden interessiert nicht die rechtliche Ausgestaltung der Durchleitung, sondern nur die Gewährung von Preisnachlässen. Die organisatorischen Anforderungen zur Versorgung von filialisierten Unternehmen, wie z. B. Klärung der Durchleitung, Verhandlungen mit Wettbewerbern, rechnerische Zusammenfassung der Abnahmestellen und Benennung nur eines Ansprechpartners für alle Filialen, stellen die Energieversorger vor große Herausforderungen.

Filialisten, wie Wal Mart und McDonalds in den USA, Aldi, Schlecker und REWE in Deutschland und Carrefour und Continent in Frankreich, sind in jedem Strategiepapier der EVU enthalten. Neben filialisierten Unternehmen treten weitere Großabnehmer auf, die in den strategischen Überlegungen der Energieversorger bisher wenig Beachtung fanden. Die Solarium-Franchisekette Sun-Point mit einem Marktanteil von 15 % in Deutschland, Brancheneinkaufsverbände sowie Organisationen, wie die Evangelische Kirche Deutschland und die VEA, haben in jüngster Vergangenheit Rahmenverträge für ihre Mitglieder abgeschlossen. Viele dieser Verbände und Organisationen sehen im Zentraleinkauf von Energie eine Serviceleistung für die Mitglieder.

Außerdem ist eine Zusammenfassung des Strombedarfs von Gewerbe-, Industrie- und Technologieparks sowie von Wohngebieten in einem liberalisierten Strommarkt verstärkt zu beobachten. Meist treten Energiebroker als Bindeglied zwischen Kunden und Stromversorgern auf. Auch für diese Fälle sind kundenbezogene Preisbildungen (z. B. Verbandstarif, Gewerbeparktarif etc.) notwendig.

Im Segment der Privatkunden sind weitere interessante Preisdifferenzierungen zu beobachten, die das Preissystem im ganzen betreffen. Einerseits gibt es Unternehmen, die nur einen Tarif für alle Privatkunden, bestehend aus einem variablen Verbrauchspreis (Pf/kWh) und einem fixen monatlichen Preis (DM/Monat), anbieten. Andererseits gibt es Unternehmen, die mehrere Tarife offerieren, die auf bestimmte Zielgruppen abzielen (z. B. Singles, Paare und Familien). Ein in sich logisches Preissystem mit den zwei Tarifen „Single" und „Familie" zeigt dabei folgende Charakteristika: Der Single-Tarif weist einen relativ hohen kWh-Preis auf, während der fixe Monatspreis relativ niedrig ist, für den Familien-Tarif gilt das umgekehrte Verhältnis. Beispiele hierfür sind die Preissysteme von Elektra Direkt und Bayernwerk. Letztendlich orientieren sich diese Tarife jedoch an den Verbrauchsmengen.

2.2.5 Jede Anwendung hat ihren Preis

Warum soll der Preis für eine kWh Strom für die einzelnen Anwendungen Licht, Kraft, Prozeßwärme, Prozeßkälte und Raumwärme identisch sein? Zumindest im Wärmemarkt existieren heute schon spezielle Tarife, die als Reaktion auf die hohe Wettbewerbsintensität zwischen Strom und Gas entstanden sind. Wenn in Zukunft anwendungsspezifische Tarife vermehrt angeboten werden, ist darauf zu achten, daß diese auch kommunikativ den Kunden richtig erreichen. Für ein EVU ist die getrennte Erfassung anwendungsbedingter Stromverbräuche nur dann wirtschaftlich sinnvoll, wenn ein entsprechend hoher Stromverbrauch dahintersteht. Ein Tarif für Prozeßkälte bietet sich z. B. für industrielle und gewerbliche Kühlhäuser an. In Großbritannien gibt es spezielle Tarife für Korntrocknung, Treppenhausbeleuchtung oder auch für den Küchenbereich (Catering-Rate).

2.2.6 Qualitätsorientierte Preisbildung und Servicegarantien

In Abhängigkeit von der Qualität der Stromversorgung und der Sicherstellung von Servicegarantien gibt es weitere Differenzierungen. Hierbei muß beachtet werden, daß durch die Trennung von Netz und Vertrieb die Qualität der Stromversorgung nicht mehr in der Hand des Vertriebes liegt. Der Vertrieb kann jedoch energienahe Dienstleistungen zur Sicherstellung der Versorgungsqualität anbieten, deren Erfüllung aber teilweise dem Netzbetreiber übertragen werden muß. Eine zweiseitige Versorgung ist beispielsweise für einige Kunden so wichtig, daß sie dafür einen Aufschlag gegenüber einer einseitigen Versorgung zahlen. Die Bereitstellung von Notstromaggregaten für die Aufrechterhaltung der Stromversorgung kann ebenfalls durch das EVU übernommen werden, wenn es der Kunde wünscht. Sofern andere EVU diese Dienstleistung nicht kostenlos anbieten, ist durch diese Maßnahme ein höherer Preis erzielbar. Neben der Verbesserung der Versorgungsqualität ist auch die bewußte Inkaufnahme von Verschlechterungen möglich.

Der Energieversorger kann günstigere Tarife anbieten, wenn der Kunde seinem Energieversorger dafür eine flexible Lastanpassung zubilligt. Beispielsweise können – wie heute schon praktiziert – bestimmte Zeiten definiert werden, in denen der Kunde mit einer vorher vereinbarten Kürzung der Stromlieferung seitens des Energieversorgers einverstanden ist. Im Rahmen dieser Vereinbarung sind verschiedenste Preisvarianten abhängig vom Kundenwunsch möglich. Diese können sich auf den zeitlichen Vorlauf der Benachrichtigung, die Strommenge, die Häufigkeit von Reduktionen oder die Gewährung von Einspruchsmöglichkeiten durch den Kunden beziehen.

Andererseits zeigen Erfahrungen aus Großbritannien, daß einige regionale EVU ihren Kunden weitreichende Servicegarantien geben, ohne dafür einen Preisaufschlag zu fordern. Midlands Electricity garantiert u. a. seinen Kunden, die Fragen zur Stromrechnung haben, eine Antwort innerhalb von fünf Arbeitstagen. Wird dies nicht erfüllt, erhält der Kunde umgerechnet 60 DM.

2.2.7 Komplett- und Paketangebote zur Erhöhung der Kundenbindung

Jedes Unternehmen – natürlich auch ein EVU – ist an langfristigen Kundenbeziehungen interessiert. Was ist zu tun, um diese angestrebte Kundenbindung zu erzielen? Zwei vielversprechende Möglichkeiten sind Komplett- und Paketangebote (vgl. hierzu auch Kapitel 5).

Paketangebote umfassen die Kombination der reinen Stromlieferung mit der Lieferung weiterer Energieträger oder Dienstleistungen. Unter Pricing-Gesichtspunkten führt dies zur Bildung von Paketpreisen.

In Großbritannien hat die 1998 erfolgte Liberalisierung des Gasmarktes dazu geführt, daß die britischen Stromversorger Strom und Gas als Paket anbieten und den Kunden gleichzeitig Preiszugeständnisse offerieren. Der ehemalige Monopolist British Gas hat diesen Angriff erfolgreich gekontert und verkauft inzwischen ebenfalls Strom und Gas als Paket. Durch eine aggressive Vertriebsstrategie hat British Gas innerhalb von acht Monaten Wettbewerb 1,5 Mio. Haushalte als Stromkunden gewinnen können.[1] Dies entspricht einem Marktanteil im Privatkundenmarkt von über 6 %. Dabei ist die von British Gas gegebene Preisgarantie ein entscheidendes Argument für den Wechsel der Privatkunden. Für einen durchschnittlichen Stromverbrauch von 3300 kWh garantiert British Gas seinen Kunden, die Strom und Gas als Paket beziehen, daß die Stromtarife bis 2002 immer günstiger sein werden als die Standardtarife des ehemals zuständigen regionalen Stromversorgers. Auch aus anderen Ländern ist bekannt, daß Energiepakete auf eine große Resonanz bei den Kunden stoßen. Die Kunden erwarten von den Paketlösungen neben günstigeren Einkaufskonditionen vor allem auch eine deutliche Reduktion des Aufwandes, wie z. B. *eine* Rechnung, *einen* Vertrag und *einen* Ansprechpartner. Genau diese Erwartungen erfordern Änderungen in der Organisation der Energieversorger. Die Rechnungsbündelung erfordert Umstellungen in der Datenverarbeitung, im Vertrieb müssen Strom und Gas gegenüber dem Kunden durch einen Vertriebsmitarbeiter abgedeckt und die internen Zuständigkeiten eindeutig geregelt werden.

Komplettangebote umfassen die Phasen Planung, Projektierung, Bau, Inbetriebnahme, Betrieb, Wartung, Instandhaltung, eventuell auch die Finanzierung und Entsorgung beispielsweise von Eigenerzeugungsanlagen, Anlagen zur Erzeugung von Prozeßwärme oder Energieverteilungsanlagen. RWE Energie, der größte deutsche Energieversorger, setzt vermehrt Komplettangebote für Eigenerzeugungsanlagen ein, um Groß- und Größtkunden (z. B. BASF, Bayer und Opel) nicht zu verlieren, denn diese Unternehmen sind an massiven Preissenkungen interessiert. Durch den Bau und insbesondere den Betrieb und die Wartung von Kundenanlagen erfolgt eine starke Kundenbindung sowie die langfristige Verzahnung mit der Wertschöpfungskette des Kunden.

Auch die großen Energieversorger in Schweden und Großbritannien setzen Komplett- und Paketangebote erfolgreich ein. Der große Vorteil bei dieser Art der Produkt- und Preisdifferenzierung besteht darin, gegenüber dem Kunden

---

1 Pressemitteilung Centrica (Mutterkonzern von British Gas), 21. 5. 1999.

verschiedene Leistungen zu bündeln und so aus der einfachen Vergleichbarkeit des reinen kWh-Pricing auszubrechen. Dadurch kann der Weg vom Energielieferanten zum Systemdienstleister beschritten werden.

2.2.8 Differenzierung durch unterschiedliche Zahlungsmodalitäten

Die Zahlungsmodalitäten – bisher weitestgehend standardisiert – bieten vielfältige Möglichkeiten zur besseren Befriedigung der Kundenwünsche. Ähnlich wie bei Versicherungsverträgen sind monatliche, viertel-, halb- und jährliche Zahlungsrhythmen möglich. Die Zahlung kann per Lastschrifteinzug, per Überweisung durch den Kunden, per Internet oder aber, wie in Deutschland in einigen Regionen üblich, bar erfolgen. Selbst die Einführung einer Stromkarte mit einem bestimmten Guthaben sowie die Installation eines Stromzählers, der mit dem Guthaben auf der Stromkarte gefüttert wird, sind bereits heute Realität. In Großbritannien wurde die Zahlungsvariante per Stromkarte wegen der schlechten Zahlungsmoral einiger Kunden und der bisher vorhandenen Münzzähler eingeführt. In Deutschland laufen bei den Stadtwerken Hannover und Bremen Feldversuche mit Stromkarten. Im Vordergrund steht die Ermittlung der Akzeptanz seitens der Kunden.

VEW Energie, die Nummer 5 in Deutschland, ermöglicht den Privatkunden die Vorauszahlung der gesamten Jahresrechnung. Dafür erhalten die Kunden eine effektive Verzinsung von ca. 6,5 %. In Großbritannien existieren im wesentlichen fünf Zahlungsvarianten. Um den Kunden die verschiedenen Zahlungsoptionen verständlich zu machen, hat beispielsweise Yorkshire Electricity fünf Markennamen vergeben – Yorkshiredirect, Yorkshiretoken, Yorkshirebudget, Yorkshirepayment Card und Quarterlypayments. Die Zahlungsvariante Yorkshiredirect sieht vor, daß der Kunde Yorkshire Electricity eine Ermächtigung zur Abbuchung erteilt, diese erfolgt monatlich, und der Kunde erhält nach einem Jahr einen Rabatt von 12 Pfund. Yorkshiretoken setzt die Installation eines Stromzählers für Stromkarten voraus, der mit 5-Pfund-Stromkarten betrieben wird. Dies ist die teuerste Variante. Bei der Variante Yorkshirebudget überweist der Kunde wöchentlich, alle zwei Wochen oder monatlich, seine Abschlagszahlung, erhält aber keinen Rabatt am Ende des Jahres. Auf die Yorkshirepayment Card kann unregelmäßig Geld eingezahlt werden. Das Guthaben wird später mit der Stromrechnung verrechnet. Quarterlypayments erfordert die vierteljährliche Zahlung der Stromrechnung durch den Kunden. Aus dem englischen Beispiel können zwei Dinge abgeleitet werden: erstens die Schaffung einer Vielfalt von interessanten Zahlungsmodalitäten, um den Bedürfnissen der Kunden gerecht zu werden, und zweitens die Notwendigkeit, den Zahlungsvarianten klangvolle Namen zu geben, um sie mit Hilfe von Produktmarken in den Köpfen der Kunden zu verankern.

In den USA wurde eine weitere interessante Variante entwickelt. Unter Berücksichtigung der voraussichtlichen Wetterentwicklung und des bisherigen Stromverbrauchs des Kunden bieten einige Energieversorger ihren Kunden einen Fixpreis für z. B. zwei Jahre an, ohne den tatsächlichen Verbrauch zu messen (sogenannte „all-you-can-eat-Tarife"). Der Energieversorger hat zwar einerseits kalkulierbare Einnahmen, muß sich aber andererseits bei einem höheren Verbrauch des Kunden über Hedging-Instrumente absichern. Auch dieses Praxisbeispiel zeigt, daß die Zeit der zweiteiligen Tarife langsam zu Ende geht. Neben einem fixen Strompreis für einen Kunden ist auch das zweite Extrem sinnvoll: die ausschließlich variable Preisbildung für den anfallenden Verbrauch ohne die Berechnung einer fixen Komponente. Auch hier gibt es in Großbritannien schon Versorger, die für Privatkunden mit geringem Verbrauch zugunsten eines höheren kWh-Preises auf fixe Tarifbestandteile verzichten.

3 | Adäquate Instrumente zur Risikominimierung

In einem liberalisierten Markt steigt das Risiko für alle Marktteilnehmer. Die Kunden müssen die Abdeckung ihres Bedarfes sichern, die Händler ihren Einkauf und Verkauf der Energie in Einklang bringen und die Erzeuger die Kapazitäten auslasten. Für alle drei Gruppen werden in Zukunft Termingeschäfte mit Optionen, Futures und Forwards für Strom immer bedeutsamer. Diese dienen als Hedginginstrumente, um die Preisrisiken zu begrenzen. Dabei kann man eine Kauf- oder Verkaufsposition einnehmen. Call und Put sind die genutzten Begriffe für Optionen, während bei Forwards und Futures von Long- und Shortpositionen gesprochen wird. Optionen und Futures sind börsennotierte Instrumente, die standardisierte Kontraktspezifikationen aufweisen, wie z. B. Laufzeit, Erfüllungszeitpunkt, Erfüllungsort und Kontraktgröße. Forwards werden individuell ausgehandelt und weisen aufgrund der fehlenden Standardisierung eine deutlich geringere Fungibilität (u. a. Handelbarkeit) auf. Ein weiteres Unterscheidungsmerkmal betrifft die Erfüllung des Vertrages. Während Forwards und Futures erfüllt werden müssen, kann der Käufer einer Call- oder Put-Option diese ausüben oder verfallen lassen. Abbildung 4 (Seite 144) stellt die wesentlichen Unterschiede in Übersichtsform dar.

Zur Erläuterung der dargelegten Zusammenhänge sollen zwei vereinfachte Beispiele dienen. Ein Stromerzeuger möchte das hohe Preisniveau von 15 Pf/kWh für einen Teil seiner Strommenge, die er in drei Monaten verkaufen möchte, absichern. Dazu geht er beispielsweise eine Short-Position in einem Future über die entsprechende Menge und den Preis von 15 Pf/kWh ein. Unabhängig von der Preisentwicklung – steigend oder fallend – erzielt der Stromerzeuger seinen angestrebten Preis. Dabei ist aber nicht zu vergessen, daß die Kosten für den Future

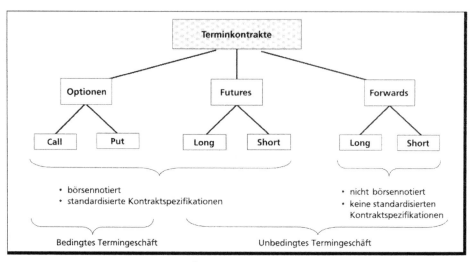

Abbildung 4: Terminkontrakte im Überblick

den Gewinn schmälern. Ein Stromkunde kann die umgekehrte Strategie fahren, indem er die benötigte Strommenge bereits heute per Terminkontrakt kauft. Angenommen der Stromverbraucher benötigt mit einer recht hohen Wahrscheinlichkeit eine bestimmte Menge Strom in drei Monaten und erwartet steigende Strompreise, so bietet sich eine Call-Option über die entsprechende Menge zum Preis von 15 Pf/kWh an. Benötigt der Kunde tatsächlich die Strommenge in drei Monaten, dann bestimmt die Preisentwicklung das Handeln des Kunden. Fallen die Strompreise, übt der Kunde die Option nicht aus, steigen die Strompreise, nimmt der Kunde die Call-Option wahr und kauft die Strommenge zu 15 Pf/kWh, obwohl der aktuelle Preis bei 18 oder 20 Pf/kWh liegt.

Diese Instrumente werden u. a. in den Vereinigten Staaten und in Skandinavien im Rahmen des Risikomanagements genutzt. Enron, einer der größten US-Versorger, hat den Bereich Stromhandel von 1994 bis 1998 von 1,2 TWh auf 402,4 TWh ausgebaut (davon in Europa 0,5 TWh in 1998). In den skandinavischen Ländern ist der Wettbewerb schon weit vorangeschritten, was auch aus der Trendsetterfunktion der Strombörse Nord Pool für andere Länder ersichtlich wird. Von 1993 bis 1997 ist das Handelsvolumen am Spotmarkt von 10,2 TWh auf 43,6 TWh, am Futuresmarkt sogar von 2,6 TWh auf 53 TWh gestiegen. Für den recht kleinen skandinavischen Markt sind diese Zahlen enorm. In Deutschland ist eine Strombörse mit Sitz in Frankfurt/Main geplant. Bisher wird in den Tradingfloors der großen deutschen Versorgungsunternehmen bilateraler Stromhandel betrieben bzw. über die bereits bestehenden Strombörsen agiert. Wenn Strom wie Soja, Mais oder Schweinebäuche gehandelt wird, ist die alte Kernkompetenz der EVU – technisches Know-how – hierfür nicht mehr notwendig, vielmehr sind erfahrene Hedging-Spezialisten gefragt.

4 | Verfahren zur Bestimmung der optimalen Preis- und Vertragsstrukturen

Zur Entwicklung marktgerechter sowie marktanteils- und gewinnorientierter Preis- und Vertragsstrukturen ist eine explizite Einbeziehung der Kunden über-lebensnotwendig. Dabei müssen die vier Aspekte

◆ Preisbereitschaften
◆ Präferenzstrukturen
◆ Risikostrukturen der Kunden sowie
◆ die eigene Kostensituation
  ermittelt und beachtet werden.

Zur Ermittlung dieser Strukturen dienen die Integration von Kostenstruktur-analysen, Kundenbefragungen und Szenarienentwicklung. Da sich Preisbereit-schaften mit einer direkten Abfrage nur eingeschränkt ermitteln lassen, sollte die indirekte Befragungstechnik Conjoint Measurement zum Einsatz kommen. Auf Basis einzelner Nutzenbeiträge der verschiedenen Preisdifferenzierungsfaktoren lassen sich Kundensegmente mit unterschiedlichen Anforderungen an die Preis- und Vertragsgestaltung (z. B. das laufzeitorientierte Segment) identifizieren. Da die Daten bei diesem Vorgehen PC-gestützt erhoben werden, können mit Hilfe von individuell entwickelten Modellen verschiedene Szenarien simuliert werden. Mit einem solchen Modell läßt sich beispielsweise die Frage beantworten, was passiert, wenn der Konkurrent X den Preis für Verträge mit einjähriger Laufzeit um 5 % senkt. Diese Szenarien können Konkurrenzreaktionen oder Vertrags-modifikationen (z. B. neue Laufzeiten von Verträgen oder Verringerung des Treuebonus bei dreijährigen Verträgen) zum Inhalt haben. Zum Simulieren ver-schiedener Szenarien werden als Eingabegrößen die Preisbereitschaften und das Verhalten der Kunden benötigt. Die explizite Einbeziehung der Kunden bei der Entwicklung der optimalen Preis- und Vertragsstrukturen ist somit enorm wich-tig. Die bisherige Praxis, die Preise nur von der Kostenseite her abzuleiten, führt im Wettbewerbsmarkt in eine Sackgasse. Zwar müssen die Kosten auch im Wett-bewerb in die Preisgestaltung einfließen, sie dienen jedoch lediglich als Preisun-tergrenze und nicht als alleiniger den Preis bestimmenden Faktor.

5 | Branding und Preiskommunikation

Bei der Ermittlung der optimalen Preis- und Vertragsstrukturen ist zu beachten, daß der EVU-Branche nicht der gleiche Fehler unterläuft wie den Mobilfunkun-ternehmen. Undurchschaubare Preis- und Vertragsstrukturen sind ein Hemmschuh, die den Erfolg am Markt massiv gefährden. Die Belegung der verschiedenen Tarife mit eingängigen Namen im Sinne eines Produktbranding wird unabdingbar. Dabei ist zu beachten, daß Pricing und Branding im Privatkundenmarkt anders funktionieren als im Geschäftskundenmarkt. Weiterhin ist zu bedenken, daß Pricing und Branding für eine Defensivstrategie anders gestaltet werden müssen als für eine Offensivstrategie. Für die Defensivstrategie sind die Preisstrukturen möglichst differenziert zu gestalten, während die Offensivstrategie auf einfachen Preismodellen mit eingängigen Namen aufbauen sollte. Vertragslaufzeiten, Kundengruppe, Art der Stromnutzung sowie Aspekte der zeitlichen Preisdifferenzierung bieten ideale Anknüpfungspunkte für die Verbindung zwischen Pricing und Branding. Beispiele wären Namen wie „Wochenend-Power-Preis", „Doppelpack" (für Strom und Gas im Paket), „Privat24" (Privatkundenvertrag mit 24 Monaten Laufzeit) oder „Ferientarif". Diese sind gut kommunizierbar und erzeugen gleichzeitig ein positives Image. Bei der Vielzahl der möglichen Kombinationen muß nicht jede Tarifvariante einen Namen erhalten, wichtig ist aber, daß die „Obermarken" einer Produktfamilie mit eingängigen Namen belegt werden. Nach der Öffnung des Privatkundenmarktes sind deutliche Brandingbestrebungen der deutschen EVU im Hinblick auf die Tarife zu beobachten. Single, Family und Privat sind beliebte Begriffe, die an die entsprechenden Tarife angehängt werden. Die Stadtwerke Würzburg laden die Tarife emotional auf, indem der Bezug zur Region in den Vordergrund gestellt. In den beiden Tarifen „Mein Frankenstrom Privat" und „Mein Frankenstrom Familie" vereinen sich zwei wichtige Kommunikationsaspekte. Einerseits wird durch diese Begriffe die Verbundenheit zur Region dokumentiert, andererseits erhalten die Privatkunden durch die Bezeichnung „Privat" und „Familie" einen Hinweis darauf, für welche Zielgruppe die Tarife geeignet sind.

6 | Mass Customization

Insbesondere für den Geschäftskundenbereich bedeutet die Anwendung des Mass Customization eine Vielzahl von Vorteilen im Vergleich zu einem Verkauf von vordefinierten Standardverträgen. Bei Mass Customization erhält der Kunde ein Produkt – in unserem Fall einen Vertrag –, das in seinen Augen individuell für ihn entwickelt wurde. Das EVU definiert vorab die möglichen Vertragsmodule (z. B. Vertragslaufzeit, Arbeitspreis- und Leistungspreisvarianten), die einen Vertrag beschreiben. Jedes dieser Module hat dabei verschiedene Ausprägungen (z. B. 2 % Nachlaß für 6 Monate Vertragslaufzeit, 3 % Nachlaß für 12 Monate Vertragslaufzeit, 4 % Nachlaß für 18 Monate Vertragslaufzeit). Die Vielzahl der sich daraus ergebenden Verträge kann nicht mit vorgefertigten Formularen vertrieben werden. Erst eine PC-Unterstützung ermöglicht die kundenindividuelle Anpassung der Verträge.

Die größten Vorteile des PC-gestützten Mass Customization liegen in der enormen Flexibilität und der einfachen Bedienung. Vor allem ist eine a-priori-Segmentierung der Kunden nicht notwendig. Jeder Kunde ordnet sich selbst durch die Wahl der verschiedenen Vertragsparameter bestimmten Segmenten zu und bekommt einen individuell auf seine Bedürfnisse zugeschnittenen Vertrag. Der Kunde kann, bezogen auf seine Stromverbrauchscharakteristik, die für ihn optimale Kombination aus verschiedensten Leistungs- und Arbeitspreisvarianten wählen. Weitere kundenindividuelle Preis- und Vertragselemente betreffen die Laufzeit des Vertrages, den gleichzeitigen Bezug von Strom und Gas und die Art der Zahlung. Daneben können branchenspezifische Pricingelemente berücksichtigt werden. Durch die Entwicklung von Vertragselementen (z. B. Vertragslaufzeit), die Festlegung von möglichen Ausprägungen (z. B. 1 Monat, 3 Monate, 6 Monate, 1 Jahr, 2 Jahre, 3 Jahre) sowie die Rabattierung dieser Laufzeiten entsteht ein Preissystem, in dem die Verknüpfungen zwischen den einzelnen Preiselementen vorab bestimmt werden müssen (vgl. Abbildung 5). Die Kombinierbarkeit der einzelnen Vertragselemente führt zu einer Vielzahl möglicher kundenindividueller Verträge.

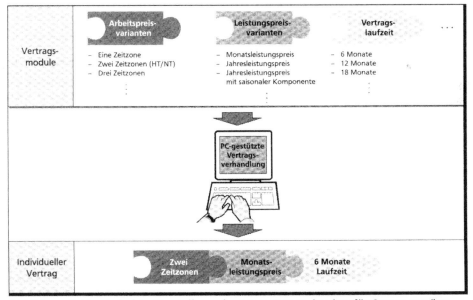

Abbildung 5: Vereinfachte Darstellung des Mass Customization für Stromverträge

Die Vorteile dieses Vorgehens liegen auf der Hand: kundenindividuelle Verträge, Sicherheit der Vertriebsmitarbeiter durch vorgegebene Preisgrenzen, schnelle Abwicklung durch PC-Unterstützung, dezentrale Preisentscheidungskompetenz und Differenzierung von den Wettbewerbern.

7 | Zusammenfassende Handlungsempfehlungen

Die folgenden Handlungsempfehlungen fassen die wichtigsten Aufgaben der EVU für die Umsetzung eines professionellen und intelligenten Pricing in acht Punkten zusammen.

1. Die Erfassung der Preisbereitschaften, Präferenz- und Risikostrukturen der Kunden sowie die Gegenüberstellung der Kostensituation führen zur Ermittlung der optimalen Preise. Eine Unterscheidung in fixe und variable Kosten ist dazu zwingend notwendig, wobei der Betrachtungszeitraum die Aufteilung der Kosten in fix und variabel maßgeblich beeinflußt.

2. Die explizite Einbeziehung der Kunden mittels der PC-gestützten, indirekten Befragungstechnik Conjoint Measurement sowie die Integration der Kostendaten ermöglichen Simulationen verschiedener Markt- und Konkurrenzszenarien sowie die Ableitung optimaler Preise (Struktur und Niveau).

3. Die stärkere Flexibilisierung der Vertrags- und Preisgestaltungen hinsichtlich aller möglichen Parameter ist unter Nutzung von PC-gestützten Vertragsprogrammen (Mass Customization) durchzuführen.

4. Die Kundensegmentierung bzw. Preisdifferenzierung erfolgt nach dem Prinzip Self Selection, d. h. die Kunden ordnen sich durch die Wahl bestimmter Parameter selbst einem Segment zu. Dies erfordert die a priori-Bereitstellung aller möglichen Preis- und Vertragsvarianten.

5. Die Entwicklung eingängiger Produkt-, Vertrags- und Markennamen sowie die radikale Ausweitung der Kommunikationsaktivitäten werden entscheidend zum Erfolg beitragen.

6. Die Existenz der drei Strommärkte Grundlast-, Termin- und Spotmarkt bedingen eine umfassende Reorganisation des bisherigen Marketing und Vertriebs.

7. Schnelligkeit als eine der wichtigsten Kernkompetenzen im Wettbewerb erfordert eine stärkere Dezentralisierung der Preiskompetenz. Den Vertriebsmitarbeitern müssen klar definierte Entscheidungsspielräume vorgegeben werden, in denen sie flexibel und schnell reagieren können.

8. Alle Preisdifferenzierungsinstrumente eignen sich grundsätzlich für Industrie-, Gewerbe- und Privatkunden. Die konkrete Ausgestaltung hängt jedoch stark von der strategischen Zielsetzung, den Kompetenzen und der Positionierung des Unternehmens ab.

7. Marke und Kommunikation

Andreas Tesch / Georg Wübker / Michael Paul

1 | Warum Marken für Energieversorgungsunternehmen?

Wie andere Dienstleistungsunternehmen haben Energieversorgungsunternehmen (EVU) in ihrer Kommunikationsstrategie ein gemeinsames Grundproblem: Der Strom ist nicht anfaßbar, am Strom hängt kein Schild, er ist nicht verpackt.

Ist Markenpolitik dann überhaupt wichtig für Energieversorger? Immerhin ist doch eines der konstituierenden Merkmale der Marke, daß sie ein Gut besonderen Charakters begleitet, ein „markantes" Produkt, wovon man beim Commodity Strom wirklich nicht sprechen kann. Trotzdem hat das Thema Marke und Energieversorger seit Beginn der Marktliberalisierung an Bedeutung gewonnen, wie die folgenden Zahlen belegen.

Das „Werben" um die Tarifkunden hat hierbei eine zentrale Bedeutung. Während 1998 die Werbeausgaben der Stromversorger in Deutschland 78,6 Mio. DM betrugen, liegen die Werbeetats für die ersten beiden Quartale 1999 bereits bei 129,7 Mio. DM (siehe Abbildung 1). Allein die Werbeausgaben des II. Quartals 1999 übersteigen mit fast 100 Mio. DM deutlich den Gesamtetat von 1998. Die Werbekosten des III. Quartals liegen nochmals deutlich über diesem Betrag, da in dieser Zeit die Werbeschlacht um die Tarifkunden erst richtig begonnen hat. Tägliche Anzeigen in zahlreichen deutschen Tageszeitungen, Werbe-Banner im Internet sowie zahlreiche Werbespots in vielen Fernsehsendern belegen dies.

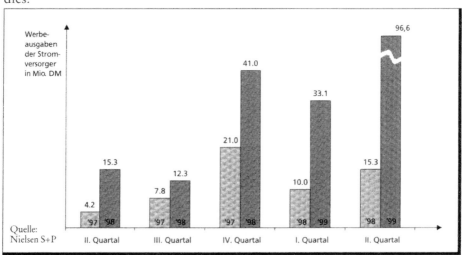

Abbildung 1: Werbeausgaben der EVU im Zeitvergleich[1]

---

1 Vgl. Andreas Klähn, Werben & Verkaufen 33/99, S. 81.

Mit „PrivatStrom" begann RWE Energie den Markenkampf Ende Juli 1999. Die EnBW lancierte kurze Zeit später mit „Yello Strom" eine Strommarke und wies auch extra darauf hin, daß es sich hierbei um den ersten „Markenstrom" handeln sollte.[2] PreussenElektra konterte mit „Elektra Direkt", und RWE Energie brachte mit „Avanza" sogar innerhalb weniger Wochen schon wieder einen Nachfolger für PrivatStrom auf den Markt. Auch die VEW reagierte auf die jüngste Markenentwicklung und führte mit „Evivo" eine neue Marke für Strom und Erdgas ein.[3]

Der Grund für diese Markierung von Strom liegt paradoxerweise genau in den eigentlichen Schwächen des Stroms bezogen auf Markierung begründet. Gerade weil er immer von gleicher Qualität ist und keine besonderen Eigenschaften besitzt, kann letztlich fast ausschließlich über den Aufbau einer Markenwelt eine Differenzierung vom Wettbewerb erreicht werden. Das heißt nicht, daß völlig identische Leistungsangebote nur über Kommunikation differenziert werden. Es bedeutet vielmehr den Aufbau unterschiedlicher Positionierungen, die durch die weiteren Marketingmaßnahmen unterstützt werden, bei denen die Marke eine von mehreren Ausprägungen darstellt. Positionierungen aufzubauen, ohne sie zu kommunizieren, macht keinen Sinn, da nur so den Kunden deutlich gemacht werden kann, was das Besondere der jeweils spezifischen Positionierung darstellt. Kommunikation ohne Marke erscheint ebenfalls sinnlos, da in dem breiten Angebot verschiedenster Kommunikationsbotschaften, die täglich auf Käufer einwirken, nur besonders prägnante Botschaften hervorragen und bei Preisgleichheit unter den neuen Anbietern die Prägnanz einer Werbeaussage – und damit der Markierung – der letztlich kaufentscheidende Auslöser sein kann.

Diese bewußte Bildung von Marken bedeutet auch eine Abkehr von der zuvor betriebenen Kommunikationspolitik, bei der die Stromversorger Image-Kampagnen mit der Zielsetzung fuhren, lediglich den eigenen Namen bekannter zu machen. Doch die „PrivatStrom"-Kampagne zeigte durch ihre Neuartigkeit die Defizite der reinen Imageorientierung auf: Es geht nicht nur um das Image bei bisherigen Kunden und in der Öffentlichkeit, sondern vielmehr um das offensive Hinzugewinnen neuer Kunden. Um dies zu erreichen, müssen die Stromversorger „Power Brands" entwickeln, die sich in den Köpfen der Kunden verankern. Ziel eines jeden Stromversorgers muß es hierbei sein, in der Auswahlliste der Kunden, dem sogenannten Evoked Set, ganz oben zu stehen. Grund: Wer oben steht, hat die besten Chancen, den wechselwilligen Kunden für sich zu gewinnen. Dieses Ziel verfolgen insbesondere die großen Stromversorger, die gemäß eigener Ankündigungen ihre Anzahl an Neukunden signifikant steigern möchten (siehe Abbildung 2, Seite 152) – und das in einem schrumpfenden Markt, d. h. die

---

2 Vgl. Pressemitteilung der Yello Strom GmbH vom 7. August 1999.
3 Vgl. Handelsblatt, 15./16. Oktober 1999, S. 28.

Marktgewinne des einen sind die Verluste des anderen. Wie geht diese Rechnung auf? Wie entwickelt man Power Brands, um letztlich die privaten Kunden für sich zu gewinnen? Kann man für ein Commodity wie Strom überhaupt eine Marke kreieren? Bevor auf die ersten beiden Fragen detaillierter eingegangen wird, soll im folgenden zunächst die dritte Fragestellung behandelt werden.

Strom-versorger	Derzeitiger Kunden-stamm Privatkunden	Beabsichtigte Neukundengewinnung (eigene Angaben der Stromversorger)	Quelle
RWE Energie	2,6 Mio.	Verdoppelung des Marktanteils von derzeit 6 % auf 12 % angestrebt	Pressemitteilung vom 1. 9. 1999
VEW Energie	2,3 Mio. (inkl. Weiterverteiler)	In den nächsten Jahren 200.000	Handelsblatt vom 15./16. 10. 1999
Bayernwerk	2,2 Mio.	Zuwachs angestrebt	Pressemitteilung vom 17. 8.1999
EnBW	1,5 Mio.	In zwei bis drei Jahren 1,3 Mio.	Wirtschaftswoche vom 19. 8. 1999

Abbildung 2: Kundenstamm und geplante Neuakquisition

Beispiele aus anderen Branchen zeigen, daß auch aus Commodity-Gütern erfolgreiche Brands entstehen können.

In der Telekommunikationsbranche hat es z. B. MobilCom innerhalb kürzester Zeit geschafft, durch eine intelligente Preis- und Kommunikationsstrategie eine erfolgreiche Marke mit einem positiven Image – frech, innovativ, dynamisch, schnell, serviceorientiert und vor allem günstig – aufzubauen. Andere erfolgreiche Brands sind Tempo oder Fielmann. Letztere bilden in ihrer Kategorie den Standard, die Marke steht teilweise sogar für die jeweilige Produktgattung. Dies kommt z. B. im Slogan von Fielmann zum Ausdruck, wenn es heißt: „Brille: Fielmann" oder darin, daß Papiertaschentücher auch dann „Tempo" heißen, wenn sie „Softis" sind.

Für das Commodity-Gut Strom ist der Aufbau von Brands ebenfalls möglich und sinnvoll. Analysen bereits liberalisierter Strommärkte zeigen, daß dort zahlreiche Stromversorger mit der Entwicklung von Brands begonnen und diese erfolgreich etabliert haben (siehe auch Kapitel 2). So hat z. B. der amerikanische Energiekonzern Southern Company bereits vor der eigentlichen Liberalisierung etwa 20 Mio. $ für den Aufbau von Brands ausgegeben. Die Ausgaben für 1998 sind deutlich höher. Schätzungen der Potomac Communications Group gehen von etwa 40 Mio. $ aus. In ähnliche Größenordnungen bewegen sich auch die Werbeausgaben für Brands z. B. in der deutschen Telekommunikationsbranche. So lagen beim neuen Telekommunikationsanbieter Viag Interkom die Branding-Investitionen im ersten Jahr nach der Liberalisierung bei 74 Mio. DM (siehe Abbildung 3). Im zweiten Jahr ist eine deutliche Steigerung zu erwarten. Auf ähnliche Investitionssummen müssen sich die Energieversorger einstellen, die Brands im Markt etablieren wollen.

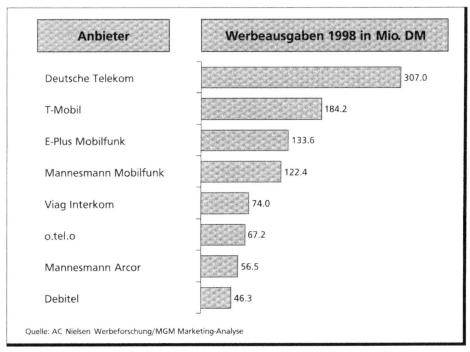

Anbieter	Werbeausgaben 1998 in Mio. DM
Deutsche Telekom	307.0
T-Mobil	184.2
E-Plus Mobilfunk	133.6
Mannesmann Mobilfunk	122.4
Viag Interkom	74.0
o.tel.o	67.2
Mannesmann Arcor	56.5
Debitel	46.3

Quelle: AC Nielsen Werbeforschung/MGM Marketing-Analyse

Abbildung 3: Werbeausgaben in der Telekommunikationsbranche in Deutschland

Zusammengefaßt ist festzuhalten, daß ein Aufbau von Marken auch in Commodity-Märkten möglich und nötig ist. Allerdings muß hierfür ein Wettbewerbsvorteil geschaffen werden, d. h. der Vorteil sollte ein für den Kunden wichtiges Leistungsmerkmal betreffen, vom Kunden tatsächlich wahrgenommen werden und von der Konkurrenz nicht leicht einholbar sein.[4] Dieser Wettbewerbsvorteil muß prägnant kommuniziert werden, wozu der Aufbau einer Marke nahezu unerläßlich ist. Beispiele aus anderen Branchen, wie Coca-Cola, Marlboro oder Audi, zeigen den Erfolg einer solchen Strategie.

Dabei ist Markenaufbau nicht nur mit der Positionierung als Premiumanbieter oder Anbieter besonders vieler Dienstleistungen gleichzusetzen. Vielmehr ist auch eine Positionierung denkbar, in der ein „Billiganbieter" gerade aus der Preisgünstigkeit seines Angebotes ein festes Leistungsversprechen macht, das Grundlage eines Markenaufbaues ist.

Im folgenden zeigen wir auf, wie die einzelnen Schritte zur Entwicklung dieser Brands ablaufen und welche Aspekte bei der Markenentwicklung wichtig sind.

---

4 Vgl. Simon (1988), S. 461 ff.

2 | Markenaufbau für Energieversorgungsunternehmen

Was macht eigentlich Coca-Cola, Mercedes-Benz oder Marlboro zu Marken? Es ist das Bild, das die Nennung oder das Sehen dieser Marke im Kopf der Kunden auslösen. Ein Bild, das eine Kette weiterer Assoziationen hervorbringt. Insofern ist eine Marke die Summe aus Information/Kommunikation, Erfahrung, Emotion, Persönlichkeit und genetischem Code, sozusagen ein „Information Chunk", also eine hochverdichtete Kommunikation. Die Nennung von Mercedes-Benz reicht aus, um Bilder von Fahrzeugen, das Gefühl von Sicherheit, Komfort und Qualität, aber auch eine bestimmte Vorstellung über den Preis des Produktes bei Kunden und potentiellen Kunden hervorzurufen. Eine Strommarke kann ähnliche Bilder hervorrufen. Zunächst muß für sie aber vor allem der Nutzen für den Kunden kommuniziert werden.

Der Markenaufbau vollzieht sich in mehreren Schritten, die in der Abbildung 4 dargestellt und in den folgenden Abschnitten beschrieben werden.[5]

Abbildung 4: Prozeß des Markenaufbaus

5 Vgl. hierzu auch Laker/Halfmann (1998).

2.1 Analyse der Rahmenbedingungen

Zu Beginn eines erfolgreichen Branding stehen die Analysen der unternehmens-
politischen Rahmenbedingungen und der relevanten Wettbewerbslandschaft, in
die sich das eigene Markenkonzept einzupassen hat.

Marken können nur dann stark sein, wenn sie mit Unternehmenszielsetzun-
gen und -strategien in Einklang stehen. Ist die Zukunftsausrichtung des Unternehmens beispielsweise durch ausgesprochene Fortschrittlichkeit und Innovationsfähigkeit gekennzeichnet, kann ein traditionell-seriöses Markenimage nicht
das richtige Mittel zum Zweck sein. Vorbildcharakter für eine harmonische Abstimmung zwischen Unternehmens- und Markenimage hat die Politik der Audi
AG: Konsistent stehen Unternehmens- und Markenimage im Zeichen von Innovationsfähigkeit und Zukunftsoffenheit – dafür bürgt nicht nur der für die Unternehmensziele stehende Slogan „Vorsprung durch Technik", sondern etwa
auch das Vermarktungskonzept für die Markenkarosse A8 („20. Jahrhundert –
Aluminium"). Was für den A8 bestens gelang, übertrug Audi durch die im Auto-
mobilbereich verbreitete Dachmarkenstrategie nach und nach auf die obere und
untere Mittelklasse, sprach so mit dem Audi 80-Nachfolger A4 nun endlich auch
den sportlicheren Fahrer jüngeren Alters an und schuf mit dem A3 einen echten
Konkurrenten zum VW Golf. Am Beispiel Audi zeigt sich folglich sehr plastisch,
wie professionelle Markenführung das Marketing konsequent in den Dienst der
übergeordneten Unternehmensziele zu stellen hat.

Eine weitere Anforderung an eine starke Marke ist die Unterscheidbarkeit von
anderen Marken. Um eine einzigartige Positionierung zu erreichen, müssen zunächst die Positionierung der relevanten Wettbewerber sowie deren interne Stärken und Schwächen untersucht werden. Hierzu bedient man sich der Ergebnisse
von Kundenbefragungen zu den Wahrnehmungen der einzelnen Unternehmen
sowie einer Analyse der Werbekampagnen der Wettbewerber. Daneben sollte ein
permanentes Monitoring der Presseveröffentlichungen der Wettbewerber erfolgen.

2.2 Zielgruppenanalyse

Ebenso entscheidend für ein überzeugendes Markenkonzept sind umfassende
Informationen über die zu erreichenden Marktsegmente. Für den Großteil der
Energieversorger dürfte dieser Aspekt die größte Hürde bei der Umsetzung von
Markenstrategien sein. Dies gilt sowohl für das Industriekunden- als auch für das
Privatkundensegment. Jedoch kann eine Marke nur zum Erfolg werden, wenn
ihr Adressatenkreis hinreichend genau abgegrenzt und bekannt ist. Anschau-
ungsmaterial für eine exakte Zielgruppendefinition bietet beispielsweise der

Mobilfunkanbieter E-Plus, der seine Angebotspalette auf den jüngeren Kundenkreis, vornehmlich Mobilfunkeinsteiger, ausgerichtet hat. Gleichermaßen fokussiert stellt sich die Zielgruppenausrichtung der Mannheimer Versicherungsgruppe dar, die unter der Bezeichnung „Symphonima" spezielle Versicherungen für Musiker im Angebot hat. Demgegenüber peilt der Tankstellenbetreiber DEA eine breitere Kundenschicht an und läßt in seinen TV-Spots stets sowohl ältere als auch jüngere Sympathieträger auftreten.

Die Zielgruppenanalyse umfaßt Informationen zu Segmentvolumen, segmentspezifischen Abnehmerverhalten, Wechselbereitschaft sowie zu Bedürfnissen im Zusammenhang mit der Energieversorgung. Die Informationen lassen sich aus sekundärstatistischem Material sowie durch gezielte Kundenbefragungen ermitteln. Relevante Fragestellungen im Rahmen eines solchen Marktmonitoring sind u. a.:

- Welche Kundengruppen wechseln zu welchem Anbieter?
- Wie lassen sich die „Wechsler" charakterisieren?
- Welche EVU verzeichnen die größten Kundenverluste?
- Was sind die Wechselgründe?
- Welche Kundengruppen haben Wechselabsichten? Welcher Anbieter wird hierbei präferiert?
- Wie hoch sind die Stromkosten der Kunden (absolut/relativ zu den Gesamtkosten)?

Mit Hilfe multivariater Verfahren lassen sich Kriterien für die Wechselbereitschaft von Kunden identifizieren.[6] In Analysen hat sich z. B. gezeigt, daß die Wechselbereitschaft von Kunden stärker vom Anteil der Stromkosten an den Gesamtausgaben als von ihren absoluten Stromkosten abhängt. In der Regel korrelieren diese die Wechselbereitschaft determinierenden Faktoren bei Industriekunden mit ihrer Branchenzugehörigkeit und bei Privatkunden mit soziodemographischen Faktoren (Alter, Einkommen, ...). Entsprechend der Ergebnisse dieser Analysen erfolgt eine Abgrenzung der durch die Brandingstrategie anzusprechenden Kundengruppen (siehe hierzu auch Kapitel 4).

Erst nach der Einbeziehung unternehmenspolitischer Rahmenbedingungen, Wettbewerbsaktivitäten und einer möglichst detaillierten Charakterisierung der Zielsegmente können die Eckpunkte der markenpolitischen Grundkonzeption entworfen werden.

---

6 Einen guten Überblick der multivariaten Verfahren liefern Backhaus et al. (1996).

2.3 Markenpolitische Grundkonzeption

2.3.1 Positionierung

Der Kernnutzen für den Stromkunden, ob privater Haushalt oder Industrieunternehmen, ist ein günstiger Preis für die Kernleistung „Strom". Weitere Nutzendimensionen sind Versorgungssicherheit/Zuverlässigkeit, Ökologie, Service sowie emotionale Inhalte wie regionale Herkunft. Glaubwürdigkeit ist eine zwingende Voraussetzung für die Positionierung jeder neuen Strommarke. Hierbei richtet sich die Glaubwürdigkeit sowohl auf Preisbestandteile als auch auf die Lieferfähigkeit.

Die Nutzendimensionen sind gleichzeitig die Achsen für den Positionierungsraum einer neuen Marke. In Abbildung 5 sind zwei Marken in einem möglichen Positionierungsraum eingeordnet. Während Marke A vor allem ökologische Verträglichkeit und Servicequalität bieten möchte, ist Marke B als „Discount"-Marke mit niedrigem Preis und geringerer Servicequalität positioniert.

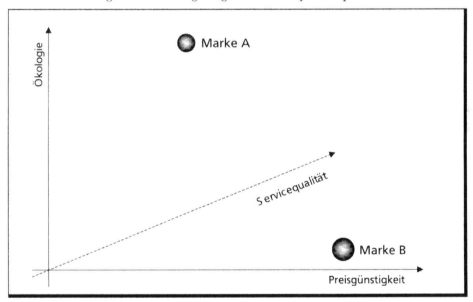

Abbildung 5: Positionierungsraum (Beispiel)

Die Positionierung beinhaltet nicht nur leistungsbezogene, sondern auch emotionale Kriterien. So kann eine Marke als besonders innovativ, jugendlich oder aber auch als seriös und sachlich positioniert werden. Insbesondere die Ausgestaltung der Kommunikationsinhalte prägt die emotionale Positionierung. Stimmt diese mit der Idealpositionierung der Marke aus Kundensicht überein (perfekter „Fit"), so identifiziert sich die Zielgruppe mit der Marke. Dies hat zur

Folge, daß der Anbieter im Evoked Set des Kunden ganz oben plaziert ist und somit mit hoher Wahrscheinlichkeit den Kunden für sich gewinnt.

Es ist von höchster Bedeutung, daß sich die angestrebte Positionierung, die über die Kommunikationsstrategie zum Kunden transportiert wird, mit den Kompetenzen des EVU deckt. So kann z. B. nur der tatsächlich günstigste Anbieter glaubhaft mit der Preisführerschaft werben. Die Konsequenz ist natürlich auch eine Anpassung der eigenen preislichen Position im Zeitverlauf. So hat RWE in dem bereits oben erwähnten Beispiel zunächst damit geworben, „den günstigsten Strom in Deutschland" anzubieten. Nicht nur durch die juristischen Probleme mit dem Werbe-Claim, sondern vor allem durch den Eintritt neuer Wettbewerber in den Privatkundenmarkt verlor RWE trotz Preissenkung die Position als Preisführer bereits nach kurzer Zeit. Ähnlich problematisch ist die Positionierung als „Serviceführer", falls nachweislich die telefonische Erreichbarkeit schlecht ist oder die Versendung von Unterlagen lange dauert.

Die Zielgruppendefinition ist Grundlage der Positionierung. Ebenso wie alle anderen Marketingmaßnahmen auf einzelne Kundengruppen zugeschnitten sein müssen, gilt dies auch für die Markenpolitik. Die Spannweite der Botschaften, die man in einem „Information Chunk" verdichten kann, sollte nicht zu groß sein. Sind die Segmente beispielsweise in verschiedenen Altersklassen hinsichtlich des Stromkaufverhaltens sehr unterschiedlich, so dürfte es schwierig sein, mit einer Marke sowohl jüngere, flippige Zielgruppen als auch ältere, gesetzte Kunden anzusprechen. Eine Analogie aus dem Bereich der Telekommunikation soll dies noch einmal unterstreichen: Die Firma Mannesmann Mobilfunk bietet ihre Mobilkommunikation nicht nur unter dem Namen D2 an, sondern hat mit D2-fun auch eine jugendliche und eher für die Freizeittelefonie ausgerichtete Marke etabliert. Das Leistungsangebot ist dabei für die jeweiligen Kundengruppen unterschiedlich. Die Tarifmodelle richten sich danach aus, ob eher in der Haupt- oder Nebenzeit telefoniert wird. Eine ähnlich zielgruppenspezifische Ansprache wäre auch bei einem EVU denkbar. Insbesondere für das Segment der „umweltorientierten Bevölkerung" wird diese Ansprache bereits von mehreren Ökostrom-Anbietern praktiziert. Beispielhaft ist hier der neue Ökotarif AQUAPOWER von Bayernwerk zu nennen, der als „der erste Wasserkraft-Strom zum Festpreis" beworben wird.[7]

Bei bestehenden Marken kommt die Anforderung hinzu, die bisherige Positionierung in diese Überlegung miteinzubeziehen. Welche Kundengruppen wurden durch die bisherige Marke angesprochen, bzw. gab es überhaupt Kundengruppen, die sich durch die bisherige Marke in besonderer Weise angesprochen fühlten? Eventuell bestehen hier Fundamente, auf die man einen Markenneuaufbau aufsetzen kann bzw. die mit der neuen Zielpositionierung kompatibel sind.

---

7 Vgl. General-Anzeiger, 11. Oktober 1999, S. 21.

Vor dem nach außen sichtbaren Aufbau einer Strommarke muß sich das markenführende EVU über die Positionierung der neuen Marke im klaren sein. Hierbei spielen Fokussierung und bewußter Verzicht eine große Rolle. In der Kommunikation können erfahrungsgemäß nur wenige Nutzendimensionen einer Marke nachhaltig beim Konsumenten verankert werden. Da der Nutzen „niedriger Strompreis" alle weiteren Nutzendimensionen bezüglich ihres Gewichtes für die Kaufentscheidung deutlich überlagert, wird diese Positionierungsebene wahrscheinlich von allen Anbietern genutzt werden. Daher suchen die Anbieter auf der Preisebene weitere Positionierungsfelder. Hier sind mögliche Felder: „Zielgruppenfit" (*fair*colon big, das Tarifangebot der GEW Köln für Haushalte mit hohem Stromverbrauch), Einfachheit (19/19, Yello Strom bot Haushaltskunden beim Markeneintritt einen Tarif mit 19 DM monatlichem Grundpreis und 19 Pfennig pro kWh an), Ökologie und Innovationsfähigkeit (AQUAPOWER, das Bayernwerk offeriert als erstes EVU Wasserkraft-Strom zum Festpreis[8]) oder Preisgarantie. (RWE warb für ihren „PrivatStrom" in den ersten Wochen damit, jedes Wettbewerbsangebot zu unterbieten. Mittlerweile wurde diese Zusage allerdings zurückgezogen.)

Wie kann eine für das EVU optimale Zielpositionierung erarbeitet werden? Ausgangspunkt ist die vorangegangene Zielgruppendefinition und -analyse. Aus der unterschiedlichen Bedeutung der für die ausgewählte Zielgruppe kaufentscheidenden Faktoren läßt sich eine aus Kundensicht „optimale" Marke kreieren. Daneben müssen aber noch die Positionierungen der Wettbewerber sowie die Kompetenzen des eigenen Unternehmens betrachtet werden. Dabei müssen zwei Fragen im Vordergrund stehen:

◆ Ist die angestrebte Positionierung bereits von einem Wettbewerber besetzt?
◆ Hat unser Unternehmen die zur Erlangung der Zielpositionierung notwendigen Kompetenzen? (z. B.: Kann unser Unternehmen bei der heutigen Kostenstruktur die Preisführerschaft rentabel besetzen?)

Sollte eine Zielpositionierung bereits von Wettbewerbern ausgefüllt sein, muß überprüft werden, ob diese Position vom eigenen Unternehmen auch noch besetzt werden kann. Eine solche Mehrfach-Besetzung von Positionen macht dort Sinn, wo es nur wenige dominante Positionierungsdimensionen sowie einheitliche Bedürfnisse der verschiedenen Zielgruppen gibt und eine Verdrängung der Wettbewerber angestrebt wird. Diese Verdrängung ist langfristig erfolgreich, falls das jeweilige Positionierungsmerkmal noch besser als von den Wettbewerbern ausgefüllt wird (z. B. noch günstiger) oder die eigenen Kompetenzen stärker sind als die des Wettbewerbs (z. B. günstigere Erzeugungsstruktur).

---

8 So liegt der Festpreis bei einem Verbrauch bis 4000 kWh bei 82,95 DM pro Monat (siehe General-Anzeiger, 11. Oktober 1999, S. 21).

2.3.2 Namensfindung

Im Rahmen der Namensfindung muß zunächst entschieden werden, ob das EVU im liberalisierten Markt mit dem gleichen Markennamen arbeitet wie in Zeiten des Monopols oder ob ein neuer Markenname kreiert wird. Beide Alternativen haben Vor- und Nachteile. Hauptvorteil bestehender Namen ist der häufig bereits erlangte Bekanntheitsgrad. Die Mehrzahl der deutschlandweit anbietenden EVU stellen im Privatkundenmarkt die neu kreierten Markennamen (RWE/Avanza, EnBW/Yello Strom, PreussenElektra/Elektra Direkt, VEW/Evivo) in den Vordergrund, nur das Bayernwerk stützt sich primär auf den Unternehmensnamen. Stadtwerke oder kleinere regionale EVU haben in ihrem ehemaligen Regionalmonopol häufig eine hohe Bekanntheit erlangt, die bei einer Änderung des Markennamens mühsam und mit hohen Kosten wieder aufgebaut werden müßte. Nachteilig wirken sich zum einen die häufig mit Monopolisten verbundenen negativen Assoziationen und zum anderen die fehlende Gestaltungsfreiheit bei der Namensfindung aus. Eine Lösung dieses Konfliktes ist der Einsatz des Unternehmensnamens als Dachmarke und die Kreation neuer Markennamen für die neuen Angebote.

Für den Gesamtauftritt des EVU, aber auch für einzelne Tarife stellt sich die Frage, ob eine Monomarken- oder Dachmarkenstrategie umgesetzt werden soll. Während Einzelmarken sich selektiv auf isolierte Produkte beziehen, zielen Dachmarken auf die einheitliche Vermarktung mehrerer verwandter Produktgruppen unter einer gemeinsamen Markenbezeichnung. Ein Beispiel für eine gelungene Dachmarkenstrategie ist etwa das Konzept der Deutschen Telekom, deren Produktbezeichnungen T-Online, T-Card, T-Box, T-Mobil etc. durch die stets gleichlautende Vorsilbe die Zugehörigkeit zu einer gemeinsamen Dachmarke und zum Telekom-Konzern verdeutlichen. Hingegen verfolgt der Mobilfunkanbieter E-Plus erfolgreich Einzelmarkenstrategien, indem verschiedene Tarife unabhängig voneinander mit unterschiedlichen Markenbezeichnungen angeboten werden (z. B. Free & Easy-Card).

Die Vorteile der Dachmarkenstrategie liegen auf der Hand: Durch eine einheitliche Vermarktung können positive Ausstrahlungseffekte zwischen den Markenpersönlichkeiten erfolgsträchtig genutzt und Floprisiken abgemildert werden. Dem stehen ein höherer Koordinationsbedarf zwischen den einzelnen Dachmarkenelementen sowie die Gefahr, daß durch die gemeinsame Vermarktung der teilweise recht unterschiedlichen Services keine klaren Markenpersönlichkeiten entstehen, entgegen. Im schlimmsten Fall kann das Negativimage eines Dachmarkenproduktes ungünstig auf seine Markengeschwister ausstrahlen. Einprägsame Lehrstücke dieser Art bilden bekannte Skandal der letzten Jahrzehnte, wie sie dem Lebensmittelhersteller Nestlé widerfahren sind. Äußerst ungünstig hat sich die Dachmarkenstrategie für den Konzern beispielsweise ausgewirkt, als publik wurde, daß die Firma in großem Stil Babymilchpulver in Länder der Dritten Welt ausliefert: Nicht nur das verpönte Milchpulver, auch alle anderen mit „Nestlé" gekennzeichneten Produkte hatten vehemente Absatzrückgänge hinzunehmen. Wesentlich glimpflicher fielen dagegen für den Konzern die Einbußen durch die Erpressung der Unternehmenstochter „Thomy" aus, die unter eigener Markenbezeichnung auftritt und von den meisten Verbrauchern daher nicht unmittelbar mit der Muttergesellschaft Nestlé in Verbindung gebracht wird. Zusammengefaßt können folgende Vor- und Nachteile einer Dachmarkenstrategie aufgezeigt werden:

Vorteile einer Dachmarke	Nachteile einer Dachmarke
Niedrigere Kosten als beim Aufbau von Monomarken	Badwill-Transfer (= Gefahr bei Flop einer Marke, daß dieser negative Auswirkungen auf die übrigen Marken hat)
Positiver Image-Transfer (Bsp.: Nivea)	Nicht so saubere Positionierung wie bei einer Monomarke möglich
Insbesondere bei Tarifen sehr sinnvoll (siehe Deutsche Telekom: T-Online, T-ISDN etc.)	Geringere Differenzierungsmöglichkeiten

Abbildung 6: Vor- und Nachteile einer Dachmarkenstrategie

Wenn sich ein Energieversorger für eine Dachmarkenstrategie entscheidet, so müssen sämtliche Produkte unter der Dachmarke mit der Zielpositionierung des Unternehmens übereinstimmen. Falls Produkte dieser Zielpositionierung widersprechen, so ist der Aufbau einer Monomarke zu prüfen, um einen eventuellen Badwill-Transfer auf andere Produkte zu vermeiden. Die folgenden Ausführungen verdeutlichen diesen Sachverhalt. Falls ein Versorger aufgrund seines Kraftwerk-Mix schwerpunktmäßig Atomstrom produziert und er dazu steht, so ist es kritisch, wenn er einen Ökotarif unter der bestehenden Dachmarke offeriert, da dann seine Glaubwürdigkeit angezweifelt werden könnte. Dies hätte negative Folgen für sein Gesamtbild/Image. Vor diesem Hintergrund ist die neu lancierte Marke AQUAPOWER als eine Submarke der Dachmarke Bayernwerk kritisch zu beurteilen. Einerseits kann mit dieser neuen Marke ein positives Image (Reinheit, Klarheit, Umweltverträglichkeit, Natur etc., also Assoziationen, die im Einklang mit dem Bundesland Bayern stehen) auf die übrigen Marken transferiert werden. Andererseits kann die Marke AQUAPOWER durch die Gefahr einer mangelnden Glaubwürdigkeit (paßt Wasserstrom zu Atomstrom?) auf die Dachmarke und damit auch auf die anderen Submarken (siehe unten folgendes Beispiel) negativ ausstrahlen. Vor einem ähnlichen Dilemma steht das Stadtwerk Mainova mit der Ökomarke MainovaÖkaWe. Einige Beispiele für neu kreierte Dachmarkennamen sind:

◆ *Bayernwerk:* Das Bayernwerk nutzt seinen etablierten Unternehmensnamen als Dachmarke für neue Tarife, wie POWERprivate, POWERfamily, AQUAPOWER oder POWERtherm.

◆ *Mainova:* Vorher Stadtwerke Frankfurt: Hier wurde ein neuer Unternehmensname kreiert, der gleichzeitig auch als Dachmarke für neue Tarife, wie MainovaClassic, MainovaPlus, MainovaKombi oder MainovaÖkaWe, herangezogen wurde.

◆ *AVACON:* Ein neuer Unternehmensname, der entstanden ist nach der Fusion zwischen den Versorgern HASTRA (Hannover), EVM (Magdeburg), ÜZH (Helmstedt), FSG (Salzgitter) sowie Laneusgas (Sarstedt), und der gleichzeitig als Dachmarke für neue Tarife, wie Alpha, Akzent oder Akkont, dient.

An den Markennamen, ob Dachmarke oder Einzelmarke, werden eine Reihe von Anforderungen gestellt, die in Abbildung 7 dargestellt sind.

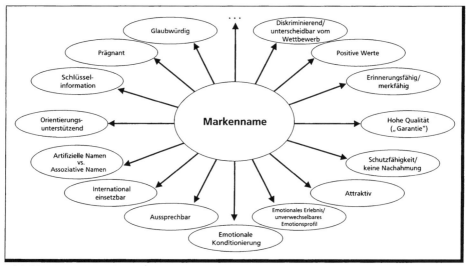

Abbildung 7: Anforderungen an einen Markennamen

Die höchste Bedeutung bei der Findung des Markennamens für EVU haben Einprägsamkeit und Diskriminierungsfunktion in Verbindung mit positiven Assoziationen. In der Geschichte des Markenartikels gibt es eine Reihe von Beispielen, bei denen im Rahmen der Namensfindung die obigen Kriterien offensichtlich nicht untersucht wurden, wie die Abbildung 8 verdeutlicht.

Insbesondere für EVU ist es wichtig, auch Glaubwürdigkeit zu transportieren. Dies ist am ehesten durch die Dokumentation von Erfahrung und Größe möglich. Vor allem die großen EVU spielen diesen Wettbewerbsvorteil in ihrer Kommunikation aus. So ist ein großer Teil der Anzeigen und Plakate von Yello Strom mit dem Zusatz „Yello Strom ist ein Unternehmen im EnBW Konzern" verse-

Anbieter	Markenname	Fehler/Kosten
Ford	Focus	Streit mit dem Burda-Verlag (Magazin Focus). Erst als sich Ford bereit erklärte, eine Million DM an „Ärzte ohne Grenzen" zu spenden, gab der Burda-Verlag den Namen frei.
Cantrell & Cochrane	Irish Mist	In Irland assoziiert der Verbraucher mit diesem Namen nebelverhangene grüne Hügel, in Deutschland hingegen ...
Unilever	Dove	In den USA assoziiert der Verbraucher mit diesem Namen duftig-weißes Federvieh, Sanftheit etc.; in Deutschland spricht sich der Name „Doofe" aus.
Toyota	MR2	In Frankreich assoziieren die Kunden mit diesem Namen eher Negatives („merde").
Mitsubishi	Pajero	In Spanien ist dies ein sehr ordinäres Wort.
Fiat	Uno	In Finnland assoziieren die Verbraucher unweigerlich den TV-Trottel Uno damit.

Abbildung 8: Beispiele für „unglückliche" Markennamen

hen. Bei der Namensfindung muß auch die mögliche Ausdehnung der Produktpalette bedacht werden. So ist es für RWE wesentlich leichter, unter Avanza, wie bereits angekündigt, auch weitere Dienstleistungen anzubieten, als z. B. für PreussenElektra unter dem Markennamen Elektra Direkt, da Elektra eine eindeutige Assoziation zu Strom liefert. Außerdem ist der Einsatz des Markennamens Elektra durch Verwendung des „k" in englischsprachigen Ländern „unglücklich".

Die Entwicklung eines Markennamens erfolgt in mehreren Schritten:

1. Interne Ideengenerierung: Unter Einsatz verschiedener Kreativitätstechniken (z. B. Brainstorming) werden Namensideen gesammelt.

2. Interne Ideenbewertung: Die Ideen werden anhand der oben erwähnten Kriterien einer internen Bewertung unterzogen. Hierzu gehören auch Tests hinsichtlich Assoziationen, Aussprechbarkeit und Klang des Namens. Dies sollte je nach Situation in einem international besetzten Personenkreis getestet werden, um bei einem möglichen weltweiten Einsatz des Markennamens Mißgeschicke wie beim MR2 von Toyota zu vermeiden (siehe Abbildung 8). Ergebnis dieser Bewertung ist die Auswahl eines oder mehrerer Vorschläge für Markennamen.

3. Externe Ideenbewertung: Die ausgewählten Ideen sollten in Einzelinterviews oder Fokusgruppen potentiellen Kunden vorgelegt werden, die die Ideen beurteilen sowie ihre Assoziationen zu dem Markennamen nennen. Bei diesen Gesprächen können durchaus neue Namensideen entstehen, die nochmals einen Bewertungsprozeß (intern und extern) durchlaufen sollten.

4. Abschließende Beurteilung: Sollte bei der abschließenden Beurteilung eine Namensidee als geeignet bewertet werden, muß der Name geschützt werden.

2.3.3 Rechtliche Prüfung

Ein Markenname muß schutzfähig sein, d. h. er muß eine Unterscheidungskraft im Sinne des Markenrechts besitzen. Der Schutz wird durch die Eintragung in die Zeichenrolle als Warenzeichen oder Dienstleistungsmarke erreicht. Dies erfolgt auf Anmeldung beim Deutschen Patentamt oder als international registrierte Marke in das bei der Weltorganisation für geistiges Eigentum (WIPO) geführte Register. Als Ursachen für die Versagung einer Markenanmeldung kommen insbesondere in Betracht:[9]

1. Unzureichende Recherchen nach übereinstimmenden älteren Rechten (Rücksprache),

2. unzureichende Gleichartigkeitsprüfung sowie

3. eine unzutreffende Beurteilung der Verwechslungsgefahr.

Ist ein Markenname im Markt plaziert und unzureichend recherchiert worden, so können die Folgekosten, die mit dem Namensrückzug verbunden sind, sehr hoch werden (Zeitverlust, neue Namensfindung, Rückzug sämtlicher Werbemaßnahmen etc.). Vor diesem Hintergrund ist die genaue Markenschutz-Recherche durch Spezialisten, wie Markenpatentanwälte, eine notwendige Bedingung für ein professionelles Markenmanagement. Wichtige im Vorfeld zu beantwortende Fragen sind:

◆ Wurden *Vorabinformationen* über Dienstleistungsmarken (z. B. Liste von Dienstleistungsbezeichnungen beim Deutschen Patentamt) angefordert?
◆ Wurde eine *Firmennamensrecherche* national wie auch international (zumindest auf die aus Unternehmenssicht wichtigsten Länder bezogen) durchgeführt?
◆ Ist bislang eine *Identitätsrecherche* national wie auch international (identische bzw. leicht abgewandelte Namen) durchgeführt worden?
◆ Ist eine *Ähnlichkeitsrecherche* national wie auch international durchgeführt worden?
◆ Bei ähnlichen/identischen Markennamen ist zu überprüfen, ob eine *Verwechslungsgefahr* der Namen besteht. Es gibt insgesamt 42 Waren- bzw. Dienstleistungsklassen, die diesbezüglich überprüft werden sollten. Falls keine Verwechslungsgefahr besteht, so ist die Anmeldung eher unproblematisch. Ist eine Verwechslung möglich, so sollte man sich mit dem Unternehmen einigen, das den Markennamen juristisch geschützt hat.

---

9 Vgl. Häußer (1988), S. 13.

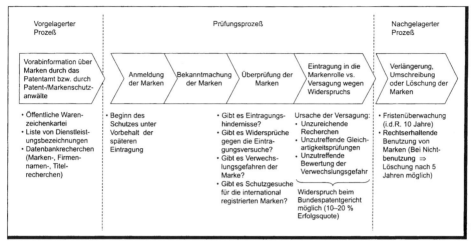

Abbildung 9: Der Prozeß der Markenprüfung

Daneben ist heute auch die Schutzfähigkeit von Domain-Namen für das Internet zu beachten. In Kapitel 9 wird die wachsende Bedeutung des Internet als Vertriebskanal aufgezeigt. Um diesen Kanal optimal nutzen zu können, muß der Domain-Name deckungsgleich mit dem Markennamen sein. Bei Abweichungen fällt es dem Internetnutzer schwer, die entsprechende Seite zu finden.

Sollte die markenschutzrechtliche Prüfung ergeben, daß der Markennamen in der entsprechenden Warengruppe nicht zu schützen ist, muß der oben geschilderte Prozeß der Findung eines Namens erneut durchlaufen werden.

2.4 Markengerechte Ausgestaltung des Marketing-Mix

Nachdem die markenschutzrechtliche Prüfung abgeschlossen ist, kann die operative Umsetzung der einzelnen Marketing-Mix-Komponenten erfolgen. Die Konzeption der Marketingbestandteile ist dagegen weitgehend unabhängig von der Namensgebung und kann daher auch parallel erfolgen. Im weiteren soll nur auf einzelne Aspekte der Marketing-Mix-Ausgestaltung eingegangen werden, da die einzelnen Komponenten Bestandteile jeweils eigener Kapitel sind.

Preis/Tarif: Der Preis sollte sich, wie bereits oben erwähnt, mit der angestrebten Positionierung decken. Falls die Positionierung auf die Preisführerschaft abzielt, muß der angebotene Tarif auch diesem Anspruch genügen. Daneben sollten die durch den jeweiligen Tarif angesprochenen Zielgruppen im Idealfall bereits am Markennamen erkennen, daß der jeweilige Tarif für ihre Bedürfnisse entwickelt wurde (z. B. *fair*colon big von GEW in Köln als Marke für Privathaushalte mit höherem Stromverbrauch).

Vertrieb: Der Vertrieb ist im Strommarkt am wenigsten markensensibel, d. h. unabhängig von der Positionierung können alle zur Verfügung stehenden Vertriebswege genutzt werden. Allerdings sollte insbesondere im Industriekundensegment die Betreuung intensiviert werden, falls die Unternehmensmarke als besonders serviceorientiert positioniert werden soll.

Produkte/Dienstleistungen: Ähnliches gilt für angebotene Services wie Contracting, Energieberatung oder Ingenieurleistungen. Im Privatkundensegment sollten zur Stützung einer „Service-Positionierung" zusätzliche Dienstleistungen, wie Kundenzeitschrift, Kundenclub u. ä., evaluiert und bei Bedarf angeboten werden. Daneben muß natürlich sichergestellt sein, daß der Anbieter die Basisservices (Versendung von Informationsmaterial, Rechnungserstellung, Beschwerdebearbeitung, …) mit höchster Qualität erbringt.

Die Kommunikation als Bestandteil des Marketing-Mix wird im folgenden Abschnitt ausführlich erläutert.

3 | Kommunikation der Markeninhalte

Was soll nun im Kopf eines Energiekunden vorgehen, wenn er die Marke eines Energieversorgers sieht? Er könnte an die Bilderwelt der Werbekampagne des Energieversorgers denken, an Farben, Filmsequenzen o. ä. Er könnte damit Assoziationsketten verbinden, die Themen beinhalten wie gute Qualität (Zuverlässigkeit, Transparenz und Einfachheit in der Rechnungsstellung, guter Service, freundliches Servicepersonal). Möglicherweise assoziiert er auch aufgrund der gewachsenen Verbindung von Energieversorger und Region eine Anbindung an einen bestimmten Ort oder eine bestimmte Landschaft. Das Besondere der Marke eines Energieversorgers ist hierbei, daß diese Emotionen und Assoziationen wirklich nur an den einen Energieversorger gebunden sind. Werben alle Energieversorger mit ähnlichen bunten und dynamischen Bildern, so entsteht dabei keine Marke. Es wird keine Differenzierung hinsichtlich der Wahrnehmung der Marken betrieben.

Wie kommt man aber nun zu einer solchen Marke, die derartige Reaktionen auslöst? Genau dies ist primär die Aufgabe der Kommunikation, also des erstmaligen Lancierens einer Marke bzw. des Wiederbelebens und Neuaufbaus einer bereits bestehenden Marke.

3.1 Festlegung der Kommunikationsziele

Vor dem Start einer Markenkampagne gilt es, sowohl qualitative als auch quantitative Kommunikationsziele zu definieren. Die quantitativen Ziele sind Bestandteil des Business-Plans bzw. der strategischen Planung jedes EVU. Quantitative Ziele sind z. B.:

◆ Nettoreichweite der Kampagne bei der ausgewählten Zielgruppe (in %),
◆ Ungestützter und/oder gestützter Bekanntheitsgrad der Marke (in %),
◆ Anzahl Kundenanfragen (absolut),
◆ Abgeschlossene Kundenverträge (absolut),
◆ Marktanteil an wechselnden Kunden (in %).

Aus diesen Zielen kann vor allem die Intensität der zu betreibenden Werbung abgeleitet werden. Hierbei können allerdings nur für die Erzielung bestimmter Reichweiten und Bekanntheitsgrade Erfahrungswerte aus anderen Märkten herangezogen werden, während die „Erfolgsquote" in verschiedenen Märkten höchst unterschiedlich ist. Allerdings können hier auf Basis der Ergebnisse der ersten großen Werbekampagnen Ziele für zukünftige Kampagnen abgeleitet werden. Für die Zielerreichung muß jeweils ein fester Zeitraum definiert werden. Hierbei bietet sich eine vierteljährliche Überprüfung der Zielerreichung an. Die Zielerreichungsquote kann auf Basis von Zahlen aus dem Marketing-Controlling bzw. der quantitativen Marktforschung ermittelt werden.

Neben quantitativen Zielen muß der Anbieter auch qualitative Ziele definieren. Im Vordergrund steht hierbei die Erlangung eines bestimmten Images. Es muß festgelegt werden, welche rationalen und emotionalen Prozesse bei Betrachtern durch die Kommunikationspolitik ausgelöst werden sollen. Wie soll der Kunde die Marke wahrnehmen? Die Zieldefinition besteht primär aus einer Sammlung von Attributen, mit denen der Kunde die Marke assoziieren soll. Die Erreichung dieser Ziele kann durch Befragung von Kunden im Rahmen von Einzelinterviews, Fokusgruppen, aber auch mit Hilfe von standardisierten Fragebögen erfolgen.

3.2 Werbung

Werbung ist eine unpersönliche Kommunikationsform, die in verschiedenen Formen an potentielle Kunden gerichtet wird. Sie ist für EVU das wirksamste Mittel zum Aufbau einer Positionierung, weil die Inhalte der Positionierung, wie Innovationsfähigkeit, Preisgünstigkeit und Serviceorientierung, mit Hilfe verschiedener Werbemedien schnell und effizient an die jeweils gewünschte Zielgruppe gerichtet werden können. Konsumgüterhersteller haben im Gegenteil dazu wesentlich mehr Möglichkeiten, z. B. durch den Einsatz der Produktpolitik, indem sie die Gestaltung und Ausstattung der von ihnen angebotenen Produkte variieren. Auch die Auswahl der Vertriebswege (Discounter versus Fachgeschäft) dient diesen Unternehmen zur Erlangung einer bestimmten Positionierung. Für EVU geht es insbesondere bei der Erschließung neuer regionaler Märkte um die Erreichung einer großen Anzahl potentieller Kunden und um die Penetration des Markennamens. Hierzu bedarf es bestimmter Werbemittel sowie einer besonderen Art der Inhaltsausgestaltung.

3.2.1 Gestaltung der Werbeinhalte

Für EVU lassen sich zwei Wettbewerbsstrategien und damit auch Werbestrategien unterscheiden (vgl. Kapitel 3):

◆ Verteidigungsstrategie
◆ Angriffsstrategie

Bei einer Verteidigungsstrategie, die insbesondere Stadtwerke und kleinere Regionalversorger einschlagen, sind vor allem die positiven Erfahrungen, die Kunden mit ihrem bisherigen EVU gesammelt haben, herauszustellen, während die Angriffsargumente bundesweit tätiger Wettbewerber (in der Regel der Preis) entkräftet werden müssen. Die Werbeinhalte eines Angreifers müssen dagegen, wie bereits oben erwähnt, vor allem für Aufmerksamkeit, Erinnerung des Namens und für Kontaktaufnahme durch den Kunden (z. B. Anruf im Call Center) sorgen. Der Angreifer muß ebenso wie der Verteidiger im Rahmen seiner Segmentierung (siehe auch Kapitel 4) die unterschiedliche Wechselbereitschaft verschiedener Bevölkerungsgruppen berücksichtigen und seine Werbeinhalte wie auch die Werbemedien darauf abstellen.

Durch die Werbung soll entweder ein Wechselprozeß eingeleitet, oder eine stärkere Kundenbindung erreicht werden. Die einzelnen Schritte im Entscheidungsprozeß für einen Anbieterwechsel des Kunden lassen sich anhand des AIDA-Modells erläutern:

◆ Attention: Der Kunde muß auf die neue Marke aufmerksam werden.

◆ Interest: Das Angebot bzw. die Marke muß für den Kunden interessant sein und ihn zu Wechselgedanken anregen.

◆ Desire: Der Kunde verspürt den Wunsch, weitere Informationen zu bekommen oder direkt zu der neuen Marke zu wechseln.

◆ Action: Die Kommunikation löst eine Kundenaktion aus. Dies ist in der Regel im ersten Schritt das Anfordern der Vertragsunterlagen, in einem zweiten Schritt der Wechsel des EVU.

Die Werbeinhalte müssen geeignet sein, alle Schritte des AIDA-Prozesses beim Kunden auszulösen. Die Gestaltung der Werbebotschaft und damit die Positionierung können sowohl durch sachliche Information als auch durch Emotion erfolgen.

Die im Rahmen der Kommunikation eines EVU übermittelten Informationen beinhalten Preis, Stromherkunft und Serviceleistungen. Die Homogenität der EVU-Marken ist in diesen Bereichen allerdings sehr hoch, so daß sich die Möglichkeiten der werblichen Positionierung nicht wesentlich unterscheiden. In der Einführungsphase einer neuen Marke muß daher zum einen der Kenntnisstand der Verbraucher durch markenspezifische Informationen erhöht, zum anderen muß aber zunächst durch die Auslösung von Emotionen die Aufmerksamkeit der potentiellen Kunden gesteigert werden. In Konsumgütermärkten verliert die Positionierung durch Information im weiteren Marken-Lebenszyklus an Bedeutung[10] und wird durch emotionale Werbeinhalte abgelöst. Da es sich bei der Entscheidung für einen Versorger aber um eine im hohen Maße rationale Kaufentscheidung handelt (die Stromkosten bzw. Ersparnismöglichkeiten stehen im Vordergrund), muß auch in der Kommunikation permanent sachliche Unterstützung für die Käuferentscheidung geliefert werden. Insbesondere das Interesse und der Wunsch zu wechseln sind schwerpunktmäßig durch rationale Argumente (Kostenersparnis) getrieben. Die Entscheidungen für oder gegen einen bestimmten Anbieter können bei fehlenden Unterschieden der rationalen Gründe (z. B. Preisgleichheit) wiederum stark von emotionalen Kriterien, wie höherer Sympathie für eine Marke, abhängen.

Bei der Gestaltung der Werbemittel ist daher eine Ausgewogenheit von emotionalen Inhalten und sachlichen Argumenten zu berücksichtigen. Es ist zu beachten, daß Kunden bestimmte für sie wichtige Informationen auch aus der Art der Kommunikation ableiten. So sind z. B. Größe und Solidität eines Anbieters mitentscheidend für die Versorgerwahl. Unternehmensgröße wird dem Kunden auch durch die Werbeintensität bzw. durch die Auswahl der Werbemedien signalisiert. Als Beispiel dient die Marke Yello Strom, die z. B. im August und September 1999 mit Hilfe einer massiven und breit angelegten Werbekampagne (zahlreiche Werbespots, täglich Werbeanzeigen in allen großen überregionalen Zeitungen, Werbe-Banner im Internet usw.) sehr schnell „in aller Munde" war.

Insbesondere in einem Markt für Commodities sind Testimonials zur Übermittlung von Positionierungsinhalten und zur Erhöhung der Identifikation mit einer Marke gut geeignet. Bereits bei der Liberalisierung des Telekommunikationsmarktes bewies die Deutsche Telekom ein gute Hand, als sie Manfred Krug für ihre Privatisierungskampagne einsetzte. Manfred Krug steht gleichzeitig für Zuverlässigkeit und Lockerheit, und somit deckt sich sein Image mit der

---

10 Vgl. Rogge (1994), S. 1023.

Zielpositionierung der Deutschen Telekom. E-Plus setzt mit Franz Beckenbauer auf einen weiteren Sympathieträger, der gerade für die neue Positionierung von E-Plus („Qualität") steht. Boris Becker wirbt für AOL, den Hauptwettbewerber von T-Online, indem er auf die Einfachheit der Nutzung, auch für „Nicht-Techniker", hinweist. Als erster Energieversorger setzte die EnBW Sportler (z. B. Georg Hackl), die Kraft und Energie symbolisieren sollen, sowohl im Geschäftsbericht als auch in ihrer TV-Werbung ein. Auch Yello Strom unterstreicht den frechen Werbeauftritt mit dem Einsatz von Ingolf Lück. Insgesamt erscheint der Einsatz von Testimonials gerade im Strombereich als ein effizientes Werbeinstrument. Hiermit wird vor allem ein hoher Bekanntheitsgrad, verbunden mit positiven Emotionen, erreicht.

3.2.2 Auswahl der Werbeträger

Die verschiedenen zur Verfügung stehenden Werbeträger lassen sich nach bestimmten Kriterien bewerten:

◆ Reichweite,
◆ Zielgruppendeckung (-abdeckung),
◆ Imagewirkung,
◆ Kosten pro Kundenkontakt.

Das Medium mit der höchsten Reichweite ist das TV. Da die Zielgruppe der potentiellen Anbieterwechsler im Privatkundenbereich sehr breit ist, ist der Nachteil der fehlenden Streugenauigkeit zu vernachlässigen. Bei der Auswahl des redaktionellen TV-Umfeldes ist dennoch darauf zu achten, daß insbesondere die „sofort wechselbereiten" Entscheider erreicht werden. Hierfür ist im Rahmen der Mediaplanung die Zuschaueranalyse der verschiedenen Fernsehsender heranzuziehen. Das Fernsehen ist als Medium zur Erreichung einer breiten Bevölkerungsgruppe sowie zur Schaffung eines seriösen Images optimal geeignet. Negativ wirken sich die hohen Kosten aus, die aber durch die hohe Kontaktkumulation ausgeglichen werden, so daß die Kosten pro Kundenkontakt mit den Kosten anderer Medien vergleichbar sind. Es ist von hoher Bedeutung, eine Kontinuität in der TV-Werbung zu bewahren, so daß sich das Image eines Anbieters bei den Konsumenten festigen kann.

Neben der Gestaltung der Inhalte, die den jeweiligen Anbieter besonders positionieren muß, spielt die Werbeintensität hierbei eine große Rolle. In der Markenartikelindustrie gilt die Faustregel „Share of Voice = Share of Market", was soviel bedeutet wie „Anteil der Kommunikationsausgaben des Unternehmens am Kommunikationsbudget der Gesamtbranche = Marktanteil". Diese Gleichung bezieht sich nicht nur auf TV-Werbung, sondern auf alle Werbeträger, aber gerade im Fernsehen spielt sie eine besonders große Rolle. Hier gilt es für Wettbewerber nachzuziehen, falls ein Unternehmen besonders stark in Kommunikation investiert, da ansonsten Marktanteilsverluste bei der Gruppe der wechselnden Kunden drohen. Diese Investition lohnt sich natürlich nur, wenn eine ausreichend große Bevölkerungsgruppe überhaupt zum Wechsel bereit ist und ihr Kundenwert (siehe Kapitel 11) zur Amortisation der Werbeinvestitionen ausreicht.

Als weitere Werbemedien zur Erreichung einer großen Zielgruppe sind Plakatwände, Hörfunk, überregionale Tageszeitungen sowie Wochenzeitschriften zu nennen. Die Auswahl dieser Werbemedien sowie die Streuplanung obliegen der Mediaplanung, die versucht, die Zielgruppenabdeckung zu optimieren. Hierbei sollte auch berücksichtigt werden, daß insbesondere zur Bekanntmachung einer neuen Marke mehrere Kontakte pro potentiellem Kunden notwendig sind.

Eine Sonderform der klassischen Werbung ist das Sponsoring. Aufgrund der breiten anzusteuernden Zielgruppe ist nur das Sponsoring einer weitverbreiteten Sportart oder Kulturveranstaltung zielführend. Fußball wurde von einigen EVU bereits entdeckt, jedoch engagieren sich diese Unternehmen hauptsächlich in Maßnahmen wie der Bandenwerbung bei Bundesliga-Spielen (z. B. VEW bei Borussia Dortmund) und weniger im Sponsoring. Das Sponsoring eines Vereins wäre aber vor dem Hintergrund der obigen Ausführungen die konsequente Weiterentwicklung des Engagements im Sport und würde einem EVU die Möglichkeit der emotionalen Aufladung der eigenen Marke erlauben. Es hat sich gezeigt, daß nur der Hauptsponsor eine wirkliche Identifikation mit dem jeweiligen Verein erreicht. Die Kosten hierbei belaufen sich auf mehrere Millionen DM, wobei sich der Nutzen in Form von Imageverbesserung nur schwer gegenrechnen läßt, so daß die Entscheidung für ein Sponsoring nicht auf Basis einer Wirtschaftlichkeitsrechnung erfolgen kann, sondern ausschließlich auf qualitativen Einschätzungen beruht.

Eine weitere Werbeform ist die Bannerwerbung im Internet, auf die in Kapitel 9 gesondert eingegangen wird.

3.3 Verkaufsförderung

Neben der klassischen Werbung gewinnt die Verkaufsförderung in den letzten Jahren zunehmend an Bedeutung. Verkaufsförderung für ein EVU bedeutet die Information zu Vertragsbestandteilen oder Serviceleistungen und gleichzeitige Beeinflussung von Kunden hin zur Unterzeichnung eines neuen Stromvertrages durch Mitarbeiter des EVU oder einer externen Agentur. Diese sogenannten „Promoter" können sowohl an hochfrequentierten Orten, wie Bahnhöfen oder Einkaufszentren, als auch in den Outlets von Handelsunternehmen Kunden ansprechen und ihnen am gleichen Ort die Möglichkeit bieten, einen Vertrag zu unterzeichnen. Vorteil dieser persönlichen Ansprache ist die Möglichkeit der Personifizierung des Angebotes. Manche Kunden vertrauen eher der Aussage eines Gesprächspartners, dem sie gegenüber stehen, als einer anonymen Stimme im Call Center. Insbesondere Erfahrungen im Mobilfunkbereich haben gezeigt, daß die Möglichkeit der Beeinflussung des Kunden am Point of Sale häufig das entscheidende Kriterium zur Markenwahl und vor allem zur prompten Kaufentscheidung war. Verkaufsförderung ist allerdings mit hohen Kosten verbunden. Neben den Personalkosten für Promoter fallen Kosten für den Bau des „Verkaufsstandes" und Miete oder Provision für die genutzte Fläche an. Auch hier gilt es, wie bei der klassischen Werbung, die in der Zielplanung festgelegten Werbeziele in Unterziele für den Bereich Verkaufsförderung herunterzubrechen und die Wirtschaftlichkeit zu ermitteln. Verkaufsförderung macht trotz des positiven Imageeffektes nur Sinn, wenn der Wert der gewonnenen Kunden eine Amortisation der Investitionen in die Verkaufsförderung erlaubt.

3.4 Öffentlichkeitsarbeit

Insbesondere für EVU spielt eine professionelle Öffentlichkeitsarbeit (oder PR) eine große Rolle. Da die Entscheidung für einen Anbieterwechsel, wie bereits oben erwähnt, in erster Linie eine rationale Entscheidung ist, versucht der Kunde alle verfügbaren Informationen, insbesondere aus redaktionellen Zeitungs- oder Fernsehbeiträgen, aber auch von Verbraucherschutzverbänden oder ähnlichen Organisationen, zu sammeln und für sich zu bewerten. Für Telefongesellschaften im Festnetzmarkt war ein vorderer Platz in den zahlreichen Tarifvergleichen der Zeitschriften ein entscheidender Erfolgsfaktor, der wahrscheinlich von höherem Gewicht war als Werbestrategien. Eine aktuelle Information aller Pressemedien muß daher permanent sichergestellt werden.

Die engen Kontakte zur Presse sind außerdem wichtig, um handelnde Personen des EVU, wie Geschäftsführer und leitende Mitarbeiter, der Öffentlichkeit über Talkshows oder redaktionelle Zeitungsbeiträge bekannt zu machen und somit dem Kunden zum einen die Solidität des Unternehmens zu signalisieren, zum anderen aber auch ein emotionales Bild beim Kunden aufzubauen. In diesem Rahmen müssen auch „wunde" Punkte, wie Kernenergie und Monopolgewinne der Vergangenheit, offen angesprochen und diskutiert werden. Nur Offenheit schafft dauerhaft Vertrauen bei Konsumenten. Dies haben einige Musterbeispiele der Öffentlichkeitsarbeit (z. B. A-Klasse von Mercedes nach fatalen Testergebnissen) in der Vergangenheit deutlich gezeigt.

3.5 Marken-Audit

Die Überprüfung der Markenstrategie erfolgt im Rahmen von regelmäßigen Audits. Vergleichbar zur Revision werden im Rahmen der Marken-Audits alle markenstrategischen Maßnahmen überprüft. Kern der Markenerfolgskontrolle ist ein Soll-Ist Vergleich, d. h. die zu Beginn der Markenkonzeption definierten Ziele werden mit dem tatsächlich Erreichten verglichen. Wie bereits oben erwähnt, lassen sich qualitative und quantitative Ziele unterscheiden. Aus der Vielfalt der Ziele können die Erhebungsmethoden abgeleitet werden: Neben finanzwirtschaftlichen Kennziffern aus dem Controlling (z. B. Kommunikationsbudget pro neu gewonnenem Kunden) werden insbesondere Experten- und Kundenbefragungen zur Erfassung relevanter Daten herangezogen. Hierbei muß immer die Wettbewerbsperspektive Berücksichtigung finden. Wie sind Konkurrenzunternehmen positioniert? Welche Kommunikationsstrategien werden von ihnen verfolgt? Die Werbebudgets der Wettbewerber können von spezialisierten Agenturen (z. B. Nielsen S+P) abgefragt werden. Nicht zuletzt muß an dieser Stelle auch die Einhaltung des Kommunikationsbudgets, Über- wie auch Unterschreitungen, überprüft werden.

In Abhängigkeit von den Ergebnissen des Soll-Ist- und des Wettbewerbsvergleichs müssen Anpassungen in der Markenkonzeption erfolgen. Um ein zu spätes Gegensteuern zu verhindern, sollte die Überprüfung mindestens jedes Quartal durchgeführt werden. Die Präsentation der Ergebnisse läßt sich standardisieren, so daß nur auf deutliche Abweichungen aufmerksam gemacht wird, und schnell die entscheidenden Fehlentwicklungen erkannt werden. Sollten zur Erreichung der gesetzten Ziele geänderte oder zusätzliche Marketing-Maßnahmen notwendig sein, so können diese Änderungen kurzfristig herbeigeführt werden.

4 | Zusammenfassende Empfehlungen

Die Empfehlungen für das Branding bzw. die Kommunikation fassen wir in folgenden zehn Punkten zusammen:

1. Im liberalisierten Wettbewerb wird die Kommunikations- und Brandingstrategie zu einem entscheidenden Erfolgsfaktor. Ein EVU ohne klar positionierte Marke wird nicht überleben.

2. Der Prozeß des Markenaufbaus ist hoch komplex und bedarf einer strukturierten Herangehensweise.

3. Die Positionierung der Marke determiniert die Ausgestaltung aller Marketing-Mix-Komponenten.

4. Das Leistungsversprechen der Marke muß durch interne Kompetenzen abgedeckt werden.

5. Die Entscheidung für einen Markennamen ist ein zentraler Bestandteil des Markenaufbaus, der nur schwer reversibel ist.

6. Obwohl die Kundenentscheidung für einen Anbieterwechsel primär rational (Kostenersparnis steht im Vordergrund) begründet ist, bedarf es in der Kommunikation emotionaler Stilmittel zur Angebotsdifferenzierung.

7. Die Intensität des eigenen Werbeaufkommens wird auch vom Wettbewerb determiniert.

8. Klassische Werbung ist als alleiniges Kommunikationsinstrument nicht ausreichend.

9. Das Branding erfordert dauerhafte Investitionen und Kontinuität.

10. Die Kontrolle des Markenerfolges ist integraler Bestandteil des Markenaufbaus.

8. Vertriebsorganisation

Andreas Tesch / Denise Dahlhoff / Michael Paul

1 | Organisatorischer Status quo in Energieversorgungsunternehmen und Erfordernis der Umstrukturierung

Die Liberalisierung der Energiewirtschaft stellt eine Vielzahl neuer Anforderungen an die Energieversorgungsunternehmen (EVU). Insbesondere müssen die Unternehmen von reiner „Monopolverwaltung" auf Marketing und Vertrieb umgestellt werden.

Mit der strategischen Neuausrichtung heißt es für die ehemaligen Energiemonopole, eine neue marketing- und vertriebsorientierte Organisation zu entwickeln und einzuführen. Aus anderen liberalisierten Branchen und aus Erfahrungen der Energiewirtschaft in bereits liberalisierten Ländern ist bekannt, daß die Neuorganisation zu den größten Herausforderungen gehört. Zwei Drittel der norwegischen Energieversorger haben sich reorganisiert, und bei 40 % der Unternehmen hat seit der Einführung des Wettbewerbs die Unternehmensführung gewechselt.[1] Der Großteil der Top-Manager von in- und ausländischen Energieversorgern hält die Änderung der Unternehmenskultur und die organisatorische Anpassung in Zeiten des Umbruchs zum Wettbewerb für die wichtigste Aufgabe. Damit einher gehen unausweichlich neue Anforderungen an das Personal.

Die Neuorganisation von EVU bedeutet keine oberflächliche Umordnung, die sich in der Umbenennung von Abteilungen oder Einheiten erschöpft. Vielmehr geht es um eine tiefgreifende Neudefinition von Aufgaben und die Schaffung der entsprechenden Organisationseinheiten. Die wohl größte Umstellung bedeutet die Abkehr von einer übermäßigen Technik- zu einer Management- und Marktorientierung. Die vielfach vorherrschende Techniklastigkeit der branchenüblichen EVU-Organisation spiegelt sich u. a. in der Anzahl der Mitarbeiter in technischen Einheiten und in der allgemeinen Denkweise der Mitarbeiter wider. Die Ingenieurmentalität setzt sich auf der Vorstandsebene fort: Den Vertriebs- oder Marketingvorstand gibt es häufig nicht. Das Bild wandelt sich jedoch: Inzwischen haben u. a. die Berliner Bewag, PreussenElektra oder aber RWE Energie Vorstandsressorts besetzt, die entweder in getrennten Ressorts oder aber in Personalunion für Vertrieb und Stromhandel zuständig sind.

EVU-Organisationen zeichnen sich historisch bedingt in der Regel durch eine zentrale, funktionale Gliederung, hierarchische Strukturen und eine starke Spezialisierung der Mitarbeiter aus. Das Denken vollzieht sich von innen nach außen. Kundenaufträge oder -anfragen werden von den zuständigen Abteilungen

---

1 Vgl. Bozem/Schulz (1996), S. 128.

„abgewickelt". Die starke Innenorientierung spiegelt sich in weitreichender Planung, im Optimieren von Regeln und Richtlinien, rationaler Systematik und im Verfassen von Handbüchern wider. Bürokratische Denk- und Handlungsweisen, Sicherheitsdenken und Risikoaversion gepaart mit einer wenig kundenfreundlichen Amtssprache resultieren in fehlender Marktnähe und Effizienzproblemen. „Unternehmen, die nie gezwungen waren, sich mit anderen zu messen, erledigen im Übermaß Sachen, die für den Geschäftserfolg nicht maßgeblich sind."[2]

2 | Organisatorische Auswirkungen des Unbundling und des Wegfalls der Demarkation

Mit dem Energiewirtschaftsgesetz sind Anfang Mai 1998 auch die in Artikel 1, § 9 enthaltenen Unbundling-Vorschriften in Kraft getreten. Danach müssen integrierte EVU zukünftig separate Bilanzen sowie Gewinn- und Verlustrechnungen für ihre einzelnen Aktivitäten aufstellen. Integrierte EVU sind Unternehmen, die in verschiedenen Wertschöpfungsstufen der Energieversorgung tätig sind. Zu diesen Wertschöpfungsstufen zählen die Aktivitäten Erzeugung, Übertragung und Verteilung/Vertrieb. Hintergrund der gesetzlich vorgeschriebenen getrennten Rechnungslegung ist der Zugang von Energieversorgern zu fremden Versorgungsnetzen und die damit verbundenen Durchleitungsgebühren. Zwar ist der Rahmen für die Durchleitungsentgelte in der Verbändevereinbarung festgelegt, doch ist gleichzeitige Kostentransparenz gefordert, um die Durchleitungsentgelte rechtfertigen zu können. Daher darf es keine Kostenbelastungen des Netzes durch andere Aktivitätsbereiche geben. Preisdiskriminierungen und damit einhergehende Wettbewerbsverzerrungen sollen hiermit vermieden werden.[3] Die Intention des Gesetzgebers ist es, den Vertrieb eines fremden Energielieferanten mit den gleichen Netzkosten zu belasten wie den Vertriebsbereich des Netzeigners.

Die Aktivitäten des organisatorischen „Unbundling" sind bereits weit vorangeschritten, so sind unter dem Dach der Holding Bayernwerk AG seit Anfang 1998 operative Gesellschaften für Energieerzeugung, Transport und Vertrieb zusammengefaßt.[4] Für die Erzeugung gibt es drei Gesellschaften: Bayernwerk Kernenergie, Bayernwerk Konventionelle Wärmekraftwerke und Bayernwerk Wasserkraft. Die Regionalversorger, an denen das Bayernwerk Mehrheitseigner

---

2 Vgl. Hönlinger (1998), S. 10.
3 Vgl. Schmitt/Dudenhausen (1996), S. 517.
4 Vgl. Happ-Frank (1998), S. 3.

ist, haben sich aus der Erzeugung zurückgezogen.[5] Statt dessen übernehmen die Regionalversorger die Aufgabe von Vertriebsgesellschaften, die für Verteilung, Verkauf und kundennahe Dienstleistungen zuständig sind. Den Transport übernimmt die Bayernwerk Hochspannungsnetz-Gesellschaft. Die Holding selbst nimmt die Funktionen Stromhandel, Gas, Contracting Projekte, Internationale Aktivitäten und Optimierung des Gesamtkonzerns (Stromverkauf, Lastverteilung, Controlling der Beteiligungsgesellschaften, Öffentlichkeitsarbeit, Personal und Organisation) wahr. Von der Neuorganisation verspricht sich die Bayernwerk AG jährlich Kosteneinsparungen von 600 Mio. DM.[6]

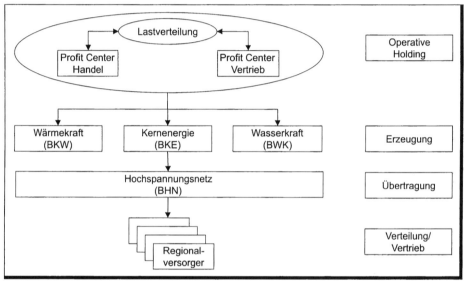

Abbildung 1: Struktur des Bayernwerk-Konzerns ab Januar 1998

Die aus der Fusion von Badenwerk und Energieversorgung Schwaben (EVS) hervorgegangene Energie Baden-Württemberg AG hat sich Anfang 1998 ebenfalls organisatorisch neu strukturiert: Die Bereiche Kraftwerke, Netz, Stromhandel und Vertrieb werden von den Tochtergesellschaften EnBW Kraftwerke AG, EnBW Transportnetze AG, EnBW Stromhandels GmbH und EnBW Vertriebsgesellschaft mbH betrieben.[7] Badenwerk und EVS blieben zunächst als regionale Dienstleister für Tarifkunden und Weiterverteiler zuständig. Die mit der Vollfusion 1999 verbundene Namensänderung in EnBW ist im Hinblick auf die Penetration des neuen Firmennamens bei den Kunden ein marketingstrategisch richtiger Schritt.

---

5 Vgl. o. V. (1998a), S. 4.
6 Vgl. o. V. (1998a), S. 4.
7 Vgl. o. V. (1998b), S. 4.

Auch PreussenElektra hat sich eine neue Struktur gegeben, die neben der Trennung der Bereiche insgesamt schlankere Strukturen und eine unmittelbare Kosteneinsparung von mindestens 100 Mio. DM jährlich bewirken soll. Für die Trennung der Bereiche Erzeugung, Transport, Handel und Dienstleistungen wurden Mitte 1998 selbständige Spartengesellschaften gegründet: PreussenElektra Kraftwerke, PreussenElektra Kernkraft, PreussenElektra Netz und PreussenElektra Engineering.[8]

Auch wenn die gesetzlichen Regelungen zur Zeit noch keine organisatorische Trennung erfordern, so kann diese doch viele Chancen eröffnen. Im allgemeinen waren in EVU bislang Kosten- und Ergebnisverantwortung sowie Profit Center-Denken nicht handlungsbestimmend. Diese Denkkultur wird sich zukünftig ändern müssen. Die Bewag AG steht dem Unbundling sehr positiv gegenüber: Unter anderem will die Bewag Cost-, Profit- und Service-Center einrichten, um die Ergebnisverantwortung der Teilbereiche zu delegieren und die Geschäftsbereiche besser und effizienter führen zu können.[9]

Als Folge des Wegfalls der Demarkationsverträge und der gleichzeitigen Durchleitungsverpflichtung ergibt sich eine Trennung der Anschlußverpflichtung (Erstellung von Hausanschlüssen) und des Vertriebes von Stromlieferverträgen. Während die EVU weiterhin zur Erstellung eines Anschlusses und zur Gewährung der Versorgungssicherheit in ihren ehemaligen Gebietsmonopolen verpflichtet sind, ist die Stromversorgung bundesweit Gegenstand intensiven Wettbewerbs geworden. Um auch außerhalb des bisherigen Versorgungsgebietes Kunden akquirieren zu können, ist eine räumliche Präsenz unabdingbar. Industrie- und Gewerbekunden sollten ebenso aus räumlicher Nähe heraus bearbeitet werden, wie dies bei Privatkunden zumindest für Teilaufgaben notwendig ist. Einige Verbundunternehmen, wie RWE und EnBW, haben bereits Niederlassungen außerhalb ihres bisherigen Versorgungsgebietes gegründet, um näher an ihre Kunden heranzurücken.

Im Wettbewerb um Privatkunden werden bestehende Handelsoutlets (Metro, Karstadt, Red Zac etc.) als Verkaufsstellen für Strom genutzt. Für das Gebiet des bisherigen regionalen Monopolbereichs muß eine optimale Organisationsstruktur mit Hinblick auf die notwendige Kundenbindung erreicht werden. Hierzu muß das bisherige Verständnis von Vertrieb grundsätzlich geändert werden. So bietet es sich an, daß die Beantwortung sowohl technischer Fragen, die das Netz betreffen, als auch Fragen zur technischen Realisierung der Kundenanschlüsse in einem organisatorischen Bereich betreut werden, der vom Vertrieb, in dem primär vertragliche Fragestellungen geklärt werden, getrennt ist. Die sich im Rahmen des Unbundling ergebenden unterschiedlichen Aufgaben bedingen somit eine Veränderung in der bestehenden Vertriebsorganisation.

---

8 Vgl. o. V. (1998b), S. 5.
9 Vgl. o. V. (1998c), S. 4.

3 | Organisatorische Implikationen aufgrund der Marktausrichtung

Die neue Wettbewerbssituation verlangt von der Organisation vor allem eine klare Marketing- und Vertriebsorientierung. Grundsätzlich kann zwischen organisatorischen Implikationen unterschieden werden, die Einfluß auf die Linienorganisation haben (Abschnitt 3.1), und Implikationen, die abteilungs- oder bereichsübergreifende Unterstützungsfunktionen erfordern (Abschnitt 3.2). In Abbildung 2 sind die organisatorischen Implikationen in einer Übersicht dargestellt.

Der Vertrieb steht hier eindeutig im Mittelpunkt. Die anderen Bereiche sind unterstützend für verschiedene Vertriebsbereiche tätig. Die im Vergleich zu anderen Branchen stark ausgeprägte Vertriebsfokussierung liegt an der Einfachheit des zu vertreibenden Produktes. Es gibt kaum Produkte, die den Charakter eines Commodity stärker erfüllen als Strom.

3.1 Anforderungen an die Linienorganisation

Im folgenden werden die notwendigen Änderungen bzw. Ergänzungen von EVU-Organisationen um bestimmte Linienfunktionen und Organisationsprinzipien näher erläutert.

Der Kundenkreis von EVU zeichnet sich traditionell durch seine extreme Breite aus. Die besondere Herausforderung besteht darin, daß die EVU von allen Kundengruppen mit unterschiedlichen Anforderungen konfrontiert werden, z. B. hinsichtlich der Beratung, der bereitgestellten Leistung oder der Art und Intensität der Betreuung. EVU müssen daher die in sich homogenen, aber untereinander heterogenen Kundengruppen segmentspezifisch bearbeiten. Zunächst sollen hier die drei Gruppen Industrie- und Gewerbekunden, Privatkunden und Weiterverteiler unterschieden werden. Da die letzte Kundengruppe fast ausschließlich für Verbundunternehmen und große Regionalverteiler relevant ist,[10] dieses Geschäft zudem seit Jahrzehnten betrieben wurde, sollen Weiterverteiler als Vertriebskanal hier nicht tiefer behandelt werden.

Eine neue Rahmenbedingung für die vertriebliche Ausrichtung rührt aus der Anforderung vieler Kunden, alle Energien aus einer Hand zu beziehen. Die segmentspezifische Vertriebsorganisation bleibt auch in einem Multi-Utility-Konzept bestehen. Die Qualifikation bzw. die Kompetenz der Vertriebsmitarbeiter muß allerdings auf die anderen Energieträger ausgedehnt werden.

---

10 So hat z. B. PreussenElektra angekündigt, ihre Marke, Elektra Direkt, auch außerhalb ihrer Verbundregion über Stadtwerke vertreiben zu wollen. Vgl. Klähn (1996), S. 97.

Abbildung 2: Organisatorische Implikationen der Marktausrichtung

Die folgende Abbildung zeigt den Zusammenhang zwischen Kunden-/Segmentausrichtung und möglichen Organisationseinheiten im Vertrieb auf:

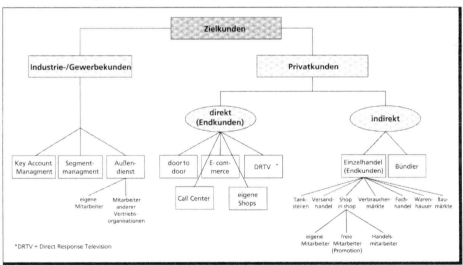

Abbildung 3: Vertriebsschienen für unterschiedliche Zielkunden

Die möglichen Vertriebsformen für Industrie- und Gewerbekunden sind: Key Account-Management, Segmentmanagement und Betreuung durch den Außendienst. Für Privatkunden bietet sich eine Klassifikation in direkten und indirekten Kundenzugang an.

3.1.1 Key Account-Management

Key Accounts sind die größten Kunden eines EVU bzw. die größten potentiellen Kunden. Sie haben aufgrund ihrer Abnahmemengen eine sehr gute Verhandlungsposition bzgl. der Preise und Konditionen und können neuerdings Verhandlungen mit einer Vielzahl von Lieferanten führen. Zu den Schlüsselkunden gehören große Konzerne (Deutsche Post AG, Deutsche Telekom AG, DaimlerChrysler AG), aber auch Filialunternehmen bzw. Kettenkunden (z. B. Kaufhaus- oder Drogerieketten, Tankstellen und Sonnenstudios), die über einen zentralen Einkauf verfügen. So führten u. a. Filialisten bzw. Großabnehmer wie BP, Esso, Preussag (mit Konzernunternehmen) oder die Deutsche Telekom bereits Anfang März 1998 – also noch vor der Unterzeichnung des neuen Energiewirtschaftsgesetzes – Verhandlungsgespräche mit den großen Energieversorgern.[11]

Bei Industrieunternehmen ist ein Key Account-Management heute nahezu Standard. Ob bei Markenartiklern der Konsumgüterindustrie wie Procter & Gamble, Nestlé oder Henkel oder im Business-to-Business-Bereich wie bei Tetra Pak oder Gore: Die intensive Betreuung der Schlüsselkunden und die Beziehungspflege durch ein organisiertes Key Account-Management genießen einen hohen Stellenwert. Die Ziele bzw. Effekte eines professionellen Key Account-Managements liegen über eine stärkere Verzahnung mit der Wertschöpfung des Kunden in einer höheren Kundenbindung, dem Ausschöpfen von Cross-Selling Potentialen und, zumindest bedingt, in der Realisation von Preispremiums. Durch die intensive Betreuung entsteht aber neben dem tieferen Verständnis der Kundenprobleme auch eine emotionale Kundenbindung. Dadurch kann die eigene Unternehmensposition verbessert und gegenüber möglichen Wettbewerbern eine „Kundeneintrittsbarriere" aufgebaut werden.

In der EVU-Branche haben inzwischen viele Unternehmen ein Key Account-Management eingerichtet. Wie in anderen Branchen sind die Ausgestaltung und die Inhalte des Key Account-Managements kundenindividuell. Dennoch können einige grundsätzliche Empfehlungen für ein Key Account-Management gegeben werden:

Definition der Key Accounts. Eine zu große Anzahl an Key Accounts führt zu einer im Vergleich zu „normalen" Industriekunden wenig differenzierten Behandlung. Die Verwässerung des Key Account-Managements wird durch eine klare Definition der Selektionskriterien, die Kunden zum Key Account qualifizieren, verhindert. Übliche Kriterien zur Auswahl sind u. a. quantitative Größen wie Absatz, Umsatz oder bereitgestellte Leistung, aber auch qualitative Größen wie Imagewirkung, Meinungsbildnerfunktion, hoher Innovationsgrad, Abwan-

---

11 Vgl. o. V. (1998d), S. 2.

derungsgefahr oder Zugang zu einer Einkaufsgemeinschaft (z. B. Ketten- oder Tochterunternehmen eines Konzerns). Ziel ist es, nur die Schlüsselkunden besonders intensiv, persönlich und individuell zu betreuen, denn der Aufwand muß in einem angemessenen Verhältnis zum Nutzen stehen. Die Stadtwerke Hannover zum Beispiel haben 50 Kunden als Key Accounts klassifiziert.

Organisation des Key Account-Managements. Üblicherweise erfolgt die Key Account-Betreuung nicht durch einen einzelnen Mitarbeiter, sondern durch ein interdisziplinäres Key Account-Team, das aus dem direkten Kundenbetreuer, dem Innendienst(team) sowie Mitarbeitern aus anderen Bereichen wie Technik oder Marketing besteht. Der Key Account-Manager, d. h. der Außendienstler, ist ein Generalist, der den persönlichen Kundenkontakt hat und das Bindeglied zwischen internen Spezialisten und dem Kunden darstellt. Er ist der Ansprechpartner für den Kunden bei *allen* Problemen, der sich wiederum für die anfallenden Aufgaben interne Spezialisten sucht und alle Arbeiten koordiniert. Für die praktische Umsetzung der Einzellösungen und Maßnahmen sind die Facheinheiten zuständig. Die Gesamtverantwortung für den Kunden liegt beim Key Account-Manager. Nach innen fungiert der Key Account-Manager als „Anwalt des Kunden".

Für 50 Key Accounts setzen die Stadtwerke Hannover drei Key Account-Manager sowie drei Innendienstmitarbeiter ein. Die organisatorische Eingliederung in die Struktur ist in Abbildung 4 (Seite 185) dargestellt. Das Key Account-Team gehört zur Abteilung Vertrieb Geschäftskunden.

Klare Zuständigkeiten und deren Kommunikation gegenüber dem Kunden. Den Kunden muß ihr Ansprechpartner bekannt sein. Idealerweise gibt es jeweils einen Ansprechpartner pro Kunde oder ein Team aus wenigen Personen, die sich gegenseitig ständig „auf dem neuesten Stand" bezüglich des Kunden halten. Dem Kunden müssen sein Ansprechpartner und das Betreuungskonzept vorgestellt werden. So erhält er auch Kenntnis über seinen besonderen Status und die Wertschätzung seitens des EVU.

Priorität des Key Account-Managements. Um die Anliegen und Aufträge des Key Account-Managements intern bei verschiedenen Stellen durchzusetzen, ist es unbedingt erforderlich, den relevanten Mitarbeitern gegenüber zu kommunizieren, daß Arbeiten für das Key Account-Management absolute Priorität genießen. Bei der Erfüllung der Betreuungsaufgaben und bezüglich der getroffenen Vereinbarungen darf es aus Sicht des Kunden keine Zeitverzögerungen oder Qualitätsbeeinträchtigungen geben. Zuverlässigkeit und Sorgfalt sind hier oberstes Gebot. Von den Key Account-Managern wird demzufolge auch eine hohe interne Durchsetzungsfähigkeit und „intime" Kenntnis der eigenen Organisation und ihrer Akteure verlangt.

Leistungen für die Key Accounts. Was wird dem Key Account Besonderes geboten, was anderen Kunden nicht geboten wird? Eine der wichtigsten Anforderungen aus Sicht eines Großkunden sind günstige Preise und Konditionen. Dementsprechend sind für die Großabnehmer besondere Preiskonzepte (Bonusprogramme, dynamische Pricing-Konzepte etc.) zu entwickeln.

Nicht zuletzt genießen die Key Accounts eine besondere Behandlung durch das EVU, indem sehr flexibel auf ihre Wünsche, z. B. nach bestimmten Dienstleistungen, reagiert wird und diese im Rahmen der Möglichkeiten besonders schnell erfüllt werden.

Besonderes Know-how und Flexibilität bei Sonderwünschen. Gerade Key Accounts haben besondere Anforderungen an die Energieversorgung. Vor allem bei den Großabnehmern spielen z. B. die Themen Eigenerzeugung und Betreibermodelle eine besondere Rolle. Auch wenn es naturgemäß nicht primäres Ziel eines EVU ist, Unternehmen hinsichtlich Eigenerzeugung zu beraten, müssen sich die Key Account-Manager Know-how auf diesem Gebiet aneignen und individuelle Konzepte entwickeln, die für den Kunden und das EVU zufriedenstellend, partnerschaftlich sind und auch unkonventionell sein können. Die Stadtwerke Hannover z. B. betreiben mit ihren Schlüsselkunden Volkswagen und Continental seit 1989 gemeinsam ein großes Heizkraftwerk.[12]

Um die genauen Anforderungen der Key Accounts herausfinden und um die Key Account-Organisation planen zu können, ist es zweckmäßig, eine Art Fokusgruppe mit jeweils etwa acht bis zehn der größten Kunden zu veranstalten. Das Ziel einer solchen Veranstaltung ist die Vorbereitung eines zukünftigen Key Account-Managements. Die Teilnehmer diskutieren in dieser Runde ihre Wünsche und Vorstellungen. Darüber hinaus können sie um eine Bewertung von vorgeschlagenen Konzepten und Dienstleistungsangeboten gebeten werden. Die Fokusgruppen haben den Vorteil, daß einerseits wichtige fachliche Informationen gewonnen werden und die Kunden andererseits die Wertschätzung seitens des EVU erkennen. Auf diese Weise hat z. B. der Regionalversorger Vereinigte Saar-Elektrizitäts-AG (VSE) sein Key Account-Management vorbereitet.[13] Eine Alternative zu Fokusgruppen stellen Befragungen einzelner Großkunden dar. Auf jeden Fall müssen darüber hinaus kundenindividuell Einzelinterviews stattfinden.

Vom Key Account-Management sollten auch die Bündler von Industrie- und Gewerbekunden betreut werden. Als Bündler treten entweder Broker (z. B. Ampere AG) oder Verbände auf, die den Bedarf ganzer Branchen bündeln. Die spektakulären Abschlüsse von PreussenElektra mit dem Verband der Energie-Abnehmer oder von RWE/Neckarwerke mit dem Baden-Württembergischen Handwerkstag weisen auf die hohe Bedeutung dieser Zielgruppe hin. In den Ver-

---

12 Vgl. Bammert/Stadler (1996), S. 439.
13 Vgl. Bongers/Leinpinsel (1996), S. 300.

handlungen mit Bündlern wird ein spezielles Know-how entwickelt, daß, wenn möglich, bei einem oder wenigen Vertriebsmitarbeitern gesammelt werden soll.

In der Organisationsstruktur der Stadtwerke Hannover spiegelt sich die Bedeutung der Key Accounts in der Organisationseinheit Markt wider (vgl. Abbildung 4). Der Vertrieb „Geschäftskunden" teilt sich auf in Key Accounts, Wohnungswirtschaft/öffentliche Einrichtungen, Dienstleistungsunternehmen und das zusammengefaßte Segment Industrie/Handel/Gewerbe.

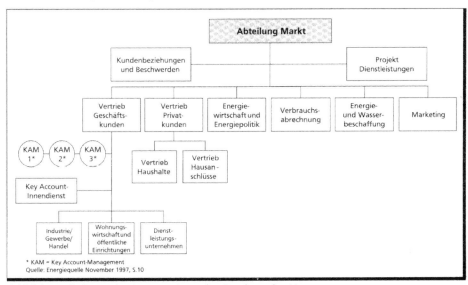

Abbildung 4: Organisationsstruktur der Stadtwerke Hannover

3.1.2 Segmentmanagement

Die Bearbeitung von Kundensegmenten unterhalb der Key Account-Ebene erfolgt idealerweise in folgenden Schritten:

- Identifikation der vorhandenen Kundensegmente
- Selektion der für das Unternehmen attraktiven Zielsegmente
- Erarbeitung einer Bearbeitungsstrategie für die attraktiven Zielsegmente (v. a. Marketing-Mix-Instrumentarium)
- Umsetzung dieser Strategie.

Wichtig ist, nicht alle Zielgruppen gleich intensiv zu behandeln und jeweils eine detaillierte Strategie zu entwickeln, sondern sich auf die attraktivsten Segmente zu beschränken und diese dann entsprechend ihrer Anforderungen zu bearbeiten. Als Segmentierungskriterien können hierbei Unternehmensgröße, Stromverbrauch, geographische Lage oder Branchenzugehörigkeit dienen. Da die Kunden einer Branche die homogensten Bedürfnisse hinsichtlich Tarifkonzepte, Energieberatung und Dienstleistungsangebote haben, bietet sich dieses Segmentierungskriterium an. Mögliche Segmenteinteilungen nach Branchen sind z. B. Stahlunternehmen, Krankenhäuser, Automobilzulieferer, Sonnenstudios, Glasindustrie, Lebensmittelhersteller usw. Grundlage für die Segmenteinteilungen ist letztlich die Struktur der bestehenden und potentiellen Kunden. Die Segmentbearbeitungsstrategie sollte Konzepte für alle Elemente des Marketing-Mix enthalten (d. h. Dienstleistungsangebote, Preis-/Vertragskonzepte, Werbeinhalte/-medien, Events, Betreuungsintensität, ...). Beispielsweise sind für Kiesgruben aufgrund des Nutzungsverhaltens andere Tarifkonzepte interessant als für Großbäckereien. Ebenso unterscheiden sich der Dienstleistungsbedarf sowie die genutzten Medien. Eine Informationsveranstaltung kann ebenso nur segmentspezifisch optimal ausgerichtet werden.

Die Umsetzung der Segmentbearbeitungsstrategie kann mittel- und langfristig nur dann erfolgreich sein, wenn es auf die einzelnen Segmente spezialisierte Mitarbeiter gibt, die gemeinsam nur ein Kundensegment betreuen. In einem Segment können dabei durchaus mehrere Branchen zusammengefaßt sein. Auf diese Weise ist sichergestellt, daß Segmentexperten heranwachsen, die aufgrund ihres Erfahrungsschatzes die Kunden optimal beraten können und beim Kunden Akzeptanz und Vertrauen genießen. Sie zeichnen sich dadurch aus, daß sie die „Sprache des Kunden" beherrschen. Im Idealfall haben die Segmentmanager persönlich berufliche Erfahrungen in der von ihnen betreuten Branche gesammelt. Neben den Segmentmanagern als Kundenbetreuer sollte ein Vertriebsinnendienst eingerichtet werden, der Fragen der Kunden aufnimmt und soweit möglich sofort beantwortet. Der Innendienst ist für mehrere Segmente gleichzeitig verantwortlich und kann dem Call Center des EVU zugeordnet sein. Es muß jedoch ein regelmäßiger Austausch zwischen Innen- und Außendienst erfolgen.

Die reine Vertriebsarbeit muß durch konzeptionelle Grundlagenarbeit ergänzt werden. Schließlich müssen für jedes Segment Konzepte zur Marktbearbeitung (Kontakte zu Verbänden und Innungen, Fachzeitschriften sowie Meinungsführern) erarbeitet sowie Aktionen (Informationsveranstaltungen, Einsatz von Werbemitteln) geplant und organisiert werden.

3.1.3 Außendienst

Die Industrie- und Gewerbekunden außerhalb der definierten Segmente, die einen bestimmten Stromverbrauch überschreiten, sollten durch einen Außendienstmitarbeiter betreut werden. Die Betreuungsintensität ist hierbei signifikant niedriger als im Segmentmanagement. Insbesondere bei der Gewinnung neuer Kunden ist aber die persönliche Ansprache ein hilfreiches Instrument zur Überzeugung potentieller Neukunden. Es ist allerdings genau zu kalkulieren, bis zu welcher Absatzmenge der kostenintensive persönliche Kontakt wirtschaftlich ist. Hierbei sind die Kosten des Vertriebsmitarbeiters, die Anzahl möglicher Kundenkontakte, der zu erzielende Ertrag pro Kunde pro Jahr, die durchschnittliche Bindungsdauer, die Multiplikator-/Referenzwirkung sowie die Erfolgswahrscheinlichkeit abzuschätzen. Hansastrom setzt zur Gewinnung von Neukunden verschiedener Segmente ca. 1000 Teilzeitmitarbeiter nur für die Region Hamburg ein.[14]

Da der Einsatz eigener Vertriebsmitarbeiter sehr kostenintensiv und schwer reversibel ist, bietet sich für diese Fälle die Nutzung externer Vertriebsorganisationen an. Zum Beispiel haben die Versicherungsunternehmen intensiven Kontakt zu potentiellen Kunden im Privatkundensegment und könnten hierbei eingesetzt werden. Es ist jedoch zu berücksichtigen, daß zum einen die Fachkenntnis fehlt und zum anderen auch die Ablenkung vom Vertrieb der Kernprodukte der Versicherungsgesellschaft unerwünscht ist. Als weitere Alternative steht die Nutzung einer reinen Vertriebsorganisation zur Verfügung. o.tel.o hat bei der Erschließung von Gewerbebetrieben für Pre-Selection-Verträge positive Erfahrungen bei der Kooperation mit Rangers, einer Vertriebsgesellschaft für Büromaterial, gesammelt.

Der Vertrieb an Industrie- und Gewerbekunden sollte organisatorisch vom Vertrieb an Privatkunden getrennt werden. Für die bundesweite Bearbeitung des Privatkundenmarktes stehen eine Reihe von direkten und indirekten Vertriebswegen zur Verfügung, die im folgenden aufgezeigt werden.

3.1.4 Direkte Vertriebswege im Privatkundenmarkt

Wie in Kapitel 2 dargestellt wurde, haben die Wettbewerber im Ausland primär direkte Vertriebswege zur Ansprache von Privatkunden genutzt. Insbesondere in Großbritannien wurde der door-to-door-Vertrieb erfolgreich eingesetzt. Allerdings hat dieser Vertriebsweg insgesamt in Großbritannien eine höhere Bedeutung als in Deutschland, wo fast ausschließlich Vorwerk erfolgreich in diesem Vertriebskanal operiert. In Deutschland erscheint dieser Vertriebsweg für den Stromvertrieb aufgrund der fehlenden Seriosität eher ungeeignet.

Call Center als Medium des Direktmarketings wurden in der ersten Phase des bundesweiten Wettbewerbs um Privatkunden von allen Anbietern intensiv genutzt. Die einfach zu merkenden Call Center Nummern wurden via Fernsehen, Radio, Zeitungen/Zeitschriften und auf Plakatwänden kommuniziert. RWE wie auch Yello Strom berichten von jeweils über 100.000 Anrufen in der ersten Woche nach Markteintritt. Die Auswahl, Schulung und kontinuierliche Weiterbildung der Call Center Agenten sind zentrale Erfolgsfaktoren für eine positive

---

14 Vgl. Wildhagen (1999), S. 43.

Außenwirkung, unabhängig davon, ob ein eigenes oder ein externes Center genutzt wird. Der Steuerungsaufwand in der Anfangsphase des Wettbewerbs um Privatkunden ist hierbei enorm, da die Agents nahezu täglich mit neuen Informationen versorgt werden müssen. Hierbei ist eine enge Abstimmung der Supervisor mit der Vertriebsleitung notwendig. Zur Informationsversorgung potentieller Neukunden ist dieser Kanal optimal geeignet. Allerdings bevorzugen eine Reihe von Kunden eine persönliche Ansprache gegenüber der anonymen Stimme eines Call Center Mitarbeiters.

Eine Möglichkeit dieser direkten Ansprache besteht in der Errichtung von Shops, wie sie aus dem Mobilfunkbereich (z. B. E-Plus Shops) oder aber von British Gas im Energiebereich bekannt sind. Im eigenen Vertriebsgebiet verfügen fast alle Versorger über eigene Niederlassungen mit Kundenkontakt, obwohl eine Reihe von diesen Servicestellen im Rahmen von Kostensenkungsmaßnahmen in den letzten Jahren geschlossen wurden. Die existierenden Kundenzentren liegen häufig abseits von Wohngebieten und Haupteinkaufsstraßen und haben vielfach kundenunfreundliche Öffnungszeiten. Eine der wenigen positiven Ausnahmen ist das HEW-Kundenzentrum inmitten der Fußgängerzone in Hamburg.

Die Errichtung neuer eigener Shops scheint aufgrund der hohen Kosten für Miete, Einrichtung und Personal einerseits und des begrenzten Sortiments und der damit verbundenen niedrigen Erträge auf der anderen Seite nicht wirtschaftlich zu sein. Aufgrund fehlender Kompetenzen im Handel mit anderen Produkten (z. B. Elektrogeräten), mit denen zusätzliche Erträge erwirtschaftet werden könnten, ist die Erschließung dieses Vertriebskanals für EVU besonders herausfordernd. In Großbritannien hat z. B. British Gas im Juli 1999 angekündigt, alle von ihr betriebenen Shops zu schließen, da sie hohe Verluste erwirtschaften.

Die Nutzung des Internet als Vertriebskanal wird im Kapitel 9 gesondert dargestellt.

DRTV (Direct Response Television) ist die individuelle Produktpräsentation in einem speziellen Fernsehkanal, der dem Zuschauer die Möglichkeit bietet, während und nach der jeweiligen Sendung die Produkte telefonisch zu bestellen. Dieser Vertriebskanal wird bislang von keinem Energieversorger genutzt. Einzelne Fernsehkanäle bieten die Möglichkeit, Produkte, die anschließend im Call Center des Senders oder des Versorgers bestellt werden können, durch Mitarbeiter des jeweiligen Senders vorzustellen. Die notwendige Unterschrift macht es heute noch unmöglich, telefonisch einen Vertragsabschluß herbeizuführen. Die Verkaufssendungen sind aber gut geeignet, um Überzeugungsarbeit bei potentiellen Kunden zu leisten, die dann anschließend telefonisch Vertragsunterlagen anfordern können.

3.1.5 Indirekte Vertriebswege im Privatkundenmarkt

Neben den direkten Vertriebsschienen können eine Reihe unterschiedlicher indirekter Vertriebskanäle, insbesondere im Einzelhandel, gewählt werden.

Tankstellen werden in Großbritannien z. B. für den Verkauf von Chipkarten für Stromzähler genutzt. Der Erfolg dieser Technologie ist dort historisch bedingt. Für die nächsten Jahre sind ähnliche Entwicklungen aufgrund der hohen Kosten für den notwendigen Zählerwechsel auf dem deutschen Markt nicht zu erwarten. Allerdings ist die Einbeziehung der konzernzugehörigen Tankstellengesellschaften sowohl bei RWE (DEA) als auch bei Veba/Viag bzw. Preussen Elektra (Aral) zu erwarten. Neben der Nutzung von Werbeflächen an den Tankstellen und dem Auslegen von Vertragsunterlagen können die Tankstellenmitarbeiter die unterschriebenen Vertragsunterlagen entgegennehmen und dahingehend geschult werden, daß sie offene Fragen der Kunden zum Anbieterwechsel beantworten. Da es sich bei den Tankstellenpächtern in der Regel nicht um Konzernmitarbeiter handelt, sondern um freie Unternehmer, können sie nicht zu einem entsprechenden Angebot verpflichtet werden und müssen in jedem Fall über eine Provision beteiligt werden.

Im Versandhandelsbereich sind die beiden marktführenden Unternehmen Quelle und Otto bereits Kooperationen mit RWE bzw. Yello Strom eingegangen. Die EVU haben sich hierdurch Zugang zu Millionen von Versandhandelskunden geschaffen, und darüber hinaus profitieren sie vom seriösen Image der beiden Traditionsunternehmen. Der Kunde erhält im Falle von Otto am Ende des Kataloges eine Vertragskarte, die er absenden kann, um den Stromanbieter zu wechseln. Es bleibt abzuwarten, wie erfolgreich dieser Vertriebskanal für die Versorger sein wird. Insbesondere ist fraglich, ob die primär weibliche Zielgruppe der Versandhäuser mit den Entscheidern für den Energieeinkauf deckungsgleich ist. Über die Kosten für die Nutzung dieses Kanals sind keine Zahlen veröffentlicht worden, allerdings kann man davon ausgehen, daß die Versender neben einer festen Zahlung für den Werbeeffekt eine Provision für jeden gewonnenen Kunden erhalten. Für weitere Versorger sind neben Neckermann nur noch kleinere Versender als Kooperationspartner offen. Hier bietet sich vor allem eine Zusammenarbeit zwischen einem Ökoversender (z. B. Hess Natur) und einem Anbieter von „grünem Strom" an.

Im stationären Einzelhandel sind verschiedene Vertriebsschienen vorstellbar: Neben den durch die Produktaffinität naheliegenden Elektro- und Baumärkten kommen insbesondere frequenzstarke Vertriebsschienen, wie z. B. Verbrauchermärkte oder Kaufhäuser, für den Stromvertrieb in Frage. Hierbei kann sich das EVU der Verkäufer im Handel bedienen, die über die Möglichkeit zum Anbieterwechsel informieren. Es steht allerdings zu befürchten, daß das Involvement der Verkäufer relativ gering ist und die Aufmerksamkeit der Handelskunden nicht ausreichend geweckt wird. Zielführend sind hierbei Shop-in-Shop-Lösungen, bei denen auf einer begrenzten Fläche im Handel ein Verkaufsstand des Versorgers aufgebaut wird. Im Mobilfunkmarkt findet man häufig sogar Shoplösungen mehrerer Mobilfunkanbieter auf der Verkaufsfläche eines Handelspartners.

Die Shopsysteme sind in der Regel leicht abzubauen, so daß sie an unterschiedlichen Standorten genutzt werden können. In den Shops werden 1–2 Verkaufsförderer, entweder eigene Mitarbeiter oder sogenannte Promotionmitarbeiter von spezialisierten Agenturen, zur Kundenbetreuung eingesetzt. Da der Einsatz eigener Mitarbeiter mit hohen fixen Kosten verbunden ist, greifen die Betreiber von Shop-in-Shop-Lösungen fast immer auf Promotionmitarbeiter zurück. Über eine einheitliche Kleidung wird ein stringenter Marktauftritt gewahrt. Standlösungen kommen neben dem Einsatz im Handel auch an Bahnhöfen, Flughäfen, in Einkaufszentren oder Fußgängerzonen in Frage. Unter anderem hat American Express diese Vertriebsform genutzt, um die BlueCard einzuführen. Unabhängig vom Standort ist diese Vertriebsschiene mit hohen Kosten verbunden. Neben den Kosten für den Standbau fallen Personalkosten und Kosten für die Standmiete an. Hierbei sind sowohl feste Zahlungen als auch Provisionen pro unterschriebenem Vertrag für den Handelspartner üblich. Eine Entlohnung auf Basis des Kundenwertes im Sinne von anfallendem Jahresumsatz, wie teilweise im Telefon-Festnetzmarkt angewandt, ist aufgrund des hohen organisatorischen Aufwandes wenig praktikabel und daher ungeeignet.

Im Unterschied zum Telefonmarkt binden sich einzelne Handelsunternehmen exklusiv an einen Versorger, z. B. Metro an Bayernwerk, Pro Markt an Ares und Red Zac an Yello Strom. Hier gilt es für die übrigen Versorger, schnell Kooperationen zu schließen, da die eindeutige Positionierung mit zunehmender Anzahl der Wettbewerber schwieriger wird. So hat der Vorstandsvorsitzende der REWE erklärt, daß der Konzern, nach intensiven Überlegungen und Gesprächen mit der HEW, keinen Strom anbieten wolle. „Wir werden nicht mit der 45. Stromvariante kommen."[15] Stadtwerke haben die Möglichkeit, mit großen, ausschließlich lokal vertretenen Handelsunternehmen zu kooperieren. Trotz der hohen Kosten kann diese Vertriebsschiene effektiv sein, da insbesondere eher konservative, zögernde Zielgruppen erreicht werden können. Über die Möglichkeit zum persönlichen Kontakt können darüber hinaus besonders leicht Erläuterungen zur neuen Situation gegeben werden. Dies ist insbesondere in der Anfangsphase des liberalisierten Marktes erforderlich.

Auch für den Privatkundenmarkt haben einige Broker angekündigt, die Abnahmemenge einzelner Kunden zu bündeln. Hier kommen insbesondere Hausverwaltungen und Immobiliengesellschaften, aber auch Vereine und Clubs (z. B. ADAC) in Frage. Es ist unsicher, ob eine solche Bündelung gelingt, da sehr un-

---

15 Vgl. Hanke (1999), S. 1.

terschiedliche Kunden „unter einen Hut" gebracht werden müssen. Fraglich ist weiterhin, ob auf diese gestiegene Nachfragemacht mit Preisnachlässen durch die EVU reagiert werden muß. Grundsätzlich ist den EVU zu raten, sich nicht in eine Verteidigungsposition drängen zu lassen und nicht diesem Druck nachzugeben. Sobald allerdings ein Versorger auf ein solches Bündelangebot eingeht, sind alle Wettbewerber gezwungen, sich ebenfalls vertrieblich auf diese Gruppen einzustellen und möglicherweise sogar aktiv auf die Bildung solcher Abnehmergruppen einzuwirken.

Der Betreuungsaufwand der indirekten Kanäle ist im Vergleich zum direkten Vertrieb gering. Während in der Anfangsphase einer Handels-Kooperation eine Reihe von Gesprächen und konzeptionellen Arbeiten zu erledigen ist, kann im Laufe der Zusammenarbeit ein Großteil der Aufgaben an externe Dienstleister, wie Werbeagenturen oder Promotionagenturen, abgegeben werden, die wenige eigene Mitarbeiter steuern und überwachen können. Abschließend lassen sich die relevanten Vertriebskanäle wie folgt bewerten:

Vertriebskanal / Eigenschaften	Industriekunden					Privatkunden				
	Key Account Management	Segment-Management	Außendienst	Call Center	E-commerce	Eigene Shops	DRTV	Tankstellen	Versandhandel	Shop-in-Shop
Kosten pro Kunde	hoch	mittel	mittel	niedrig	niedrig	hoch	niedrig	mittel	mittel	hoch
Überzeugungskraft	hoch	hoch	mittel	niedrig	niedrig	hoch	mittel	mittel	niedrig	mittel
Anzahl zu erreichender Kunden	gering	gering	mittel	hoch	gering	gering – mittel	gering	mittel	hoch	mittel
Zielgruppenspezifische Ansprachemöglichkeiten	ja	ja	eingeschränkt	nein	ja	eingeschränkt	nein	nein	nein	eingeschränkt

Abbildung 5: Bewertung der Vertriebskanäle

3.1.6 Stromhandel

Die Wahlmöglichkeiten, die Versorgung außerhalb des eigenen Versorgungsgebietes und der Wunsch der Kunden, statt des Abschlusses langfristiger Energielieferungsverträge lieber kurz- bis mittelfristige Einkaufsentscheidungen zu treffen, zwingen EVU dazu, den Ein- und Verkauf des Stroms stärker als bisher zu integrieren. Insbesondere der kurzfristige Handel mit Strom muß im Unternehmen institutionalisiert werden. Das Bayernwerk bezeichnet den Stromhandel als „strategische Kernaufgabe der Zukunft"[16]. Erste Erfolge sprechen für sich: Obwohl sich der Stromabsatz aus der eigenen Erzeugung der Bayernwerk-Kraft-

---

16 Vgl. o. V., (1998a), S. 6.

werke seit Jahresbeginn 1998 reduziert hat, ist der Gesamt-Stromabsatz des Bayernwerk-Konzerns leicht gestiegen.

Auch ausländische EVU in bereits liberalisierten Märkten haben die hohe Bedeutung des Stromhandels bereits in ihrer Organisation abgebildet. So hat z. B. der amerikanische Energielieferant Southern Company (Atlanta) eine dreigeteilte Organisationsstruktur, bestehend aus den Einheiten Preisbildung, Marketing/Vertrieb und Stromhandel eingeführt. Der Stromhandel stellt ein eigenständiges Geschäftsfeld dar. Beim amerikanischen Konkurrenten Enron wird „Strom inzwischen wie Schweinehälften"[17] auf Termin ge- und verkauft. Ähnlich geht es den Energieunternehmen in anderen liberalisierten Märkten wie Skandinavien oder Großbritannien. Der Organisationsbereich Stromhandel hat eine bereichsübergreifende Aufgabe, die verschiedene Vorstandsressorts betrifft: Es geht um Risikomanagement, Finanzen, Kraftwerke, Netz und Energiewirtschaft.

Für die EVU bedeutet die Existenz des Stromhandels, daß Know-how in Form neuer Mitarbeiter, mit entsprechenden Erfahrungen aus dem Handelsgeschäft (physischer Handel und Derivatenhandel), gewonnen werden muß. Häufig sind dies Experten aus dem Finanzdienstleistungsbereich, die auf den Terminhandel spezialisiert sind (u. a. Banken und Versicherungen). EVU-Vorkenntnisse sind insbesondere für den Derivatenhandel nicht erforderlich. Damit werden für diese Aufgabe Kaufleute anstelle von Ingenieuren benötigt. Für die Integration einer Einheit Stromhandel in die Organisationsstruktur gibt es, wie obige Beispiele veranschaulichen, verschiedene Möglichkeiten: Insbesondere aus Gründen des Finanzrisikos wird für den Stromhandel häufig eine eigene Gesellschaft gegründet. Alternativ hierzu kann der Stromhandel, als eigene Abteilung, in die bestehende Vertriebsorganisation integriert werden. In beiden Fällen ist es von hoher Bedeutung, daß die für die Vertriebsmitarbeiter und für die Pricing-Verantwortlichen wichtigen Informationen über Marktentwicklungen und Preiserwartungen permanent abrufbar sind und der Handel mit dem Vertrieb in ständigem Austausch steht.

3.2 Vertriebsrelevante Unterstützungseinheiten

Die Ausrichtung des Unternehmens am Markt bzw. an den Kundensegmenten erfordert verschiedene vertriebsrelevante Unterstützungs- oder Serviceeinheiten für die in Abschnitt 3.1 dargestellten Unternehmensaufgaben (vgl. auch Abbildung 2, Seite 181). Sie sind abteilungs- bzw. bereichsübergreifend und lassen sich in fünf Gruppen einteilen: Unternehmensplanung, Produkt-/Dienstleistungsmanagement, Pricing-Einheit, Unternehmenskommunikation und Kundenservice.

---

17 Vgl. o. V., (1998e), S. 18.

3.2.1 Unternehmensplanung

Je nach Größe des Unternehmens und je nach Umfang der *strategischen Vertriebsplanung* sind für diese Aufgabe eine permanente Stabsstelle einzurichten oder regelmäßige Strategie-Zirkel einzuberufen. Unabhängig von der organisatorischen Lösung sind die Arbeitsinhalte der strategischen Planung die Diskussion vergangener Ergebnisse und Entwicklungen, die Vereinbarung von Prioritäten im Vertrieb (nach Segmenten, Produkten etc.) sowie die entsprechende Verteilung der Budgets auf Produkte, Segmente oder einzelne Aktionen.

Ein wichtiges Instrument zur Unternehmens- bzw. Vertriebssteuerung ist das *Vertriebs-/Marketing-Controlling*. Es ist insofern eng an die strategische Planung angekoppelt, als es Informationen für die strategische Planung bereitstellt und permanent über die strikte Erfüllung der strategischen Vorgaben wacht. Im Bereich Vertriebs-/Marketing-Controlling müssen bei Abweichung von der vereinbarten Zielrichtung geeignete Korrekturmaßnahmen ergriffen werden, um wieder auf den richtigen Pfad zu gelangen. Aufgrund der großen Bedeutung der Controlling-Aufgaben ist es empfehlenswert, die Aufgaben in einer Stabsstelle, möglichst bei der Vertriebsleitung, anzusiedeln. Es sollte in jedem Fall ein nach Vertriebskanälen getrenntes Controlling erfolgen, um z. B. unrentable Vertriebskanäle zu erkennen. Eine ausführliche Behandlung des Themas Vertriebs-/Marketing-Controlling erfolgt in Kapitel 10.

Für einen internen Dienstleister, insbesondere für die strategische Planung, ist eine Einheit für die *Marktforschung* zu den Absatzmärkten, den Kunden und den Wettbewerbern unentbehrlich. Auch für die Einheit, die sich mit dem Stromhandel beschäftigt, sind Informationen der Marktforschung für die tägliche Arbeit wichtig. In der Marktforschung geht es vor allem um das Aufspüren von Marktentwicklungen und Marktpotentialen (z. B. Informationen zu Zielsegmenten), aber auch um die Messung der Kundenzufriedenheit, Markenbekanntheit und Werbeerinnerung.[18] Generell werden Informationen aus der Primär- und Sekundärforschung benötigt. Im Einzelfall ist zu entscheiden, in welchen Fällen die Unterstützung durch externe Dienstleister sinnvoll ist (z. B. bei komplexen Kundenbefragungen). Einen besonderen Aspekt stellt der Aufbau einer Datenbasis für ein zukünftiges Database Marketing dar. Hier müssen kundenindividuelle Daten gesammelt werden, die später z. B. für Direktmarketingaktionen benutzt werden können.

---

18 Vgl. Bammert/Stadler (1996), S. 437.

3.2.2 Produkt- und Dienstleistungsmanagement

Insbesondere im Industriekundensegment können Dienstleistungen als wettbewerbsdifferenzierendes Element neben dem Strom angeboten werden. Die Anregungen zu neuen und das Feedback zu bestehenden Produkten kommen hierbei von den Vertriebsmitarbeitern und den Segmentmanagern. Das Angebot von Zusatzservices dient einer stärkeren Verzahnung mit dem jeweiligen Kunden. Das EVU tritt damit als ganzheitlicher Energiedienstleister auf.

Angebote wie Erstellung eines Blockheizkraftwerks, Betrieb eines unternehmenseigenen Kraftwerks, Einsparungscontracting und Kälte-Wärme-Angebote werden von speziell ausgebildeten Ingenieuren projektiert. Diese Einheiten können entweder als reines Cost Center oder aber auch als Profit Center geführt werden, z. B. wenn den Key Accountern und den Segmentmanagern oder den Kunden die erbrachten Leistungen in Rechnung gestellt werden. Als Profit Center müssen sie an den externen Markt gehen können, um ihre Leistungen zu wettbewerbsfähigen Preisen anzubieten.

Im Produktmanagement bestehen Verbindungen zur strategischen Planung, da unter allen organisatorischen Einheiten die Budgets, insbesondere für Personal, aufzuteilen sind. Unter anderem geht es um die wesentliche Frage, welche Produkte anzubieten sind. Ein besonderer Vorteil der strategischen Planung mit allen Organisationsbereichen ist, daß Technik- (repräsentiert durch Produktentwickler) und Marketingdenken (repräsentiert durch Segmentmanager und Vertriebsmitarbeiter) integriert werden. So werden Produktentscheidungen sowohl aus technischer als auch aus Vertriebssicht bewertet.

3.2.3 Pricing-/Vertrags-Einheit

Der Preis gehört für Kunden allgemein zu den wichtigsten Anforderungskriterien. Damit kommt der Preisgestaltung zukünftig ein besonderer Stellenwert zu. Es geht nicht vorrangig darum, möglichst geringe Preise anzubieten – dafür gibt es zudem „natürliche" Grenzen durch die Einkaufskonditionen, die durch den Einkauf und den Stromhandel ausgehandelt werden. Vielmehr kommt es darauf an, intelligente Preiskonzepte zu entwickeln, die für den Kunden ebenso attraktiv sind wie für das eigene Unternehmen.

Für EVU besteht die Herausforderung darin, den Charakter und den Inhalt der bisherigen Abteilung für Preise und Verträge vollkommen zu ändern. Hatten die Mitarbeiter bisher die Aufgabe, Preise zu kalkulieren und Verträge gesetzeskonform zu erstellen, sind nun innovative und vorgedachte flexible, kreative Preiskonzepte zu entwickeln. Die Formen sind vielfältig, wie in Kapitel 6 ausführlich dargestellt wird.

Ähnlich wie bei der Southern Company (Atlanta) in den USA praktiziert, ist

die Pricing-Kompetenz (im Sinne von aktiv und kreativ statt reaktiv und kalku-
lierend) in einer Unternehmenseinheit zu bündeln. Analog zum Stromhandel ist
es auch hier empfehlenswert, Experten aus anderen Wettbewerbsbranchen zu integrieren, die nicht branchenblind sind, sondern neue Denkweisen hinsichtlich
der Preisgestaltung einführen und „frischen Wind" in alte Kalkulationseinheiten
hineinbringen. So könnten z. B. Mitarbeiter aus jenen Branchen passend sein, deren Leistungen ebenfalls „verderblich", d. h. nicht lagerbar sind und nur zu einem bestimmten Zeitpunkt genutzt werden können. Das trifft unter anderem auf
die Telekommunikationsbranche, Hotel- und Flugbranche, Kulturveranstaltun-
gen (Musicals, Theater, Vergnügungsparks etc.) oder die Bahn zu. Hier werden
zum Teil sehr komplexe Yield Management-Systeme (Ertragsmanagement) eingesetzt und entsprechende Preis-, Kommunikations- und Vertriebskonzepte angewandt. Mitarbeiter aus den entsprechenden Abteilungen dieser Branchen
könnten sich deshalb für EVU als sehr wertvoll erweisen.

In welcher Form eine solche Pricing-Einheit installiert wird, muß im Einzelfall
entschieden werden. Sehr wichtig ist es, eine enge Zusammenarbeit mit den Ver-
triebsabteilungen zu pflegen. Besondere Relevanz kommt hier den Key Accounts wegen der großen Abnahmemengen und ihrer daraus resultierenden Verhandlungsmacht zu. Die Vertriebsmitarbeiter können bereits ex ante abschätzen,
wie die Kunden auf verschiedene Preiskonzepte reagieren werden, bzw. ex post
berichten, wie diese die erarbeiteten Konzepte annehmen. Diese Erfahrungen
sind von unschätzbarem Wert und müssen in das konzeptionelle Pricing einfließen. Da die Preisgestaltung durchaus komplex werden kann – u. a. durch die vielen möglichen Preisgestaltungsparameter und die Berechnung der Ertrags- und
Gewinnauswirkungen für das eigene Unternehmen –, müssen die Mitarbeiter der
Pricing-Einheit unbedingt analytisches Know-how und Pricing-Erfahrung aufweisen. Darüber hinaus ist es bedeutsam, daß im Sinne eines stringenten Unter-
nehmensauftritts die Preiskonzepte für Industrie-, Gewerbe- und Privatkunden
abgestimmt sind. Eine Zusammenfassung der Pricing-Kompetenz in einer Abteilung ist hierbei unentbehrlich.

3.2.4 Unternehmenskommunikation

Für Energieversorger hatten *Public Relations* bzw. die *Öffentlichkeitsarbeit*
schon in der Vergangenheit einen relativ hohen Stellenwert. Die Aufgabe der
meist direkt dem Vorstand angegliederten Stabsstelle war bisher hauptsächlich
Imagepflege und öffentliche Stellungnahmen zu Unternehmens- oder anderen
Ereignissen (z. B. zu Versorgungsstörungen). In Zukunft wird sich der Aufga-
bencharakter der Einheit Public Relations wandeln: Statt reaktiver Presseerklä-
rungen gilt es, aktiv die Beziehungen zur Öffentlichkeit zu pflegen und das eigene Image im gewollten Sinne aufzubauen. Eng damit zusammen hängt die Schaf-

fung einer eindeutigen *Corporate Identity,* die nicht nur die Erstellung einheitlicher Hochglanzbroschüren bedeutet. Vielmehr muß das Unternehmen bei all seinen Handlungen und bei jedem Auftritt ein konsistentes Bild beim Kunden hinterlassen. Aus diesem Ziel leiten sich die Aufgaben einer Kommunikationseinheit ab. Sie übersteigen die reine Koordinationsarbeit, denn es ist vor allem wichtig, intern ein Umdenken zu erreichen und durch entsprechende Handlungen aller Mitarbeiter – nicht allein durch Worte – das Vertrauen der Öffentlichkeit zu gewinnen.

Nicht zuletzt ist der Unternehmensauftritt an die eigene Marke geknüpft. Daher muß der *Markenentwicklung* bzw. dem *Markenmanagement* organisatorisch Rechnung getragen werden. Das Markenmanagement ist in der Regel bereichsübergreifend und bezieht sich daher auf das gesamte Unternehmen. Marken im EVU-Bereich sind z. B. Avanza von RWE, ElektraDirekt von PreussenElektra, Yello Strom von EnBW oder EnerCity der Stadtwerke Hannover. Da die genannten Kommunikationsaufgaben unbedingt „aus einem Guß" sein müssen und zudem auf Langfristigkeit ausgelegt sein sollten, ist es ideal, die Aufgaben in einer hierarchisch hoch angesiedelten Stabseinheit zu bündeln. Primäre Aufgabe dieses Bereiches ist die Besetzung der Schnittstelle zur Werbeagentur, aber auch die Veranstaltung von Events, die Beschaffung von Werbemitteln und die Durchführung von Direct Mailing Aktionen in Abstimmung mit dem jeweiligen Vertriebsbereich.

3.2.5 Kundenservice

Zum Kundenservice gehört insbesondere das *Beschwerdemanagement.* Zwar werden Beschwerden oft noch als lästiges Übel angesehen, doch ein organisiertes Beschwerdemanagement ist in der Regel für Unternehmen sehr wertvoll. Die zentralen Ziele und Aufgaben des Beschwerdemanagement der Stadtwerke Hannover sind in der folgenden Abbildung 6 dargestellt.[19]

Nicht zu unterschätzen ist die intern hervorgerufene Umorientierung der Mitarbeiter hin zu einer verbesserten Kundenorientierung. Zwar ist das Beschwerdemanagement – ebenso wie das Marketing – nicht Aufgabe einer einzelnen Abteilung, sondern des gesamten Unternehmens, doch hat die Abteilung eine Sammel-, Koordinations- und Steuerungsfunktion. Ein wichtiger Erfolgsfaktor des Beschwerdemanagements ist es, das Thema nicht halbherzig anzugehen. Die Stadtwerke Hannover machen dies beispielhaft vor: Insgesamt fünf für das Beschwerdemanagement zuständige Mitarbeiter arbeiten in der Abteilung Kundenbeziehungen und Beschwerden in direkter Anbindung an die Leitung der Hauptabteilung Bezug und Vertrieb. Das Beschwerdemanagement setzt sich aus

---

19 Quelle: Galler/Stadler 1997, S. 111 f.

Zentrale Ziele	Zentrale Aufgaben
Wiederherstellung und Steigerung der Kunden- und Mitarbeiterzufriedenheit	Inputaufgabe (Beschwerdeentgegennahme, -stimulierung, -kanalisierung)
Unterstützung der kundenorientierten Ausrichtung der Stadtwerke Hannover AG (Unternehmenskultur)	Fallbearbeitung (zentrale Beschwerde-bearbeitung, Unterstützung bei der dezentralen Bearbeitung)
Unterstützung der unternehmensweiten Leistungsoptimierung	Nachsorge (Beschwerdenachsorge, Ermittlung der Beschwerdezufriedenheit)
Schnelle, zuverlässige und unbürokratische Beschwerdebearbeitung	Kontaktpflege (Aufbau und Pflege von Kundenbeziehungen und von Kontakten zu Marktpartnern wie Verbraucherzentrale, Mieterbund u.a.)
Aktive Beschwerdeinitiierung	Informationsgewinnung (Erfassung und Auswertung der Unzufriedenheits-äußerungen, Informationsdistribution)
Beschwerdeprophylaxe im Sinne eines Qualitätsmanagements	
Aufbau eines Beziehungsmanagements zu Kunden und Marktpartnern (Verbraucher-zentrale, Mieterbund u.a.)	

Abbildung 6: Ziele und Aufgaben des Beschwerdemanagements der Stadtwerke Hannover

einer zentralen und einer dezentralen Beschwerdebearbeitung zusammen: Fachabteilungen zuzurechnende Beschwerden werden an diese weitergegeben (z. B. Abrechnung, Hausanschlüsse), allgemeine oder abteilungsübergreifende Beschwerden (z. B. an den Vorstand) werden von der Beschwerdeabteilung bearbeitet. Die Beschwerdeabteilung ist idealerweise im Call Center angesiedelt, um telefonische Anfragen direkt zu beantworten. Sie stellt damit einen „second level support" dar, während einfache Anfragen oder Beschwerden vom ersten annehmenden Call Center Agenten direkt aufgenommen bzw. beantwortet werden können. Neben den Beschwerden werden im Call Center natürlich auch Anfragen und Anregungen der Kunden aufgenommen. Hierzu ist eine leistungsfähige Customer Care Software notwendig, die nicht nur eine Verwaltung der Kundeninformationen erlaubt, sondern auch automatisch bestimmte Aktionen (z. B. Versendung von Infobroschüren) auslöst.

4 | Zusammenfassende Empfehlungen

Der Charakter des Produktes „Strom" erfordert, im Rahmen der Organisationsgestaltung einen Schwerpunkt auf den Vertrieb zu legen. Die konkrete organisatorische Einordnung der Bereiche „Vertrieb/Marketing" ist allerdings auch von der Größe des EVU, der Kundenstruktur und der Organisationshistorie abhängig. Die organisatorische Aufteilung des Vertriebes in die Linienorganisation

und die unterstützenden Einheiten als Querschnittsfunktion für alle Vertriebsbereiche ist nicht zwingend. Sie wird in einigen anderen Branchen in dieser Form
verfolgt. Strategie, Größe und Wachstumsziele eines EVU bestimmen letztlich
die Vertriebsorganisationsstruktur. Während alle Verbundunternehmen sowohl
Key Account-Management als auch Segmentmanagement einführen sollten und
dies z. T. schon gemacht haben, ist diese Vertriebsform für kleinere EVU vor dem
Kostenhintergrund kritisch zu sehen. In diesen Unternehmen sind eher „All-
rounder" zur Betreuung der Industriekunden gefragt. Der Einsatz von Außen-
dienstmitarbeitern für kleinere Industrieunternehmen muß einer strikten Ko-
sten-Nutzen-Abwägung unterzogen werden.

Zur Betreuung und Gewinnung von Privatkunden stehen eine Vielzahl von
Kanälen offen. Grundsätzlich sind hierbei verschiedene Effekte zu unterscheiden. So hat die Kooperation mit einem Versandhandelsunternehmen vor allem
einen hohen kommunikativen Effekt, da eine große Anzahl potentieller Kunden
erreicht wird. Ebenso dient die Zusammenarbeit mit etablierten Einzelhandels-
unternehmen der Imagebildung der EVU. Auf der anderen Seite sind allerdings
die Vertriebskosten pro gewonnenem Kunden mit dem „Lifetime-Value" dieses
Kunden abzuwägen. Vor diesem Hintergrund sind einzelne indirekte Vertriebskanäle kritisch zu prüfen. Angesichts der begrenzten Zahl attraktiver Handelspartner muß es hier zu schnellen Entscheidungen kommen. Anders als im Tele-
kommunikationsmarkt ist nicht zu erwarten, daß einzelne Händler mit mehreren Lieferanten kooperieren.

Die Einführung und Beachtung der strategischen Bedeutung des Stromhandels ist für alle EVU im zukünftigen Wettbewerb unabdingbar. Auch die Einrichtung der oben erwähnten unterstützenden Bereiche ist für alle EVU zwingend.
In Abhängigkeit von der Unternehmensgröße können mehrere Funktionen auch
von einer Person übernommen werden.

Die Frage nach der gesellschaftsrechtlichen Organisation des Vertriebs- und
Marketingbereiches (eigene Vertriebsgesellschaft versus Eingliederung in die bestehende Organisation) kann aus Sicht der Organisationseffizienz nur schwer
beantwortet werden. Die Alternativen sind gleichwertig, solange der Vertriebsbereich als eigenes Profit Center geführt wird. Hier spielen eher Risikoaspekte,
steuerrechtliche Gesichtspunkte und Organisationsflexibilität eine Rolle.

9. Online-Marketing und E-Commerce

Ulf Munack

1 | Ausgangssituation

Gut ein Jahr nach der Deregulierung des Elektrizitätsmarktes bahnt sich auch im Internet die Schlacht der Davids und Goliaths um Kunden an. So ließen z. B. die RWE und die Stadtwerke Hannover ihren Internet-Auftritt von bekannten Internetagenturen aufbessern. Auch ausländische Energieversorger wie Vasa Energy werden den Markteintritt mit einer umfassenden Internetpräsenz unterstützen. Besonders eindrucksvoll hat die Yello Strom GmbH, Tochter der EnBW, bewiesen, daß ein Markteintritt mittels der Vertriebskanäle Internet und Call Center, unterstützt von einer sehr umfangreichen Werbekampagne, hohe Aufmerksamkeit am Markt erzielen kann. Jedoch beweisen Unternehmen wie die Ares AG oder die KaWatt AG, daß es auch kleinen Unternehmen oder Stadtwerken möglich ist, mit einem geringen Budget Zugang zu den ca. 11 Millionen deutschen Internetnutzern[1] und somit potentiellen Kunden zu erhalten.

Trotz des fortgeschrittenen Wettbewerbs haben die kleinen schnellen Davids mittels eines integrierten Internet-Auftritts noch ausreichend Möglichkeiten, die Goliaths der Strombranche im Medium Internet zu schlagen bzw. empfindliche Hiebe auszuteilen.

2 | Analyse vorhandener Konzepte

Zahlreiche in der Presse veröffentlichte Studien beschwören das Potential des Internet als die Goldgrube der Zukunft. Das Internet bietet nicht nur Chancen zur Kundenneugewinnung, sondern auch zahlreiche Möglichkeiten der Kundenbindung durch eine zusätzliche Wertschöpfung pro Kunde.

Um dieses Potential für sich zu nutzen, müssen die Energieversorgungsunternehmen (EVU) aus der jetzigen Phase der partiellen und inkonsistenten Nutzung des Internet heraustreten und einen mit ihrer Strategie und Marktpositionierung kohärenten Marktauftritt sicherstellen. Fast alle deutschen EVU befinden sich noch in einer Phase, in der auf der Homepage nur die Bereitstellung von Informationen über das Unternehmen erfolgt. Eine Interaktion bzw. Kommunikation mit dem Kunden findet bei den wenigsten Unternehmen statt. So kann der Kunde z. B. bei den Stadtwerken Hannover, bei EnBW oder RWE nur über zentrale E-mail-Adressen Kontakt mit dem EVU aufnehmen. Der Aufbau einer emotionalen Beziehung zum Kunden ist über diese unpersönliche, technisierte Schnittstelle nicht möglich. Erste Ansätze bietet wiederum die Homepage der Yello Strom, auf der Kunden mittels eines Chats einen direkten Kontakt mit einem Serviceagenten her-

---

1 Vgl. ARD/ZDF-Online-Studie-1999 (1999) S. 1.

stellen können. Eine weitere Schwachstelle entsteht auch, wenn der Webauftritt sehr hohe Anforderungen an die Infrastruktur des Kunden stellt (z. B. Java applets, Flash Versions) und sich aus diesem Grund ein Internet-Auftritt nicht oder nur nach sehr langen Ladezeiten betrachten läßt. Gerade wenn die Zielgruppe aus Haushalten besteht, die mehrheitlich über langsame Modems den Zugang zum Internet erhalten, ist es wichtig, auf kurze Ladezeiten zu achten. Die Funktion sollte im Vordergrund stehen, nicht eine ausgefallene Graphik.

Unternehmen wie die Ares AG oder KaWatt AG gehören zum anderen Extrem. Sie stellen im Internet nur sehr sporadisch Informationen oder Services zur Verfügung, bieten jedoch die Möglichkeit eines schnellen Vertragsabschlusses.

In den meisten Fällen ist für den außenstehenden Beobachter nicht ersichtlich, ob die Websites der EVU aufgebaut wurden, weil heute jedes Unternehmen im Internet präsent sein „muß", oder ob das Unternehmen eine langfristige Strategie verfolgt. Neben den oft mangelhaft durchdachten Inhalten der Websites sind auch das Ziel und somit die Zielgruppe nicht eindeutig bestimmbar. Einige Websites unterscheiden bereits in Industrie- und Privatkunden, bieten jedoch kaum zielgruppenspezifische Angebote. Andere Websites fokussieren auf Privatkunden, sprechen aufgrund des Designs und der Inhalte aber nur ein sehr junges Kundensegment an, obwohl die Internet-User immer mehr die allgemeine Bevölkerungsstruktur widerspiegeln.

Die genannten Beispiele sollen zeigen, daß es weniger auf eine gelungene technische Umsetzung oder ein hervorragendes Design ankommt als vielmehr auf eine kohärente Strategie. Ein integrierter Internet-Auftritt muß sich konzeptionell an dem Gesamtauftritt des EVU orientieren und diesen zusätzlich in seiner Wirkung aktiv unterstützen.

Im folgenden sollen die Möglichkeiten und Chancen, die die neuen Medien für EVU und hier speziell für das Marketing bieten, anhand praktischer Hinweise und Beispiele aufgezeigt werden.

3 | Vertriebskanal Internet

Die bisherigen Entwicklungen zeigen, daß über das Internet vor allem Produkte und Leistungen vertrieben werden, die eine homogene Qualität aufweisen bzw. deren Nutzen bereits vor dem Kauf und somit vor der Anwendung vom Kunden voll antizipiert werden können. Heute sind dies vor allem Bücher oder CDs sowie Internetbanking als Service. Die dritte Erhebungswelle des GfK-Online-Monitors ergab, daß ca. 30 % der Internetnutzer bereits Bücher über das Internet bestellt haben und ca. 77 % Homebanking betreiben.[2] Die Nutzung des Internet

---

2 Vgl. G+J EMS (1999a), S. 72 ff.

als Vertriebskanal wird von den Kunden angenommen und stellt bereits heute ein Massenphänomen dar.

Jedoch kann auch festgestellt werden, daß einige Produkte im Internet nicht erfolgreich vermarktet werden können. Zur Beurteilung der Eignung eines Produktes haben sich die Kriterien Such-, Erfahrungs- und Vertrauenseigenschaften als sinnvoll erwiesen. Im Medium Internet können Sucheigenschaften von Produkten durch Fotos, Videos und Produktbeschreibungen vermittelt werden. Erfahrungseigenschaften, die der Kunde erst nach Gebrauch und Test des Produktes ermitteln kann, sind nur bedingt darstellbar. Hier können zum Beispiel Erfahrungsberichte oder „Geld-zurück-Garantien" das Risiko des Kunden verringern. Vertrauenseigenschaften, also Eigenschaften, deren Nutzen der Kunde selbst nach Gebrauch des Gutes nicht beurteilen kann, sind über das Medium Internet kaum zu kommunizieren.

Beim Produkt Strom überwiegen Sucheigenschaften, da Kunden als Entscheidungskriterien überwiegend Preis, Kündigungsfrist und Serviceangebot verwenden. Erfahrungs- und Vertrauenseigenschaften spielen beim Produkt Strom eine geringere Rolle. So gibt es für den Kunden de facto keine Qualitätsunterschiede für das Kernprodukt Strom, und der Nutzen ist dem Kunden hinlänglich bekannt. Zur Zeit wird vom Kunden lediglich ein Risiko im Wechsel des Energieversorgers, also in der Phase des Übergangs von einem EVU zum anderen, gesehen. Dieses wahrgenommene Risiko ist aber nicht systemimmanent und beeinflußt auch nicht einen Vertrieb über das Internet, zumal sich die Höhe des wahrgenommenen Risikos durch die umfangreichen Kommunikationskampagnen der EVU und die redaktionellen Beiträge in allen Medien stark verringern läßt.

Aufgrund der Übereinstimmung der Entscheidungskriterien eines Kunden für ein Produkt (hier vor allem die Sucheigenschaften) und der im Internet kommunizierbaren Kriterien eignet sich gerade das Commodity Strom für einen Vertrieb über das Medium Internet.

4 | Inhaltliche Gestaltung des integrierten Internet-Auftritts

Mittels eines Internet-Auftrittes können informationsorientierte, kommunikationsorientierte und transaktionsorientierte Dienste (vgl. Abbildung 1) angeboten werden.[3] Bei der ersten Gruppe handelt es sich um umfangreiche Informationen über Tarife, Services und Zusatzleistungen des EVU. Dies entspricht im wesentlichen dem heutigen Angebot der meisten EVU. Durch die Einführung von

---

3 Vgl. Altobelli (1999) S. 66.

kommunikationsorientierten Diensten, zum Beispiel einem Beschwerdemanagement, zusätzlichen Supportauskünften oder einem Chat mit einem Serviceagenten, ist ein wechselseitiger Informationsfluß möglich. Diese beiden Arten von Diensten werden besonders in der Pre- und Aftersales-Phase vom Kunden genutzt, wobei es sich sowohl um Privatkunden als auch um Industriekunden handeln kann. Transaktionsorientierte Dienste beinhalten alle Möglichkeiten, eine Transaktion, also eine Bestellung, auszulösen. Hierbei muß es sich nicht ausschließlich um den Abschluß eines Vertrages zur Stromlieferung handeln, sondern es können auch Merchandisingprodukte über die Homepage bestellt werden.

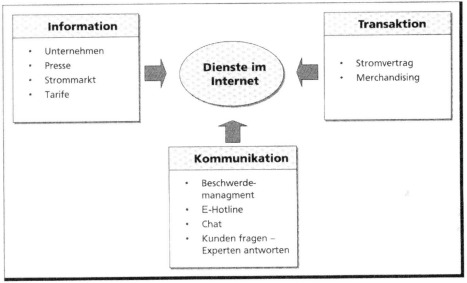

Abbildung 1: Dienste im Internet

Vorrangig beeinflussen die informationsorientierten Dienste den Kaufwunsch und den Kaufentscheidungsprozeß des Kunden. Die Bedeutung der kommunikationsorientierten Dienste wird in Zukunft zunehmen, da durch sie eine individuelle Betreuung und Beratung der Kunden möglich wird. Bei der Erstellung des Konzeptes für die Website ist darauf zu achten, daß die bereitgestellten Informationen inhaltlich entsprechend der Bedürfnisse des Kunden in der Pre- und Aftersales-Phase (vgl. Abbildung 2, Seite 204) strukturiert sind.

Aus Sicht des Kunden liegt heute nach wie vor der wahrgenommene Hauptnutzen des Internet in einer schnellen und komfortablen Informationsbeschaffung.[4] Ziel sollte es natürlich sein, den Kunden beim Kaufprozeß der Entscheidungsphase zu unterstützen und ihn in die Kaufphase zu begleiten. Hier sollte

---

4 Vgl. ARD/ZDF-Online-Studie 1999 (1999) S. 3.

Presales	**Aftersales**
• Preise/Tarife • Tarifrechner • Allgemeine Geschäftsbedingungen	• Ab- und Ummelden • Stromspartips • Kundenclub • „Mein Konto"

Abbildung 2: Trennung der Leistungen für die Pre- und Aftersales-Phase

ein Bruch der Medien vermieden werden und somit ein Vertragsabschluß über das Medium Internet möglich sein. Zu diesem Zweck sollten die transaktionsorientieren Dienste wiederum sehr transparent gestaltet werden. Diese müssen sich inhaltlich und konzeptionell an die Entscheidungsphase angliedern.

Neben solchen Besuchern, die den gesamten Kaufprozeß est auf der Homepage durchlaufen, gibt es auch ein Segment von Besuchern, die mit einer bereits vorhandenen Kaufabsicht auf die Hompage gelangen. Für diese User muß ein schneller und direkter Zugang, möglichst mittels eines Klicks, zum Vertragsangebot bereitgestellt werden. Das Design des Internet-Auftritts soll auf die Bedürfnisse der beiden potentiellen Kundensegmente abgestimmt sein.

Neben der Gruppe von Usern, die sich für das Angebot des EVU interessieren, aber noch keine Kunden sind, muß die Homepage auch bereits vorhandene Kunden und ihre Interessen und Bedürfnisse einbeziehen. So können für diese Kunden Kombinationen der informations-, kommunikations- und transaktionsorientierten Dienste mit einem direkten Zugriff auf die Kundendatenbank zusätzliche Mehrwerte schaffen. Möglich sind spezifische Informationsdienste, die an das Profil des Kunden angepaßt sind, zum Beispiel eine Energieberatung auf Basis der Kundendaten, Finanzierungsangebote für Neugeräte oder eine Umrüstung der Energieanlage. Aber auch die Übermittlung der Zählerstände oder die Anpassung der Stammdaten des Kunden gehören zu den Angeboten in der Aftersales-Phase. Zahlreiche dieser Möglichkeiten, die durch einen direkten Zugriff auf die Kundendatenbank entstehen, werden im Ausland z. B. von Vattenfall (Schweden) oder Duke Energy (USA) bereits angeboten. Bei Vattenfall kann der Kunde nach Eingabe seiner Kundennummer (vgl. Abbildung 3) seinen Zählerstand übermitteln, seine Rechnungen einsehen, Zusatzinformationen erhalten etc. Auch wenn die genannten Beispiele für Privatkunden gelten, sollte hervorgehoben werden, daß Mehrwerte sowohl für Haushalts- als auch Industriekunden angeboten werden können.

Neben den genannten Zusatzleistungen, die durch eine Anbindung an die Kundendatenbank möglich werden, können auch bestehende Leistungen, wie

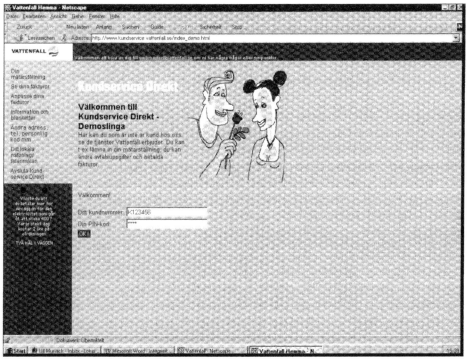

Abbildung 3: Kundenservice Vattenfall

zum Beispiel Newsmails oder Suchanfragen, personalisiert werden. Die An-
schreiben erfolgen nicht mehr mit „Sehr geehrter Kunde", sondern z. B. mit
„Sehr geehrte Frau Müller", und auch die Inhalte können anhand der Kundenda-
ten variiert werden, z. B. entsprechend des gewählten Tarifs oder des Energiever-
brauches. Suchanfragen können angepaßt werden, indem entsprechend des
Suchbegriffes zusätzliche Informationen bereitgestellt werden, an denen andere
Kunden, die denselben Suchbegriff verwendeten, schon Interesse gezeigt haben.
Der Wert dieser speziell für die Aftersales-Phase angebotenen Leistungen für das
EVU besteht nicht nur in einer Entlastung des Call Centers und somit in einer
Kostenreduktion, sondern auch in der Kundenbindung, die von diesen Leistun-
gen ausgeht.

Die genannten Beispiele und Hinweise für die inhaltliche Gestaltung des In-
ternetauftrittes beinhalten Leistungen, die durch ein EVU in Eigenleistung erbracht werden können. Mittels des Internet können aber nicht nur die Kernkompetenzen des EVU dem Kunden nahegebracht werden, sondern auch Leistungen
anderer Unternehmen unter der Marke des EVU in die Internetpräsenz integriert werden. Dieses Konzept eines virtuellen Unternehmens, bei dem Kernkompetenzen verschiedener Unternehmen unter einem Namen und einem Internet-Auftritt präsentiert werden, bietet vor allem kleinen Unternehmen und

Stadtwerken die Möglichkeit, trotz geringen Budgets durch Kooperationen umfangreiche Serviceleistungen anzubieten. In jedem Fall ist aber sicherzustellen, daß die kooperierenden Unternehmen nur die Wertschöpfungsstufen betreuen, die gleichzeitig ihre Kernkompetenzen darstellen.

Besonders einprägsame Beispiele sind neben dem Unternehmen amazon.com die vielen Serviceangebote der Suchmaschinen. Bei amazon.com ist es für den Kunden nicht ersichtlich, ob alle Leistungen aus einer Hand kommen oder ob mehrere Unternehmen diese gemeinsam anbieten. Yahoo.de oder Web.de bieten dem User einen umfangreichen Service bei der Wettervorhersage oder als Nachrichtendienst. In allen Fällen sind Kooperationen mit Marktführern der einzelnen Branchen abgeschlossen worden. Jedes Unternehmen bietet die Leistungen, die seinen Kernkompetenzen entsprechen. Der Kunde nimmt die Leistungen als Gesamtpaket aus der Hand nur eines Unternehmens wahr. Denkbare Kooperationspartner für EVU sind Handwerksbetriebe, Unternehmen aus dem Anlagenbau, Energieberater etc.

Ein integrierter Internet-Auftritt gibt dem EVU die Möglichkeit, neue Werte für den Kunden zu schaffen und die Kaufentscheidung bei Interessenten aktiv zu beeinflussen.

5 | Pricing von Internetangeboten

Auch auf dem Marktplatz Internet gelten die Regeln des Pricing, wobei in diesem Kapitel nur auf die medienspezifischen Besonderheiten eingegangen werden soll. Neben der Frage nach dem Gegenstand des Pricing, also welches Produkt gepreist werden soll, spielt die Frage der Preisdifferenzierung und somit der Segmentierung im Internet eine bedeutende Rolle. Abgesehen von den klassischen Formen der Differenzierung, z. B. nach Menge, Qualität oder Zeit, können die Kunden in ein Segment mit und ein Segment ohne Internetzugang eingeteilt werden. Durch die bereits genannten neuen Möglichkeiten der Wertschöpfung durch das Internet läßt sich auch eine Differenzierung nach dem Umfang des Leistungsangebotes durchführen. Inhaltlich entspricht dies den Möglichkeiten des Bundling von Produkten und Services bzw. dem Pricing von Produktlinien.

Ziel dieser Segmentierungen ist, daß Kunden mit unterschiedlichen Preisbereitschaften verschiedene Preismodelle angeboten bekommen und somit der Gewinn des Unternehmens gesteigert werden kann. Gleichzeitig muß sichergestellt werden, daß Kunden aus Segmenten mit hoher Preisbereitschaft keinen oder nur begrenzt Zugang zu den Angeboten für Kunden mit geringer Preisbereitschaft haben. Für EVU bedeutet dies die Möglichkeit, den Internet-Nutzern einen separaten Tarif anzubieten, ohne allen anderen Kunden Zugang zu diesem Angebot zu gewähren. Hierbei sind grundsätzlich zwei Fragen zu klären.

1. Welche Leistungen werden angeboten, und stellen diese eine wahrgenommene Differenzierung zu bestehenden Tarifen sicher?

2. Welcher Preis entspricht den Zielen des Unternehmens und ist attraktiv für den Konsumenten?

Zur Beantwortung der ersten Frage sei nochmals auf die Ausführungen im Abschnitt 4 verwiesen. Möglich sind Differenzierungen des Serviceangebotes, Art der Abwicklung der Geschäftsbeziehung etc. Bei der Auswahl der Leistungen sollte immer bedacht werden, daß diese für den Kunden einen Mehrwert darstellen. Verschiedene Methoden der Marktforschung können angewandt werden, um das EVU in diesem Entscheidungsprozeß zu unterstützen. Mit Marktforschungsmethoden läßt sich die Bedeutung der einzelnen Leistungen für das gewählte Kundensegment der Internet-Nutzer ermitteln. Des weiteren kann durch entsprechende Marktforschung auch erkannt werden, ob die Kunden überhaupt eine Differenzierung zwischen den Leistungspaketen wahrnehmen.

Nachdem ein entsprechendes Leistungspaket geschnürt wurde, erfolgt die Bestimmung des Preises. Prinzipiell soll sich der Preis am wahrgenommenen Nutzen des Kunden, an der eigenen Kostensituation und dem Wettbewerbsumfeld orientieren.

Neben den Vorteilen, die durch ein entsprechend gestaltetes Internetangebot für den Kunden entstehen, sollte nicht vergessen werden, daß durch eine Anpassung der Ablauforganisation an das Medium Internet sowie durch eine vollautomatische Kundenpflege auch auf seiten der EVU Durchlaufzeiten verkürzt und Prozeßkosten gesenkt werden können. Auch die zusätzlich angebotenen Leistungen lassen sich oft mittels des Internet kostengünstiger als über andere Medien realisieren. Den Kunden ist dieser Umstand in der Regel auch bekannt. Somit entsteht auf seiten der Kunden oft die Erwartungshaltung, daß Produkte im Internet günstiger sein sollten als in anderen Vertriebskanälen. Auch EVU werden sich in dieser Situation wiederfinden. Die Herausforderung für das EVU besteht somit darin, zu ermitteln, welcher Anteil der gesamten Kostenersparnisse an die Kunden weitergegeben werden muß.

Des weiteren besteht nicht nur die Frage, ob und wie hoch die Preissenkung sein soll, sondern auch in welcher Form sie an den Kunden weitergereicht werden soll. Dies kann zum Beispiel mittels eines speziellen Internettarifes geschehen. Vor einer Entscheidung für einen Internettarif sollten jedoch einige Details beachtet werden. Allein durch die Bewerbung dieses neuen Tarifs entstehen zusätzliche, hohe Kosten. Außerdem wird durch einen weiteren Tarif das Angebot für den Kunden unübersichtlicher. Ferner wird durch die Kommunikation dieses niedrigeren Preises ein neuer niedrigerer Referenzpunkt für alle Kunden, online sowie offline, geschaffen.

Neben der Gestaltung eines Internettarifs gibt es zahlreiche weitere Möglich-keiten, die Kostensenkungen an die Kunden weiterzureichen. Vorstellbar ist zum Beispiel, den Kunden einen einmaligen Anreiz zu bieten, um die Geschäftsbezie-hung zukünftig online statt offline abzuwickeln. Lufthansa nutzte beispielsweise diese Möglichkeit. Mitgliedern des Vielfliegerprogrammes wurde offeriert, zu-künftig die regelmäßigen Statusberichte nur noch in Form einer E-Mail zu erhal-ten. Für den Wechsel von der Offline- zur Online-Abrechnung erhielten die Kunden eine einmalige Gutschrift auf ihrem Meilenkonto. In ähnlicher Form wurde durch die Lufthansa vor einigen Jahren auch das papierlose Ticket (E-Ticket) eingeführt. Für EVU würde sich somit eine Gutschrift in DM oder kWh anbieten. Die Gutschrift kann natürlich für einen Neuabschluß eine andere Höhe haben als für Kunden, die von einer Offline- zu einer Online-Kundenbe-treuung wechseln. Die Vergabe einer Gutschrift hat mehrere Vorteile. Es bleiben die bestehenden Referenzpreise, die durch die am Markt bereits vorhandenen Ta-rife gebildet wurden, unverändert. Des weiteren wird sichergestellt, daß das Be-triebsergebnis nur einmalig belastet wird, im Gegensatz zu einem speziellen In-ternettarif.

6 | Online-Werbung

6.1 Werbemittel und Werbemedien

Neben der Sicherstellung einer hohen Qualität des integrierten Internet-Auftrit-tes ist auch der Vermarktung dieses Auftrittes eine hohe Aufmerksamkeit zu schenken.

Einer der ersten Schritte vor dem Aufbau einer Website ist die Wahl eines ge-eigneten Domain-Namens. Hier gelten die verschiedensten Kriterien wie einfa-che, kurze Schreibweise, direkter Bezug zum Produkt oder zur Marke. In der Praxis erlebt man jedoch oft, daß geeignete Domain-Namen bereits von Wettbe-werbern oder branchenfremden Unternehmen besetzt sind. Des weiteren zeigt die Realität, daß oft vergessen wird, alle Domains, die eine ähnliche Schreibweise oder einen ähnlichen Klang wie der ausgewählte Domain-Name aufweisen, zu reservieren und mit einem Link zur eigenen Website zu belegen. Das bekannteste Beispiel der Strombranche, bei dem bereits das Anfügen eines „W" an den Mar-kennamen die Kunden für kurze Zeit zu einem der stärksten Wettbewerber führ-te, zeigt, wie bedeutsam die Reservierung alternativer Domain-Namen ist.

Neben diesen einfachen, aber doch oft vernachlässigten Grundregeln gehört zu einer wirksamen Vermarktung der Website, daß der eigene Domain-Name mittels aller anderen Medien im Markt penetriert wird. Dem Domain-Namen muß mindestens die gleiche Bedeutung zuerkannt werden wie der Telefonnummer des Call Centers. Gerade bei TV-Spots muß leider festgestellt werden, daß der Domain-Name nicht oder nur in den letzten Sekunden eingeblendet wird statt während des gesamten Spots.

Neben der Vermarktung über die klassischen Medien bietet das Internet umfangreiche Möglichkeiten, Werbung für den eigenen Internet-Auftritt zu betreiben. Am bekanntesten ist die Werbung mittels Werbebanner, Microsites, Keyword-Advertising (vgl. Abbildung 4), Sponsoring oder Gewinnspielen. Die Bedeutung der Online-Werbung läßt sich am einfachsten an der Entwicklung der Online-Werbeumsätze erkennen. So werden sich die Online-Werbeumsätze in Deutschland von ca. 50 Mio. DM im Jahr 1998 auf ca. 450 Mio. DM im Jahr 2002 verneunfachen.[5] Trotz zahlreicher Diskussionen über die Vor- und Nachteile der Banner sind diese die am weitesten verbreitete Werbeform. Obwohl verschiedene Softwareprogramme kostenlos im Internet angeboten werden, die Werbebanner ausblenden können, stehen für 41 % der Internet-User positive Aspekte bei der Online-Werbung im Vordergrund.[6] Wie bereits erwähnt, wird der Hauptnutzen in der Informationsbeschaffung gesehen, die auch durch Werbebanner geleitet werden kann. Neben dem Keyword-Advertising, bei dem die Banner an die Eingabe bestimmter Suchbegriffe gebunden sind, können Banner in Abhän-

Abbildung 4: Keyword-Advertising mit Bannern

5 Vgl. Focus, „Der Markt der Online-Kommunikation – Zukunftsmarkt Internet" (1999).
6 Vgl. G+J EMS (1996), S. 85.

gigkeit von den Inhalten der jeweiligen Webseite geschaltet werden. Suchmaschinen und Verzeichnisse wie fireball.de oder yahoo.de bieten die Möglichkeit, die Werbebanner in Verbindung mit spezifischen Inhalten zu buchen. Suchmaschinen und Verzeichnisse sowie stromspezifische Inhalte großer Portale, wie zum Beispiel der Bereich „Energiemarkt" von focus.de, bieten sehr gute Möglichkeiten, in kurzer Zeit die gewählte Zielgruppe zu erreichen.

Aufbauend auf diesen verschiedenen Formen der Werbemittel und Werbemedien für die Vermarktung des Online-Angebotes eines EVU lassen sich unterschiedliche Vermarktungsstrategien implementieren. Diese werden im folgenden näher erläutert.

6.2 Vermarktungsstrategien

Im Medium Internet hat der Kunde erstmals die Möglichkeit, spontan auf den Impuls der Werbung mit einem Kauf zu reagieren. Bei der klassischen Werbung muß dagegen der Impuls stark genug sein, um den Kunden zu einem Besuch des Geschäfts oder einem Anruf beim Call Center zu bewegen. Im Internet hat der Kunde jedoch die Möglichkeit, mittels eines einfachen Klicks auf das Werbebanner direkt auf die Homepage des Anbieters zu kommen und dort sofort einen Vertrag abzuschließen.

Bei der Vermarktung der Homepage sollte entweder eine Marken- oder eine Verkaufsstrategie gewählt werden. Bei der Markenstrategie liegt das Ziel in einer schnellen Erhöhung der Bekanntheit der Marke durch eine hohe Anzahl von Pageimpressions, d. h. eine hohe Kontaktzahl mit dem Werbemedium bzw. der Werbebotschaft. Wichtigste Kennziffer für das Marketingcontrolling ist der Tausenderkontaktpreis (TKP), also der Preis, der für eintausend Kontakte mit dem Werbemedium gezahlt werden muß. Bei der Vertriebsstrategie dagegen liegt das erklärte Ziel in einer möglichst hohen Anzahl von Vertragsabschlüssen. Deshalb muß eine hohe Anzahl von AdClicks (die Anzahl der User, die ein Werbebanner anklicken) erzeugt werden. Die wichtigsten Kennziffern für das Marketingcontrolling sind die Kosten per AdClick bzw. die Kosten per Vertragsabschluß (Abbildung 5).

Im Rahmen einer Markenstrategie ist eine hohe Kontakthäufigkeit erwünscht, jeder Kontakt des Kunden mit dem Werbebanner erhöht die Wahrnehmung der Marke bzw. des Angebots. Bei der vertriebsorientierten Vermarktungsstrategie, bei der mit dem Werbebanner ein AdClick erzeugt werden soll, muß sichergestellt werden, daß die Kontakthäufigkeit nicht zu hoch ist und ein „Banner-Burnout" vermieden wird. Ein „Banner-Burnout" entspricht im wesentlichen einer Übersättigung, d. h. der Konsument kam bereits mehrmals in Kontakt mit dem Banner, hat aber noch nie mit einem AdClick reagiert. Die Wahrscheinlich-

	Mediastrategie	
	vertriebsorientiert	**markenorientiert**
Ziele	• AdClick • Vertragsabschluß	• Bekanntheit
Kontakthäufig-keit	• ≤ 4 Kontakte • Banner Burnout	• ≤ 8 Kontakte
Controlling-kennzahlen	• Kosten pro AdClick • Kosten pro Auftrag • Kosten pro Kunde	• Pageimpressions • Tausenderkontakt-preis (TKP)
Werbebotschaft	Informationen zum Angebot/Produkt	Image der Marke steht im Vordergrund
Zielgruppe	Einzelne Segmente	Ansprache aller Zielsegmente

Abbildung 5: Vertriebsorientierte vs. markenorientierte Mediastrategie

keit, daß der Konsument bei einem nächsten Kontakt mit dem Banner auf dieses reagiert, ist extrem gering. Das Banner hat seine Wirkung verloren und sollte durch eine neues ausgetauscht werden, es erfolgte ein „Banner-Burnout".

6.3 Web-Controlling

Die neuen Medien bieten dem Marketing-Controlling viele neue Möglichkeiten, die Werbewirkung anhand der Kundenreaktionen zu messen und zu steuern. Die Messung dieser Wirkung läßt sich im Internet wesentlich kostengünstiger durchführen als in den klassischen Medien. Die einzigartige Möglichkeit besteht darin, daß bei den neuen Medien nicht subjektive Einschätzungen einer kleinen Stichprobe von Befragten als Quellen der Informationsgewinnung dienen, sondern das reale Verhalten der Konsumenten.

Am fiktiven Beispiel (vgl. Abbildung 6, Seite 212) einer Online-Mediaplanung ist sehr deutlich zu erkennen, daß sich bereits im Vorfeld sowohl der zusätzliche Umsatz als auch der Soll-Nutzen dieser Werbekampagne abschätzen lassen. Trotz des Ziels, möglichst viele Vertragsabschlüsse zu erreichen, sollte nicht vernachlässigt werden, daß der reine Kontakt mit dem Banner eine Werbewirkung hervorruft. Die 2.550 Besucher, die auf der Website keinen Vertrag abgeschlossen haben, erhielten aber Informationen und sind in ihrer Kaufentscheidung beeinflußt worden. Studien zeigen, daß Werbebanner nachhaltige Wirkung haben. So können sich 25 % der User ungestützt an zuvor gesehene Banner erinnern, selbst einen Tag nach Betrachtung der Banner liegt die gestützte Wahrnehmung noch bei 16 %. Außerdem haben Banner auch einen positiven Einfluß auf das Markenbild.[7]

Beispielkalkulation Vertriebsorientierte Mediastrategie

Zeitrahmen: vier Wochen

Budget: 20.000 DM (16.000 DM Schaltauftrag und 4.000 DM Banner)

Zielsegment: Kategorie Handel_und_Wirtschaft/Energie bei yahoo.de

16.000 DM zu TKP 160 DM ⟹ 100.000 Kontakte

100.000 Kontakte im Zielsegment, 3 % ACR ⟹ 3.000 AdClicks

3.000 Ad Clicks , 15 % Abschlußrate ⟹ 450 Neukunden

450 Neukunden x 800 DM durchschnittlicher Jahresumsatz x 10 % Marge ⟹ 36.000 DM Deckungsbeitrag

➡ bereits im ersten Jahr gibt es nach Abzug der Werbekosten einen positiven Deckungsbeitrag

---

Abbildung 6: Beispiel einer vertriebsorientierten Mediastrategie

Während der Kampagne lassen sich die kritischen Faktoren bei dieser Planung, die AdClick-Rate (ACR, Prozentsatz der Konsumenten, die nach einem Kontakt mit dem Banner auf diesen mit einem AdClick reagieren) und die Abschlußrate, aufgrund der technischen Möglichkeiten im Internet, sehr gut kontrollieren. Hierbei verursacht jeder Besuch auf einer Website und jede abgerufene Information einer Online-Datenbank einen Eintrag in einer Datei, dem Logfile des Servers. Diese Einträge können nachträglich ausgewertet werden und geben reichhaltige Informationen über die Herkunft der Besucher und ihr Verhalten auf der Homepage.

Darüber hinaus bieten die Anbieter von Werbeflächen ihren Kunden die Möglichkeit, jederzeit online für die jeweiligen Bannermotive Auswertungen über die Anzahl der Pageimpressions und die AdClick-Rate zu erhalten. Aufgrund dieser Informationen sind Abweichungen der Ist-AdClick-Rate von der Soll-AdClick-Rate, im Beispiel 3 %, jederzeit feststellbar. Falls also die Ist-Werte unter den Sollwerten liegen, kann aufgrund der regelmäßigen Messung der AdClick-Rate reagiert werden. Gründe könnten in der Gestaltung der Werbebanner liegen oder im Zeitpunkt der Schaltung, also zu Tages- oder Abendzeiten. Im verwendeten Beispiel ist die genannte AdClick-Rate mit 3 % aufgrund der zielgruppenspezifi-

---

7 Vgl. G+J EMS (1996), S. 34 ff.

schen Werbefläche bereits sehr hoch. Die AdClick-Rate kann somit auch durch eine entsprechende Auswahl der Werbeflächen beeinflußt werden, wobei sie im Durchschnitt um 1 % liegt. Insgesamt kann empfohlen werden, in den ersten Tagen einer Online-Werbekampagne mehrere Werbebanner einzusetzen. Nach einer Auswertung der AdClick-Raten der verschiedenen Banner kann das erfolgreichste ausgewählt werden. Aufgrund dieser Möglichkeiten kann ein effektives Controlling für den kritischen Faktor AdClick-Rate sehr einfach und kostengünstig durchgeführt werden.

Der zweite kritische Faktor ist die Abschlußrate. Auch hier bieten die technischen Möglichkeiten der neuen Medien die Chance für ein einfaches und kostengünstiges Controlling. Da jedes Werbebanner eine ID-Nummer, auch „Tag" genannt, erhält und jeder User nach dem Anklicken des Banners diese ID mit sich führt, kann nachvollzogen werden, wie sich der User auf der Website verhalten hat (siehe Abbildung 7). So kann erkannt werden, wo der User eingestiegen ist, welche Seiten er besucht hat, welche Suchbegriffe verwendet wurden und an welcher Stelle er die Website verlassen hat.

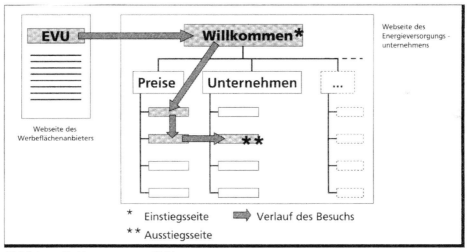

Abbildung 7: Nutzung von ID-Nummern

Falls die Ist-Abschlußrate unter den Sollwerten liegt, kann anhand dieser Daten festgestellt werden, wo die User den Bestellvorgang abgebrochen und die Website verlassen haben. Eine Verbesserung kann durch eine kundenfreundlichere Gestaltung der Website oder eine bessere Menüführung erfolgen. Es ist mittels dieser Vorgehensweise und der heutigen Technik durchaus möglich, die Erfolge einer Werbekampagne schon während ihrer Durchführung aktiv zu beeinflussen.

Neben einer Steuerung und Regelung der Werbeaktivitäten bieten die neuen Medien zahlreiche weitere Chancen, ein effizientes Web-Controlling durchzuführen. Falls die Pflege der Kundenbeziehungen überwiegend online erfolgt, können umfangreiche Daten sowohl über Besucher als auch Kunden der Website gewonnen werden. Beim Segment der Besucher können Informationen gewonnen werden, welche Seiten besonders oft besucht werden und somit welche Informationen vermittelt wurden. Für das Segment der Kunden können durch die Vergabe einer Kundennummer und die ausschließliche Beschränkung diverser Dienstleistungen auf diese Kunden zusätzliche Informationen generiert werden. Hierzu gehören Daten über die Interessen des Kunden an weiteren Dienstleistungen, Informationen über das Zahlungsverhalten etc. Mit diesen Informationen können für jeden einzelnen Kunden sowohl die Kosten als auch die Umsätze über den Lebenszyklus der Kundenbeziehung verfolgt werden. So können z. B. Angebote zur Kundenbindung nach der Bedeutung der Kunden gestaffelt werden, oder die Beziehung zu unrentablen Kunden kann abgebrochen werden. Im Beispiel (vgl. Abbildung 6, Seite 212) würden die Kosten der Akquisition, 20.000 DM, genau den gewonnenen 450 Kunden zugeordnet werden. Im Zeitraum der Geschäftsbeziehung kann dann festgestellt werden, ab welchem Zeitpunkt diese einen positiven Deckungsbeitrag aufweist und wie der Vergleich mit anderen Vertriebskanälen ausfällt.

Insgesamt bleibt festzustellen, daß das Medium Internet gerade für das Controlling von Marketingaktivitäten neue, ungeahnte Chancen bietet.

7 | Zusammenfassende Handlungsempfehlungen

Die Bedeutung des Mediums Internet ist bisher von den EVU noch nicht ausreichend erkannt worden. Die genannten Beispiele und Hinweise sollten Stadtwerke, regionale EVU sowie Verbundunternehmen ermutigen, die Möglichkeiten des neuen Mediums Internet mittels einer eigenen Homepage zu nutzen oder die bestehende Homepage zu optimieren. Die beschriebenen Möglichkeiten und Chancen sollten gerade im Kontext der Liberalisierung der Märkte nicht vertan werden. Hierbei sollten jedoch die folgenden Handlungsempfehlungen beachtet werden:

1. Die Eigenschaften des Produktes Strom bieten den Vertrieb über das Internet an. Auch mit einfachen, kostengünstigen Lösungen lassen sich neue Kundengruppen mittels des Internet gewinnen.

2. Bei der Entwicklung des Konzeptes muß beachtet werden, daß ein ausgewogener Mix an informations-, kommunikations- und transaktionsorientierten Diensten angeboten wird, der an die Zielpositionierung und die Zielsegmente angepaßt ist.

3. Die angebotenen Dienste sollten nicht nur auf einen schnellen Vertragsabschluß ausgerichtet sein, sondern auch die Kundenbedürfnisse in der Aftersales-Phase berücksichtigen.

4. Die Möglichkeiten des Internet bestehen nicht nur darin, Prozesse und Abläufe innerhalb des Unternehmens zu vereinfachen und somit Kosten zu senken, sondern auch darin, Mehrwerte für den Kunden bzw. für einzelne Kundensegmente zu schaffen. Diese Mehrwerte wirken sich auf die Gewinnung neuer Kunden und die Erhöhung der Kundenbindung aus.

5. Bei der Preisfindung kommt es darauf an, nicht die gesamte Kostenersparnis an den Kunden weiterzureichen, sondern nur den Anteil, der zur Kundengewinnung und -bindung notwendig ist. Es ist darauf zu achten, daß die Preise des Internetangebotes keine negativen Auswirkungen auf das Preisgefüge des Unternehmens haben.

6. Nur eine klar definierte Vermarktungsstrategie, also eine Vertriebs- und/oder Markenstrategie, kombiniert mit dem Einsatz eines Web-Controlling, stellt den langfristigen Erfolg des Engagements im Internet sicher.

7. Die gesamte Strategie für den Internet-Auftritt muß bezüglich der Positionierung, der Zielsegmente, der Inhalte und des Designs in sich stimmig sein. Darüber hinaus muß die Internet-Strategie aber auch kohärent zur Unternehmensstrategie sein und diese unterstützen.

C.
Implementierung

10. Marketing- und Vertriebscontrolling

Alexander Pohl

1 | Ziele des Marketingcontrolling
in Energieversorgungsunternehmen

In den letzten Jahren erlangte neben dem Marketing das Unternehmenscontrolling aufgrund der Liberalisierung der leitungsgebundenen Energiemärkte und des damit einhergehenden schärfer werdenden Wettbewerbs zunehmende Bedeutung. Darüber hinaus steht gegenwärtig der Aufbau und die gezielte Gestaltung des Marketing- und Vertriebscontrolling (im folgenden als Marketingcontrolling bezeichnet) im Brennpunkt. Das Marketingcontrolling verbindet Marketing und Controlling und muß daher die Anforderungen beider Bereiche im Unternehmen zusammenführen.

Durch die jüngsten Marktentwicklungen entsteht ein nicht unerheblicher Handlungsdruck im Bereich des Marketingcontrolling in deutschen Energieversorgungsunternehmen (EVU). Der Handlungsdruck resultiert daraus, daß ein Marketingcontrolling aufgrund der erst in den letzten Jahren gewachsenen hohen strategischen Bedeutung des Marketing- und Vertriebsbereiches in vielen Unternehmen noch nicht oder nur in unzureichendem Ausmaß in der Unternehmensorganisation implementiert ist. Hauptaufgaben liegen bei diesen Unternehmen somit zunächst im Aufbau des Marketingcontrolling. Demgegenüber steht in den Unternehmen, die bereits über ein Marketingcontrolling verfügen, nicht der Aufbau, sondern vielmehr die Integration der aus der Liberalisierung folgenden Besonderheiten im Vordergrund.

Beide Aufgaben – der grundsätzliche Neuaufbau und die Integration von Marktbesonderheiten – werden gegenwärtig von einer Vielzahl von EVU bearbeitet. Hauptziel des Marketingcontrolling ist dabei die anforderungsgerechte Informationsversorgung für alle Funktionen des Marketing-Managements.[1] Dazu zählen die Ableitung von Planungsgrößen, deren Kontrolle, die Informationsaufbereitung für das Marketing-Management und die Implementierung von Steuerungsmechanismen. Marketingcontrolling stellt damit eine umfassende Servicefunktion zur Entscheidungsunterstützung des Marketing- und Vertriebs-Managements dar. Mit dieser Zielsetzung ist das Marketingcontrolling klar abgegrenzt vom zentralen Unternehmenscontrolling und von sonstigen Controllingbereichen, wie dem Instandhaltungscontrolling[2] oder dem Materialwirtschaftscontrolling[3]. Vielfach wird das Marketingcontrolling organisatorisch sogar dem Marketing- und nicht dem Controllingbereich zugeordnet.

Bei der Informationsversorgung sind die unterschiedlichen Informationsan-

---

1 Vgl. ter Haseborg (1995), Sp. 1543.
2 Vgl. VDEW Arbeitskreis Controlling (1997).
3 Vgl. VDEW Arbeitskreis Materialwirtschafts-Controlling (1997).

forderungen in den verschiedenen Ebenen des Marketing-Management zu berücksichtigen. So ist zwischen Vorstands- oder Geschäftsführungsebene, Bereichs-, Hauptabteilungs- und Abteilungsebene sowie Produktmanagement und Marketingprojektteams zu unterscheiden. Jede Ebene benötigt verschiedene Informationen für die eigene Arbeit. Auf Vorstandsebene stehen Informationen zur gesamten Unternehmensentwicklung im Vordergrund, während ein Produktmanager insbesondere Größen wie die produktspezifische Absatz- oder Umsatzentwicklung im Auge hat. Die Abteilung, die sich mit der Unternehmensstrategie befaßt, benötigt wiederum spezielle Informationen zur Neukundengewinnung, zu Gründen der Kundenabwanderung (der sogenannte Churn), zur Kundenrückgewinnung und zur Kundenbindung. Der Vertrieb möchte demgegenüber wissen, wie effektiv und effizient die Vertriebsorganisation arbeitet. Diese Beispiele zeigen, daß im Marketingcontrolling ein weites Spektrum an Informationen vorliegen muß, die an den Anforderungen der unterschiedlichen Ebenen des Marketing-Managements auszurichten sind. Um dies zu erreichen, ist es erforderlich,

◆ den jeweiligen Informationsbedarf festzustellen,
◆ geeignete Informationsquellen zu identifizieren,
◆ die relevanten Informationen zu verknüpfen und
◆ diese Informationen in geeigneter Form aufzubereiten.

Marketingcontrolling beinhaltet somit nicht nur die Kontrollaufgabe, wie vielfach in zu enger Sichtweise angenommen wird, sondern ist als deutlich umfassendere Servicefunktion zu verstehen.

Die Konzeption und Implementierung eines Marketingcontrollingsystems in EVU erfordert die Berücksichtigung verschiedener Besonderheiten. Sie resultieren insbesondere aus der Komplexität der Kundenstruktur sowie aus den mit der Liberalisierung der Energieversorgungsmärkte verbundenen Konsequenzen für die einzelnen Unternehmen (Abschnitt 2). Aus diesen Besonderheiten ergibt sich das Erfordernis einer spezifischen Gestaltung der einzelnen Aufgaben und Instrumente des Marketingcontrolling (Abschnitt 3), die in strategisches Marketingcontrolling eingebettet werden müssen (Abschnitt 4). Idealerweise kommt darüber hinaus das Konzept der Balanced Scorecard zum Einsatz (Abschnitt 5). Ein Kernelement des Marketingcontrolling ist die DV-gestützte Umsetzung der Planung, Analyse und Steuerung, auf die in einem gesonderten Abschnitt eingegangen wird (Abschnitt 6). Abschließend werden die zentralen Erkenntnisse zusammengefaßt und Empfehlungen für die Umsetzung in EVU gegeben (Abschnitt 7).

2 | Spezifika bei der Gestaltung des Marketing-controlling in Energieversorgungsunternehmen

Beim Aufbau und bei der Gestaltung des Marketingcontrolling sind Besonderheiten des Energieversorgungsmarktes zu beachten. Folgende Besonderheiten erfordern eine direkte Berücksichtigung im Marketingcontrolling:

- Fehlender Bezugsrahmen für Absatz- und Umsatzentwicklungen im liberalisierten Markt
- Schwierigkeit der Renditebestimmung auf Einzelkunden- und Segmentebene
- Hohe Bedeutung der Energieträger für das Geschäftsergebnis
- Komplexität und Breite der Kundenstruktur
- Integration von Vertrieb und organisatorischen Außenstellen
- Dynamische Entwicklung des Marketingbereichs

2.1 Fehlender Bezugsrahmen von Absatz-/Umsatzentwicklungen im liberalisierten Markt

Die Liberalisierung der Energieversorgungsmärkte[4] führt bei einzelnen Unternehmen zu hohen Unsicherheiten in bezug auf die zukünftige Geschäftsentwicklung. So ist häufig unklar, wie sich der Absatz der verschiedenen Energieträger Strom, Wärme, Gas usw. in den nächsten Jahren entwickeln wird. Der Absatz wird durch den weiter fortschreitenden Substitutionswettbewerb zwischen den Energieträgern und durch den Unternehmenswettbewerb bei gleichen Energieträgern beeinflußt. Hierbei liegen keine Erfahrungswerte zu Kundenwechsel- und Neukundenakquisitionsraten vor. Erst die tatsächliche Marktentwicklung wird zeigen, welche Unternehmen zu den Gewinnern und welche zu den Verlierern zählen werden. Die Preisentwicklung als weitere unsichere Größe erschwert zudem die Umsatzprognose.

Für das Marketingcontrolling bedeutet dies, daß für bestimmte Planungsgrößen, wie Absatz oder Umsatz, nur vergangenheitsbezogene Werte, jedoch keine Benchmarks für die zukünftige Entwicklung vorliegen. Das heißt, es ist problematisch, zukünftige Ist-Zustände zu bewerten. Ist zum Beispiel ein Rückgang des Absatzes um 5 % innerhalb eines Jahres im Einzelfall als positiv oder als negativ anzusehen? Jedes EVU muß hier somit eine Planung in den einzelnen Bereichen vornehmen, die sich nicht ausschließlich an Werten des abgelaufenen Geschäftsjahres, sondern zusätzlich an der Einschätzung der zukünftigen Marktentwicklung (zum Beispiel auslaufende Stromverträge, Ansiedlung neuer

---

4 Vgl. zu juristischen Grundlagen Tegethoff (1998), S. 9 ff.

Gewerbegebiete, Marketingaktivitäten neuer Wettbewerber, Eigenerzeugungs-
absicht der Kunden) orientiert.

2.2 Schwierigkeit der Renditebestimmung auf Einzelkunden- und Segmentebene

Aussagen zur Rendite oder zu Deckungsbeiträgen im Kerngeschäft bezogen auf
einzelne Kunden oder einzelne Kundensegmente sind in den meisten EVU problematisch. Voraussetzung zur Bestimmung der Rendite ist die Kenntnis von
Umsätzen und Kosten. Während der Umsatz auf Kunden- und Segmentebene ex
post bekannt ist, stellen die Kostenzuordnung und die fehlende Kostentransparenz die Hauptprobleme bei der Renditeberechnung dar:

◆ *Kostenzuordnungsproblematik:* Zunächst besteht das grundsätzliche Problem,
Kosten auf Kunden- oder Segmentebene zuzuordnen. Hierzu gehören Strom-
beschaffungs-, Netz- und Verrechnungskosten. Erstere unterscheiden sich je
nach Bezugsquelle (Kernkraftwerke, Steinkohlekraftwerke oder Gasturbi-
nen), die für Grund-, Mittel- und Spitzenlast variieren kann. Dabei orientiert
sich die Strombeschaffung an der Gesamtnachfrage aller Kunden. Daraus resultiert *ein kundenbeeinflußter Beschaffungslastgang eines Energieversorgers.*
Bei der Zuordnung der Beschaffungskosten auf einzelne Kunden besteht nun
das Problem, daß verschiedene Kunden aufgrund ihres spezifischen Stromver-
brauchsverhaltens mehr oder weniger „gut" in den Beschaffungslastgang eines
Energieversorgers passen. Dies schlägt sich in den Kosten für die bereitgestellte Leistung nieder. Über die Berechnung von Gleichzeitigkeitsgraden wird die
Kundenspezifik im Verbrauchsverhalten berücksichtigt. Der Gleichzeitig-
keitsgrad spiegelt das Ausmaß der Ähnlichkeit des spezifischen Kunden(be-
zugs)lastgangs zum Beschaffungslastgang wider. Kosten für Arbeit und Leistung sind kundenindividuell zu veranschlagen.

Ein weiteres Problem ist die Zuordnung der Netzkosten. Sie werden auf Basis
der weiterentwickelten Verbändevereinbarung über Kriterien zur Bestimmung von Netznutzungsentgelten für elektrische Energie mit Wirkung zum
1. 1. 2000 berechnet. Danach muß nicht jeder Durchleitungsfall individuell berechnet werden, sondern die Nutzer des Stromnetzes bezahlen dem jeweiligen
Netzbetreiber einen pauschalen Anschlußpreis. Zusätzlich wird ein Trans-
portpreis von 0,25 Pfennig je Kilowattstunde berechnet, wenn Strom zwischen den beiden neudefinierten Handelszonen Nord (Übertragungsnetze
von VEAG, PreussenElektra, VEW Energie, HEW und Bewag) und Süd
(EnBW, RWE Energie und Bayernwerk) transferiert wird. Für Haushalts- und
Kleinkunden ist beabsichtigt, sogenannte Lastprofile zu entwickeln. Dies hätte für den Fall der Stromlieferung den Vorteil, daß der ansonsten erforderliche

Umbau oder Austausch des Zählers entfallen würde. Diese unterschiedlichen Aspekte determinieren die kundenindividuelle Kostenermittlung. Da die Kosten unmittelbar die Rendite beeinflussen, ist letztere immer nur vor dem Hintergrund der Kostenzuordnung zu interpretieren.

◆ *Fehlende Kostentransparenz:* Darüber hinaus ist es in EVU problematisch, einzelnen Marketing- und Vertriebsprozessen variable Kosten zuzuordnen. Dieses Problem resultiert insbesondere aus zwei Ursachen: Erstens sind Marketingprozesse meist noch nicht in der Prozeßkostenrechnung integriert, so daß eine Kostenzuordnung zu bestimmten Marketingaktivitäten nur schwer möglich ist. Zweitens wird in EVU vielfach auf Vollkostenbasis kalkuliert. Dies führt dazu, daß einzelnen Marketingaktivitäten zugeordnete Kosten viel zu hoch angenommen werden. Für Renditebetrachtungen hat dies zur Folge, daß Kosten entweder überhaupt nicht oder zu hoch ermittelt werden.

Für das Marketingcontrolling hat dies zur Implikation, daß renditeorientierte Planungs- und Zielgrößen oftmals nur mit hohem Aufwand innerhalb des Marketingcontrolling implementiert werden können. Aufgrund der Schwierigkeiten der Kostenzuordnung und der Kostentransparenz ist die Ermittlung von „korrekten" Renditegrößen mit hoher Unsicherheit verbunden. Zukünftig wird dieses Problem aufgrund der stärkeren Differenzierung der Preise[5] und der damit verbundenen schwierigeren Prognostizierbarkeit von Umsätzen noch größer.

2.3 Hohe Bedeutung der Energieträger für das Geschäftsergebnis

Den Hauptbeitrag zum Geschäftsergebnis liefert die Vermarktung der Energieträger. Zusätzlich dazu bietet eine Vielzahl der EVU zunehmend weitere Produkte und Dienstleistungen an. Dies sind sowohl energienahe Angebote wie Vertragsberatung, Energiemanagement, Wärmecontracting oder Beleuchtungscontracting als auch energieneutrale Angebote wie Aus- und Weiterbildung für Mitarbeiter der Kunden, Vermietung von technischen Spezialgeräten etc.[6] Der Beitrag zum Geschäftsergebnis aus diesen Produkten und Dienstleistungen ist im Vergleich zum Kerngeschäft gering. Aufgrund dieser relativen Geringwertigkeit werden primär zwei Ziele mit dem Angebot von zusätzlichen Produkten oder Dienstleistungen verfolgt:

◆ Erstens: Es wird mit dem Angebot ein positiver Deckungsbeitrag erzielt oder

---

5 Vgl. Laker/Herr (1998), S. 10 ff.; o. V. (1998f), S. 4 f.
6 Vgl. zu weiteren Beispielen Forster (1998), S. 38 f.

◆ Zweitens: Das Angebot leistet einen deutlichen Beitrag zur Kundenbindung im Kerngeschäft.

Da die Kundenbeziehung sehr wertvoll ist (im Geschäftskundenbereich auf Einzelkundenebene, im Privatkundenbereich auf Segmentebene), läßt sich ein kostendeckendes oder sogar kostenloses Angebot von zusätzlichen Produkten oder Dienstleistungen auch wirtschaftlich begründen. Selbst ein negativer Deckungsbeitrag aus den Zusatzangeboten würde durch den Wert der höheren Kundenbindung kompensiert.[7]

Als Konsequenz für das Marketingcontrolling ergibt sich die Tatsache, daß nicht unbedingt alle Geschäftsaktivitäten einen positiven Deckungsbeitrag erbringen müssen. Umgekehrt führen negative Deckungsbeiträge nicht notwendigerweise zu Eliminierungsentscheidungen. Somit ist zwischen Geschäftsaktivitäten zu differenzieren, die profitabel, die kostendeckend oder die kostenlos angeboten werden sollen.

2.4 Komplexität und Breite der Kundenstruktur

Das EVU-Geschäft ist unter anderem dadurch gekennzeichnet, daß ein Unternehmen meist eine gesamte Region versorgt. Neben der hohen Zahl an Kunden führt dies zusätzlich zu einer hohen Zahl an Kundensegmenten mit jeweils spezifischen Anforderungen an den Energieversorger. In Abhängigkeit von der Unternehmenszielsetzung setzt sich diese Komplexität im Marketingcontrolling fort, das heißt, der operative Aufwand der Informationsbeschaffung, -verdichtung und -weiterleitung ist im Vergleich zu anderen Branchen relativ hoch. Dies hat zur Folge, daß sämtliche Stufen des Marketingcontrolling in der Datenverarbeitung abgebildet werden müssen (vgl. Abschnitt 6).

2.5 Integration von Vertrieb und organisatorischen Außenstellen

Der Vertrieb bzw. die Kundenbetreuung in EVU ist zumindest im Geschäftskundensegment regional organisiert. So existieren Außenstellen oder Vertriebseinheiten, die jeweils die Kunden in bestimmten Gebieten abdecken. Das Marketingcontrolling muß den Erfolg der einzelnen Vertriebseinheiten abbilden, wobei auf eine faire Leistungsbeurteilung geachtet werden muß. Neben der Kundenbetreuung kommen zusätzliche Aufgaben auf den Vertrieb zu, die unter anderem in der aktiven Vermarktung von Dienstleistungen zur Kundenbindung

---

7 Vgl. Laker/Pohl/Dahlhoff (1998), S. 52.

oder in der Neukundenakquisition außerhalb des ehemaligen Versorgungsgebietes liegen. So sehen zum Beispiel die Pfalzwerke AG die Aufrechterhaltung der Kundenzufriedenheit und die Stärkung der Kundenbindung als zentrale Aufgaben der Vertriebsorganisation an.[8] In Zukunft wird der Vertriebsmitarbeiter in zunehmenden Maße erfolgsorientiert bezahlt werden. Dies hat zur Folge, daß die Maßstäbe der erfolgsorientierten Entlohnung im Marketingcontrolling erfaßt werden müssen.

Entwicklungstendenzen im Bereich „Kunden und Kundenstruktur"		
	Bisher	Künftig
Kundenstruktur	Sämtliche Wirtschaftssektoren innerhalb einer Region	Keine vollständige Abdeckung innerhalb der Region; Kunden außerhalb der Region
Segmentierung	Tarif-, Sondervertragskunden, Strom, Gas, Wärme	Branchen, Produkte, verhaltens- oder einsatzbezogene Merkmale
Kundenbeziehung	Stabil, kontinuierlich, gut prognostizierbar	Labil, befristet, schlecht prognostizierbar
Entwicklungstendenzen im Bereich „Angebots- und Preisstruktur"		
	Bisher	Künftig
Angebotsumfang	Hauptsächlich Energielieferung von Strom, Gas, Wärme usw.	Energie plus verschiedene Dienstleistungen, ggf. nur Netzleistungen
Verträge	Starr, relativ lange Laufzeiten	Flexible, differenzierte Laufzeiten
Preise und Mengen	Fest, eher statisch, gut prognostizierbar	Flexibel, dynamisch, unsicher
Entwicklungstendenzen im Bereich „Daten-/Informationslage"		
	Bisher	Künftig
Gegenstand	Vertragsdaten/technische Kundendaten	Zusätzlich umfassende Marketing-/Vertriebsdatenbasis (quantitativ und qualitativ)
Grundlage	Harte Fakten	Zusätzlich Schätzungen/ Unsicherheit

Abbildung 1: Entwicklungstendenzen in EVU mit Auswirkungen auf den Marketingbereich

---

8 Vgl. Schädler (1998), S. 290.

2.6 Dynamische Entwicklung des Marketingbereichs

Schließlich wird es in Zukunft zu mehr oder weniger großen organisatorischen Veränderungen im Marketing- und Vertriebsbereich kommen. So können zum Beispiel neue Segmente in die Struktur integriert, neue Produkte und Dienstleistungen entwickelt und angeboten sowie spezielle Vertriebsteams zur Neukundenakquisition außerhalb des ehemaligen Versorgungsgebietes gebildet werden.

Die Veränderungen im Marketingbereich resultieren hauptsächlich aus Entwicklungstendenzen in der Kunden-, Angebots- und Preisstruktur sowie der Daten- und Informationslage in EVU (vgl. Abbildung 1).

Marketingcontrolling muß sich an diese organisatorischen Entwicklungen flexibel anpassen können. Ein starres System ist somit ungeeignet. Vielmehr sollten beim Aufbau des Marketingcontrolling sämtliche Punkte so konzipiert sein, daß Veränderungen oder Erweiterungen schnell und technisch unkompliziert vorgenommen werden können.

Abbildung 2 faßt die EVU-Spezifika mit Auswirkungen auf das Marketingcontrolling zusammen.

Probleme im Marketing- controlling bei EVU	EVU-Besonderheit	Konsequenzen für das Marketingcontrolling
Fehlender Bezugsrahmen von Absatz-/ Umsatzentwicklung im liberalisierten Markt	• Absatzentwicklung von Energieträgern im liberalisierten Markt nur schwer prognostizierbar • Unsicherheiten bei zukünftiger Preis- und unternehmensspezifischer Umsatzentwicklung	• Bewertung von tatsächlichen Absatz- und Umsatzentwicklungen unklar • Schwierigkeit bei der Bestimmung von Soll-Größen (fehlende Benchmarks)
Schwierigkeit der Renditebestimmung	• Prozeßinduzierte variable Kosten meist unbekannt • Problem der Kostenzuordnung auf Einzelkunden- und Segmentebene	• Renditeorientierte Planungs- und Zielgrößen oftmals nur mit hohem internen Aufwand oder überhaupt nicht für das Kerngeschäft verwendbar
Hohe Bedeutung der Energieträger für das Geschäftsergebnis	• Extrem hoher Ergebnisbeitrag aus Kerngeschäft im Vergleich zu zusätzlichen Produkten und Dienstleistungen • Vermarktung von zusätzlichen Produkten und Dienstleistungen mit dem Ziel der Kundenbindung (auch bei negativem Deckungsbeitrag)	• Nicht alle Geschäftsaktivitäten müssen bei isolierter Betrachtungsweise einen positiven Deckungsbeitrag erbringen • Negative Deckungsbeiträge führen nicht notwendigerweise zu Eliminierungsentscheidungen
Komplexität der Kundenstruktur	• Komplettversorgung einer Region • Viele Segmente mit spezifischen Anforderungen	• Hoher Aufwand der Informationsbeschaffung, -verdichtung und -weiterleitung im Vergleich zu anderen Branchen
Integration von Vertrieb und organisatorischen Außenstellen	• Regional strukturierte Vertriebsorganisation • Zusätzliche Vertriebsaufgaben wie z.B. aktive Vermarktung von Dienstleistungen zur Kundenbindung	• Der Vertriebserfolg ist im Marketingcontrolling abzubilden • Faire Beurteilung des Vertriebserfolges erforderlich; Kopplung an Entlohnungssysteme
Dynamische Entwicklung des Marketingbereichs	• Neue Segmente • Neue Produkte oder Dienstleistungen • Neue Vertriebsaufgaben • usw.	• Marketingcontrolling muß offen für Veränderungen und Erweiterungen sein • Kein starres System

Abbildung 2: Spezifika im Marketingcontrolling bei EVU

3 | Aufgaben und Instrumente des Marketing-controlling unter Berücksichtigung der Spezifika des Energieversorgungsmarktes

Zu den bedeutendsten Aufgaben des Marketingcontrolling in EVU zählen die Informationskoordination für die Marketingplanung, die Durchführung von Marketing-Kontrollen und -Audits sowie die Informationsbereitstellung zur Marketingsteuerung und zur Mitarbeiterführung.[9]

3.1 Informationskoordination für die Marketingplanung

Die Marketingplanung in EVU umfaßt die Absatz-, Umsatz- und Deckungsbei-tragsplanung für die Kernleistungen Strom, Wärme, Gas etc. Für zusätzliche Produkte oder Dienstleistungen ist die Budgetplanung für Marketingmaßnahmen sowie die Vertriebsplanung erforderlich. Aufgabe des Marketingcontrolling ist hier die Definition der relevanten Planungsgrößen – nicht die Planung selbst. Dazu zählt zunächst die Erstellung einer Anforderungsliste, in der die Informationen oder Größen enthalten sind, die im Marketingcontrolling abgebildet werden. Für den Bereich Strom sollte als Absatzplanungsgröße die gesamte Absatzmenge, bestehend aus dem Absatz mit Alt- und Neukunden, berücksichtigt werden.

Bei der Erstellung dieser Anforderungsliste sollten im Marketingcontrolling allerdings die Informationsbedürfnisse der verschiedenen Marketingabteilungen durch Workshops mit Mitarbeitern oder gezielte Befragungen ermittelt werden. Eine im Jahr 1996 durchgeführte Befragung von Stromversorgern führte zu dem Ergebnis, daß die Erfassung von Anforderungen „interner Kunden" im Controlling noch zu den Ausnahmen zählt.[10] Da sich das Marketingcontrolling vielfach noch im Aufbau befindet, besteht hier die Chance, Planungsgrößen durch Befragung zu ermitteln. Mit dieser Vorgehensweise wurde ein Controlling-Prinzip der EnBW sichergestellt: „Die Führungskraft entscheidet, was geplant wird. Der Controller entscheidet, wie geplant wird."[11]

Des weiteren ist zu klären, von welchen Bereichen im Unternehmen diese Größen geplant werden. Im Marketingcontrolling muß also die Informations-quelle für die Planungsgröße identifiziert werden. Schließlich sind diese Größen in geeigneter Datenverarbeitungsform abzulegen und als Planungsgrößen intern

---

9 Vgl. zu ähnlichen Aufgabenunterteilungen außerhalb des EVU-Bereichs zum Beispiel Küpper (1995), Sp. 2625 ff.; Horváth (1990), S. 26 f.; Anthony/Dearden (1976), S. 3.
10 Vgl. Joos-Sachse (1997), S. 465.
11 Vgl. Bozem/Meier (1997), S. 133.

zu kommunizieren. Im Marketingcontrolling läuft somit die Definition bzw. Auswahl, die Beschaffung, die Zusammenführung und die Verwaltung sowie die interne Kommunikation von Planungsgrößen verantwortlich zusammen (vgl. Abbildung 3).

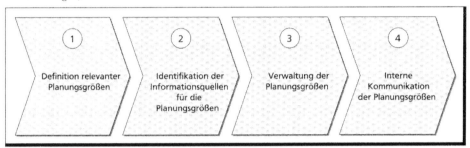

Abbildung 3: Ablaufschema der Informationskoordination für die Marketingplanung

Neben der Abstimmung dieser meist einjährigen Planung gehört die Abbildung der strategischen Marketingplanung zu den Aufgaben des Marketingcontrolling. Strategische Zielgrößen, wie mittelfristige Marktanteile, Bekanntheitsgrad außerhalb des ehemaligen Versorgungsgebietes oder Kundenzufriedenheit, sind in das Marketingcontrolling zu integrieren. Nach der Öffnung der Gebietsmonopole erlangt die strategische Marketingplanung eine zentrale Bedeutung für das Unternehmen. Daher ist eine Integration dieses Bereichs in das Marketingcontrolling von größter Wichtigkeit.

Die größte Schwierigkeit besteht hierbei in der Abstimmung zwischen strategischen und operativen Marketingplänen im Marketingcontrolling. Grund ist die häufig anzutreffende organisatorische Trennung der operativen Vertriebsaufgaben und der Entwicklung von Marketingstrategien[12] sowie die in EVU häufig noch fehlende Integration beider Bereiche bei der Marketingplanung.

3.2 Durchführung von Marketing-Kontrollen und -Audits

Die Überwachung, also Kontrollen und Audits, ist eine weitere bedeutende Aufgabe des Marketingcontrolling. Während sich der Kern der Kontrolle im klassischen rückblickenden Soll-Ist-Vergleich konkretisiert, sind Audits[13] hauptsächlich zukunftsorientiert angelegt. Beide Bereiche werden im folgenden betrachtet.

Gegenstand der Kontrolle sind Unternehmensabläufe und Ergebnisse. Bei Unternehmensabläufen wird die Effizienz wichtiger Prozesse, wie die Reaktionsgeschwindigkeit des eigenen Unternehmens auf Kundenbeschwerden oder der interne Ablauf der Neuproduktentwicklung, überprüft. Hierfür können

---

12 Vgl. Köhler (1998), S. 12; Köhler (1993), S. 102 ff.
13 Vgl. Töpfer (1995), S. 1534.

auch Benchmarks aus anderen Unternehmen als Referenzgrößen für die Kontrolle herangezogen werden.

Vielfach überwiegen demgegenüber allerdings die Ergebniskontrollen. Hierbei werden den Planungsgrößen die tatsächlichen Ist-Größen gegenübergestellt. Dieser Vergleich führt zu einem objektiven Nachhalten der tatsächlichen Geschäftsentwicklung.[14] So werden zum Beispiel monatlich die geplanten Umsätze aus dem Stromgeschäft den realisierten Umsätzen gegenübergestellt. Folgende Objekte sollten in EVU durch entsprechende Kenngrößen kontrolliert werden (die Auflistung stellt die Mindestanforderung dar und ist im Einzelfall um unternehmensspezifische Aspekte zu erweitern):

- ◆ Im Kerngeschäft und mit sonstigen Produkten und Dienstleistungen erzielter Absatz, Umsatz, Deckungsbeitrag (Strom, Wärme, Gas etc.)
- ◆ Vertragsanzahl (Differenzierung nach bestehenden, wiederaufgenommenen und neuen Verträgen)
- ◆ Kundensegmente (Entwicklung von Kundenzahlen und Kundenstruktur, Kundenanforderungen, eigene Wettbewerbsvorteile im Segment etc.)
- ◆ Vertriebseinheiten (Regionalniederlassungen, Vertriebsmitarbeiter)
- ◆ Vertriebskanäle
- ◆ Marketingmaßnahmen (Wirkungskontrollen verschiedener Maßnahmen)

Zusätzlich sollte bei der Ergebniskontrolle auch eine Frühwarnfunktion ausgeübt werden. So können die aktuellen Entwicklungen verschiedener Planungsgrößen (wie der Stromumsatz) in Relation zur Zahl der Mitarbeiter im Vertrieb gesetzt werden.[15] Sind bestimmte Benchmarks solcher Größen überschritten, dient dies als Frühwarnindikator.

Durch Audits wird eine Bewertung heutiger Strategien vor dem Hintergrund der Marktentwicklung vorgenommen. So ist zum Beispiel zu prüfen, inwieweit die Prämissen bestimmter Strategien für die Zukunft noch Gültigkeit besitzen. Durch die Liberalisierung des Energieversorgungsmarktes entsteht hier ein hoher Anpassungsaufwand. Prämissen der bisherigen Marketingstrategie – soweit vorhanden – sind oftmals nicht mehr zutreffend. Die bevorstehende Änderung der Marktcharakteristik muß somit im Marketing-Audit abgebildet werden, um darauf aufbauend Rückschlüsse für die zukünftige Strategie ziehen zu können.

3.3 Informationsbereitstellung zur Marketingsteuerung

Das Ergebnis der Informationskoordination für die Marketingplanung sowie der Marketing-Kontrollen und -Audits wird entsprechend den Informationsanfor-

---

14 Vgl. Fließ/Marra (1998), S. 214 f.
15 Vgl. zu einer Übersicht solcher Relationen Remy (1997), S. 102.

derungen aus den verschiedenen Bereichen aufbereitet. Die einzelnen Ergebnisse werden dem Marketing-Management als Grundlage für Entscheidungen zur Verfügung gestellt. Um eine optimale Informationsaufbereitung zu gewährleisten, ist die Kenntnis von Zielen und Tätigkeitsprofilen der verschiedenen Informationsempfänger erforderlich. Ein Produktentwickler hat einen anderen Informationsbedarf als zum Beispiel ein Key Account-Manager. Während den Produktentwickler der Verkauf seines Produktes und die damit in Zusammenhang stehenden Probleme interessieren, ist der Key Account-Manager in erster Linie auf die Kunden und deren Anforderungen fokussiert.[16] Ebenso unterscheidet sich das Informationsbedürfnis auf den verschiedenen Hierarchieebenen. Manager auf höheren Hierarchiestufen benötigen vielfältige Informationen zu diversen Aspekten der Geschäftsentwicklung, diese jedoch tendenziell auf stark aggregierter Ebene. Demgegenüber liegt der Informationsbedarf von Mitarbeitern unterer Hierarchieebenen eher im Detail, jedoch hauptsächlich bezogen auf das eigene Aufgabenspektrum.

Aufgabe des Marketingcontrolling ist mithin die Informationsbereitstellung unter Berücksichtigung des Informationsbedürfnisses in den jeweiligen Bereichen und Abteilungen (Management-Reporting). Diesen obliegt dann die Aufgabe, geeignete Steuerungsmaßnahmen zu konzipieren und einzuleiten.[17] Konkret sollte das Management-Reporting in verschiedene Berichtsmodule aufgeteilt sein. Zweckmäßig ist eine Unterteilung in die Berichtsmodule Energieverkauf, Kundenentwicklung, Personalentwicklung und ggf. Energieeinkauf.[18] In Abbildung 4 (Seite 232) sind die ausgewählten Berichtsinhalte der einzelnen Module aufgeführt. Oftmals ist dem Management-Reporting organisatorisch auch das unternehmensexterne Berichtswesen angegliedert.[19]

3.4 Informationen zur Mitarbeiterführung

In Zukunft orientiert sich die Entlohnung der Mitarbeiter in EVU zunehmend an deren Leistung.[20] Dies betrifft in erster Linie die Mitarbeiter mit direktem Kundenkontakt und mit Aktivitäten zur Kundengewinnung, -betreuung und -bindung, also insbesondere Außendienst- oder Vertriebsmitarbeiter, Key Account-Manager und Manager von Kundensegmenten. Hierzu werden Provisionssysteme entwickelt, die auf einer fairen Beurteilung der Leistung basieren.

Die Aufgabe des Marketingcontrolling liegt hierbei in der Sammlung und Ver-

---

16 Vgl. auch Fiesser/Esser (1998), S. 46.
17 Vgl. auch Dihlmann (1991), S. 157 ff.
18 Vgl. ähnlich VDEW Arbeitskreis Controlling (1998), S. 16 f.
19 Vgl. Müller-Stewens (1998), S. 34 ff.
20 Vgl. o. V. (1998g), S. 25.

Management-Reporting			
Berichtsmodul Energieverkauf	**Berichtsmodul Kundenentwicklung**	**Berichtsmodul Personalentwicklung**	**Berichtsmodul Energieeinkauf**
• Gesamter Energieverkauf • Mit Energieträgern und sonstigen Produkten und Dienstleistungen erzielter Absatz, Umsatz und Deckungsbeitrag • Anzahl bestehender, wiederaufgenommener und neuer Verträge • Energieverkauf im Vergleich zum Vorjahresmonat	• Entwicklung des Energieverkaufs (entsprechend Berichtsmodul Energieverkauf) je Segment • Gesamtumsatz und -deckungsbeitrag je Segment • Anzahl der Kunden je Segment • Entwicklung segmentspezifischer Kundenzufriedenheit	• Auslastung der Vertriebsmitarbeiter • Anzahl Kunden je Mitarbeiter • Anzahl Fortbildungstage je Mitarbeiter	• Arbeit (kWh) und Leistung (kW) im Vergleich zum Vorjahresmonat • Grund-, Mittel- und Spitzenlast im Vergleich zum Vorjahresmonat • Erfassung der Stromeigenerzeugung • Kennzahlen zur Bezugsoptimierung (Jahresspitzen, Bezugsleistungen)

Abbildung 4: Ausgewählte Berichtsinhalte des Management-Reporting

dichtung von Informationen zur Abbildung des Provisionssystems. Ist das Provisionssystem für die Vertriebsmitarbeiter beispielsweise nach dem Umsatzvolumen der abgeschlossenen Verträge und dem gesamten Umsatzvolumen ihrer zuständigen Außenstelle aufgebaut, müssen durch Marketingcontrolling diese Größen für jeden Mitarbeiter ermittelt werden. Weitere Aufgabe des Marketingcontrolling ist die Zusammenstellung von mitarbeiterbezogenen Informationen, die eine Beurteilung und Steuerung der Marketing- und Vertriebsaktivitäten der Mitarbeiter erlauben. Im Marketingcontrolling werden somit Informationen beschafft und aggregiert, die zur Mitarbeiterführung und Mitarbeitermotivation geeignet sind.

3.5 Koordination der Informationen zwischen Marketingplanung, -kontrolle, -steuerung und Mitarbeiterführung

Schließlich ist es Aufgabe im Marketingcontrolling, die Informationen zwischen den beschriebenen Bereichen der Planung, Kontrolle, Steuerung und Mitarbeiterführung zu koordinieren. Abbildung 5 faßt diese Aufgaben mit den wichtigsten Instrumenten nochmals zusammen.

Abbildung 5: Aufgaben des Marketingcontrolling

4 | Strategisches Marketingcontrolling

4.1 Aufbau eines strategischen Marketingcontrolling

Bei einer strategischen Ausrichtung des Marketingcontrolling ist es zweckmäßig, zwischen folgenden drei Dimensionen zu differenzieren:

◆ Ebenen-Dimension: Kennzeichnet die Ebene innerhalb des Unternehmens, die Gegenstand des Controlling ist
◆ Kriterien-Dimension: Bestimmt die inhaltliche Ausrichtung des Controlling
◆ Zeit-Dimension: Ermöglicht die Unterscheidung in kurz- und mittelfristiges Controlling

Durch die drei Ebenen wird der sogenannte Strategische Controlling-Würfel aufgespannt (vgl. Abbildung 6, Seite 234).

Dieser Strategische Controlling-Würfel besteht seinerseits aus Unterwürfeln. Beim Aufbau des strategischen Controlling sollten für jeden der Unterwürfel – entsprechend den Aufgaben im Marketingcontrolling – folgende Fragen geklärt werden:

◆ Welches sind die Ziele und Meßparameter in diesem Würfel?
◆ Bedürfen diese Ziele eines ständigen Controlling?
◆ Was soll überwacht, gesteuert und geplant werden?

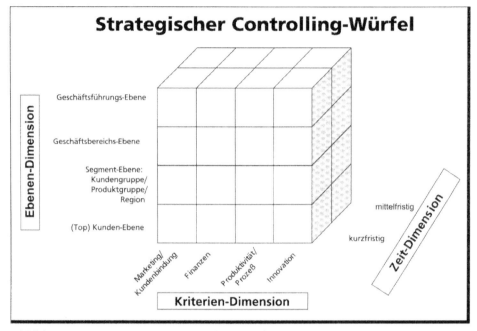

Abbildung 6: Der Strategische Controlling-Würfel

◆ Mit welchen Instrumenten kann dies geschehen?
◆ Wie sollen die Ergebnisse aufbereitet werden?

Bei der Frage nach den Zielen sind Berührungspunkte zwischen Würfeln unterschiedlicher Ebenen-Dimension zu berücksichtigen. So muß sich beispielsweise das auf Geschäftsbereichsebene verfolgte Ziel der Kundenbindung auch auf Segmentebene als Ziel wiederfinden. An Schnittstellen zwischen Würfeln müssen somit folgende Fragen geklärt werden:

◆ Welche Ziele werden aus der jeweils höheren Ebene abgeleitet?
◆ Welche Daten/Ergebnisse benötigen die benachbarten Würfel?
◆ Wie gehen die Daten/Ergebnisse des einen Würfels bei den angrenzenden Würfeln ein?

Im Ergebnis dieses Prozesses sollte ein durchgängiges System von Zielen und Meßparametern aufgebaut sein. In Abbildung 7 ist ein solches System beispielhaft für die Zielgröße der Produktivität dargestellt.

4.2 Ebenen im strategischen Marketingcontrolling

Hohe Relevanz besitzt die Ebenen-Dimension des Marketingcontrolling. Grund sind zum einen die unterschiedlichen Anforderungen, die Mitarbeiter unter-

Ebene	Ziel	Zeithorizont	Meßparameter	Instrument
Geschäftsführung	Produktivität um x % steigern	Mittelfristig	Umsatz pro Mitarbeiter	Soll-/Ist-Vergleich, Benchmarking
Geschäftsbereich	Produktivität um x % steigern	Mittelfristig	Umsatz pro Mitarbeiter	Produktivitäts-portfolios zur Identifikation von Schwachstellen
Geschäftsbereich	Produktivität um x % steigern	Mittelfristig	Umsatz pro Mitarbeiter/ Prozeßkosten	Prozeßwertanalyse, Prozeßanalyse
Segment	Senkung der segmentspezifischen Kosten bei Ausbau der Marktstellung	Mittelfristig/ Kurzfristig	Prozeßkosten	Kundennutzen-/ Prozeßkosten-portfolios
Kunde	Effizientere Kundenbetreuung	Mittelfristig/ Kurzfristig	Prozeßkosten der Kundenbetreuung	Zielkostenkontroll-diagramm

Abbildung 7: Durchgängiges Zielsystem über mehrere Unternehmensebenen

schiedlicher Ebenen an das Marketingcontrolling stellen, und zum anderen die unterschiedlichen Aufgaben, die je Ebene im Marketingcontrolling im Vordergrund stehen. In der folgenden Auflistung sind die Inhalte des Controlling der strategischen Ausrichtung nach verschiedenen Ebenen aufgeführt.

Unternehmensebene:
– Produkt-Portfolio
– Umsatz- und Renditeziele für Tochtergesellschaften
– Produkt-Markt-Kombinationen

Segment-Ebene:
– Strategische Stoßrichtung
– Umsatz- und Renditeziele (Ziel, Ist)
– Produkt-Mix (Ziel, Ist)
– Umsätze der Key Accounts
– Wettbewerbsvorteile und -nachteile
– Maßnahmen zur Überwindung der Wettbewerbsnachteile
– Interne Stärken und Schwächen
– Maßnahmen zur Überwindung der internen Schwächen

Einzelkunden-Ebene
– Umsatz und Rendite (Ziel, Ist)
– Produkt-Mix (Ziel, Ist)
– Einzelkundenbezogene Maßnahmen

In Abbildung 8 (Seite 236) sind die wichtigsten Inhalte des Marketingcontrolling mit den typischen Analysetools auf den unterschiedlichen Unternehmensebenen nochmals zusammengefaßt.

In EVU ist das Strategien-Controlling auf Segmentebene häufig noch nicht entwickelt. Daher wird auf die Segmentebene noch vertiefend eingegangen. Die

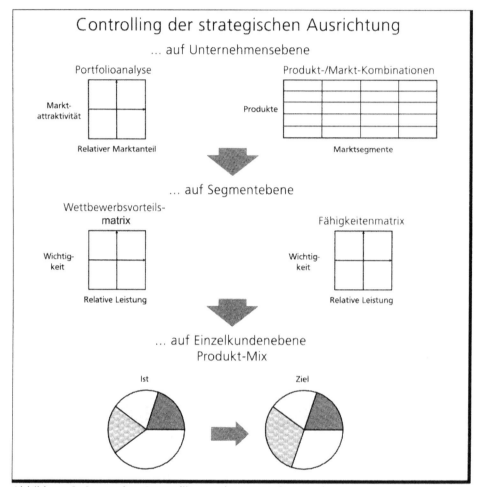

Abbildung 8: Strategien-Controlling nach Unternehmensebenen

in Abbildung 8 dargestellte Analyse der Wettbewerbsvor- und -nachteile sowie der internen Fähigkeiten sind wichtige Tools des Marketingcontrolling. Zusätzlich bietet es sich an, die Segmentstruktur, interne Schwächen im Segment und die „Geschäftssituation" in einem Segment in Form von Segmentsteckbriefen durch das Marketingcontrolling aufzuarbeiten. Diese drei Maßnahmen werden im folgenden erläutert.

Die Segmentstruktur wird insbesondere nach Umsatz und Rendite dargestellt. Bezogen auf den Umsatz spiegelt die Segmentstruktur den Umsatzanteil einzelner Kunden am gesamten Segmentumsatz wider. Dabei werden die Ist-Umsatzstruktur einer Ziel-Umsatzstruktur gegenübergestellt und Maßnahmen zur Erreichung des Ziels aufgeführt (vgl. Abbildung 9). Im Beispiel wird angestrebt, den Segmentumsatz insgesamt zu erhöhen. Dies soll durch Gewinnung neuer

Kunden geschehen. Damit reduziert sich der Umsatzanteil heutiger Kunden am Segmentumsatz.

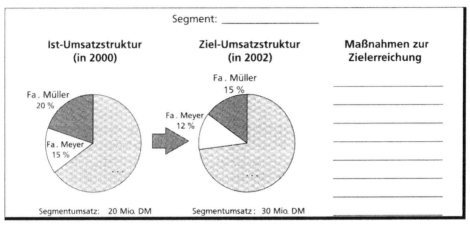

Abbildung 9: Segmentstruktur bezogen auf den Umsatz

Entsprechendes kann für die Rendite vorgenommen werden. In Abbildung 10 wird beispielsweise eine Zielrendite im Segment von 16 % angestrebt.

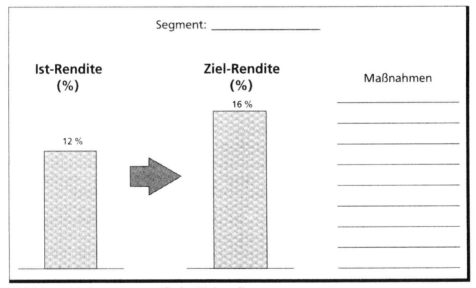

Abbildung 10: Segmentspezifische Zielrendite

Bei der Renditeberechnung auf Segmentebene sind die Umsätze den segmentspezifischen Kosten gegenüberzustellen. Hierzu zählen unter anderem die Energieerzeugungs- oder -beschaffungskosten und die Segmentbetreuungskosten.

Neben der Segmentrendite sollte in EVU auch der Nettonutzen der Segmentbetreuung ermittelt werden. Hierbei wird der Nutzen der Segmentbetreuung den korrespondierenden Kosten gegenübergestellt (vgl. Beispiel Abbildung 11). Im Beispiel steigt der Nutzen der Segmentbetreuung im Zeitverlauf an (Zeile 3). Angenommen wird, mit einer gesonderten Segmentbetreuung den Umsatz steigern zu können, wohingegen der Umsatz ohne Segmentbetreuung fällt. Ab dem dritten Jahr übersteigt dieser Nutzen die zusätzlich verursachten Kosten (Personal- und Sachmittelkosten, Kosten der organisatorischen Implementierung). Wenn der Nutzen der Segmentbetreuung die Kosten übersteigt, ergibt sich ein positiver Nettonutzen. Bereits ein gehaltener großer Kunde kann aus wirtschaftlichen Gesichtspunkten die zusätzliche Segmentbetreuung begründen.

Problematisch ist bei dieser Berechnung, daß sie hinsichtlich der Umsatzentwicklung auf Schätzgrößen basiert. So kann oftmals – auch im nachhinein – nicht mit Sicherheit bestimmt werden, ob ein Kunde ohne Segmentbetreuung zu einem anderen Energieversorger gewechselt wäre oder ob umgekehrt die Bindung eines Kunden ursächlich auf die Segmentbetreuung zurückzuführen ist. Es kommt hier jedoch nicht unbedingt darauf an, sämtliche Größen mit Sicherheit zu bestimmen, sondern es genügt, mit Schätzgrößen zu arbeiten. Dies ist ohne hohen Aufwand möglich und liefert relativ konkrete und valide Werte.

		2000	2001	2002	2003	2004
1	Umsatzentwicklung mit Segmentbetreuung (geschätzt)	100	105	110	110	115
2	Umsatzentwicklung ohne Segmentbetreuung (geschätzt)	100	95	95	90	90
3	Nutzen der Segmentbetreuung (Differenz aus 1 und 2)	0	10	15	20	25
4	Kosten der Segmentbetreuung	20	10	10	10	10
5	Nettonutzen der Segmentbetreuung (Differenz aus 3 und 4)	-20	0	5	10	15

Abbildung 11: Berechnungsschema zur Bestimmung des Nettonutzens der Segmentbetreuung

Weiterhin sind im Marketingcontrolling die internen Schwächen auf Segmentebene zu identifizieren. Aufzulisten ist, welche unternehmensinternen Schwächen bezüglich bestimmter Segmente bestehen. Dies kann zum Beispiel die mangelhafte Kommunikation zwischen Vertrieb und Segmentmanagement sein. Für jede Schwäche sind daran anschließend Maßnahmen zur Beseitigung zu entwickeln, den betroffenen organisatorischen Einheiten zuzuleiten und deren Umsetzung zu kontrollieren.

Zusammenfassend bietet es sich im Marketingcontrolling an, ein Segment in Form eines Segmentsteckbriefes darzustellen (vgl. Abbildung 12). In solchen Segmentsteckbriefen werden in kompakter Form die zentralen Kenngrößen zusammengefaßt. Dazu zählen die strategische Stoßrichtung (Neukundengewinnung, Kundenbindung o. ä.), Ist-, Budget- und Zielumsatz sowie Ist-, Budget- und Zielrendite. Außerdem werden die 20 aktuell umsatzstärksten Kunden mit ihrem Anteil am Segment-Umsatz aufgeführt. Ebensolches gilt für die 20 wichtigsten Zielkunden. Weiterhin bietet sich auf eher qualitativer Ebene eine Gegenüberstellung von Wettbewerbsvor- und -nachteilen sowie von internen Stärken und Schwächen an.

Segment-Steckbrief

- Segment: _____ _____
- Strategische Stoßrichtung: _____
- Ist-Umsatz: _____
- Budget-Umsatz (2000): _____
- Zielumsatz (2003): _____
- Ist-Rendite: _____
- Budget-Rendite (2000): _____
- Ziel-Rendite (2003): _____

Die 20 größten Kunden		Die 20 wichtigsten Zielkunden	
Unternehmen	Umsatz in 1999 (in TDM)	Unternehmen	Ziel-Umsatz in 2000 (in TDM)

Anteil am Segment-Umsatz: _____   Ziel-Anteil am Segment-Umsatz: _____

Abbildung 12: Segmentsteckbrief – Teil 1

Segment-Steckbrief

Wettbewerbsvorteile	Wettbewerbsnachteile

Interne Stärken	Interne Schwächen

Abbildung 12: Segmentsteckbrief – Teil 2

5 | Balanced Scorecard
| als weitergehendes Konzept

5.1 Zielsetzung der Balanced Scorecard

Innerhalb des Marketingcontrolling kommt immer häufiger die Balanced Score-card zum Einsatz. Mit ihr wird – wie im folgenden gezeigt wird – ein umfassen-derer Ansatz verfolgt. Das Konzept der Balanced Scorecard wurde Anfang der neunziger Jahre an der Harvard Business School von Robert S. Kaplan und Da-vid P. Norton entwickelt.[21] Ziel des Forschungsprojektes war es, ein Modell zur Leistungsmessung in Unternehmen zu entwickeln, das über reine Finanzkenn-zahlen hinausgeht. Balanced Scorecard heißt übersetzt „ausgewogener Berichts-bogen". Die Ausgewogenheit bezieht sich auf eine ganzheitliche Betrachtung des Unternehmens im Controlling. Es werden nicht nur finanzielle, sondern auch nicht-finanzielle Steuerungsgrößen verwendet.

Die Balanced Scorecard stellt somit eine Antwort auf die Kritik an traditionel-len Kennzahlensystemen[22] dar. Ein Kritikpunkt ist die Vergangenheitsorientie-rung, das heißt, es wird nur die vergangene Leistung, nicht jedoch mögliche Zu-kunftspotentiale des Unternehmens gemessen. Des weiteren liegen die Kennzah-len auf einem hohen Aggregationsniveau, was es den Mitarbeitern in den operativen Bereichen erschwert, den Zusammenhang zur eigenen Leistung zu er-kennen.[23] Schließlich ist offenkundig, daß auch nicht-finanzielle Größen, wie zum Beispiel die Kundenzufriedenheit oder die Kundenloyalität, den zukünfti-gen Unternehmenserfolg bestimmen. Dies kommt jedoch in den traditionellen Kennzahlen nicht zum Ausdruck.

Hauptziel der Balanced Scorecard ist dabei nicht nur die Erweiterung der rein finanziellen Betrachtungsperspektive auf nicht-finanzielle Steuerungsgrößen. Es geht vielmehr um ein Herunterbrechen der Unternehmensstrategie auf relevante meßbare Erfolgsfaktoren.[24] Aus den unternehmensspezifischen Zielen werden Steuerungsgrößen und konkrete Maßnahmen abgeleitet. Damit wird auch deut-lich, daß die Balanced Scorecard kein Standardtool ist, sondern für jedes Unter-nehmen individuell entwickelt werden muß.

Insgesamt umfaßt die Balanced Scorecard vier Kennzahlenkategorien, da nur eine Kategorie nicht geeignet ist, eine umfassende Unternehmenssteuerung zu ermöglichen. Diese vier Kategorien mit den jeweiligen Steuerungsgrößen bilden die wesentlichen Dimensionen eines Unternehmens ab:

---

21 Vgl. Kaplan/Norton (1993); Kaplan/Norton (1997).
22 Vgl. Johnson/Kaplan (1987).
23 Vgl. auch Kaufmann (1997), S. 422.
24 Vgl. Horváth (1999), S. 29.

◆ Die Beurteilung der Unternehmensleistung aus der Perspektive der Kapitalgeber (Finanzperspektive)

◆ Die Beurteilung der Unternehmensleistung aus der Perspektive der Kunden (Kundenperspektive)

◆ Die Prozeßanalyse, das heißt eine Untersuchung, welche Prozesse für das Unternehmen wichtig sind und wie gut sie erbracht werden (Organisations- und Prozeßperspektive) und

◆ Antworten auf die Frage, wie der langfristige Erfolg des Unternehmens sichergestellt wird (Wissens- und Entwicklungsperspektive).

In Abbildung 13 sind die vier Kategorien mit den übergeordneten Fragestellungen skizziert.

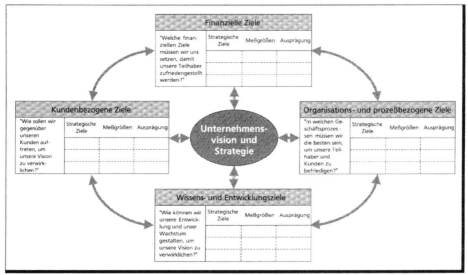

Abbildung 13: Kennzahlenkategorien der Balanced Scorecard
Quelle: in Anlehnung an Kaplan/Norton (1996), S. 76.

5.2 Einführung der Balanced Scorecard im Unternehmen

Für den Prozeß der Einführung einer Balanced Scorecard eignet sich folgende Vorgehensweise:

◆ *Zielformulierung*: Aus der übergeordneten Unternehmensstrategie sind für die vier Kategorien die jeweils strategischen Ziele abzuleiten und zu formulieren.

◆ *Meßgrößendefinition*: Für jedes strategische Ziel werden klare Meßgrößen definiert. Mit ihnen ist eine Messung des Zielerreichungsgrades möglich.

◆ *Konkrete Zielvorgabe*: Für jedes strategische Ziel erfolgt die Vorgabe einer konkreten – in der Regel quantifizierbaren – Zielausprägung.

◆ *Maßnahmenpläne*: Für jede Zielgröße werden Maßnahmen erarbeitet und qualitativ beschrieben, mit deren Hilfe die Zielgrößen erreicht werden sollen.

Die Ergebnisse dieses Prozesses werden in der Balanced Scorecard dokumentiert. In Abbildung 14 ist ein Auszug aus einer Balanced Scorecard dargestellt, wie er für ein EVU aussehen könnte. Konkret zeigt das Beispiel das Ergebnis der Zielformulierung und die Meßgrößendefinition. Außerdem werden die konkreten Zielvorgaben ausgewiesen.

	Strategisches Ziel	Meßgröße	Konkrete Zielvorgabe
Finanzielle Ziele "Welche finanziellen Ziele müssen wir uns setzen, damit unsere Teilhaber zufriedengestellt werden?"	• ROCE über dem Branchen-durchschnitt	• Return on Capital Employed (ROCE)	• ROCE über 20 %
	• Schneller als der Markt wachsen	• Umsatzwachstum	• Wachstumsrate von über 5 %
	• Cash-flow steigern	• Discounted Free-Cash-Flow	• Zuwachs von 5 % p.a.
Kundenbezogene Ziele "Wie sollen wir gegenüber unseren Kunden auftreten, um unsere Vision zu verwirklichen?"	• EVU mit höchster Kunden-orientierung	• Kundenzufriedenheit	• Kundenzufriedenheits-index um 10 % höher als bester Wettbewerber
	• Hohe Markenbekanntheit	• Gestützter Markenbekanntheitsgrad	• Markenbekanntheit größer 60 %
	• Hohe Kundenbindung	• Churnrate	• Churnrate kleiner 10 %
	• Intensive Betreuung von Key Accounts	• Besuchstage bei Key Accounts	• Mindestens vier Besuche pro Jahr pro Key Account
Organisations- und prozeßbezogene Ziele "In welchen Geschäftsprozessen müssen wir die besten sein, um unsere Teilhaber und Kunden zu befriedigen?"	• Permanente Erreichbarkeit	• Wartezeit und Erreichbarkeit im Call Center	• Wartezeit für 70 % der Anrufer kleiner 1 Minute • Erreichbarkeit größer 90 %
	• Schnelle Versendung von Vertrags-unterlagen	• Arbeitstage zwischen Anfrage und Versand	• 90 % unter fünf Arbeits-tagen
	• Geringe Fehlerquote bei der Kunden-abrechnung	• Anteil fehlerhafter Rechnungen	• Maximal 1 % fehlerhafte Rechnungen
Wissens- und Entwicklungsziele "Wie können wir unsere Entwicklung und unser Wachstum gestalten, um unsere Vision zu verwirklichen?"	• Hohe Mitarbeiterzufriedenheit	• Index Mitarbeiterzufriedenheit	• Zufriedenheitsindex über 80 %
	• Kontinuierliche Verbesserung	• Anzahl Verbesserungsvorschläge je Mitarbeiter	• Mehr als 10 Vorschläge pro Mitarbeiter pro Jahr
		• Umgesetzte Verbesserungs-vorschläge je Mitarbeiter	• Mehr als 1 Vorschlag pro Mitarbeiter pro Jahr

Abbildung 14: Auszug aus einer Balanced Scorecard für ein EVU

EVU stehen derzeit vor der Herausforderung, eine stärkere Kundenorientierung zu implementieren und den veränderten Marktbedingungen durch neue Organisationsstrukturen zu begegnen. Damit werden Kunden-, Organisations- und Prozeßperspektive der Balanced Scorecard tangiert. Beispiele für relevante kundenbezogene Ziele sind Kundenorientierung, Bekanntheitsgrad der Marke, Kundenbindung und Betreuung von Key Accounts. Zu den prozeßbezogenen Zielen gehören unter anderem Call Center-Erreichbarkeit, Schnelligkeit bei Versendung von Vertragsunterlagen und geringe Fehlerquoten bei der Kundenabrechnung. Als Wissens- und Entwicklungsziele sind die Mitarbeiterzufriedenheit und die kontinuierliche Verbesserung zu nennen. Beim konkreten Einsatz der Balanced Scorecard in EVU müssen die hier beispielhaft aufgeführten Steuerungsgrößen an die jeweilige Unternehmenssituation angepaßt werden. Dies geschieht durch einen systematischen Prozeß, bei dem aus der Unternehmensstrategie die jeweiligen Ziele abgeleitet werden.

Vorteile beim Einsatz der Balanced Scorecard in EVU sind die interne Bekanntmachung der finanziellen und nicht-finanziellen Steuerungsgrößen, der damit einhergehende Lerneffekt der Mitarbeiter sowie die Steuerung einer wirkungsvollen Implementierung von Strategien. Auf Mitarbeiterebene werden damit ein höheres Verständnis und eine verbesserte Identifikation mit den Unternehmensstrategien erreicht. Für das Unternehmensmanagement besteht der Vorteil, mit der Balanced Scorecard einen schnellen Überblick über die Unternehmenssituation in strategisch relevanten Bereichen – und zwar nicht nur auf Basis klassischer Finanzkennzahlen – zu gewinnnen.

In den USA hat das Konzept der Balanced Scorecard bereits breite Anwendung gefunden. Dort wird es auch dafür eingesetzt, aus der Unternehmensstrategie teamorientierte Zielsetzungen, Vergütungssysteme, Ressourcenallokation, Planung und Budgetierung sowie strategisches Feedback und Lernen abzuleiten. In Deutschland steht der Einsatz der Balanced Scorecard auf unternehmensstrategischer Ebene hingegen noch am Anfang.

6 | DV-Unterstützung im Marketingcontrolling

Zur Realisierung eines wirkungsvollen Marketingcontrolling gehört aufgrund der großen Datenmenge und der hohen Anforderungen an die Datenaufbereitung eine systematische Datenorganisation. Idealerweise wird diese mit Datenverarbeitungssystemen realisiert, die auch über Schnittstellen zu anderen Informationsquellen im Unternehmen verfügen, z. B. zum Vertriebsinformationssystem. Im folgenden werden zunächst die Anforderungen an eine Datenbank für das Marketingcontrolling und anschließend die Einbindung der Marketingcontrolling-Datenbank in die restliche Datenverarbeitung im Unternehmen betrachtet.

6.1 Anforderungen an eine Marketingcontrolling-Datenbank

Kernstück der Einbindung des Marketingcontrolling in die Datenverarbeitung bildet eine Datenbank. Diese muß folgende Anforderungen erfüllen:

◆ Es müssen Datenblätter für sämtliche Planungsgrößen entsprechend der Aufschlüsselung nach Produkten, Segmenten und Außenstellen vorliegen. Im Idealfall sind einzelne Größen bis auf Mitarbeiterebene herunterzubrechen, um z. B. eine erfolgsorientierte Entlohnung von Vertriebsmitarbeitern vornehmen zu können.

◆ Sämtliche Datenblätter müssen eine Soll- und eine Ist-Erfassung beinhalten. Auch ein Soll-Ist-Vergleich muß durchführbar sein.

◆ Die Datenbank muß einen unkomplizierten Dateninput aus anderen Quellen, wie Abrechnungssystemen, Vertriebsinformationssystemen und sonstigen relevanten Datenbanken, ermöglichen. Auch speziell recherchierte Größen, wie Kundenzufriedenheit, Image oder Marktanteil, sollten eingegeben werden können.

♦ Ebenso muß ein unkomplizierter Datenoutput zur Datenanalyse und -interpretation (zum Beispiel für das Berichtswesen) möglich sein. Hier bietet es sich an, geeignete Output-Makros zu entwerfen, die einen schnellen, regelmäßigen und einheitlichen Datenoutput ermöglichen. Es sollte auch möglich sein, Daten gemäß spezifischer Fragestellungen abzurufen. Dies ist insbesondere bei einer Unterschreitung der Planzahlen zum Aufspüren der Ursachen relevant.

In Abbildung 15 ist der strukturelle Aufbau einer Marketingcontrolling-Datenbank skizziert.

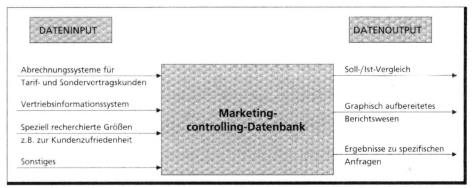

Abbildung 15: Struktur einer Marketingcontrolling-Datenbank

6.2 Einbindung des Marketingcontrolling in die Datenverarbeitung

Vielfach sind die Bereitstellung der Daten aus anderen Systemen und die Verknüpfung mit anderen Systemen problematischer als die Gestaltung des direkten Dateninputs in der Marketingcontrolling-Datenbank.[25] Am Beispiel des Vertriebsinformationssystems (siehe hierzu auch Kapitel 12) sollen die Schnittstellen aufgezeigt werden, die bei der Einbindung des Marketingcontrolling in die Datenverarbeitung zu beachten sind.[26]

Vertriebsinformationssysteme, die das Ziel der optimalen Unterstützung des Vertriebs beim Aufbau und der Pflege von Kundenbeziehungen verfolgen, befinden sich gegenwärtig bei vielen EVU im Aufbau. Von Vertriebsmitarbeitern gewonnene Kundeninformationen werden dort systematisch gesammelt. Die professionellen, in verschiedensten Wettbewerbsmärkten gegenwärtig mit großem

---

25 Vgl. auch Crombach/Ruf (1997), S. 69 ff.
26 Vgl. zu Zusammenhängen mit weiteren Informationssystemen Heinzelberger (1991), S. 245 ff.

Erfolg eingesetzten Vertriebsinformationssysteme[27] werden auch im EVU-Bereich eine immer größere Verbreitung erfahren. Heute bereits werden in den bei EVU vorhandenen Informationssystemen enorme Datenmengen verwaltet, die aus vergleichsweise detaillierten Informationen über Kunden, wie Nutzungs- und Verbrauchsstrukturen, bestehen. So dienen die erfaßten Daten üblicherweise ausschließlich für die Energieabrechnung, anstatt systematisch für Marketing- und Vertriebszwecke genutzt zu werden, und liegen somit weitestgehend brach.

Um Daten dieser Art effizient zu nutzen und gleichzeitig das Marketingcontrolling datentechnisch zu berücksichtigen, ist es empfehlenswert, ein Dateninformationssystem im Unternehmen anzuwenden bzw. ein bereits vorhandenes auszubauen, das sowohl ein Marketingcontrolling gestattet als auch die Nutzung aller verfügbaren Marketing- und Vertriebsdaten gewährleistet. Die in Abbildung 16 aufgeführte Checkliste sollte für die Entscheidungsfindung, wie das System gestaltet wird, bearbeitet werden.

An die Bearbeitung der Checkliste anschließen sollte sich die Durchführung einer Testphase mit in Frage kommenden Systemen. Es kann hierdurch abgeklärt werden, welches System den Anforderungen am besten entspricht, ob unterschiedliche Systeme verschieden von den Mitarbeitern aufgenommen werden (Akzeptanzbarrieren) und welches System die geeignetste Lösung darstellt bezüglich Kompatibilität mit schon vorhandener Soft- und Hardware und weiteren mittelfristigen Anschaffungen im DV-Bereich (siehe Abbildung 16).

7 | Implementierung des Marketingcontrolling in Energieversorgungsunternehmen

Bei der Implementierung des Marketingcontrolling in EVU ist eine Vielzahl von Aspekten zu beachten. Folgende Checkliste faßt die wichtigsten Punkte bei der Implementierung zusammen:

Organisatorische Aspekte:

◆ Es ist zweckmäßig, die Arbeitsaufgaben in Phasen zu unterteilen. Folgende Phasen sollten dabei berücksichtigt werden:
  – Definition von Planungsgrößen/Ableitung von Vorgabegrößen
  – Klärung der Inhalte der Kontrolle inklusive Analyse und Interpretation
  – Definition der Inhalte des Berichtswesens
  – Vorbereitung von Steuerungsmaßnahmen
  – DV-Unterstützung der einzelnen Prozesse

---

27 Vgl. Siebel/Malone (1996).

Stufe	Beispiele
Klärung des mit dem gekoppelten Dateninformationssystem verfolgten Ziels	• Unterstützung bei den operativen Vertriebsaufgaben • Unterstützung bei der Neukundengewinnung • Vollständige Abbildung des Vertriebs- und Marketingprozesses • Vollständige Abbildung des Vertriebs- und Marketingcontrolling-Prozesses • Integration von Vertrieb/Marketing und Vertriebs-/Marketingcontrolling
Auswahl der *Marktteilnehmer*, deren Daten in das System aufgenommen werden sollen	• Kunden • Energielieferanten • Absatzmittler • Multiplikatoren • Wettbewerber
Auswahl der *Mitarbeiter*, deren Daten in das System aufgenommen werden sollen	Mitarbeiter aus den Bereichen • Marketing und Vertrieb • Marketing- und Vertriebscontrolling
Bestimmung von *Produkten*, die in das System aufgenommen werden sollen	• Strom, Wärme, Gas • Sonstige Produkte und Dienstleistungen, aufgeteilt nach Kerndienstleistungen, energienahen und -fernen Dienstleistungen
Definition der *Arbeitsvorgänge*, die durch das Informationssystem vereinfacht, verbessert, beschleunigt oder überhaupt erst möglich gemacht werden	• Kundenbesuch inklusive Vor- und Nachbereitung • Segmentanalysen • Reaktion auf Kundenanfragen • Angebotsverfolgung • Beschwerdeverfolgung • Soll- und Ist-Erfassung von Planungsgrößen, aufgeschlüsselt nach Produkten, Segmenten und Außenstellen • Soll-Ist-Vergleich • Berichtswesen • Datenanalyse und –interpretation • Beantwortung von Fragestellungen, die unternehmensspezifisch variieren
Definition der pro Arbeitsvorgang benötigten Informationen	• Informationen über Vertragspartner/Kunden • Segmentzuordnung der Vertragspartner/Kunden • Verbrauchsdaten • Rechnungsdaten • Probleme der Kunden • Speziell recherchierte Größen, wie Image oder Kundenzufriedenheit • Informationen über Mitarbeiter
Identifikation der *Quellen* für die erforderlichen Informationen	• Vertriebsmitarbeiter • Controlling-Mitarbeiter • Abrechnungssystem • Vertragsverwaltungssystem • Externe Datenlieferanten

Abbildung 16: Checkliste zur Konzeption eines Dateninformationssystems

◆ Einrichtung eines Projektteams bestehend aus mehreren Personen aus unterschiedlichen Abteilungen (Projektleiter aus Marketingabteilung) zur Bearbeitung der Phasen.
◆ Das Projektteam sollte für ca. vier Monate gebildet werden und in dieser Zeit hauptsächlich an diesem Projekt arbeiten.

Inhaltliche Aspekte:

◆ Sukzessive Bearbeitung der verschiedenen Inhalte in den Phasen.
◆ Aufgrund der Komplexität der Aufgabe: Zunächst Konzeption einer realisierbaren „Startlösung", die spätere Erweiterungen zuläßt.

- Frühzeitige Kontaktaufnahme mit internen Einheiten/Personen, zu denen Schnittstellen bestehen, zum Beispiel:
  - Abteilung für Abrechnungssysteme
  - Controlling
  - Marktforschung
  - Strategische Planung
- Integration von Anforderungen verschiedener Abteilungen; unterschiedlicher Informationsbedarf von zum Beispiel Geschäftsbereichsleitern, Segmentbetreuern, Produktentwicklern oder Marketingstrategen.
- Der Aufbau des Marketingcontrolling sollte parallel zur Entwicklung der Marktbearbeitungsstrategie erfolgen.

Personelle Aspekte:

- Die Person des Marketingcontrollers sollte sich durch strategische Kompetenz, Problemlösungsverständnis sowie sehr gute EVU- und Marketing-Methodenkenntnisse auszeichnen.
- Bei der inhaltlichen Ausgestaltung des Marketingcontrolling im Projektteam sollte der Marketingcontroller in jedem Fall integriert werden.

Zusammenfassend sind die folgenden fünf Empfehlungen als Hauptpunkte bei der Einführung eines Marketingcontrolling in EVU zu berücksichtigen:

1. Das Marketingcontrolling sollte möglichst parallel zur Entwicklung der Marktbearbeitungsstrategie innerhalb Marketing/Vertrieb aufgebaut werden.

2. Das Instrumentarium für das Marketingcontrolling sollte durchgängig konzipiert sein (von der Strategie bis zum Reporting). Dabei sollte jedoch immer die Realisierbarkeit beachtet werden.

3. Die heute im Unternehmen vorhandenen vielschichtigen Marktinformationen sollten gebündelt werden. Darüber hinaus werden am Anfang Schätzungen unvermeidlich sein.

4. Marketingcontrolling sollte in erster Linie unter Steuerungsaspekten und erst in zweiter Linie unter Kontrollaspekten aufgebaut werden.

5. Der Einsatz der Balanced Scorecard ist eine geeignete Erweiterung des Marketingcontrolling und sollte gerade im Zuge der Liberalisierung in EVU eingeführt werden.

11. Kundenbindungs-controlling

Oliver Pfeifer / Michael Paul

1 | Einleitung

In der ersten Phase der Liberalisierung des Strommarktes und dem damit verbundenen Wegfall geschlossener Versorgungsgebiete stehen die Energieversorger vor zwei großen Herausforderungen: In ihrem bisherigen Versorgungsgebiet, in dem die Versorger eine Monopolstellung innehatten, müssen sie sich zum
einen gegen die Angriffe neuer Wettbewerber, wie andere Energieversorgungsunternehmen (EVU), Stromhändler oder IPPs (= Independent Power Producer),
verteidigen. Zum anderen müssen sie versuchen, Kunden in den Versorgungsgebieten anderer Versorgungsunternehmen – wiederum im Wettstreit mit anderen
Wettbewerbern – neu zu erobern. Diese beiden Aufgaben stellen zwei völlig
unterschiedliche Anforderungen an das Marketing des Versorgers: Im ersten Fall
geht es darum, die bestehende Geschäftsbeziehung zwischen Kunde und Versorger derart zu festigen, daß der Kunde nicht zu einem Wettbewerber abwandert
(Kundenbindung). Im zweiten Fall müssen gänzlich neue Geschäftsbeziehungen
zu Kunden aufgebaut werden (Kundenneugewinnung). Auf diese Weise stehen
in der ersten Phase der Liberalisierung für EVU Kundenbindung und Kundenneugewinnung als gleichberechtigte Ziele nebeneinander.

In der zweiten Phase der Liberalisierung, der Konsolidierungsphase, werden
die einzelnen Wettbewerber ihr Terrain abgesteckt haben, und ihr Handeln wird
von der Erkenntnis geprägt sein, daß die Kundenneugewinnung sehr viel teurer
als das Aufrechterhalten bestehender Geschäftsbeziehungen ist. Die Kundenbindung wird damit zum Hauptziel der Energieversorger erhoben werden. Auch
dürfte sich in dieser zweiten Phase die Herausforderung ergeben, bereits verlorene Kundenbeziehungen zu reaktivieren. Das Reaktivieren von ehemaligen Kundenbeziehungen steht wirtschaftlich meist immer noch günstiger da als die völlige Neugewinnung. Gerade solche Kunden, die prinzipiell mit ihrem ursprünglichen Lieferanten nicht unzufrieden waren, aber wegen einer geringen Preisdif-
ferenz wechselten, sind dafür eine geeignete Zielgruppe. Erfahrungen aus dem
Ausland, wo Kunden, die einmal wechselten, nur wenig Bereitschaft zu einer er-
neuten Veränderung der Lieferbeziehungen zeigten, deuten darauf hin, daß dieses Feld bisher auch dort nicht systematisch bearbeitet wird.

In beiden Phasen des Liberalisierungsprozesses spielt die Kundenbindung
(und Wiederherstellung der Bindung) somit für die Versorger eine entscheidende
Rolle. Bei Investitionen in loyalitätssteigernde Maßnahmen besteht allerdings
die große Gefahr eines „Gießkanneneffekts", bei dem über kostenintensive Aktivitäten sowohl attraktive als auch weniger attraktive Kunden in gleichem Maße
angesprochen werden. Es besteht die Gefahr, daß viele weniger attraktive Kunden zufriedener und damit loyaler werden, während sich die eigentlich attraktiven und für das Unternehmen interessanten Kunden durch die Maßnahmen des

Versorgers nicht im beabsichtigten Maß berücksichtigt fühlen und zu einem anderen Energieversorger wechseln. Die Aufgabe eines systematischen Kundenbindungscontrolling besteht daher darin, derartige Fehlinvestitionen bereits im Vorfeld zu vermeiden und loyalitätsfördernde Maßnahmen im Rahmen eines ganzheitlichen Konzepts gezielt für attraktive Kunden einzuleiten und durchzuführen. Vor diesem Hintergrund wird im folgenden Beitrag ein systematisches Kundenbindungscontrolling dargestellt.

2 | Begriff, Gründe und Ziele der Kundenbindung

Kundenbindung beschreibt die Bereitschaft des Kunden – basierend auf einer bereits bestehenden Geschäftsbeziehung – dauerhaft die Leistungen eines Anbieters in Anspruch zu nehmen. Übertragen auf den Strommarkt bedeutet Kundenbindung, daß der Kunde dauerhaft – sprich: über einen möglichst langen Zeitraum – seinen Strom bei einem EVU bezieht und nicht zu einem anderen Versorger wechselt. Dabei ist weiterhin danach zu unterscheiden, in welchem Umfang der Kunde seinen Energiebedarf bei einem Versorger deckt:

◆ Bezieht er noch andere Energien wie Öl, Gas oder Fernwärme bei dem Versorger?
◆ Kauft er seinen Strom komplett bei diesem Versorger oder bezieht er bei ihm nur die Spitzen- oder Teile der Grundlast?

Eine starke Kundenbindung ist also auch dadurch gekennzeichnet, daß das EVU bei einem Kunden eine möglichst hohe Bedarfsdeckungsquote erzielt und daß der Kunde zusätzlich die bestehende Geschäftsbeziehung ausweitet, indem er weitere Angebote – neben dem Strom – bei seinem Versorger nachfragt (Cross-Selling); zusätzliche Produkte und Leistungen können die Gas- und Wasserversorgung, aber auch Dienstleistungen wie Energieberatung oder -analyse sein.

Empirische Untersuchungen belegen, daß Kundenbindung und Unternehmenserfolg positiv korrelieren, sprich: daß ein hoher Anteil loyaler Kunden einen positiven Einfluß auf die Gewinnentwicklung des Unternehmens hat. Neben einem über die Jahre gesicherten Grundgewinn – gerade in einer fixkostenintensiven Branche wie der Energieversorgung weiß man Fixerlöse zu schätzen – resultieren aus einer dauerhaften Geschäftsbeziehung positive Gewinneffekte durch das Ausschöpfen von Cross-Selling-Potentialen, durch sinkende Betriebskosten und durch Weiterempfehlungen durch bestehende Kunden. Außerdem reagieren loyale Kunden weniger preissensitiv, so daß Preissteigerungen nicht unmittelbar zu einer Abwanderung der Kunden führen.[1] Dafür, daß sich die po-

---

1 Vgl. Reichheld/Sasser (1990), S. 107 f.

sitive Gewinnwirkung der Kundenloyalität noch verstärken wird, spricht im Privatkundengeschäft außerdem ein Absinken der Margen bei gleichzeitig stark steigenden Kosten für die Kundenneugewinnung (aus vergleichbaren Branchen wie der Telekommunikation, Direktbanken oder auch dem Abonnementfernsehen sind Kosten von bis zu 500 DM pro neuem Kunden bekannt). Das Investment in einen neuen Privatkunden amortisiert sich also erst über einen längeren Zeitraum, einen Kunden zu binden dürfte in der Regel günstiger sein, als einen neuen zu gewinnen.

Für die Bindung eines Kunden an ein EVU gibt es verschiedene Gründe. Die Abhängigkeit des Kunden kann zum einen mehr oder weniger durch den Versorger erkauft worden sein, so daß der Kunde nicht wechseln *kann*, oder die Bindung kann zum anderen auf dem Vertrauen des Kunden in den Anbieter basieren, so daß der Kunde nicht wechseln *will*.[2] Nicht wechseln kann der Kunde aufgrund rechtlicher, ökonomischer oder technologischer Abwanderungsbarrieren: Rechtlich kann er beispielsweise durch einen mehrjährigen Vertrag, ökonomisch durch in die Geschäftsbeziehung getätigte monetäre und nichtmonetäre Investitionen (z. B. Anschaffung eines neuen Zählers oder Wechselaufwand) und technologisch durch Nutzung eines De-facto-Standards seines Versorgers (z. B. Einsatz eines ganz bestimmten fernablesbaren Zählers, den ein anderer Versorger nicht auslesen kann) gebunden sein.[3] Wenn der Kunde allerdings langfristig an der Geschäftsbeziehung festhält, weil er mit dem Unternehmen zufrieden ist und dem Anbieter vertraut, sind psychologische Faktoren Grundlage der Kundenbindung.[4] Damit bestimmen zwei Dimensionen, nämlich Abwanderungsbarrieren und Kundenzufriedenheit, den Grad der Kundenbindung (vgl. Abbildung 1).

Kundenbindung kann das EVU somit generell auf zwei Wegen erreichen. Zum einen kann das Unternehmen Abwanderungsbarrieren errichten, die dem Kunden einen Wechsel zu Wettbewerbern erschweren; ein Kunde kann nicht wechseln, wenn er vertraglich gebunden ist, bzw. er will in der Regel nicht wechseln, wenn mit dem Wechsel Kosten (z. B. die Anschaffung eines neuen Zählers) verbunden sind. Zum anderen kann das Unternehmen versuchen, den Kunden in hohem Maße zufriedenzustellen, um dadurch seinen Wechsel zu einem anderen Versorger zu vermeiden.[5] Es zeigt sich, daß beide Wege durchaus gleichzeitig beschritten werden können und auch beschritten werden sollten. Allerdings sind dem Aufbau von Wechselbarrieren durchaus Grenzen gesetzt. Als die EnBW mit ihrem Privatkundenangebot „Yello Strom" von den Kunden eine vertragliche Bindung von einem Jahr forderte, erwies sich dies als Hemmnis für die breite

---

2 Vgl. Töpfer/Wieder (1996), S. 312.
3 Vgl. Meyer/Oevermann (1995), S. 1341.
4 Vgl. Töpfer/Wieder (1996), S. 313.
5 Vgl. Kotler (1994), S. 48.

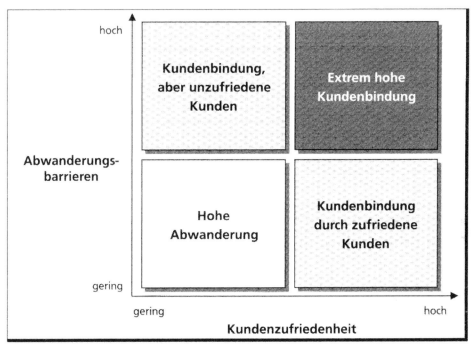

Abbildung 1: Kundenbindungsportfolio

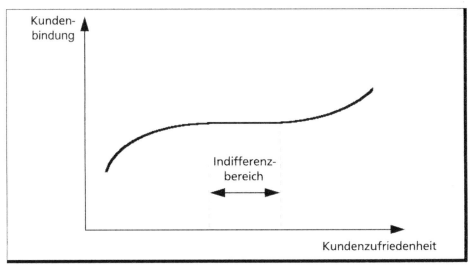

Abbildung 2: Zusammenhang zwischen Kundenzufriedenheit und Kundenbindung[6]

---

6 In Anlehnung an Müller/Riesenbeck (1991), S. 69.

Marktdurchdringung. Verbraucherverbände warnten regelrecht vor solchen bindenden Vertragsklauseln.

Abbildung 2 (siehe Seite 253) stellt den empirisch gefundenen Zusammenhang zwischen Kundenzufriedenheit und Kundenbindung dar. Im Indifferenzbereich der Kurve führen geringe Steigerungen der Kundenzufriedenheit zu keinem Anstieg der Kundenbindung. Erst wenn die Erwartungen des Kunden deutlich übertroffen werden, wenn er besonders zufriedengestellt wird, steigt die Bindung überproportional an. Im umgekehrten Fall – wenn der Kunde bereits sehr zufrieden ist – resultiert aus einer sinkenden Zufriedenheit nicht gleich die Abwanderung des Kunden.

Die Kurve dürfte auch im Falle der Energieversorger einen wie im Diagramm gezeigten Verlauf annehmen. Aufgrund des geringen Involvements für das Produkt „Strom" (Commodity-Charakter) reicht ein gewisses Minimum an Zufriedenheit für eine „Grundbindung" aus. Um aber eine wirklich enge Bindung zu erreichen, ist ein sehr viel höheres Maß an Zufriedenheit notwendig. So zeigt sich, daß viele Industriekunden schon geringe Preisunterschiede ausnutzen und wechseln, obwohl sie nicht unzufrieden mit ihrem alten Versorger waren. Da sie keine großen Unterschiede zwischen altem und neuem Lieferanten sehen, erscheint ihnen der Wechsel risikolos. Je leichter der Wechsel des Versorgers für den Kunden werden wird, desto mehr wird sich die Kurve verflachen: nur sehr hohe Zufriedenheit erzeugt dann wirklich noch Bindung.

3 | Regelkreis des Kundenbindungscontrolling

Die Analyse von Kundenbindungsaktivitäten in Unternehmen außerhalb der Energieversorgungsbranche zeigt deutlich, daß die loyalitätssteigernden Maßnahmen häufig isolierte Insellösungen darstellen, die in den seltensten Fällen aufeinander abgestimmt und somit nicht Bestandteil eines übergreifenden Gesamtkonzepts sind. Ziellos werden Kundenclubs ins Leben gerufen, Bonusprogramme auf die Beine gestellt oder neue Zusatzleistungen ins Angebot aufgenommen, die in keinem Zusammenhang zu der Kernleistung des Unternehmens stehen und von denen niemand sagen kann, ob sie von den Kunden nachgefragt werden und damit dem letztlich anvisierten Ziel der Kundenbindung dienen. Vor diesem Hintergrund ist das Einbetten der verschiedenen Maßnahmen in ein Gesamtkonzept die conditio sine qua non für erfolgreiche Kundenbindung. Dies ist Aufgabe des Kundenbindungscontrolling, da es die Planung, Steuerung und Kontrolle der Kundenbeziehungen mit dem Ziel zum Inhalt hat, attraktive Kunden über einen möglichst langen Zeitraum zu halten, um somit den Kundenwert und letztlich die Profitabilität des Unternehmens zu steigern.

Die Energieversorger, die sich im Rahmen der Liberalisierung zum ersten Mal

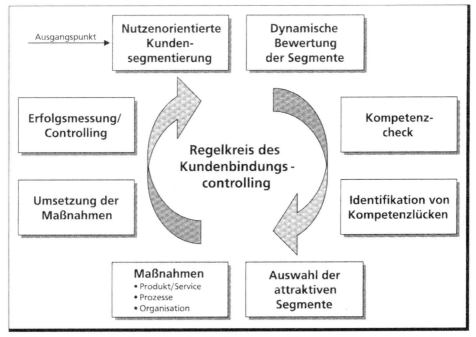

Abbildung 3: Regelkreis des Kundenbindungscontrolling

mit Kundenbindungsmaßnahmen auseinandersetzen (müssen), haben den großen Vorteil, daß sie ihre Aktivitäten von Grund auf neu planen und in ein Gesamtkonzept einfließen lassen können. Um diesem Anspruch gerecht zu werden, müssen sämtliche Aktivitäten in einen regelmäßig zu durchlaufenden Kreislauf, der in der Abbildung 3 dargestellt ist, münden. Nur auf diese Weise kann das Versorgungsunternehmen auf Änderungen am Markt – z. B. in Form veränderter Anforderungen der Kunden an energienahe Dienstleistungen, neue Preismodelle von Wettbewerbern – reagieren und seine Aktivitäten zur Kundenbindung immer wieder rechtzeitig und erfolgreich den neuen Gegebenheiten anpassen.

Zeigt sich beispielsweise, daß ein neuer Player wie British Gas in Großbritannien mit einem innovativen und preislich günstigen Bündelangebot von Strom und Gas, das über einen aktiven Direktvertrieb angeboten wird, in hohem Maße Marktanteile gewinnt und die Spielregeln des Marktes verändert, so muß ein Versorger schnell reagieren können. Als etablierter Anbieter muß er dann sein eigenes Angebot kritisch auf den Prüfstand stellen und nach Reaktionsmöglichkeiten abklopfen.

Die einzelnen Schritte innerhalb des Kreislaufs werden im folgenden detailliert beschrieben.

3.1 Nutzenorientierte Kundensegmentierung

Im ersten Schritt des Regelkreises geht es darum, daß das EVU seine Kunden und deren Bedürfnisse genau kennenlernt. Ausgangspunkt des Kundenbindungscontrolling ist daher eine fundierte Segmentierung der gegenwärtigen Kunden des Versorgers sowie seiner potentiellen Kunden. Die Segmentierung muß konsequent auf Basis der Nutzenvorstellungen der Kunden, die ihnen aus der Inanspruchnahme des Angebots des Versorgers und dessen Merkmalen entstehen, erfolgen.

In diesem Zusammenhang müssen beispielsweise folgende Fragen beantwortet werden: Bei welchen Kunden stößt ein ökologisches Stromangebot auf großes Interesse? Welche Kunden suchen den Weg zum Versorger über das Internet, welche über das Telefon? Welche Tarife fragen die verschiedenen Kundengruppen nach? Was ist den Kundengruppen bei ihrem Versorger wichtig: kurze Vertragslaufzeiten, Versorgungssicherheit oder einfach nur niedrige Preise? Solche Nutzenvorstellungen können sich aus den Verbrauchsgegebenheiten ableiten (z. B. besonders günstiger Strom in den Abendstunden), aus Branchenbesonderheiten (z. B. höchste Liefersicherheit wegen hygienischer Probleme bei Produktionsunterbrechung in der Lebensmittelindustrie) oder auch aus der persönlichen Disposition des Kunden (z. B. „Technikfreaks"). Durch Zusammenfassen von Kunden mit ähnlichen Nutzenvorstellungen erhält man Kundensegmente.

Beim Aufspüren solcher Besonderheiten kommen ausgereifte Methoden und Instrumente der empirischen Marktforschung, wie Kundenbefragungen, Cluster-Analysen oder Conjoint Measurement zum Einsatz. In Abbildung 4 sind die Nutzenvorstellungen verschiedener Kunden beispielhaft in Form von Profilen für einige relevante Merkmale dargestellt. Kunden eines Segments mit ähnlichen Nutzenvorstellungen zeichnen sich durch ähnlich verlaufende Nutzenprofile aus.

Eine Segmentierung der Kunden lediglich auf der Basis des Stromverbrauchs oder soziodemographischer Daten, wie Alter, Beruf oder Einkommen, würde zu kurz greifen. Diese Daten liefern zwar erste wichtige Hinweise über die Kunden, können aber das Kaufverhalten und die Bedürfnisse des Kunden nicht in ausreichendem Maße widerspiegeln. Ein Beispiel soll dies veranschaulichen: Zwei Single-Haushalte A und B weisen die gleichen soziodemographischen Merkmale auf: Alter 30 Jahre, Hochschulabschluß, mittleres Einkommen und einen Stromverbrauch von ca. 1500 kWh. Sie unterscheiden sich aber in ihren Nutzenvorstellungen: Single A besitzt eine hohe Preissensitivität, ist technikaffin (z. B. regelmäßiger Internet-Anwender) und an ökologischen Themen interessiert. Single B hingegen zeigt eine geringe Preissensitivität, hat eine grundsätzliche Aversion gegenüber neuen Technologien und interessiert sich nicht für ökologische Fragestellungen. Würde ein EVU lediglich die bei beiden Kunden gleichen soziode-

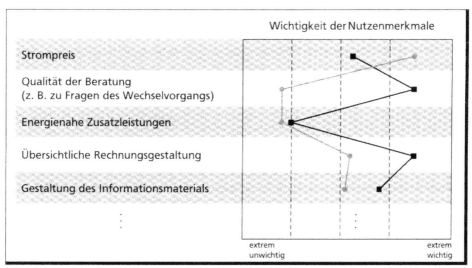

Abbildung 4: Beispielhafte Nutzenprofile zweier verschiedener Kunden

mographischen Merkmale bei der Ausgestaltung des eigenen Angebots berücksichtigen, könnte das folgende Konsequenzen haben: nur einer der beiden Kunden wird durch das Angebot angesprochen, während der andere seine Anforderungen an einen Energieversorger nicht berücksichtigt findet und zu einem anderen Versorger wechselt, der seinen Bedürfnissen besser gerecht wird. Eine weitaus gefährlichere Konsequenz könnte sein, daß das Angebot jeweils nur Teilbedürfnisse der Kunden A und B berücksichtigt und keinen der beiden Kunden komplett anspricht. In einem solchen Fall würde der Versorger Gefahr laufen, beide Kunden zu verlieren.

Um Kundensegmente durch ein gezieltes Angebot ansprechen zu können, ist es somit unerläßlich, die Segmentierung auf Basis der Nutzenvorstellungen und Bedürfnisse der einzelnen Kunden durchzuführen. Die soziodemographischen Daten, die ebenfalls in die Segmentierung einfließen, dienen in diesem Zusammenhang in erster Linie der Beschreibung und somit auch der besseren Identifizierbarkeit der gefundenen Segmente.

3.2 Dynamische Bewertung der Segmente

Im ersten Schritt der „nutzenorientierten Marktsegmentierung" wird noch nicht der Frage nachgegangen, welche der gefundenen Kundensegmente aus Sicht des EVU als attraktiv eingestuft werden und durch ein gezieltes Angebot angesprochen werden sollen. Hierzu müssen die einzelnen Segmente im nächsten Schritt einer dynamischen Bewertung unterzogen werden. Dynamisch bedeutet hierbei, daß die Kunden innerhalb eines Segments nicht nur hinsichtlich ihres heutigen

Wertes (z. B. berechnet als jährlicher Bruttodeckungsbeitrag), sondern hinsichtlich ihres Wertes über die gesamte Dauer der Geschäftsbeziehung, den sogenannten „Customer Lifetime-Value" bzw. Kundenlebenswert, bewertet werden müssen. Dieser resultiert aus der Nachfrage nach Leistungen des Energieversorgers während einer für die einzelnen Segmente typischen „Kundenkarriere". Seine genaue·Berechnung wird in Abschnitt 3.6 vorgestellt.

So ist beispielsweise die Attraktivität eines Studenten, der lediglich einen geringen Stromverbrauch für sein Ein-Zimmer-Appartment hat, gegenwärtig gering. Kann man aber erwarten, daß dieser Student in wenigen Jahren ein hohes Einkommen hat, eine Familie gründen und in einer großen Wohnung oder einem Haus mit hohem Stromverbrauch leben wird, so ist der Student aus Sicht des Versorgers plötzlich attraktiv, und es erscheint sinnvoll, ihn bereits heute durch ein gezieltes Angebot an den Energieversorger zu binden. Die Attraktivität eines Segments „Karriereorientierte Studenten" ist vor diesem Hintergrund höher zu bewerten als die Attraktivität eines Rentnerehepaars, dessen Kinder bereits das Haus verlassen haben und das aus diesem Grund in eine kleinere Wohnung (mit einem entsprechend geringeren Stromverbrauch) umgezogen ist.

Bei der dynamischen Bewertung besteht die Aufgabe des EVU darin, die für die einzelnen Segmente typischen Kunden(wert-)entwicklungen zu identifizieren und anhand dieser ein Maß für die Attraktivität der einzelnen Segmente zu bestimmen bzw. zu berechnen. Dieses Bewertungsmaß muß an den Ergebnissen des nächsten Schritts, des Kompetenzchecks, gespiegelt werden.

3.3 Kompetenzcheck und Identifikation von Kompetenzlücken

Würde die Attraktivität der einzelnen Segmente nicht an der Kompetenz des EVU gespiegelt werden, würden alle Versorgungsunternehmen dieselben Segmente als attraktiv einstufen und damit denselben Kunden hinterherlaufen. Tatsächlich sind die Stärken und Schwächen der einzelnen EVU aber sehr unterschiedlich ausgeprägt, so daß eine identische Strategie nicht gleichzeitig auf zwei Versorger passen wird.

Beim Kompetenzcheck wird deshalb die Frage gestellt, ob die attraktiven Kunden wirklich alle von der eigenen Organisation bedient werden können. Sie wird beantwortet, indem die Nutzenprofile aus der Segmentierung den eigenen Fähigkeiten gegenübergestellt werden. Ergänzt wird dieser Kompetenzcheck um die Ergebnisse einer Analyse der Stärken und Schwächen der Unternehmen, die in direktem Wettbewerb zum eigenen Unternehmen stehen. Das Resultat dieser Gegenüberstellung ist ein Überblick über Kompetenzlücken, aber auch über potentielle Wettbewerbsvorteile bei einzelnen Kundenanforderungen. Aufbauend auf dem Kompetenzcheck muß entschieden werden, inwieweit Kompetenzlücken in Abhängigkeit vom notwendigen Realisierungsaufwand geschlossen bzw. inwieweit Wettbewerbsvorteile weiter ausgebaut werden sollen.

So kann sich beispielsweise bei der Segmentierung herausstellen, daß ein auf den ersten Blick attraktives Kundensegment großen Wert auf ein ökologisches Stromangebot legt, das Strombeschaffungsportfolio des Versorgers allerdings einen großen Anteil an Strom aus Kernkraftwerken aufweist. In einem solchen Fall muß der Versorger die grundsätzliche Entscheidung treffen, entweder ökologischen Strom anzubieten und möglichen Mißverständnissen bei den Kunden bereits im Vorfeld durch umfangreiche und kostenintensive Kommunikationsaktivitäten oder durch andere geeignete Maßnahmen zu begegnen. Der Realisierungsaufwand bei einem solchen Vorgehen wäre relativ hoch. Oder aber das Unternehmen entscheidet sich dafür, dieses Segment von vornherein zu vernachlässigen und konzentriert sich auf andere attraktive Segmente, denen ein ökologisches Stromangebot weniger wichtig ist, die aber beispielsweise sehr sensitiv auf Strompreise reagieren.

Die Identifikation und Analyse der Kompetenzlücken, die auch generelle Schwachstellen im Unternehmen an das Tageslicht bringen können, bedarf einer offenen und ehrlichen Diskussion zwischen den Mitarbeitern im Unternehmen. Instrumente, die bei diesem Schritt zum Ziel führen, sind Mitarbeiterbefragungen oder von externen neutralen Spezialisten geleitete Workshops und Diskussionsrunden. Das Schönreden und Wegdiskutieren von Schwachstellen führt nicht zum gewünschten Ziel.

3.4 Auswahl der attraktiven Segmente

Das Schließen von Kompetenzlücken durch die Einleitung konkreter Maßnahmen impliziert einen Realisierungsaufwand auf seiten des EVU. Erst die Identifikation dieses Aufwands für die einzelnen Segmente und die jeweilige Bewertung dieses Aufwands in Relation zur Attraktivität der Segmente ermöglicht die endgültige Auswahl der Kundensegmente, die im folgenden weiter berücksichtigt werden und die durch ein entsprechendes Angebot gezielt angesprochen werden sollen.

Der Auswahl der Segmente kommt im Rahmen aller Schritte des Regelkreises eine besondere Bedeutung zu, da sie über die grundsätzliche strategische Ausrichtung des EVU und seiner Positionierung im Markt entscheiden kann. Wenn der Versorger – ausgehend von dem Beispiel des letzten Abschnitts – beschließt, für das attraktive Kundensegment mit Interesse an ökologischem Strom ein entsprechendes Angebot zu entwickeln, positioniert er sich im Markt zwangsläufig in der Gruppe der ökologischen Stromanbieter. Eine solche Positionierung kann allerdings im Gegensatz zu der bisherigen Positionierung des Versorgers, z. B. billiger Atomstromanbieter, stehen und die Glaubwürdigkeit des Unternehmens als Lieferant von sauberem Strom bei den Kunden von vorneherein in Frage stellen.

Derartige Gegensätze in der Positionierung mit den entsprechenden (negativen) Auswirkungen im Markt, die durch die Auswahl verschiedener Kundensegmente hervorgerufen werden können, muß das EVU bereits im Vorfeld erkennen und berücksichtigen. Nur so kann es möglichen Konflikten durch geeignete Maßnahmen rechtzeitig entgegenwirken. Im obigen Fall kann beispielsweise eine Zwei-Marken-Strategie oder die Ausgliederung des ökologischen Stromangebots in ein eigenständiges Unternehmen zur Lösung des Problems beitragen.

3.5 Einleiten und Umsetzen von Maßnahmen

Auf der Basis des Kompetenzchecks und der ausgewählten Segmente gilt es Maßnahmen einzuleiten, die die identifizierten Kompetenzlücken schließen und zum Ergebnis haben, daß das EVU den Bedürfnissen der attraktiven Kundensegmente gerecht und somit die Geschäftsbeziehung gefestigt wird. Das Spektrum möglicher Maßnahmen ist sehr weit und kann sich auf alle Unternehmensbereiche beziehen. Maßnahmen können beispielsweise die Anpassung des Produktangebots und der Serviceleistungen, die Neugestaltung des Tarifsystems, der Ausbau bestehender bzw. der Aufbau gänzlich neuer Vertriebswege, die Qualifizierung der Mitarbeiter oder Veränderungen in der bestehenden Organisation sein.

Die Portfoliodarstellung in Abbildung 5 macht deutlich, daß mögliche einzuleitende Maßnahmen anhand der beiden Dimensionen Realisierbarkeit durch das EVU und Attraktivität der Maßnahme für den Versorger im Markt bewertet werden müssen. Für den Versorger einfach zu realisierende Maßnahmen mit einer hohen Attraktivität im Markt, die beispielsweise durch eine sehr hohe Kundenbindungswirkung zum Ausdruck kommt, versprechen hohe Marktchancen und sollten konsequent weiterverfolgt werden (Quadrant 1). Ist die Attraktivität der Maßnahme im Markt hoch, die Realisierbarkeit durch den Versorger hingegen gering (Quadrant 2), so ist detailliert zu prüfen, ob z. B. kompetente Kooperationspartner am Markt vorhanden sind, mit deren Unterstützung die Maßnahme realisiert werden kann. Aktionen, die einfach zu realisieren sind, aber auch geringe Attraktivität im Markt aufweisen (Quadrant 4), müssen detailliert auf ihre Wirkung im Markt hin überprüft werden, insbesondere daraufhin, ob sie sich nicht negativ auf andere Aktivitäten des Versorgers auswirken. Sollte dies nicht der Fall sein, können die Maßnahmen – allerdings mit nachrangiger Priorität – durchgeführt werden.

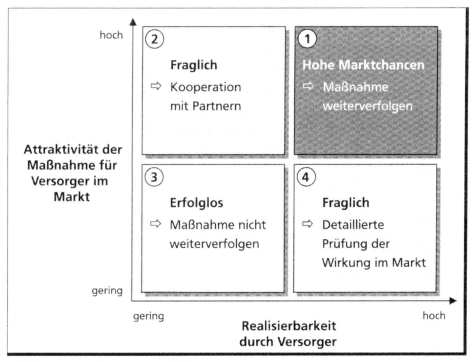

Abbildung 5: Maßnahmenportfolio

3.6 Erfolgsmessung/Controlling

Bei allen eingeleiteten Maßnahmen, die die Festigung der Geschäftsbeziehung zu den als attraktiv eingestuften Kundensegmenten zum Ziel haben, darf nicht vergessen werden, daß Kundenbindung kein Selbstzweck ist, sondern daß sich sämtliche Maßnahmen auch rechnen müssen. Es muß eine Größe gefunden werden, die eine Aussage über den Erfolg von Kundenbindungsmaßnahmen erlaubt.

Die in anderen Branchen anzutreffenden Ergebnisrechnungen setzen in der Regel an einem aktuellen Kundendeckungsbeitrag der Geschäftsbeziehung an. Diese Größe ist insofern als problematisch einzustufen, als daß sie nur ein stichtagsbezogenes Bild liefert, daß sie keine Informationen über Vorlaufinvestitionen in die Beziehung enthält und daß sie keine Aussage über die Rentabilität des Einsatzes weiterer finanzieller Mittel macht.[7]

Ziel muß es daher sein, in der Planung, Steuerung und Kontrolle einer Kundenbeziehung auf einen laufend ermittelten „Customer Lifetime-Value" abzustellen. Dieser ergibt sich als Saldo der Barwerte aller Einzahlungen (Umsatz

7 Vgl. Schütz/Krug (1996), S. 190.

durch Stromabsatz, Umsatz aus weiteren vom Kunden nachgefragten Produkten und Leistungen/Cross-Selling-Potential, u. a.) und aller Auszahlungen (Produktkosten, Akquisitionskosten, Betreuungskosten durch Call Center u. a.) über die gesamte Geschäftsbeziehung:

> Customer Lifetime-Value =
> Barwert der Erlöse – Barwert der Investitionen

Neben den monetären Ein- und Auszahlungen sollten bei der Kundenwertberechnung auch nichtmonetäre Ein- und Auszahlungen, wie z. B. Weiterempfehlung oder Leidensdruck bei den eigenen Mitarbeitern, Berücksichtigung finden. Mit dem Ansatz des Customer Lifetime-Value steht dem EVU damit eine Größe zur Verfügung, die eine Beurteilung der Geschäftsbeziehung über mehrere Jahre erlaubt, da sie sowohl vergangene als auch zukünftige Größen berücksichtigt.

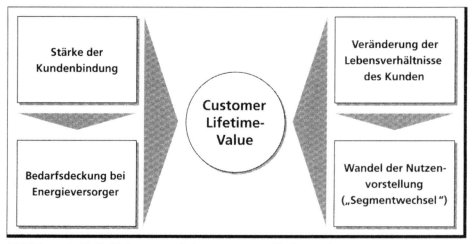

Abbildung 6: Einflußfaktoren auf den Customer Lifetime-Value

Bei der Ermittlung zukünftiger Investitionen und Erlöse aus einer Kundenbeziehung kommt ein weiteres Mal die als typisch definierte Kundenkarriere eines Segments zum Tragen. Diese wurde bereits in Abschnitt 3.2 herangezogen, um die Attraktivität einzelner Segmente zu beurteilen. Die Einflußfaktoren auf den Customer Lifetime-Value sind in Abbildung 6 veranschaulicht.

4 | Reaktivieren verlorener Kundenbeziehungen

Wie bereits in der Einleitung dieses Beitrags angedeutet, wird in dem eher stagnierenden Markt der Energieversorgung der Kampf um attraktive Kundenbeziehungen stark zunehmen. In einer solchen Situation nicht auch den Verlust von Kundenbeziehungen einzukalkulieren wäre naiv. Genauso fatal wäre es allerdings auch, diese Kundenverluste einfach hinzunehmen. Schließlich stellt auch eine verlorene Kundenbeziehung immer noch ein Potential dar: Der Kunde kennt den Versorger, und der Versorger weiß einiges über diesen Kunden. Das ist mehr als bei jeder Kundenbeziehung, die erst „kalt" aufgebaut werden muß.

Irrtümlich wird häufig angenommen, daß eine verlorene Kundenbeziehung für immer zerrüttet ist. Sicherlich waren es in Einzelfällen negative Erlebnisse, die letzlich die Kündigung des bisherigen Versorgungsverhältnisses begründeten. Der Normalfall dürfte aber viel banaler aussehen: Der Kunde war gegenüber dem alten Versorger neutral eingestellt, und ein neuer Anbieter hat es geschafft, näher an seine Bedürfnisse heranzukommen und ihn zu einem Wechsel zu bewegen.

Grundlage aller Bemühungen um die Kundenrückgewinnung sind Informationen über die wahren Ursachen des Abbruchs der Geschäftsbeziehung. Aufgabe des Kundenbindungscontrolling ist es deshalb, solche Informationen einmal für ganze Kundengruppen, die abgewandert sind, aber auch für besonders wichtige Einzelkunden zu erheben und aufzubereiten.

Das Instrumentarium dazu ist die „Kundenverlustanalyse". In Fokusgruppengesprächen, aber auch in Einzelinterviews werden Kunden dabei gezielt nach ihren Wechselgründen befragt. Auch ein aktives Call Center läßt sich für diesen Zweck einsetzen. Die Auskunftsbereitschaft der Kunden ist dabei im übrigen oft sehr viel höher als erwartet. Schon das Bemühen um den Kunden in Form der Nachfrage kann zu positiven Effekten bis hin zur Rücknahme der Kündigung führen, weil sich der Kunde endlich verstanden und ernst genommen fühlt. Der Versorger hat bereits sehr viel gewonnen, wenn der Kunde positive Mund-zu-Mund-Propaganda betreibt oder zumindest eine negative unterläßt.

Die Aufbereitung der Ergebnisse sollte zum einen qualitativ erfolgen, etwa in Fallstudien, welche als Grundlage für Prozeßverbesserungen dienen. Die Daten müssen zum anderen aber auch quantitativ denen aus der Kundenbindungsplanung gegenübergestellt werden, die Teil des Regelkreises sind. Sind es die „richtigen" Kunden, die abgewandert sind? Oder aber hat man Einbrüche gerade in den als attraktiv bewerteten Segmenten? Letzteres muß Anlaß für Aktionen in zwei Richtungen sein:

1. Überprüfung des Marketing-Mix für diese Segmente – wie kann man durch Modifikationen des Angebotes wieder attraktiver für diese Zielgruppe werden?

2. Einleitung gezielter, individueller Rückgewinnungsmaßnahmen, die an den individuellen Ursachen des Kundenverlustes ansetzen – womit kann man den einzelnen Kunden zurückgewinnen? Hierbei ist insbesondere auch wieder zu hinterfragen, inwiefern der Aufwand für diese Rückgewinnungsmaßnahmen in einem vernünftigen Verhältnis zum Customer Lifetime-Value des einzelnen Kunden steht.

Schließlich ist auch der Erfolg dieser Maßnahmen ständig zu beobachten. Kundenwiedergewinnungsquoten – differenziert nach der Attraktivität der Segmente – sind dabei ein sinnvoller Indikator.

5 | Zusammenfassende Handlungsempfehlungen

Bei dem vorgestellten Ansatz des Kundenbindungscontrolling fokussiert sich das EVU von vornherein auf ganz bestimmte Kundensegmente und vernachlässigt andere Teile des Marktes. Unter Umständen wandern bei dieser Vorgehensweise sogar Kunden ab, die man mit einem „Schrotflintenansatz" der Marktbearbeitung noch erreicht hätte. Doch diese Art der „gewollten Untreue"[8] hat einen positiven Nebeneffekt: Es stellt sich – quasi automatisch – eine Bereinigung des Kundenportfolios ein: Die „richtigen" Kunden bleiben treu.

Die Erkenntnisse in den vorherigen Abschnitten lassen sich zu folgenden Empfehlungen zusammenfassen:

1. Die Segmentierung, die das genaue Kennenlernen der Kunden unterstützen soll, muß konsequent an den Nutzenvorstellungen der Kunden ausgerichtet werden. Diese lassen sich mit Hilfe wissenschaftlich fundierter und in der Praxis anerkannter Methoden, wie z. B. Conjoint Measurement, zuverlässig messen.

2. Zur Bewertung der Segmente, die sich konsequent am Kundenwert ausrichtet, muß eine dynamische Betrachtung herangezogen werden.

3. Die Attraktivität der einzelnen Segmente muß an der Kompetenz des Versorgers bzw. an den Stärken und Schwächen der Wettbewerber gespiegelt werden, um auf diese Weise Wettbewerbsvorteile, aber auch Kompetenzlücken identifizieren zu können.

4. Die Auswahl der zu bearbeitenden Segmente erfolgt auf Basis des Kompetenzcheck (interne Dimension) in Verbindung mit der Segmentbewertung (externe

---

8   Vgl. zur Illoyalität als Chance auch Paul/Paul (1997).

Dimension). Sie entscheidet maßgeblich über die strategische Positionierung des Versorgers im Markt.

5. Das Maßnahmenportfolio, das die interne und externe Betrachtung gegenüberstellt, ist ein zentrales Hilfsinstrument zur Ableitung von Maßnahmen, die in allen Bereichen des Unternehmens ansetzen können.

6. Eine permanente und systematische Erfolgsmessung ist die conditio sine qua non für ein konsequentes Kundenbindungscontrolling. Die Basis hierfür bildet der Customer Lifetime-Value.

7. Auch die Gründe für die Abwanderung von Kunden und Ansätze für mögliche Wiedergewinnungsaktionen müssen im Rahmen des Kundenbindungscontrolling beobachtet und analysiert werden. Ehemalige Kundenbeziehungen sind ein Erfolgspotential, das viel zu wenig ausgeschöpft wird. Jetzt, da die ersten Kundenverluste in der Energiewirtschaft einsetzen, ist der richtige Zeitpunkt für die Implementierung eines solchen Systems der regelmäßigen „Kundenverlustanalyse".

8. Das vorgestellte Konzept des Kundenbindungscontrolling ist als Regelkreis zu verstehen, dessen Schritte in regelmäßigen Abständen immer wieder neu durchlaufen werden müssen. Nur so kann der Versorger rechtzeitig auf die Änderung der externen (Nutzenvorstellungen der Kunden) sowie der internen (Kompetenzen beim Versorger) Rahmenbedingungen reagieren und sein Angebot erfolgreich den sich immer wieder verändernden Gegebenheiten anpassen.

.

12. | Vertriebs- und Marketing-
informationssysteme

Stefan-Jörg Göbel

1 | Notwendigkeit von Vertriebs- und Marketinginformationssystemen

Nur Energieversorgungsunternehmen (EVU), die ihre Kunden und deren Bedürfnisse kennen, sind in einem liberalisierten Strommarkt erfolgreich. Auf der Grundlage detaillierter und umfangreicher Informationen über Märkte lassen sich Marktstrategien entwickeln. Nur mit der Kenntnis zahlreicher energiebezogener Einzelinformationen über einen Kunden läßt sich dann mit maßgeschneiderten Produkten ein Verkaufserfolg erzielen. Das systematische und effiziente Sammeln, Verwalten und Bereitstellen entsprechender Daten und Informationen ist eine Aufgabe, die ausschließlich mit der Unterstützung moderner Informationssysteme möglich ist. Mit der Konzeption und dem Aufbau eines solchen Vertriebs- und Marketinginformationssystems (VMIS) stellen sich zur Zeit viele EVU den Anforderungen des Wettbewerbs. Einige Unternehmen haben auch schon erfolgreich Systeme zur Kundenbetreuung eingeführt. Hiermit läßt sich das Massengeschäft im Call Center ebenso unterstützen wie der Industrie- und Gewerbekundenbereich. Bei Konzeption und Einführung, aber auch bei der Weiterentwicklung von VMIS führen die besonderen Eigenschaften des Produkts „Strom" dazu, daß sich die aus anderen Branchen bekannten Lösungen nicht ohne weiteres auf den Strommarkt übertragen lassen.

Im folgenden wird zunächst die heutige Informationslage von Marketing und Vertrieb in EVU betrachtet, anschließend die Notwendigkeit und Vorteile eines VMIS im einzelnen erläutert und ein Weg vorgestellt, der zur inhaltlichen Gestaltung eines VMIS – insbesondere in der Energieversorgungsbranche – beschritten werden sollte. Abschließend wird die Rolle und Akzeptanz eines VMIS innerhalb der Vertriebs- und Marketingorganisation der Unternehmen beleuchtet.

2 | Gegenwärtige Situation

2.1 Bestehende Informationssysteme

Die Datenmengen, die von den bestehenden Informationssystemen verwaltet werden, sind enorm. Diese Daten werden üblicherweise ausschließlich für die Energieabrechnung benötigt, obwohl sie für Vertriebs- und Marketingzwecke sehr wertvoll wären. Tatsächlich besitzen die EVU vergleichsweise detaillierte Informationen über ihre Kunden. Zwar mag der Name eines Geschäftsführers oder auch des Verantwortlichen für den Energieeinkauf nicht bekannt sein, dafür liegen die Nutzungs- und Verbrauchsstrukturen der Kunden in sehr guter Qualität vor. Das heißt, EVU wissen prinzipiell sehr genau, wann ihre Kunden wieviel Energie benötigen. Diese Kenntnis ist aus folgenden Gründen wichtig:

1. Den Kunden können maßgeschneiderte Angebote unterbreitet werden, die ihre individuellen Verbrauchs- und Nutzungscharakteristika berücksichtigen.

2. Nur aufgrund dieser Charakteristika läßt sich entscheiden, wie lukrativ der Kunde ist, welche Preise man ihm im Extremfall bieten kann, ob der Kunde eventuell technische Probleme mit der Energieversorgung hat (Spannungsschwankungen, extreme Lastspitzen etc.), bei deren Lösung man ihn unterstützen kann, und ob er als Kunde für Energiedienstleistungen in Frage kommt.

3. Schließlich stellt dieser Informationsvorsprung einen erheblichen Vorteil gegenüber Wettbewerbern dar, die entweder aufwendig Informationen beschaffen müssen oder ihre Marketing- und Vertriebsaktionen nicht auf bestimmte Nutzungsprofile ausrichten können und insofern relativ große Streuverluste bei ihrer Akquisition haben.

Diese detaillierten Informationen werden heute allerdings häufig nicht systematisch für Marketing- und Vertriebszwecke genutzt und den entsprechenden Mitarbeitern zur Verfügung gestellt: Entweder ist dies technisch nicht möglich, weil die Hard- und Software des Unternehmens veraltet ist, oder der Nutzen und die Notwendigkeit einer solchen Informationsbereitstellung wurden noch nicht erkannt.

Eine Unterstützung von Vertrieb und Marketing durch Informationstechnologie findet nur in einem sehr begrenzten Umfang statt. Die zur Verfügung stehenden, wertvollen Informationen liegen weitestgehend brach.

Für diejenigen Unternehmen, die schon frühzeitig ein VMIS aufgebaut haben, gilt dies selbstverständlich nicht oder in entsprechend geringerem Maße. Wie gut die bestehenden Informationssysteme – seien sie neu oder eher älter – die Arbeit von Vertrieb und Marketing unterstützen, läßt sich anhand einiger sehr einfacher Indikatoren überprüfen. Wenn die Antworten auf folgende Fragen nicht zufriedenstellend sind, besteht Handlungsbedarf:

1. Wie lange dauert es, bis eine gewisse Anzahl Kundenadressen für eine Briefaktion zur Verfügung steht?

2. Nach welchen Kriterien lassen sich Kundenadressen für eine solche Aktion selektieren? Lassen sich dazu Verbrauchsprofile heranziehen?

3. Können Abnahmecharakteristika mehrerer Abnahmestellen eines Kunden gebündelt werden?

4. Lassen sich unterschiedliche Rechnungsanschriften eines Kunden zusammenfassen?

5. Lassen sich beliebige Statistiken für wichtige Kundensegmente erzeugen?

6. Kann sich ein Vertriebsmitarbeiter kurzfristig mit den Verbrauchsdaten eines Kunden auf ein Gespräch bei diesem vorbereiten?

7. Kann ein Vertriebsmitarbeiter seine Kundendaten im Krankheitsfall einfach und vollständig seiner Vertretung übergeben? Kann die Vertretung auf dieser Grundlage die anstehenden Termine wahrnehmen?

8. Gehen mit dem Ausscheiden eines Vertriebsmitarbeiters dessen Kenntnisse über Kunden, Wettbewerber und Märkte verloren?

9. Lassen sich im Kundengespräch aufgenommene Ideen, Beschwerden und Wünsche systematisch auswerten?

10. Können die Vertriebsmitarbeiter die Veränderungen der Vertragsabschlüsse im aktuellen Monat abrufen?

2.2 Die heutige Arbeitsweise von Vertrieb und Marketing

Die Aufgaben im Vertriebsbereich, bei denen eine Unterstützung durch elektronische Informationssysteme notwendig erscheint, unterscheiden sich weitgehend von denen im Marketingbereich. Daher wird im folgenden für beide Unternehmensbereiche die Informationssituation getrennt skizziert.

2.2.1 Vertrieb

Wenn sich Mitarbeiter mit Vertriebsfunktion heute auf ein Kundengespräch vorbereiten, müssen sie oft Informationen aus verschiedenen Quellen heranziehen. Diese Quellen sind unterschiedlich gut zugänglich und unterschiedlich vollständig, und die Aufbereitung der Informationen kann sehr aufwendig sein. Insbesondere gelangen Vertriebsmitarbeiter meistens nur mit der Hilfe von Mitarbeitern aus dem IT-Bereich an die gewünschten Daten.

Dabei sind die heute verwendeten Quellen und ihre Inhalte wie folgt:

1. Abrechnungssysteme halten die aktuellen und zum Teil auch historischen Verbrauchsdaten vor, soweit diese abrechnungsrelevant sind, und geben Auskunft über die Bonität des Kunden.

2. Vertragsverwaltungssysteme enthalten Informationen über die mit einem Kunden bestehenden Vertragsverhältnisse. Fraglich ist, ob alle Details eines Vertrages auch in den Systemen abgelegt sind oder ob Sonderregelungen sich ausschließlich in den Kundenakten finden.

3. Alle Kundendaten, die nicht in elektronischer Weise abgelegt werden konnten, müßten zumindest in Papierform vorliegen. Dabei handelt es sich um Protokolle von Kundengesprächen, seien sie persönlich oder telefonisch, um Schriftverkehr, um Namen und Telefonnummern von den verantwortlichen Ansprechpartnern usw.

4. Sonstige rechnergestützte Informationssysteme werden herangezogen, um Informationen zu bestimmten Sonderthemen zu erhalten. Dabei handelt es sich zum einen um selbstentwickelte und untereinander nicht kompatible Systeme, beispielsweise für die Verwaltung von Daten über Eigenerzeuger, zum anderen um zugekaufte Datensammlungen, wie etwa die Hoppenstedt CD-ROM.

Daher ist ein System erforderlich, das alle benötigten Informationen in einer gemeinsamen Umgebung zur Verfügung stellt und auf die Bedürfnisse und die Kenntnisse von Vertriebsmitarbeitern zugeschnitten ist.

2.2.2 Marketing

Ebenso heterogen und aufwendig wie die Vorbereitung auf einen Kundenkontakt im Vertrieb stellt sich bei vielen Unternehmen die Informationsbeschaffung dar, wenn es für Mitarbeiter aus dem Marketingbereich darum geht, Märkte und Kundensegmente zu analysieren. Entsprechende Analysen sind aber erforderlich, um Strategien zu konzipieren und umzusetzen, neue Produkte zu entwickeln und Markttrends frühzeitig zu erkennen.

Zu folgenden Schwierigkeiten kann es bei der Informationssammlung kommen:

1. Daten aus verschiedenen rechnergestützten Informationssystemen lassen sich nicht miteinander verknüpfen. Beispielsweise lassen sich Zusammenhänge zwischen bestimmten Eigenschaften von Eigenerzeugern und deren Verbrauchscharakteristika nicht feststellen.

2. Eine Auswertung über mehrere Kunden, die noch nicht existiert, muß mit vergleichsweise hohem Aufwand von einem EDV-Mitarbeiter programmiert werden. Die kurzfristige Bereitstellung von neuen Analysen wird damit erheblich erschwert.

3. Die benötigten Daten liegen nicht in der erforderlichen Form vor und müssen erst in übliche Office-Software transferiert werden, um dort entsprechend dargestellt werden zu können.

4. Analysen werden von den EDV-Abteilungen angestoßen und dann an Marke-

tingbereiche übergeben. Marketingmitarbeiter können selbst keine Analysen vornehmen und mit den Zahlen „spielen".

So ist auch für die Analyse von Daten ganzer Kunden- und Marktsegmente ein rechnergestütztes Informationssystem wünschenswert, das die Daten verschiedener, bereits bestehender Systeme integriert und für Marketingmitarbeiter flexibel zur Verfügung stellt.

2.2.3 Fazit

Wo in der Vergangenheit kein Zwang bestand, Produkte aktiv zu vertreiben und Märkte systematisch zu untersuchen und zu bearbeiten, sind auch die informationstechnologischen Mittel dafür nicht, nicht in geeigneter Weise oder noch nicht lange vorhanden. Deshalb ist die informationstechnologische Unterstützung von Vertrieb und Marketing in EVU, insbesondere im Vergleich zu Branchen, die seit langem im Wettbewerb stehen (z. B. Luftfahrt, Telekommunikation, Versicherungen, Banken etc.), unterentwickelt.

3 | Notwendigkeit und Vorteile eines Vertriebs- und Marketinginformationssystems

Die Notwendigkeit von Informationssystemen speziell für die Belange von Marketing und Vertrieb ergibt sich aus dem zuvor Gesagten. Das Nicht-Vorhandensein bzw. die Unzulänglichkeiten bestehender Systeme bedingen die Anpassung oder die Anschaffung geeigneter Systeme. Im folgenden sollen die Vorteile eines VMIS im einzelnen dargestellt werden, die insbesondere im Rahmen der Liberalisierung beträchtlich an Bedeutung gewinnen.

3.1 Rationelle Betreuung einer großen Kundenanzahl

EVU müssen sich seit einiger Zeit wie alle im Wettbewerb stehenden Unternehmen darum kümmern, erstens ihre Kunden zu halten und zweitens Neukunden zu gewinnen. Gleichzeitig ist die Energieversorgungsbranche durch eine sehr hohe Kundenanzahl gekennzeichnet. Jeder Haushalt, jeder Handwerksbetrieb, jedes Industrieunternehmen und alle Organisationen sind Kunden der EVU. Eine qualitativ hochwertige und rationelle Betreuung von so vielen und heterogenen Kunden ist nur mit moderner Informationstechnologie möglich. Sicherlich muß nicht jeder Kunde regelmäßig vom Vertrieb besucht werden. Aber der Einsatz von Informationstechnologie ist zur adäquaten Betreuung aller Kunden zwingend.

Wer mehrere tausend Unternehmen anschreiben will und nur eine begrenzte Zeit dafür zur Verfügung hat, muß ein rechnergestütztes Informationssystem nutzen. Die bestehenden Systeme können das aus zwei Gründen nicht leisten: Erstens sind Rechnungs- und Vertragsanschriften wenig hilfreich, wenn es darum geht, einen Entscheider zu erreichen. Zweitens ist die Bedienung der bestehenden Systeme nicht von Vertriebs- oder Marketingmitarbeitern zu leisten, wenn Adressen flexibel nach bestimmten Kriterien selektiert werden sollen.

Auch können pro Vertriebsmitarbeiter nicht mehrere hundert Kunden betreut werden, wenn die Kundeninformationen jeweils in der Form von Papierakten aus Archiven geholt werden müssen.

3.2 Hochwertige Betreuung bezüglich primärer Faktoren

Die Qualität der Kundenbetreuung hängt wesentlich von den Informationen ab, die über einen Kunden vorliegen. Mindestens die Inhalte der letzten Stromrechnungen und Verkaufsgespräche müssen dem Vertriebsmitarbeiter bekannt sein, damit dieser, falls erforderlich, darauf eingehen kann. So wird sich beispielsweise die Notwendigkeit einer energietechnischen Beratung oft aus einem Vergleich der Verbrauchsdaten und des Lastgangs mit ähnlichen Unternehmen ergeben, der sich nur mit IT-Unterstützung vornehmen läßt.

3.3 Hochwertige Betreuung bezüglich sekundärer Faktoren

Neben einer erstklassigen Beratung und Betreuung bezüglich energietechnischer, vertrags- und rechnungsbezogener Fragestellungen erwarten Kunden heute auch einwandfreie Leistungen bei sekundären Faktoren („soft factors"). Dazu gehören etwa die Reaktionsgeschwindigkeit bei Anfragen, formal korrekte Anschreiben (Namen und Adressen), das Bekanntmachen von neuen, für den Kunden interessanten Produkten, kompetente Ansprechpartner auch während Urlaub oder Krankheit des normalerweise verantwortlichen Mitarbeiters etc. All diese Anforderungen lassen sich ohne die Verwaltung und Distribution von Informationen mittels rechnergestützter und leicht zugänglicher Systeme kaum erfüllen.

3.4 Analysen für Marketing-Fragestellungen

Unter Wettbewerbsbedingungen gewinnen neue Fragestellungen und Analysen an Bedeutung. Die Relevanz von Auswertungen über Märkte und Kundensegmente ist mindestens genauso groß wie die von Erzeugungskosten und -mengen. Beispielsweise werden sich mit einem VMIS die Veränderungen der Abnahmemengen und der Kundenanzahl in bestimmten Branchen auswerten lassen. So werden negative Trends frühzeitig erkennbar, die betroffenen Segmente lassen sich identifizieren und Gegenmaßnahmen können eingeleitet werden.

3.5 Produktneuentwicklung

Von den Vertriebsmitarbeitern beim Kunden gewonnene und in einem VMIS abgelegte Informationen zusammen mit der Analyse von abwandernden Kunden erlauben eine Entwicklung von Produkten, die speziell auf bestimmte Kundensegmente zugeschnitten sind. Bei den Neuprodukten kann es sich um Dienstleistungsprodukte handeln oder auch um Vertragsoptionen. Bei der Entwicklung von Vertragsoptionen können historische Daten verwendet werden, um die Kunden zu identifizieren, für die diese Verträge vorteilhaft wären. Gleichzeitig lassen sich dann Umsatzschätzungen und die Ertragsauswirkung der neuen Verträge simulieren. Die Vertragskonfiguration aus unzähligen Einzelbausteinen beim Kunden im Sinne eines Mass Customization bildet den Höhepunkt der Möglichkeiten, wie die Informationstechnologie heute bei der Produktentwicklung unterstützen kann.

3.6 Prozeßorientierte Projektverfolgung

Idealerweise unterstützt ein VMIS alle Phasen des Verkaufs. Angefangen von einer ersten Kundenanfrage über persönliche Gespräche und die Angebotserstellung bis zur langfristigen Kundenbetreuung wird der gesamte Vertriebsprozeß abgebildet und unterstützt. Das bedeutet einerseits eine enorme Entlastung des Vertriebsmitarbeiters und erlaubt gleichzeitig dem Marketing-Management, aus den jeweils aufgenommenen Daten Kennzahlen zu entwickeln, die die Gesamtsituation des Unternehmens am Markt beschreiben.

4 | Festlegung von Anforderungen an ein Vertriebs- und Marketinginformationssystem

Auf dem IT-Markt befinden sich zahlreiche Anbieter von VMIS, darunter sowohl sehr kleine als auch sehr große Unternehmen. Erhältlich sind Individuallösungen, die für jeden Kunden von Grund auf neu angefertigt werden, individuell gefertigte Systeme aus vorgefertigten und angepaßten Modulen und beschränkt anpaßbare Standardlösungen. Selbstverständlich kann auch die EDV-Abteilung des eigenen Hauses mit der Erstellung eines VMIS beauftragt werden.

Um den richtigen Anbieter zu finden und um sicherzustellen, daß die inhaltliche Diskussion vor der informationstechnischen geführt wird, sollten die wesentlichen inhaltlichen Anforderungen an ein VMIS konkret festliegen, bevor ein Partner für die Informationstechnik ausgewählt wird. Ein möglicher Weg zu einem solchen inhaltlichen Anforderungskatalog sei im folgenden skizziert.

4.1 Ziele

Die mit dem System verfolgten strategischen Ziele müssen vor allen anderen Aktivitäten klar sein. Das Unternehmen muß sich die Frage stellen, was eigentlich mit dem Einsatz eines VMIS verfolgt wird: Sollen in erster Linie die operativen Aufgaben von Marketing und Vertrieb unterstützt werden? Oder sollen vor allem strategische Aufgaben gelöst werden? Geht es darum, die Kundenzufriedenheit zu erhöhen? Sollen mit Hilfe des Systems Neukunden gewonnen werden oder vor allem die Stammkunden gehalten werden? Zusätzlich sollten die verschiedenen Ziele priorisiert werden.

Die Vorabbestimmung der strategischen Ziele hat folgende Gründe:

1. Mit Blick auf die strategischen Ziele lassen sich viele Fragen beantworten, die im weiteren Verlauf auftauchen.

2. Die aufwendige Erarbeitung und Einführung des Systems wird durch die definierten Ziele gerechtfertigt.

3. Die zur Verfügung gestellten Ressourcen und der Zeitrahmen für die Einführung ergeben sich aus den Zielen.

4. Das fertiggestellte VMIS kann an den anfangs festgehaltenen Zielen auf seinen Erfolg hin überprüft werden.

4.2 Priorisierung

Wenn die grundsätzliche Anwendung und die verfolgte Zielsetzung eines Systems feststehen, sollte entschieden werden, mit welcher Priorität verschiedene Marktakteure, Produkte und Prozesse abgebildet werden müssen.

Da die verschiedenen Kundengruppen unterschiedliche Deckungsbeiträge liefern und unterschiedliche Prioritäten für die Absatzsicherung haben, bietet es sich an, in einem ersten Schritt nicht alle Kunden des Unternehmens vollständig abzubilden. Industrielle und gewerbliche Abnehmer sollten im Vordergrund stehen. Daneben muß beispielsweise entschieden werden, ob Informationen über Lieferanten, Eigenerzeuger und Multiplikatoren Eingang in das System finden sollen.

Elektrische Energie ist bei den meisten EVU nicht das einzige Produkt. Dazu kommen Gas, Dienstleistungen, Telekommunikation, Entsorgung etc. Hier bietet es sich an, der Abbildung der Stromabnahme Vorrang einzuräumen, da es sich dabei häufig um den mit Abstand wichtigsten Teil des Geschäfts handelt.

Innerhalb von Marketing und Vertrieb existieren zahlreiche Einzelprozesse. Mit der Veränderung der Märkte werden neue Prozesse entstehen und bestehende verschwinden. Die wichtigsten Prozesse sollten bei der Unterstützung durch das VMIS Vorrang haben. Solche erfolgskritischen Schlüsselprozesse sind insbesondere Kundenkontakte im Vertrieb und Marktanalysen im Marketing.

4.3 Ausgestaltung der Prozesse

Nachdem die zu unterstützenden Prozesse festgelegt und priorisiert sind, sollten sie detailliert beschrieben werden. Dabei ist darauf zu achten, daß nicht die bestehenden Prozesse herangezogen werden, die teilweise noch aus der Zeit der Gebietsmonopole stammen können, sondern die Sollprozesse in einem Wettbewerbsmarkt.

So ist beispielsweise der Prozeß „Kundenbesuch" zu beschreiben, der sich untergliedern läßt in eine Vorbereitung, das eigentliche Kundengespräch und die Nachbereitung. Bei der Vorbereitung informiert sich der Vertriebsmitarbeiter über das Abnahmeverhalten des Kunden, ob der Kunde zu einem Konzern gehört, wer der Entscheider ist etc. Während des Gesprächs muß er in der Lage sein, Änderungswünsche des Kunden zu berücksichtigen. Dabei kann es sich einerseits um formale Dinge handeln (z. B. Adreß- oder Namensänderungen), andererseits um Änderungen der Vertragsdaten (z. B. Preise, Laufzeiten, Leistung). Bei Neukunden kann es zu der Aufforderung kommen, ein Angebot abzugeben. Mit einem idealen System zur Vertriebsunterstützung, das einen Vertragskonfigurator oder -generator beinhaltet, ist es möglich, dieses Angebot vor Ort zu erstellen und dem Ansprechpartner direkt zu überreichen. In der Nachbereitung ist ein Bericht anzufertigen und eventuell einem Vorgesetzten zur Kenntnisnahme zu senden.

4.4 Notwendige Daten/Datenstruktur

Wenn feststeht, wie die Prozesse zukünftig gestaltet werden sollen, wird erarbeitet, mit welchen Daten und Informationen diese Prozesse unterstützt und begleitet werden sollen. Letztendlich kann ein Informationssystem nichts anderes als Informationen und Daten aufnehmen, verwalten und bereitstellen. Insofern bilden die in diesem Teilschritt definierten Daten und Informationen das Herz des Systems. Hier sollte mit entsprechender Sorgfalt vorgegangen werden. Üblicherweise erfordert die Festlegung der Datenstruktur die meiste Arbeit auf dem Weg zu einem kompletten Anforderungskatalog.

Für die Vorbereitung eines Kundenbesuchs sind also beispielsweise die Daten über das Abnahmeverhalten der Kunden notwendig, d. h. die im Vertrag vereinbarte Leistung, Anschlußleistung, falls vorhanden Lastkurven, der Verbrauch der letzten Meßperiode etc. Während des Gesprächs muß der Vertriebsmitarbeiter dementsprechend Zugriff auf alle formalen Daten (z. B. Namen, Adressen, Kontoverbindungen) und alle Daten zum Vertragsverhältnis (z. B. Preisbestandteile, Sonderklauseln, Laufzeiten) haben. Falls während eines Besuchs ad hoc ein Angebot erstellt werden soll, muß darüber hinaus die gesamte Vertragssystematik verfügbar sein. Für den Fall, daß der Kunde eine höhere Leistung beziehen möchte, sollten auch Daten über die Leistungsfähigkeit des Netzes vorliegen, um eine Aussage über die Machbarkeit einer Leistungsanpassung treffen zu können. Schließlich müssen für die Besuchsnachbereitung Daten aufgenommen werden, so z. B. Kundenbeschwerden, die Vereinbarung eines Anschlußtermins oder die Dauer des Gesprächs.

4.5 Datenherkunft

Die alleinige Festlegung, welche Daten und Informationen erforderlich sind, genügt nicht. Gleichzeitig muß bestimmt werden, woher diese stammen sollen. Damit werden auch Verantwortlichkeiten festgelegt. Ein Teil der Daten wird sicherlich aus bestehenden EDV-Systemen übernommen werden können, so z. B. die Abrechnungsdaten eines Kunden aus dem Abrechnungssystem. Falls Daten über Anschlußcharakteristika zur Verfügung stehen sollen, werden diese aus den Systemen des Netzbetriebes oder Netzbaus stammen. Andere Informationen werden gezwungenermaßen dezentral von Vertriebsmitarbeitern eingegeben und gepflegt werden müssen, so etwa Informationen über den Ansprechpartner, über Energieanlagen beim Kunden oder über Beschwerden. Ein Teil der Daten kann auch von zentralen Serviceeinrichtungen in das System eingestellt und verwaltet werden, etwa Brancheninformationen, Mitarbeiter und Umsatzzahlen von Kundenunternehmen, Wettbewerberinformationen oder Statistiken.

4.6 Integration

Selbstverständlich ist ein Informationssystem nur wertvoll, wenn es intensiv genutzt, aber auch gut gepflegt wird. In diesem Sinne ist zu definieren, wie das VMIS in die bestehenden Organisationsformen und in die bestehende IT-Landschaft einzufügen ist. Die Verantwortlichkeiten und Rechte müssen festgelegt werden.

Daß die Marketingabteilung Zugriff auf die abgelegten Daten hat, ist wegen der strategischen Bedeutung der gewinnbaren Auswertungen eine absolute Notwendigkeit. Allerdings dürfen die Mitarbeiter dort keinen Einblick in die Erfolgsquoten einzelner Vertriebsmitarbeiter haben. Für die Personalabteilung wiederum sind ebendiese Erfolgsquoten, möglicherweise zur Berechnung von Provisionen oder Boni, notwendig. Insofern müssen hier entsprechende Schutzmechanismen enthalten bzw. Zugriffsrechte vergeben sein. Falls die entsprechenden Fachabteilungen vorwiegend mit anderen Systemen, wie SAP-Anwendungen oder PC-Datenbanken arbeiten, ist es sinnvoll, nur ausgewählte Daten aus dem VMIS an einer Schnittstelle für die bestehenden Systeme zur Verfügung zu stellen.

4.7 Umsetzung und Datenschutz

Sobald sich das Unternehmen darüber im klaren ist, was das einzuführende System leisten soll, wird es sich nach geeigneten Partnern für eine Umsetzung umsehen. Hier muß entschieden werden, ob ein individualisiertes Standardprodukt Anwendung finden kann, ob eine Eigenentwicklung oder die Produkte von heutigen Lieferanten, wie z. B. SAP, in Frage kommen. Innerhalb des Anforderungskataloges sind selbstverständlich die Belange des Datenschutzes zu beachten.

5 | Akzeptanz im Unternehmen

Mitarbeiter begegnen Veränderungen in etablierten Organisationsformen und Prozessen meistens mit Vorbehalten. Insbesondere für neue Informationssysteme ist dieses Phänomen zu beobachten.

Die Gründe für eine tendenziell kritische Haltung gegenüber neuen Informationssystemen liegen in dem nicht unerheblichen Aufbauaufwand für die Systeme und in der Angst, daß sich der persönliche Lernaufwand für den einzelnen nicht auszahlt. Tatsächlich überwiegt in der ersten Zeit nach der Systemeinführung der zusätzliche Einarbeitungsaufwand den Nutzen des Systems. Je mehr Daten jedoch in dem VMIS zur Verfügung stehen und sobald die Funktionen der Software selbstverständlich erscheinen, werden erhebliche Arbeitszeitersparnisse und Effizienzgewinne zu verzeichnen sein. Damit Akzeptanzprobleme nicht zu einem Scheitern des VMIS führen, sollten einige elementare Punkte bei der Konzeption und Einführung des Systems beachtet werden:

1. Schon in der konzeptionellen Phase sollten spätere Anwender einbezogen werden. Damit wird sichergestellt, daß das VMIS auch tatsächlich auf deren

Bedürfnisse zugeschnitten ist. Konkret bedeutet das, daß Mitarbeiter aus Marketing und Vertrieb die Inhalte des Systems selbst erarbeiten sollten.

2. Das VMIS sollte in einer ersten Implementierungsstufe überschaubar bleiben, d. h. die Anzahl der Datenfelder sollte auf ein Mindestmaß beschränkt werden. Diese Datenfelder sollten dann aber auch bei allen Kunden zu mindestens 90 % gepflegt werden. Nach einer erfolgreichen Etablierung kann das System dann leicht ausgebaut werden, zumal die Anwender erfahrungsgemäß zusätzliche Funktionalitäten und Datenfelder verlangen werden.

3. Ein großer Teil der notwendigen Daten des VMIS wird unmittelbar vor Ort von Vertriebsmitarbeitern aufgenommen werden müssen. Inwieweit diese die Informationen in das VMIS eingeben und pflegen, hängt in starkem Maße davon ab, wie sehr sie davon profitieren. Sobald das Gefühl entsteht, daß die Daten langfristig einen Nutzen erzeugen, werden die Systeme akzeptiert und die Daten gepflegt. Daß beispielsweise die Telefonnummern von Ansprechpartnern elementar wichtig für die tägliche Arbeit sind, ist offensichtlich. Daten über energieverbrauchende Anlagen beim Kunden sind es dann wert, aufgenommen zu werden, wenn ein entsprechendes Produkt oder eine Dienstleistung des EVU in Zusammenhang damit steht. Die Verwendung der Daten kann die Erfolgschancen des Vertriebsmitarbeiters deutlich erhöhen, besonders dann, wenn detaillierte Daten enthalten sind, zu deren Eintrag und Pflege der Mitarbeiter durch eine leistungsabhängige Gehaltskomponente angespornt werden kann.

4. Das Ablegen von bestimmten Informationen im VMIS wird aber für die Vertriebsmitarbeiter nicht von unmittelbarem Nutzen sein, da sich über sie kein direkter Verkaufserfolg erzielen läßt. Hier muß deutlich kommuniziert werden, wofür die Daten benötigt werden, indem die aus den Daten gewonnenen Ergebnisse an den Vertrieb distribuiert werden. Das betrifft beispielsweise Informationen über den Wettbewerb oder Eigenerzeugungsanlagen. Wettbewerberinformationen können innerhalb des Vertriebs ausgetauscht und systematisch ausgewertet zu einem wertvollen Service werden. Die Daten einer einzelnen Eigenerzeugungsanlage mögen es nicht wert erscheinen lassen, im VMIS abgelegt zu werden. Bei einer konsequenten Datensammlung werden allerdings Analysen über alle Kunden oder Kundensegmente möglich, die es erlauben, entsprechend ausgerichtete Strategien zu entwickeln. Der damit verbundene Mehrwert für das Unternehmen und insbesondere für Marketing und Vertrieb muß durch eine regelmäßige Distribution der Analysen an alle datensammelnden Mitarbeiter deutlich gemacht werden.

5. Die Gestaltung der Benutzeroberfläche ist für die Funktion des VMIS sekundär, für die Akzeptanz innerhalb des Unternehmens jedoch außerordentlich

wichtig. Daher sollten einerseits die aus der PC-Welt bekannten Gestaltungs-
elemente eingesetzt werden, was bei den marktgängigen Systemen gewährleistet ist, und andererseits die Navigation durch das System den Arbeitsprozes-
sen der Anwender angepaßt sein. Benutzerfreundlichkeit muß gegeben sein,
was letztlich bedeutet, daß Anwender sich intuitiv im System zurechtfinden.

6. Schulungen der Anwender sollten selbstverständlich sein. Sie helfen, etwaige
anfängliche Hemmschwellen zu überwinden, und beschleunigen die Einarbei-
tung der Anwender.

7. Schließlich muß der alltägliche Gebrauch des VMIS durch Vorgesetzte vorge-
lebt werden. Wenn die Vertriebsleitung noch mit Papier und Bleistift arbeitet
oder Daten nicht zielgerichtet auswertet, dann läßt sich gegenüber den Mitarbeitern die Notwendigkeit des Systems schlecht kommunizieren. Wenn Mar-
keting- und Vertriebsleiter Regeln für die Zusammenarbeit aufstellen, die das
VMIS einbeziehen, wird das System mit Nachdruck weiter etabliert. So können beispielsweise Besuchsberichte oder Monatsauswertungen im Format des
VMIS verlangt werden.

6 | Zusammenfassende Empfehlungen

Auf dem Energiemarkt wird es immer wichtiger, seine Kunden zu kennen, um
zur richtigen Zeit mit dem richtigen Produkt oder dem richtigen Service zur
Stelle zu sein. Nur ein Unternehmen, das seine Kunden und deren Bedürfnis-
strukturen kennt, wird im Wettbewerb bestehen können. Denn nur ein Vertriebsmitarbeiter, der vor Ort dem Kunden individuell zugeschnittene Angebote
unterbreiten kann, wird einen Abschluß tätigen können, und nur eine Marketingabteilung, die einen Überblick über die Wünsche der Kunden hat, kann die
richtigen Produkte entwickeln. Daher werden den EVU folgende Empfehlungen
gegeben:

1. Die Qualität der bestehenden Informationssysteme ist unter den sich ändernden Marktbedingungen laufend zu beobachten. Die wichtigste Frage dabei ist:
Wird die Effektivität und die Effizienz von Marketing und Vertrieb in ausreichendem Maße durch Informationssysteme unterstützt?

2. Falls die bestehenden Informationssysteme den aktuellen Anforderungen
nicht entsprechen, sollte umgehend ein Verbesserungsprozeß eingeleitet werden.

3. Der gesamte Verbesserungsprozeß sollte inhaltlich von der Marketing- und
Vertriebsorganisation geführt werden; auch in der Implementierungsphase

muß darauf geachtet werden, daß die fachlichen Anforderungen Priorität vor EDV-technischen Fragen haben.

4. Mitarbeiter aus operativen Vertriebs- und Marketingfunktionen sind unbedingt zu der Erarbeitung der Anforderungen an ein verbessertes Informationssystem hinzuzuziehen.

5. Die Steigerung der Akzeptanz von VMIS in der Organisation ist die Aufgabe der Führungskräfte. Der aktive Einsatz des Systems ist vorzuleben und zu unterstützen.

13. | Personalmaßnahmen

Thomas Meyer / Denise Dahlhoff

1 | Bedeutung des Faktors Personal für den Wandel und heutiger Stand

Wie in den vorangegangenen Beiträgen deutlich wurde, stellt die Öffnung des Strommarktes für den Wettbewerb die EVU vor zahlreiche neue Herausforderungen. Ein Charakteristikum der Branche stellt die Homogenität der angebotenen Produkte Strom und Gas dar, die kaum Möglichkeiten bieten, sich im Bereich der Kernprodukte voneinander zu unterscheiden. In dem zunehmend dynamischen Markt wird die verstärkte Dienstleistungsorientierung sowie die Erschließung neuer Betätigungsfelder, wie z. B. Stromhandel, daher immer wichtiger. Damit erlangt auch die Qualität der Human-Ressourcen eine besondere Bedeutung für die Differenzierung vom Wettbewerb und die Generierung von strategischen Wettbewerbsvorteilen: Schließlich kann jede Strategie nur so gut sein wie diejenigen, die sie umsetzen.

Aus anderen liberalisierten Branchen und aus den Erfahrungen der Energiewirtschaft in bereits liberalisierten Ländern ist bekannt, daß die personalwirtschaftliche Umsetzung der Neuorganisation zu den größten Herausforderungen des Wandels gehört. Der Großteil der Top-Manager von in- und ausländischen Energieversorgern hält die organisatorische Anpassung sowie die Änderung der Unternehmenskultur und der Einstellungen der Mitarbeiter, d. h. die Abkehr von einer Technik- zu einer Management- und Marktorientierung, für die wichtigsten Aufgaben der kommenden Jahre. Auch über ein Jahr nach der Öffnung des Strommarktes für den Wettbewerb befindet sich der innere Wandel noch im Anfangsstadium. Zwar haben sich die EVU vielfach neue Organisationsstrukturen gegeben, Prozesse optimiert und am externen Arbeitsmarkt Führungs- wie Fachkräfte in großer Zahl akquiriert, dennoch herrscht nach wie vor eine etwas verstaubte Atmosphäre. Das Management steht damit vor einer schwierigen Aufgabe: Zur Schaffung der geeigneten personellen Voraussetzungen und zur Weiterentwicklung des vorhandenen Personals müssen zahlreiche Maßnahmen in unterschiedlichsten Bereichen des Personalmanagements ergriffen werden, ohne das Unternehmen in seiner operativen Aufgabenerfüllung zu lähmen.

Verständlicherweise können und sollen in diesem Beitrag keine konkret spezifizierten Einzelmaßnahmen oder gar sukzessiv abzuarbeitende Maßnahmenpläne vorgestellt werden. Vielmehr geht es darum, die Aufmerksamkeit noch stärker als bisher auf die personelle Umsetzbarkeit der Unternehmensstrategie zu lenken. Im folgenden werden daher facettenartig verschiedene Bereiche beleuchtet, in denen nach wie vor großer Handlungsbedarf besteht, um Anregungen für die individuelle Ausgestaltung der Personalpolitik zu geben.

2 | Maßnahmen im Personalbereich

2.1 Maßnahmenspektrum

Die zu ergreifenden Maßnahmen können in drei Kategorien geteilt werden: Maßnahmen für vorhandenes Personal, Maßnahmen zur Rekrutierung neuen Personals und begleitende Maßnahmen des Managements. Daraus ergibt sich eine Vielfalt an Einzelmaßnahmen in verschiedenen Bereichen, die in folgender Tabelle übersichtsartig dargestellt sind (vgl. Abbildung 1):

Maßnahmen für vorhandenes Personal	Maßnahmen zur Rekrutierung neuen Personals	Maßnahmen des Managements
• Prüfen der Personalstärke und -qualität • Schulungen und sonstige Weiterbildungsmaßnahmen • Führungskräfteentwicklung • Personalumverteilung in Richtung Marketing und Vertrieb	• Definition der Qualifikationen des benötigten Personals • „Marktforschung" (Erwartungen des benötigten Personals) • Konzeption des Personalmarketing • Rekrutierung von neuen Führungskräften und Mitarbeitern	• Förderung der Mentalitätsänderung: Von „Beamten" zu interner Kundenorientierung • Neuer Führungsstil (Delegation und Dezentralisierung, unternehmerisches Denken) • Modernisierung der Vergütungssysteme (Anreizsysteme/leistungsorientierte Entlohnung) • Interne Kommunikation (Ziele und Stand der Umstrukturierung, Vorleben der Unternehmensvision/-strategie)

Abbildung 1: Maßnahmen für den Personalbereich

Die Herausforderung besteht darin, diese Aufgaben parallel und zügig anzugehen. Hierbei stellen vor allem die Maßnahmen des Managements einen Schwerpunkt dar, denn sie haben eine Schlüsselfunktion im Prozeß der Unternehmensentwicklung.

2.2 Schaffung geeigneter Rahmenbedingungen

Das Nebeneinander von Personalentwicklungsmaßnahmen und operativer Arbeit stellt für Mitarbeiter eine nicht unerhebliche Zusatzbelastung dar – inhaltlich wie zeitlich. Der Unternehmenswandel darf sich daher nicht allein auf die Neuorganisation, d. h. die Umschichtung und Ergänzung von Funktionen, beschränken, sondern muß vor allem auch einen Wandel der Denkweise und der Einstellung bei den Führungskräften und Mitarbeitern bewirken. Basis sind die Erkenntnis der Notwendigkeit und die Bereitschaft zu Veränderungen. Zur Gewährleistung eines erfolgreichen Veränderungsprozesses ist die aktive Unterstützung und Kommunikation der Neuorientierung die zentrale Aufgabe des Managements.

Die größte Herausforderung des Managements ist es, beim Personal Eigenschaften zu entwickeln bzw. Denk- und Arbeitsweisen zu etablieren, die in Unternehmen im Wettbewerb erforderlich sind. Daß es damit bislang nicht zum besten bestellt war, wird in einem Beitrag der Mitarbeiterzeitschrift der Stadtwerke Hannover zum Thema „Interne Dienstleistungen" deutlich: „Nach der Qualität der (internen, Anm. d. V.) Leistungen wird nicht immer gefragt. Daß dieses (…) so ist, liegt nicht am fehlenden Know-how, vielmehr ist es eine Frage der Philosophie gewesen. Der mangelnde Wettbewerb färbte auf die internen Verhaltensweisen ab. (…) Dürftiges unternehmerisches Denken führte zu Unzufriedenheit und bremste die Motivation."[1] Erforderlich ist daher die Etablierung von interner Kundenorientierung, denn wenn nicht einmal die interne Kundenorientierung funktioniert, dann kann die externe Kundenorientierung kaum besser sein.

Das Spektrum der Kompetenzanforderungen an die Führungskräfte und Mitarbeiter ist ähnlich vielfältig wie in anderen Wettbewerbsbranchen. Die erforderlichen Fähigkeiten können in persönlich-soziale und fachlich-unternehmerische Kompetenzen differenziert werden. Dies gilt grundsätzlich für alle Mitarbeiter im gesamten Unternehmen (vgl. Abbildung 2). In besonderer Weise aber sind die Mitarbeiter der vertriebsnahen Bereiche von dem Wandel betroffen.

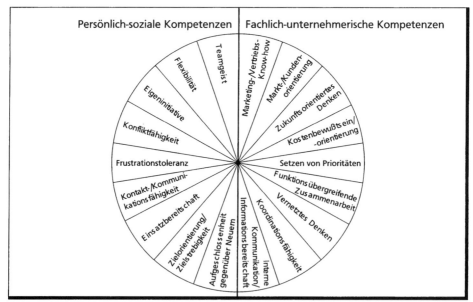

Abbildung 2: Kompetenzanforderungen an Marketing-/Vertriebsmitarbeiter in EVU

1 Vgl. Hagemann (1999), S. 7.

Für EVU-Mitarbeiter gewinnt vor allem die funktionsübergreifende Zusammenarbeit immer größere Bedeutung. Bislang herrschte in der Regel ein ausgeprägtes Sparten- oder Abteilungsdenken vor. Fortan müssen z. B. die Key Account-Teams, die aus Marketing- und Technikmitarbeitern sowie Preisexperten und Innendienstpersonal bestehen, eng zusammenarbeiten. Dabei werden an die interne Kommunikation und das Denken in größeren Zusammenhängen höhere Anforderungen gestellt. Das vernetzte Denken wird nicht nur von den Teamleadern gefordert, sondern von allen Mitarbeitern.

Erfahrungsgemäß stellt nicht allein die mangelnde Einsicht ein Hindernis beim Erlernen dieser neuen, teamorientierten Arbeitsweisen dar. Erschwerend kommt hinzu, daß das bisherige „soziale Leben" in EVU weitgehend von einer Abteilungskultur geprägt war, eingerahmt von einer straffen, starren Hierarchie mit nur wenigen persönlichen Berührungspunkten zu anderen Abteilungen. Andere betriebliche Bereiche wurden bislang primär dann wahrgenommen, wenn etwas *nicht* lief – mit dementsprechenden Negativ-Images. Diese soziale „Kooperationshemmschwelle" kann aber durch zeitlich begrenzte Job-Rotationen in andere Abteilungen im Sinne innerbetrieblicher Praktika überwunden werden. Diese fördern sowohl das gegenseitige Kennenlernen wie auch das Verständnis von anderen Arbeitsweisen und bereichsspezifischen Problemen. Derartige temporäre Arbeitsplatzwechsel haben sich anfangs der 90er Jahre – und dies in sehr viel extremerer Form – auch schon im Rahmen von Total Quality Management in der japanischen Automobilindustrie bewährt, wo designierte Manager für mehrere Monate in der Montage arbeiteten.[2]

Eine wichtige Voraussetzung für erfolgreiche Projektarbeit ist, daß Manager mit Personalverantwortung auch ihr Führungsverhalten grundlegend auf die neue Situation einstellen. Aus zeitlichen wie aus fachlichen Gründen kann keine Führungskraft sämtliche Aufgaben detailliert vorgeben und kontrollieren. Statt wie bisher operative „Erfüllungsgehilfen" mit detailliert beschriebenen Tätigkeiten zu suchen, könnte zukünftig die typische Stellenbeschreibung z. B. für einen Projektleiter lauten: „Entwicklung eines Vermarktungskonzepts für die energienahe Dienstleistung Wärmecontracting für Industriekunden innerhalb von fünf Monaten mit einem Budget von DM x." Wichtige Führungselemente sind daher konsequente Dezentralisierung und Delegation, das Auflösen von starren Hierarchien sowie die Förderung von unternehmerischem Denken. Die angestrebte Erhöhung der Schnelligkeit und Effektivität des unternehmerischen Handelns läßt sich aber nur dann erreichen, wenn nicht nur die Aufgabenerledigung, sondern auch die Entscheidungsbefugnisse stärker als bisher auf die Ebenen herunter verlagert werden, auf denen das operative Know-how liegt. Dies erfordert

---

2 Vgl. hierzu ausführlich Womack u. a. (1990).

auch eine bewußte Toleranz von Fehlern. Jeder Mitarbeiter wird so in seinem Verantwortungsbereich zum „Unternehmer im Unternehmen".

2.3 Erfolgsorientierte Vergütung

Die Konsistenz des Vergütungssystems ist erfahrungsgemäß ein besonders kritischer Faktor für die Arbeitszufriedenheit der Mitarbeiter. Erweiterte Handlungsspielräume der Mitarbeiter bedeuten für jeden einzelnen auch mehr individuelle Verantwortung. Bei mehr „Unternehmern im Unternehmen" ist es zur Sicherstellung der Leistungsbereitschaft daher zielführend, individuelle Leistungen für einen deutlich größeren Kreis von Mitarbeitern erfolgsorientiert zu honorieren. Die Einbeziehung variabler Anteile in die Vergütung ist im Management inzwischen weit verbreitet. Im Durchschnitt beziehen selbst auf der zweiten Führungsebene unterhalb der Geschäftsführung noch ca. zwei Drittel aller (westdeutschen) Management-Führungskräfte variable Gehaltsbestandteile in Höhe von durchschnittlich 11 % ihres Gesamtgehalts.[3]

Waren bisher primär Vertriebsmitarbeiter Empfänger variabler Vergütung, so ist es jetzt – insbesondere im Rahmen der Projektorganisation – durchaus denkbar, nach vorausgehender Zielvereinbarung auch Projektleiter, Marketingführungskräfte oder Produktmanager für ihren Erfolg zu honorieren. Wichtig ist allein, daß die Mitarbeiter die Faktoren, welche die Höhe des variablen Anteils bestimmen, selbst beeinflussen können und daß nur wesentliche Zielgrößen des Unternehmens bzw. des jeweiligen Bereiches herangezogen werden – Umsatz, Wachstum, Gewinn –, aber auch qualitative Größen wie Kundenzufriedenheit. Globale Zielgrößen wie z. B. „Umsatz" müssen dazu so operationalisiert werden, daß sie konkrete Anhaltspunkte für Maßnahmen zur Zielerreichung geben. Die untenstehende Abbildung zeigt die mögliche Ausgestaltung einer strategischen Zielvereinbarung für einen Key Account-Manager (vgl. Abbildung 3).

Zieldefinition	Zielvorgabe	Zielerreichung
Ziel 1: Umsatzsteigerung bei nicht-strategischen Kunden*:	+ 30.000 DM (= 8 % Tantieme)	+ 15.000 DM (= 4 %)
Ziel 2: Umsatzsteigerung bei strategischen Kunden*:	+ 10.000 DM (= 4 % Tantieme)	+ 7.500 DM (= 3 %)
Ziel 3: Umsatzanteil Dienstleistungen:	10 % (= 4 % Tantieme)	5 % (= 2 %)
Ziel 4: Senkung der Rabattsätze: z. B. auf Basis einer zuvor durchgeführten ABC-Kundenanalyse	–2 % (= 4 % Tantieme)	–1,5 % (= 3 %)
= Tantiemeanteil Summe (max. 20% vom Grundgehalt)		12%
x Grundgehalt		100.000,-
= Tantieme		12.000,-

Abbildung 3: Differenzierte Tantiemeberechnung für einen Key Account-Manager

---

3 Vgl. von Hören (1998), S. 68.

Bei der Entwicklung eines erfolgsorientierten Vergütungskonzepts sind vor allem folgende Fragen zu beantworten:

◆ Welche Mitarbeiter sollen in das Anreizsystem einbezogen werden?
◆ Welche sonstigen geldwerten Anreize soll es geben (außer Vergütung)?
◆ Wie hoch soll prozentual der variable Anteil des Gehaltes sein?
◆ Woran wird die variable Vergütung geknüpft? Welche Meßgrößen/Indikatoren bilden die Grundlage des Vergütungskonzeptes?

Wichtige Voraussetzungen sind eine klare Definition und Kommunikation der Erfolgsziele sowie eine valide und verläßliche Meßbarkeit der Zielerreichung.

In den obersten Führungspositionen ist nicht nur die erfolgsorientierte Entlohnung an sich, sondern auch die Vergütungsstruktur ein wichtiger Faktor. Für die Topführungskräfte kommt daher noch eine weitere Dimension der erfolgsorientierten Bezahlung in Frage: die Kapitalbeteiligung und damit die Beteiligung am Wertzuwachs des Unternehmens. In vielen Unternehmen außerhalb der EVU-Branche, z. B. bei DaimlerChrysler oder der Dresdner Bank, ist die Form der Vergütung führender Manager durch Kapitalbeteiligung bzw. Kaufoptionen zur Kapitalbeteiligung inzwischen verbreitet. Neben der angemessenen Honorierung der Leistung soll hierdurch die Bindung der Topmitarbeiter an das Unternehmen erhöht werden.

Hierzu bieten sich vor allem Aktienoptionen an. Dabei ist eine relativ langfristige Ausgestaltung des Optionsplans empfehlenswert, um die spekulative Ausnutzung kurzfristiger Gewinnschwankungen zu vermeiden und Anreize für ein ausschließlich auf kurzfristige Renditemaximierung ausgerichtetes Management auszuschalten. Zugleich sollte das Ausübungsrecht an das Arbeitsverhältnis geknüpft werden, um die Mitarbeiterbindung zu erhöhen. Mit anderen Worten: Bei Ausscheiden aus dem Unternehmen erlischt gleichzeitig das Optionsausübungsrecht.

Derart umfangreiche Änderungen bzw. Erweiterungen des Vergütungssystems erfordern auch die Berücksichtigung möglicher negativer Nebenwirkungen. So sollte z. B. auch nach Einführung der erfolgsabhängigen Bezahlung der durchschnittliche Gehaltsabstand zwischen einer Position (z. B. Gewerbekundenvertriebsmitarbeiter) zu höheren Positionen (z. B. Key Account-Manager) noch so groß sein, daß sich weiterhin Anreize für den Aufstieg auf der Karriereleiter bieten. Das Basisgehalt sollte daher auch weiterhin den Großteil der Gesamtvergütung ausmachen.

2.4 Interne Personalauswahl

Zunächst geht es darum, Art und Umfang des Personalbedarfs zu ermitteln. Hier zahlt es sich aus, für die zu besetzenden Stellen detaillierte Anforderungsprofile zu erstellen. Es hat sich bewährt, gemeinsam mit den Führungskräften alle relevanten Kompetenzmerkmale präzise festzulegen und sodann die stellenspezifische Ausprägung zu fixieren. Untenstehende Abbildung zeigt ausschnittsweise die unterschiedlichen Kompetenzanforderungen zweier Positionen auf Basis eines einheitlichen Basis-Anforderungsprofils (vgl. Abbildung 4):

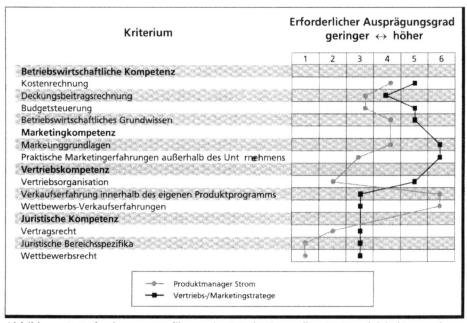

Abbildung 4: Anforderungsprofile zweier Marketingstellen im Vergleich (Auszug)

Vor der Personalrekrutierung am externen Arbeitsmarkt empfiehlt es sich zunächst, innerhalb des Unternehmens nach potentiellen Kandidaten für die zu besetzenden Stellen zu suchen. Im Rahmen unternehmensweiter Personalbewertungen, unterstützt durch interne Assessment Center für wichtige Positionen, kann das vorhandene Potential ermittelt werden und als persönliches Kompetenz-Profil jedes Mitarbeiters in einer Qualifikationsdatenbank abgelegt werden. In der Datenbankabfrage kann so in einem ersten Schritt schnell und einfach bereichsübergreifend nach den potentiell bestgeeigneten Mitarbeitern für die jeweiligen Stellen gesucht werden. Um sich nicht allein auf diese Datenbank verlassen zu müssen, empfiehlt es sich, Kandidaten, die sich für geeignet halten, mit Hilfe unternehmensinterner Stellenausschreibungen zu suchen.

2.5 Personalfortbildung und -entwicklung

Ein Teil der zukünftig notwendigen Kompetenzen kann in intensiven Schulungsmaßnahmen sowie durch „Training-on-the-job" erlernt werden. Vor dem Hintergrund des Zeitdrucks und der permanenten Veränderung des Umfelds darf die Personalausbildung jedoch nicht die reguläre Arbeit und Weiterentwicklung des Unternehmens behindern. Ziel muß es sein, wichtige Inhalte anhand aktueller Problemstellungen zu vermitteln und im Rahmen des Lernens zugleich für die umfassende Umsetzung der erarbeiteten Lösungen zu sorgen.

Als geeignetes Mittel haben sich hier sogenannte LERNSTRAT-Workshops bewährt, in denen LERNen mit STRATegieentwicklung verknüpft wird. Basis eines solchen Workshops ist ein konkretes und aktuelles Problem des Unternehmens – z. B. die Verbesserung des bestehenden Dienstleistungsangebots für Gewerbekunden. Ziele sind sodann das Erlernen von neuen Konzepten, die Entwicklung von konkreten Problemlösungen sowie die Einleitung der Umsetzung dieser Lösungen. Im Workshop können z. B. mit Hilfe eines gemeinsam durchgeführten Benchmarking von Top-Leistungen der Wettbewerber sowohl das Tool des Benchmarking als wichtige Komponente der Produktoptimierung erlernt werden als auch ein Beitrag zur Problemlösung geleistet werden. Untenstehende Abbildung gibt exemplarisch weitere Anregungen für LERNSTRAT-Inhalte (vgl. Abbildung 5).[4]

Strategisches Problem	Lerninhalte
Verbesserung des Dienstleistungs-angebots für Gewerbekunden	Benchmarking, Projektsteuerung, Kundenbefragungen
Tarifgestaltung für Sondervertragskunden	Pricing-Methodik, Preisinformationssysteme
Effizienzsteigerung im Vertrieb	Vertriebsorganisation, EDV-Einsatz, Vertriebsgebietsoptimierung
Verbesserung der Kundenbetreuung	ABC-Kundenanalyse, Markt-Kunden-Datenbank

Abbildung 5: Mögliche Inhalte von LERNSTRAT-Workshops

---

4 Vgl. hierzu ausführlich Kucher/Hilleke (1992).

Um für alle Mitarbeiter die Aktualität der Lerninhalte angesichts der Dynamik des Wettbewerbsumfelds zu sichern, müssen aus den aktuellen Ereignissen im Markt permanent neue Impulse für die Personalentwicklung generiert werden. Jeder Mitarbeiter kann aus allen Bereichen der Umwelt – Kunden, Konkurrenten, Öffentlichkeit und Politik – wichtige Informationen einbringen. Dieser Prozeß kann durch geeignete technische Hilfsmittel gefördert werden. Denkbar ist z. B. die Einrichtung einer „Know-how-Database" mit Verschlagwortung wichtiger Inhalte durch die Mitarbeiter. Dies führt sowohl zu rationeller Eingabe wie auch gezielter Abrufbarkeit von Know-how.

Die Qualität der Personalentwicklungsmaßnahmen, d. h. Effektivität und Effizienz, hängt maßgeblich davon ab, ob diese inhaltlich und strukturell gut auf die Charakteristika des eigenen Unternehmens abgestimmt sind. Insbesondere in technischen Bereichen wie energienahen Dienstleistungen – bis hin zur Finanzierung und zum Betrieb von Anlagen im Rahmen von Contractingangeboten – müssen die Mitarbeiter mit der rasanten Angebots(weiter-)entwicklung Schritt halten und permanent auf dem neuesten Stand sein. Hier bieten sich Schulungen durch eigene qualifizierte Mitarbeiter an. So läßt sich Anwendungserfahrung mit didaktischen Fähigkeiten kombinieren und zugleich die in erfolgskritischen Bereichen erforderliche Unabhängigkeit von externen Anbietern erhöhen. Darüber hinaus fördert dies auch Akzeptanz und gemeinsames Engagement für die Fortbildungsmaßnahmen.

Als Coaches im Rahmen hausinterner Trainingsakademien bieten sich vor allem die Produktmanager an. Diese lernen auf diesem Weg zugleich, Produkte und Dienstleistungen verständlich und erklärbar zu gestalten. Ebenso wird hierdurch die wichtige Verbindung zwischen Kunde und Produktentwicklung über den Vertrieb intensiviert.

Auch für Führungskräfte bieten sich „Training-on-the-job"-Maßnahmen an. Allerdings wird es schwierig sein, für jede Führungskraft schnell ein individuell optimiertes „Ein-Personen-Lernprogramm" durchzuziehen. In Einzelfällen können aber auch unkonventionelle Wege zum Erfolg führen: So bietet z. B. eine zeitliche begrenzte „externe Job-Rotation" zu renommierten Unternehmen anderer Branchen wie z. B. Procter&Gamble oder der Allianz die Chance, in einem realen Arbeitsumfeld sehr spezifisches Sach- und Prozeßwissen zu erwerben.

Neben der Führungskräfteschulung muß ein Programm für die Führungskräfteentwicklung gestaltet werden. Es ist zu bedenken, daß mit Abflachung der Hierarchien einige Stufen auf der Karriereleiter wegfallen, die Zahl der permanenten Führungspositionen wird geringer. Im Rahmen neuer Arbeitsorganisationsformen muß daher sichergestellt sein, daß sogenannte „High Potentials", also hochkarätige junge Mitarbeiter, weiterhin ausreichende Perspektiven für ihre persönliche Entwicklung haben. Insbesondere die Projektarbeit und -leitung bieten hier Möglichkeiten der persönlichen Profilierung und Entfaltung außerhalb der Linie. Die Projektarbeit erfüllt dabei eine Doppelfunktion:

1. Initiative Wahrnehmung zeitlich wie inhaltlich abgegrenzter Aufgabenpakete, z. B. Aufbau eines Produktsortiments inkl. Pricing, Marktsegmentierung und Aufbau eines Vertriebskonzepts, marketingorientierte DV-Ausrichtung oder Marketingplanung und -controlling.

2. Schaffung der notwendigen Voraussetzungen zur regulären Weiterführung der geleisteten Arbeit im betrieblichen Alltag, z. B. Bereitstellung der notwendigen organisatorischen Rahmenbedingungen, Prozeßablauf, Verantwortliche oder Zielgrößen.

Um auch im Zuge der Delegation und Dezentralisierung den zielführenden Verlauf eines Projekts sicherzustellen, sind vor allem Ziel und relevante Rahmenbedingungen – Kompetenzen, finanzielle und personelle Ressourcen, Zeithorizont wie auch Abstimmungsbedarf – genau zu definieren und zu kommunizieren. Umfassendere Projekte mit mehreren interdependenten Teilprojekten erfordern zwingend eine Projektkoordination durch ein übergeordnetes Lenkungsteam.

2.6 Rekrutierung und Mitarbeiterbindung

Für nicht intern zu besetzende Stellen wie auch für Spezial-Know-how, wie Markenmanagement oder Stromhandel, ist es notwendig, externe Fachleute einzustellen. Auf Basis der vorliegenden Anforderungsprofile ist ein Rekrutierungskonzept zu erarbeiten, das u. a. die Art der Mitarbeiter, die Suchorte, das Entlohnungssystem, Akquisitionsargumente, Bindungsinstrumente und die Rekrutierungsmethodik beinhaltet. Die Rahmenbedingungen für die Rekrutierung sind allerdings alles andere als günstig:

◆ Ein angespannter bis „leergefegter" externer Arbeitsmarkt für hochqualifizierte Fachkräfte
◆ Eine hohe Unsicherheit für neue Kräfte bezüglich der weiteren Unternehmensentwicklung (z. B. durch Fusionen wie VEBA–VIAG)
◆ Ein immer noch verstaubtes bzw. negativ besetztes Image der Branche (u. a. durch anhaltende Diskussion um den Ausstieg aus der Kernenergie).

Um im Wettbewerb um qualifizierte Mitarbeiter vorne zu bleiben, müssen die Rekrutierungsmaßnahmen durch ein fundiertes Personalmarketing unterstützt werden. Der Personal-Marketing-Mix muß stimmen (vgl. Abbildung 6, Seite 296).

Neue Mitarbeiter finden in EVU gegenwärtig eine „grüne Wiese" mit viel Raum zur Entfaltung eigener Ideen und hervorragenden Karrieremöglichkeiten

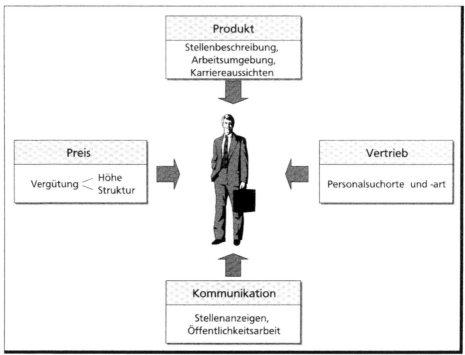

Abbildung 6: Die Gestaltung des Personal-Marketing-Mix auf Basis der Anforderungen der Mitarbeiter-Zielgruppe

vor. Die deutliche Kommunikation dieser Chancen kann Top-Kräften den Einstieg in die EVU-Branche schmackhaft machen. Allerdings dürfen in der Kommunikation keine leeren Versprechungen gemacht werden, die später nicht zu halten sind.

„Klappern gehört zum Handwerk" – nach diesem Motto obliegt es dem Personalmarketing auch, die Mitarbeiter durch offene interne Kommunikation für das Unternehmen und ihren Job zu begeistern und dazu beizutragen, dem Unternehmen ein nach innen erkennbares Profil zu geben, um es so unterscheidbar und einmalig zu machen. Als geeignete Instrumente haben sich z. B. neben den bekannten Mitarbeiterzeitschriften hausinterne Info-Märkte bewährt. Zusätzlich zur Information über Entwicklungen im Unternehmen und am Markt bieten sie allen Mitarbeitern die Möglichkeit, mit den Führungskräften offen über aktuelle, „heiße" Themen zu diskutieren. Allerdings können derartige Veranstaltungen nicht so häufig stattfinden, wie es Informationsbedarf gibt. Mit einem Informationspool im Intranet kann diese Lücke geschlossen werden.

2.7 Überprüfung der Personalstärke

Infolge des zunehmenden Kostendrucks unterliegen alle Energieversorger einem Zwang zur Steigerung ihrer Effizienz, um am Markt überleben zu können. Unternehmen, die im Laufe der Jahrzehnte „Fett angesetzt" haben, müssen schlanker werden. Schon seit geraumer Zeit bauen daher die EVU – ob Verbundunternehmen, Regionalversorger oder Stadtwerke – im Zuge von Reorganisationsmaßnahmen Arbeitsplätze ab. Dennoch muß darauf geachtet werden, daß die Schlankheitskur nicht zur Magersucht wird, d. h. kein Personalabbau mit der „Rasenmähermethode" betrieben wird. Nicht alle Mitarbeiter bzw. deren Funktionen lassen sich ohne weiteres eindeutig in Organigrammen abbilden. In Zeiten des Wandels sind es z. B. vor allem altgediente Mitarbeiter des mittleren Managements, die aufgrund ihrer vielfältigen Kontakte im Unternehmen wichtige Koordinationsfunktionen – vor allem auf der gleichen Hierarchiestufe zwischen verschiedenen Bereichen oder Abteilungen – erfüllen.

Gerade im Zuge von Umstrukturierungen sind neue Koordinationsmechanismen noch nicht voll etabliert und belastbar. In solchen Phasen kann das Fehlen kommunikativer Querverbindungen zum bedeutenden Engpaß bei der Umsetzung von Strategien werden – Innovation, Dynamik und Verantwortungsbereitschaft werden so im Keim erstickt. Wichtig ist daher vor allem, daß die Verschlankung im Sinne einer längerfristigen Gesundheitsvorsorge und nicht nur als kurzfristige Cost-Cutting-Maßnahme auf die Organisation angewandt wird.[5]

2.8 Neue Formen der strategischen Personalplanung

Aufgrund der unsicheren kurzfristigen und rasanten Entwicklungen im Energiemarkt kommt insbesondere der Personalplanung eine wichtige Rolle zu. Sie steht angesichts des hochdynamischen Umfelds vor vollkommen neuen Herausforderungen. Eine besondere Herausforderung des Personalmanagements stellt die EVU-typische Unternehmensgröße und die daraus resultierende Unübersichtlichkeit der Personalsituation dar. Dies birgt die Gefahr, in einigen Bereichen schlicht den Überblick zu verlieren – sowohl über die Prioritäten wie auch die Zielerreichung in der Personalarbeit. Fragen wie

◆ Wo stehen wir heute?
◆ Wie ist die Ausgangssituation zu beurteilen?
◆ Wie groß sind die zu erwartenden Anstrengungen?
◆ Welchen Bereichen müssen wir besondere Aufmerksamkeit widmen?

---

5 Vgl. Marr (1996), S. 122.

müssen im Rahmen des Planungsprozesses trotz der Unternehmensgröße und -komplexität jederzeit für alle Beteiligten nachvollziehbar beantwortet werden können. Eine große Bedeutung kommt daher der transparenten Darstellung der derzeitigen und der angestrebten Situation im Personalbereich zu.

Als besonders nützlich hat sich hier die Anwendung der Portfolio-Technik erwiesen. Personal-Portfolios ermöglichen, Stärken und Schwächen bezüglich Qualität und Ausgewogenheit der Mitarbeiterstruktur des Unternehmens zu visualisieren. Sie dienen damit als Grundlage der Entwicklung zielgerechter Personalstrategien und -maßnahmen durch Aggregation der stellen- und bereichsspezifischen Anforderungsprofile. Beispielsweise kann mit Hilfe von Personal-Portfolios die Personalqualität einzelner Geschäftsbereiche in Relation zu deren strategischer Bedeutung gesetzt werden. Durch den Vergleich des so generierten Ist-Portfolios mit dem Soll-Portfolio lassen sich Lücken aufdecken, die durch adäquate Maßnahmen zu schließen sind (vgl. Abbildung 7).

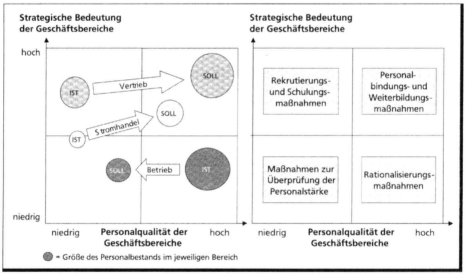

Abbildung 7: Beispiel für ein Personal-Portfolio und mögliche Personalmaßnahmen[6]

Aus der Plazierung im Portfolio können anschließend z. T. direkt Maßnahmen abgeleitet werden.[7]

Um im Falle von unerwarteten Ereignissen mit dem gesamten Unternehmen wie in einem geübten Manöver schnell und zugleich durchdacht (re-)agieren zu können, hat es sich bewährt, „Schubladenlösungen" in Form von vorformulierten „Personal-Szenarien", also Handlungsalternativen für bestimmte angenom-

---

6 In Anlehnung an Heinrich (1990), S. 229.
7 Vgl. hierzu Heinrich (1990), S. 228 f.

mene Rahmenbedingungen, zu generieren.[8] Die plötzliche Intensivierung des Wettbewerbs im Tarifkundensegment durch den Marktauftritt von RWE und Yello Strom hat viele Wettbewerber derart überrascht, daß kurzfristig alle verfügbaren Personalkapazitäten in Aktivitäten zur adäquaten Reaktion in diesem Segment gebunden waren. Hierdurch entstanden in anderen, strategisch äußerst relevanten Bereichen Lücken in der Personalkapazität, die bei vorheriger Planung vermeidbar gewesen bzw. deutlich geringer ausgefallen wären.

3 | Implementierung

3.1 Das Kompetenzzentrum „Personal" als interner Dienstleister

Kurzfristige Entwicklungen mit z. T. gravierenden Auswirkungen, neue Berufsfelder, Personalmarketing, kürzere Laufbahnzyklen, Job Hopper etc. machen die zukünftige Personalarbeit in EVU vielfältiger und anspruchsvoller. Es gilt, das notwendige personalwirtschaftliche Know-how zu bündeln und an einer Stelle nach Art eines Kompetenzzentrums zusammenzufassen (vgl. Abbildung 8).

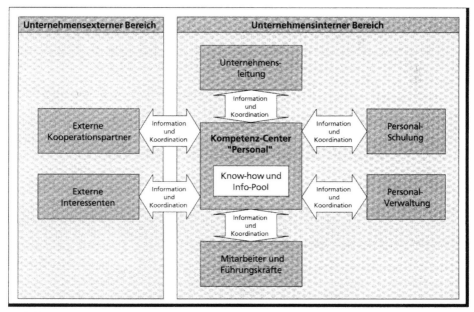

Abbildung 8: Die Personalabteilung als Kompetenz-Center

---

8 Vgl. von Reibnitz (1987), S. 31 ff.

Bei der Implementierung des Personalmanagements ist darauf zu achten, daß möglichst viele Bestandteile der Personalarbeit dezentralisiert werden und in das Linienmanagement verlagert werden – nah an die Mitarbeiter und die an sie gestellten Anforderungen, die es zu erfüllen gilt. Eine derart konzipierte Personalabteilung gewährleistet vor allem mehr Nähe zu den „internen Kunden" wie auch eine Wendung von der bisher praktizierten Zuteilung von Bildungsmaßnahmen nach dem „Gießkannenprinzip" hin zu mehr Bedürfnisorientierung.[9]

3.2 Schaffen einer Veränderungskultur durch konsequente Umsetzung

Obwohl sich die Liberalisierung des Strommarktes schon lange angekündigt hat, haben viele Unternehmen zu lange gewartet, notwendige Veränderungen rechtzeitig anzugehen. Dabei hat es sicherlich nicht an Plänen und Strategien für die Zukunft gemangelt. Vielmehr haben häufig interne Widerstände in allen Bereichen, der Hang zum Festhalten am Status quo, die Umsetzung entscheidend verzögert bzw. verhindert. Der stärkste Widerstand tritt erfahrungsgemäß bei Mitarbeitern mittlerer Jahrgänge auf (ca. 45–55 Jahre) auf. Gerade diese Mitarbeiter haben sehr lange ruhige Zeiten erlebt. In dieser Gruppe sind Ängste hinsichtlich des Verlusts der erarbeiteten und lange genossenen Privilegien sowie der Bewältigung des Wandels zu erwarten. Es ist aber unbedingt zu verhindern, daß der interne Wettstreit stärker ausgeprägt ist als der Wettstreit gegen die Konkurrenz und deshalb die notwendigen Änderungen unterbleiben.

Für erfolgreiches Veränderungsmanagement gelten daher folgende Regeln:[10]

- Permanente, klare und allseitige Kommunikation und konsistentes Verhalten.
- Veränderung erfordert häufig die explizite Abschiednahme vom bisher Gewesenen. Das Aufzeigen der Schwächen des Alten erhöht die Akzeptanz des Neuen.
- Schnelles Vorgehen läßt den Gegnern der Veränderung wenig Zeit zum Widerstand.
- Veränderungen erfordern auch die Bereitschaft zur Unpopularität. Keine Führungskraft muß (und kann) es allen recht machen.

Nur ein derartiges Vorgehen gewährleistet, daß erfolgversprechende Strategien konsequent umgesetzt werden und nicht in endlosen Arbeitskreisen und Konsensrunden zerredet werden.

---

9 Vgl. hierzu auch Sattelberger (1996), S. 104 f.
10 Vgl. Simon (1993), S. 132 ff.

4 | Zusammenfassende Empfehlungen

Die dargestellten Facetten des Wandels im Personalbereich bilden nur einen Überblick über die wichtigsten Änderungen. Abschließend sollen einige zusammenfassende Empfehlungen gegeben werden, deren Beachtung die Erfolgsaussichten der Strategieumsetzung signifikant erhöhen.

1. Der Faktor Personal ist einer *der* Engpaßfaktoren bei der Strategieumsetzung. Jede Strategie ist nur so gut wie diejenigen, die sie umsetzen. Alle Strategieoptionen müssen deshalb sorgfältig unter dem Aspekt der – qualitativen wie quantitativen – personellen Realisierbarkeit betrachtet werden.

2. Eine der entscheidenden Barrieren für den Wandel ist das Festhalten am Status quo. Der Wandel der Denkweise und der Einstellung – weg von der Beamtenmentalität hin zum persönlichen Ehrgeiz eines Wettbewerbsteilnehmers – muß durch intensive interne Kommunikation und konsequentes Vorleben der neuen Prinzipien durch die Führungsmannschaft gefördert werden.

3. Die Vermittlung spezifischer persönlich-sozialer und fachlich-unternehmerischer Kompetenzen muß parallel erfolgen. Das eine ist ohne das andere nichts wert.

4. Zur Erhöhung der Schnelligkeit und Effektivität des unternehmerischen Handelns ist der Führungsstil konsequent in Richtung Dezentralisierung und Delegation von Verantwortung, Auflösen von starren Hierarchien sowie die Förderung von unternehmerischem Denken zu ändern.

5. Infolge der Erweiterung der individuellen Handlungs- und Entscheidungsspielräume werden auch die tatsächlich erbrachten Leistungen zunehmend differieren. Um gute Leistungen angemessen zu honorieren und die Motivation sicherzustellen, ist die erfolgsorientierte Anpassung der Vergütungssysteme erforderlich.

6. Die zwangsläufige Parallelität von Personalentwicklung und operativer Arbeit läßt sich vor allem zeitlich nur durch neue Formen der Aus- und Fortbildung bewältigen, welche Lernen mit Strategieumsetzung unmittelbar miteinander verbinden.

7. Die Rekrutierung neuer externer Kräfte erfordert ein Personalmarketingkonzept, in dem alle Variablen des Personal-Marketing-Mix konsequent an den Anforderungen der gesuchten Mitarbeiter ausgerichtet werden. Zugleich muß das Personalmarketing dazu beitragen, dem Unternehmen auch nach innen ein attraktives Profil zu geben und so die Mitarbeiterbindung zu erhöhen.

8. Die antizipative Personalplanung in Form von szenariospezifischen, vorbereiteten „Schubladenlösungen" ermöglicht schnellere Reaktionen auf plötzliche Änderungen der externen Rahmenbedingungen.

9. Die Personalabteilung muß vom Personalverwalter zur internen Personalberatung werden, die als Kompetenzzentrum sämtliche Interessenten in Personalfragen berät und so eine konsequente Dezentralisierung der Personalarbeit ermöglicht.

10. Angesichts der dynamischen Marktentwicklung müssen sämtliche Maßnahmen vor allem schnell umgesetzt werden. Dies läßt den Gegnern der Veränderung keine Zeit zum Widerstand. Bereitschaft zur Unpopularität ist dabei unabdingbar.

Fazit und Ausblick

Michael Laker

Dieses Buch soll nicht abgeschlossen werden, ohne einen kurzen Ausblick auf die wesentlichen und zu erwartenden Herausforderungen und Erfolgsfaktoren in den Bereichen Marketing und Vertrieb zu geben. Dabei lassen sich die künftigen Entwicklungen aus den Charakteristika der Branche ableiten.

Die wachsende Bedeutung von Marketing und Vertrieb im liberalisierten Energiemarkt ist unstrittig. Einige der beschriebenen Marketingelemente wurden von manchen Energieversorgungsunternehmen (EVU) bereits implementiert. Insgesamt stellt sich die Situation im deutschen Energieversorgungsmarkt unter Marketing- und Vertriebsgesichtspunkten wie folgt dar.

In den ersten Phasen des Wettbewerbs dominierten von den in diesem Buch ausführlich diskutierten Marketinginstrumenten Preis und Vertrieb, nur in Ansätzen ist ein Markenaufbau insbesondere im Privatkundengeschäft zu beobachten. Dienstleistungen wurden primär im industriellen Geschäft angeboten. In fast allen EVU orientieren sich Marketing und Vertrieb an spezifisch gebildeten Kundensegmenten, die sowohl für die heutige Versorgungsstruktur als auch für potentielle Zielkunden gebildet wurden. Unternehmensintern wurden organisatorische Marketing- und Vertriebseinheiten gebildet, die Professionalisierung wird die Aufgabe der nächsten Jahre sein. Viele Unternehmen verkennen, daß es mit der Bildung von Unternehmensfunktionen einfach nicht getan ist; für eine effektive und effiziente Marktbearbeitung fehlt der erforderliche unternehmensstrategische Rahmen. Beispiele für die Ausgestaltung dieses Rahmens sind:

- Positionierung: Vertriebsunternehmen vs. Händler, Utility Anbieter etc.
- Zielsetzung: Umsatz, Ergebnis vs. Marktanteil, Angriff vs. Verteidigung
- Unternehmensauftritt: Alleingang vs. Partnerschaften (horizontal, vertikal)
- Angebot: Strom vs. Paketangebote aus Strom, Gas, Wärme, Wasser etc.
- Wettbewerbsparameter: Preiswettbewerb vs. Differenzierungswettbewerb

Die Ausgestaltung dieser sicherlich nicht vollständigen Liste ist Aufgabe der Unternehmensführungen. Innerhalb eines solchen strategischen Gerüstes können dann das Marketing und der Vertrieb mit Inhalten gefüllt werden. Für die Zukunft besteht sowohl auf der unternehmensstrategischen wie auch auf der Marketing- und Vertriebsseite noch erheblicher Handlungsbedarf.

Aufgrund der bestehenden Überkapazitäten und der stark fragmentierten Angebotsstruktur wird der Druck auf die Preise auch weiterhin anhalten. Hieraus ergeben sich zwei wesentliche Implikationen: steigender Kostendruck und Suche nach Differenzierungsmöglichkeiten.

1. Kostendruck

Der zunehmende Druck auf der Kostenseite wird zu weiteren Fusionen, Übernahmen und Allianzen sowohl horizontal als auch vertikal führen. In diesem Zuge wird sich eine Wandlung zum globalen Geschäft vollziehen.

Der steigende Kostendruck wird zu weiteren Personalfreisetzungen in der Branche führen. Darüber hinaus werden die internen Prozesse, aber auch die nach außen gerichteten Marketing- und Vertriebsaktivitäten, an strikten Effizienzkriterien gemessen werden. Organisatorisch dürfte dies zu einer zunehmenden Zentralisierung aller multiplizierbaren Leistungen, wie Abrechnung, Marketing etc., führen.

Das Beschaffungsmanagement bekommt völlig andere Ausprägungen als heute und einen noch höheren Stellenwert. In diesem Zusammenhang wird sich auf der Großhandelsseite ein prosperierender Stromhandel entwickeln. Die meisten Unternehmen müssen die entsprechenden Kompetenzen allerdings noch aufbauen, andere werden an diesem Geschäft überhaupt nicht partizipieren.

2. Suche nach Differenzierungsmöglichkeiten

Das echte Marketing-Zeitalter steht der Strombranche noch bevor. Der steigende Wettbewerbsdruck wird die Unternehmen zu Innovationen und neuen Vermarktungsformen führen. Die sich schon heute abzeichnenden Veränderungen leiten sich aus den folgenden vier Bereichen ab:

◆ *Powerline-Technologie:* Die Powerline-Technologie wird insbesondere im Inhouse-Bereich bisher ungeahnte Innovationen hervorbringen. Das Thema Gebäudesteuerung ist nur ein Bereich, daneben wird die hausinterne Unternehmenskommunikation revolutioniert werden. Denkbar sind darüber hinaus EVU-gebundene Elektrogeräte.

◆ *Real Time Business und Risikoabsicherung:* Das bisherige Geschäft der EVU mit Endkunden war eher von mittel- bis langfristiger Natur. In Zukunft wird aus unterschiedlichen Motivationsgründen heraus ein Geschäft in Echtzeit entstehen. So wird die stärkere Bedeutung von Strompreisindizes in Verbindung mit der Strombörse zu sehr viel höheren Volatilitäten der Strompreise führen. Allein aufgrund dieser Tatsache werden neue Risikoabsicherungsinstrumente auf den Markt gebracht werden müssen. Darüber hinaus wird – wie heute in Ansätzen schon angeboten – Strom per Internet-Auktionen gehandelt werden. Kurzfristige Überschußkapazitäten werden über diese neuen Handels- und Angebotsformen zu ganz neuen Märkten führen.

◆ *Dienstleistungen:* In der Endphase des Monopols waren viele EVU von ihrer Positionierung als Energiedienstleister überzeugt. In der ersten Phase des

Wettbewerbs spielten Dienstleistungen jedoch praktisch keine Rolle. Diese untergeordnete Rolle der Dienstleistungen auch in der Zukunft zu erwarten wäre jedoch fatal. Nach der ersten Konsolidierungsphase wird eine Differenzierung gerade über energienahe, aber auch energieferne Dienstleistungen ausgestaltet werden. So wird z. B. ein Multi-Utility-Konzept energienahe Dienstleistungen wie Energiemanagementsysteme, wahrscheinlich aber auch Finanzdienstleistungen umfassen.

◆ *Vertriebskanalvielfalt:* Bisher deutet sich lediglich in Ansätzen an, über welche unterschiedlichen Kanäle die Angebote der EVU in der nächsten Zeit vertrieben werden. Sicher ist, daß künftig in sämtlichen denkbaren Vertriebskanälen mit Endkundenzugang die Produkte/Leistungen der EVU erhältlich sein werden. Vorwärtsintegrationen, d. h. der Kauf von oder die Beteiligung an Organisationen mit Endkundenzugang, werden auch in Deutschland zu beobachten sein.

Die Neupositionierungsfelder der EVU lassen sich heute nur erahnen. Allein schon das stärkere Zusammenwachsen einzelner Branchen, wie IT, Telekommunikation und Medien, zu denen es inhaltliche Beziehungen der EVU genauso gibt wie zu Finanzdienstleistungen, kann zu völlig neuen Geschäftsinhalten führen.

Der Faktor Zeit wird zum Schlüsselfaktor schlechthin. Für die EVU werden Schnelligkeit, Flexibilität und richtiges Timing überlebenswichtig. Die Veränderungsgeschwindigkeit in der Branche wird rapide zunehmen. Vor allem die Führungskräfte und Mitarbeiter müssen sich daran anpassen, die Veränderung muß gerade in ihren Köpfen stattfinden. Dies mag banal klingen, ist aber eine der wichtigsten Erkenntnisse.

Wir halten es hier mit dem US-amerikanischen Politiker Dean Acheson, der sagte: „Das Beste an der Zukunft ist, daß wir immer nur einen Tag verkraften müssen".

Autorenverzeichnis

Dahlhoff Denise, Diplom Kauffrau: Promotionsstudentin am Lehrstuhl für Marketing und Handel von Prof. Dr. Henrik Sattler (Friedrich-Schiller-Universität Jena); langjährige Beratungserfahrung insbesondere in der EVU-Branche; früher Consultant bei SIMON ♦ KUCHER & PARTNERS und beteiligt an zahlreichen Projekten zur Entwicklung und Umsetzung von Marketingstrategien.

Ford Jeremy, B.S.F.S. (Georgetown University): Consultant bei SIMON ♦ KUCHER & PARTNERS in Bonn und Cambridge, Massachusetts. Beratungsschwerpunkte: Entwicklung von Pricing- und Marktstrategien für europäische und amerikanische Unternehmen.

von der Gathen Andreas, Diplom Ökonom, Dr.: Consultant bei SIMON ♦ KUCHER & PARTNERS in Bonn. Beratungsschwerpunkte: Strategisches Marketing und Controlling.

Göbel Stefan-Jörg, Diplom Wirtschaftsingenieur: Consultant bei SIMON ♦ KUCHER & PARTNERS in Wien. Beratungsschwerpunkte: Entwicklung von Marketingstrategien für Produkt- und Dienstleistungsinnovationen insbesondere in Energieversorgungs- und anderen Dienstleistungsbranchen.

Gülener Serkan, Diplom Wirtschaftsinformatiker: Consultant bei SIMON ♦ KUCHER & PARTNERS in Bonn. Beratungsschwerpunkte: Markenmanagement, Kommunikationsstrategien, Entwicklung von Informations- und Organisationsstrukturen, ethnisches Marketing insbesondere in Energieversorgungsunternehmen.

Herr Stefan, Diplom Kaufmann: Senior Consultant bei SIMON ♦ KUCHER & PARTNERS in Bonn. Beratungsschwerpunkte: im Bereich Energieversorgung u. a. zu den Themen Entwicklung und Implementierung von neuen Produkten und Dienstleistungen, Erarbeitung von Branchenstrategien, Kunden- und Marktsegmentierungsstudien sowie marktorientierte Pricing-Strategien.

Laker Michael, Diplom Volkswirt, Dr.: Senior Partner bei SIMON ♦ KUCHER & PARTNERS in Bonn und Cambridge, Massachusetts und Geschäftsführer der Gesellschaft in Wien. Spezialgebiet: Entwicklung und Umsetzung strategischer Planungen von Preis- und Marketingstrategien und Organisations-/Wertschöpfungskonzepten. Zahlreiche nationale und europa-/weltweite Beratungsprojekte für eine Vielzahl von Firmen, u. a. Bank 24, Battenfeld GmbH, Bayer AG, Deutsche Shell AG, Deutsche Telekom AG, ESSAG, FAG

Kugelfischer AG, Gerling-Konzern, Gore GmbH, HEWI GmbH, Isar-Amperwerke AG, Jagenberg AG, Klöckner-Moeller GmbH, Microsoft GmbH, MTU GmbH, PreussenElektra AG, RWE Energie AG, T-Mobil GmbH, Saurer AG, Siemens AG, TÜV Rheinland, Werner & Pfleiderer GmbH; Leitung zahlreicher Management-Seminare und Workshops; Referent am USW Universitätsseminar der Wirtschaft, Schloß Gracht/Köln, bei IIR und Management Circle, an der Hochschule St. Gallen, European Business School sowie bei den Deutschen Marketing-Clubs; Autor der Bücher „Das Mehrproduktunternehmen in einer sich ändernden unsicheren Umwelt", „Preise gestalten" sowie zahlreicher Artikel zu den Bereichen strategische Planung, Preispolitik, Marketingstrategie und wissenschaftliche Grundlagen; Referent auf Tagungen und Konferenzen zu genannten Themen.

Meyer Thomas, Diplom Kaufmann: Consultant bei SIMON ◆ KUCHER & PARTNERS. Beratungsschwerpunkte: Entwicklung von Dienstleistungskonzepten und deren prozessuale sowie organisatorische Implementierung für Kunden im Energieversorgungssektor sowie im Bereich Finanzdienstleistungen.

Munack Ulf, Diplom Ingenieur: Business Analyst bei SIMON KUCHER & PARTNERS in Bonn. Beratungsschwerpunkte: Analyse und Entwicklung von Vertriebsstrategien für neue Medien sowie Entwicklung von Marketingkonzepten.

Paul Michael, Diplom Ökonom, Dr.: Director und operativer Leiter des Büros Wien von SIMON ◆ KUCHER & PARTNERS. Beratungsschwerpunkte: Entwicklung von Wettbewerbsstrategien, Erarbeitung und Umsetzung von Dienstleistungskonzepten, Marketing-Controlling und Vertriebspolitik, vor allem für Unternehmen aus dem Energiesektor, Dienstleistungsunternehmen und Banken.

Pfeifer Oliver, Diplom Wirtschaftsingenieur: Consultant bei SIMON ◆ KUCHER & PARTNERS. Beratungsschwerpunkte: Analyse des Kundenverhaltens, Entwicklung von Produkten und Dienstleistungen, Erarbeitung von Konzepten zum Kundenbindungscontrolling, insbesondere in den Branchen Finanzdienstleistungen und Energiewirtschaft.

Pohl Alexander, Diplom Kaufmann, Dr.: Partner bei SIMON ◆ KUCHER & PARTNERS in Bonn. Beratungsschwerpunkte: Wettbewerbs- und Preisstrategie sowie Innovationsmanagement und Implementierung vor allem für Unternehmen der Branchen Telekommunikation und Energieversorgung.

Tesch Andreas, Diplom Kaufmann: Senior Consultant bei SIMON ◆ KUCHER & PARTNERS in Bonn. Beratungsschwerpunkte: Strategie- und Organisationsentwicklung.

Tillmann Diether, Diplom Physiker, Dr.: Senior Consultant bei SIMON ◆ KUCHER & PARTNERS in Bonn. Beratungsschwerpunkte: Innovationsmanagement und Wettbewerbsstrategie, vor allem im High-Tech-Sektor und in der Energieversorgungsbranche.

Wallmeier Carsten, M.A. (Washington): Consultant bei SIMON ◆ KUCHER & PARTNERS in Bonn. Beratungsschwerpunkte: Entwicklung von Marketingstrategien, insbesondere in den Bereichen Produktinnovation und Preisgestaltung für Dienstleistungsbranchen wie Telekommunikation, Finanzdienstleistungen und Energieversorgung.

Wübker Georg, Diplom Kaufmann, Dr.: Senior Consultant bei SIMON ◆ KUCHER & PARTNERS in Bonn. Beratungsschwerpunkte: Innovationen, Pricing, Bundling sowie Branding.

Literaturverzeichnis

Altobelli, C. (1999): Plattform für anspruchsvolle Gruppen, in: Absatzwirtschaft, Heft 5, S. 66–72.

Anthony, R. N./Dearden, S. (1976): Management Control Systems, 3. Aufl., Homewood, Ill.

ARD/ZDF-Online-Studie (1999): Media Perspektiven, Heft 8.

Backhaus, K./Erichson, B./Plinke, W./Weiber, R. (1996): Multivariate Analysemethoden, 8. Aufl., Berlin.

Bammert, U./Stadler, A. (1996): Der neue Dienst am Kunden – Auf dem Weg zum innovativen Energiedienstleistungsunternehmen, in: Energiewirtschaftliche Tagesfragen, 46. Jg., Heft 7, S. 436–439.

Baumann, R. (1999): Der liberalisierte Strommarkt in Kalifornien, in: Elektrizitätswirtschaft Jg. 98, Heft 1–2, S. 14–18.

Becker, J. (1992): Marketing-Konzeption, Grundlagen des strategischen Marketing-Managements, 4. Aufl., München.

Bergelt, D./Schwarze, R. (1997): Neue Beratungsstrategie für die mittelständische Wirtschaft, in: Energiewirtschaftliche Tagesfragen, 47. Jg., Heft 10, S. 604–608.

Bongers, U./Leinpinsel, I. (1996): Imageforschung als Schlüsselfaktor zur Kundenorientierung, in: Energiewirtschaftliche Tagesfragen, 46. Jg., Heft 5, S. 299–302.

Bozem, K./Meier, G. (1997): Controlling – Konzeption und Philosophie der EVS, in: Energiewirtschaftliche Tagesfragen, 47. Jg. (1997), Heft 3, S. 130–133.

Bozem, K./Schulz, R. (1996): Dynamischer Wandel in der Versorgungswirtschaft, in: Energiewirtschaftliche Tagesfragen, 46. Jg., Heft 3, S. 125–133.

Busse von Colbe, W./Hammann, P./Laßmann, G. (1992): Betriebswirtschaftstheorie 2 (Absatztheorie), Berlin.

Centrica (1999): Pressemitteilung, 10.5.

Centrica (1999): Pressemitteilung, 21.5.

Crombach, U./Ruf, J. (1997): Management-Informationssysteme für das Controlling in EVU, in: Elektrizitätswirtschaft, 96. Jg., Heft 3, S. 69–72.

Dihlmann, C. (1991): Kennzahlen zur Vertriebssteuerung, in: zfbf, 43. Jg., Heft 2, S. 157–171.

Dröber, R./Greifeneder, S. (1999): Die Spannung steigt … Europäische Versorger im liberalisierten Elektrizitätsmarkt, München.

Ellwanger, N./Canterbury, M. (1997): Energiehandel an Spot- und Terminmärkten – Möglichkeiten, Erfolgsfaktoren und Vorbereitung für deutsche Energieversorgungsunternehmen, in: Energiewirtschaftliche Tagesfragen, 47. Jg, Heft 9, S. 520–525.

Energimyndigheten (1999): Swedish Electricity Market 1998.

Fiesser, G./Esser, B. (1998): Wege zum Key-Account-Erfolgsteam, in: absatzwirtschaft, 41. Jg., Nr. 7, S. 46–51.

Fließ, S./Marra, A. (1998): Kundenorientiertes Vertriebscontrolling im Business to Business-Marketing, in: Reinecke, S./Tomczak, T./Dittrich, S. (Hrsg.): Marketingcontrolling, St. Gallen, S. 214–222.

Focus (1999): Der Markt der Online-Kommunikation – Zukunftsmarkt Internet.

Forster, K. (1998): Wird Strom Markenartikel?, in: absatzwirtschaft, 41. Jg., Nr. 5, S. 36–39.

G+J Electronic Media Service GmbH (1999a): Analyse der dritten Erhebungswelle des GfK-Online-Monitors.

G+J Electronic Media Service GmbH (1999b): EMS/Media Transfer-Banner-Studie.

Galler, W./Stadler, A. (1997): Beschwerdemanagement in der Energiebranche – ein Instrument der Kundenorientierung im Wettbewerb, in: Energiewirtschaftliche Tagesfragen, 47. Jg., Heft 3, S. 110–112.

Gotta, M. (1988): Brand News: Wie Namen zu Markennamen werden, Spiegel-Verlagsreihe, Hamburg.

Hagemann, G. (1999): Unternehmer im Unternehmen, Mitarbeiterzeitschrift der Stadtwerke Hannover AG, Nr. 29, Juni, S. 7–8.

Hammann, P./Palupski, R./von der Gathen, A. (1998): Markt und Unternehmung – Handlungsfelder des Marketing, Bochum.

Hanke, G. (1999): Krieg um jedes Kilowatt, in: Wirtschaftswoche 34/99, S. 43–44.

Happ-Frank, E. (1998): Strom wird Ware: Die Energieversorger bringen sich für den freien Wettbewerb in Position, in: Wirtschaftskurier März 1998, S. 3.

Haseborg, F. ter (1995): Marketing-Controlling, in: Tietz, B./Köhler, R./Zentes, J. (Hrsg.): Handwörterbuch des Marketing, 2. Aufl., Stuttgart, Sp. 1542–1553.

Häußer, E. (1988): Marken und die Rolle des Deutschen Patentamts, in: Gotta, M. (Hrsg.): Brand News: Wie Namen zu Markennamen werden, Spiegel-Verlagsreihe, Hamburg, S. 7–14.

Heinrich, D. (1990): Personal-Portfolio-Analyse, in: Personal, Heft 6, S. 228–231.

Heinzelberger, K. (1991): Informationsversorgung im Marketing-Controlling: Ein praxisorientiertes Konzept, in: Controlling, 38. Jg., Heft 5, S. 244–251.

Hinterhuber, H. H. (1992), Strategische Unternehmensführung, I. Strategisches Denken, Berlin.

Hinterhuber, H. H.(1992): Strategische Unternehmensführung, II. Strategisches Handeln, Berlin.

Hönlinger, H. (1998): Stromversorger im Wettbewerb: Wandel der Unternehmenskultur und -ziele, in: Elektrizitätswirtschaft, Jg. 97, Heft 7, S. 9–11.

Hören von, M. (1998): Karrierechancen und Gehälter von Führungskräften, in: Personal, Heft 2, S. 66–69.

Horváth, P. (1990): Controlling, 3. Aufl., München.

Horváth, P. (1999): Richtig verstanden ist Balanced Scorecard das künftige Managementsystem, in: Frankfurter Allgemeine Zeitung vom 30. 8. 1999, S. 29.

Johnson, T. H./Kaplan, R. S. (1987): Relevance Lost – The Rise and Fall of Management Accounting, Boston.

Joos-Sachse, T. (1997): Controlling: Ist-Zustand, Defizite und Optimierungsansätze, in: Energiewirtschaftliche Tagesfragen, 47. Jg. (1997), Heft 8, S. 465–470.

Jung, H. (1997): Wettbewerbsfaktor Kundenzufriedenheit, in: Elektrizitätswirtschaft, Jg. 96 , Heft 17, S. 892–895.

Junker, P. (1998): Fit für den Wettbewerb, in: RWE Magazin agenda, 1/1998, S. 8–12.

Kaplan, R. S./Norton, D. P. (1993): Putting the Balanced Scorecard to Work, in: Harvard Business Review, Sept–Oct, S. 134–147.

Kaplan, R. S./Norton, D. P. (1996): Using the Balanced Scorecard as a Strategic Management System, Harvard Business Review, Jan–Feb, S. 75–85.

Kaplan, R. S./Norton, D. P. (1997): Balanced Scorecard: Strategien erfolgreich umsetzen, Stuttgart.

Kaufmann, L. (1997): Balanced Scorecard, in: Zeitschrift für Planung, 4/1997, S. 421–428.

Klähn, A. (1999a): Bloß nicht in die Öko-Nische, in: Werbung & Verkaufen, Heft 36, S. 122–125.

Klähn, A. (1999b): Erst mal abwarten, in: Werben & Verkaufen, Heft 37, S. 97.

Klein, H. (1997): Luftverkehr und Wettbewerb, in: Elektrizitätswirtschaft, Jg. 96, Heft 15, S. 787–793.

Kleinaltenkamp, M. (1999): Marktsegmentierung, in: Kleinaltenkamp, M./Plinke, W. (Hrsg.): Technischer Vertrieb, 2. Aufl., Berlin, S. 663–700.

Köhler, R. (1993): Beiträge zum Marketing-Management: Planung, Organisation, Controlling, 3. Aufl., Stuttgart.

Köhler, R. (1998): Marketing-Controlling: Konzepte und Methoden, in: Reinecke, S./Tomczak, T./Dittrich, S. (Hrsg.): Marketingcontrolling, St. Gallen, S. 10–21.

Kotler, P. (1994): Marketing Management – Analysis, Planning, Implementation and Control, 8th edition, New Jersey.

Krause, J. (1999): Electronic Commerce und Online Marketing, Hanser Elektronik.

Krause, D. G. (1996): Die Kunst des Krieges für Führungskräfte: Sun Szus alte Weisheiten – aufbereitet für die heutige Geschäftswelt, Wien.

Kucher, E./Hilleke, K. (1992): LERNSTRAT, unveröffentlichtes Management-Paper von SIMON ♦ KUCHER & PARTNERS.

Küpper, H.-U. (1995): Vertriebs-Controlling, in: Tietz, B./Köhler, R./Zentes, J. (Hrsg.): Handwörterbuch des Marketing, 2. Aufl., Stuttgart, Sp. 2623–2633.

Laker, M. (1995): Marketing unter Strom, in: Elektrizitätswirtschaft Heft 25/1995, S. 1712–1719.

Laker, M./Mann, E. W. (1997): Kundenorientierung eines Elektrizitäts-Versorgungsunternehmens, in: Simon, H./Homburg, C. (Hrsg.): Kundenzufriedenheit, 2. aktualisierte und erweiterte Auflage.

Laker, M./Halfmann, M. (1998): Strom braucht (Marken-)Charakter, in: Markenartikel, Heft 4, S. 34–39.

Laker, M./Herr, S. (1998): Strom-Pricing im Wettbewerb: Von der Kosten-Plus- zur marktfähigen Preispolitik, in: Elektrizitätswirtschaft, Heft 14, S. 9–16.

Laker, M./Pohl, A./Dahlhoff, D. (1998): Chance durch Kundenbindung, in: absatzwirtschaft, 41. Jg., Nr. 6, S. 50–56.

Lamprecht, F. (1997): Strombranche in Bewegung, in: Energiewirtschaftliche Tagesfragen, 47. Jg., Heft 7, S. 419–422.

Löbbe, S./Jochum, G. (1995): Prozeßorientierte Unternehmensentwicklung – eine Chance für die Energiewirtschaft, in: Energiewirtschaftliche Tagesfragen, 45. Jg., Heft 5, S. 300–306.

Marr, R. (1996): Lean Management – über die Gefährlichkeit von Illusionen, in: Sattelberger, T. (Hrsg.): Human Ressource Management im Umbruch, Wiesbaden, S. 114–126.

Meycr, A./Oevermann, D. (1995): Kundenbindung, in: Tietz, B. (Hrsg.): Handwörterbuch des Marketing, 2., vollständig überarbeitete Auflage, Stuttgart, Sp. 1340–1351.

Midttun, A. (1997): The Norwegian, Swedish and Finnish Reforms: Competitive Public Capitalism and the Emergence of the Nordic Internal Market, in: Midttun, A. (Hrsg.): European Electricity Systems in Transition, S. 89–130.

Müller, W./Riesenbeck, H.-J. (1993): Wie aus zufriedenen auch anhängliche Kunden werden, in: Harvard manager, Nr. 3, S. 67–79.

Müller-Stewens, G. (1998): Performance Measurement im Lichte eines Stakeholderansatzes, in: Reinecke, S./Tomczak, T./Dittrich, S. (Hrsg.): Marketingcontrolling, St. Gallen 1998, S. 34–43.

Norges vassdrags- og energidirektorat (NVE) (1999): Report no. 1, 1999: Marketing report.

o. V. (1997): Strom wird zu einer Handelsware – Internationaler Energiegipfel in Berlin, in: Energie & Management, 15. August, S. 6.

o. V. (1998a): Bayernwerk – Mit neuer Struktur in den Wettbewerb, in: Erdöl-/ Energie-Informationsdienst, 18. Mai, S. 1–6.

o. V. (1998b): Umstrukturierung für den Wettbewerb – Bereiche Erzeugung, Transport und Verteilung werden getrennt, in: Stromthemen 3. April, S. 1–20.

o. V. (1998c): Wir fürchten uns vor niemandem, Interview mit Dr. Dietmar Winje

(Vorstandsvorsitzender der Bewag AG, Berlin), in: Energie & Management, 1. Mai, S. 4.

o. V. (1998d): Esso denkt an europaweite Bündelung ihres Strombedarfs, in: Erdöl-/Energie-Informationsdienst, Nr. 10, 2. März, S. 1–2.

o. V. (1998e): Energie ist eine Ware wie Schweinehälften – Die Folgen der Liberalisierung des Strommarktes in Amerika, in: Frankfurter Allgemeine Zeitung, 2. März, S. 18.

o. V. (1998f): Mühsamer Start in den Wettbewerb: Fünf Staaten wollen noch 1998 Einzelkunden freie Versorgerwahl bieten, in: Stromthemen, Nr. 4, S. 4–5.

o. V. (1998g): Der Markt fordert mehr Leistung, in: Handelsblatt, 17. Juni, S. 25.

o. V. (1999a): Energy, the new convergence, in: The Economist, 29. Mai.

o. V. (1999b): Electricity Plugging in, in: The Economist, 22. Mai.

o. V. (1999c): The electric acid test, in: The Economist, 25. September.

Paul, M./Paul, S. (1997): Kunden-Illoyalität als strategische Chance im Privatkundengeschäft, in: Bankarchiv, November, S. 875–890.

Porter, M. E. (1989): Wettbewerbsvorteile: Spitzenleistungen erreichen und behaupten, Frankfurt/Main.

Porter, M. E. (1998): Wettbewerbsstrategie (Competitive Strategy), Frankfurt/Main.

Prognos AG (Hrsg.) (1996): Energiereport II, Stuttgart, S. 419–433.

Rebstock, M./Hildebrand, K. (1999): E-Business für Manager, MITP, Bonn.

Reibnitz von, U. (1987): Szenarien – Optionen für die Zukunft, Hamburg.

Reichheld, F. F./Sasser, W. E. (1990): Zero Defections: Quality comes to services, in: Harvard Business Review, Sept.–Oct., S. 105–111.

Remy, W. (1997): Marketing-Controlling im industriellen Anlagengeschäft, in: Die Betriebswirtschaft (DBW), 57. Jg., Nr. 1, S. 91–104.

Rogge, H.-J. (1994): Markenpolitik und Mediawerbung, in: Bruhn, M. (Hrsg.): Handbuch Markenartikel Band 2, Schäffer Poeschel, Stuttgart, S. 1009–1032.

Sattelberger, T. (1996): Die lernende Organisation, Wiesbaden.

Schädler, H.-P. (1998): Wettbewerbsorientierte Vertriebsorganisation, in: Energiewirtschaftliche Tagesfragen, 48. Jg., Heft 5, S. 290–291.

Schmitt, D./Dudenhausen, R. A. (1996): Die Umstrukturierung der britischen Gaswirtschaft, in: Energiewirtschaftliche Tagesfragen, 46. Jg., Heft 8, S. 516–524.

Schneider, D./Gerbert, P. (1999): E-Shopping, Wiesbaden.

Schulz, G. (1996): Preisbildung in der Energiewirtschaft, Energiewirtschaft und Technik Verlagssellschaft mbH, Essen.

Schütz, P./Krug, H. (1996): Top oder Flop? Kundenbeziehungen profitabel gestalten, in: absatzwirtschaft, Sonderheft Oktober, S. 188–193.

Siebel, T./Malone, M. (1996): Virtual Selling: Going Beyond the Automated Sales Force to Achieve Total Sales Quality, New York.

Simon, H. (1992): Preismanagement: Analyse-Strategie-Umsetzung; 2. Auflage, Wiesbaden.

Simon, H. (1993): Tempo, Tempo, in: Manager Magazin, Heft 10/93, S. 132–135.

Simon, H. (1988): Management strategischer Wettbewerbsvorteile, in: Zeitschrift für Betriebswirtschaft 58, April, S. 461–480.

Simon, H./Laker, M. (1994): Management-Lernen von Konkurrenten, in: Simon, H./Schwuchor, K. (Hrsg.): Management-Lernen und Strategie, Stuttgart, S. 173–183.

Simon, H./Dolan, R. (1997): Profit durch Power Pricing: Strategien aktiver Preispolitik, Frankfurt.

Stadler, A. (1997): Der neue Schlüsselkundendienst, in: Energiequelle (Zeitschrift der Stadtwerke Hannover), November, S. 10–11.

Stephan, J. (1999): Unter Strom, in: W & V, Heft 36, S. 166–168.

Swedish Power Association (1999): Annual Report 1998.

Tegethoff, W. (1998): Die Entwicklung des deutschen Energiewirtschaftsrechts bis zur Neuordnung im Jahre 1998 – Vergängliches und Bleibendes, in: Elektrizitätswirtschaft, 97. Jg., Heft 13, S. 9–17.

Thomas, S. (1997): The British Market Reform: a Centralistic Capitalist Approach, in: Midttun, A. (Hrsg.): European Electricity Systems in Transition, S. 41–87.

Töpfer, A. (1995): Marketing-Audit, in: Tietz, B./Köhler, R./Zentes, J. (Hrsg.): Handwörterbuch des Marketing, 2. Aufl., Stuttgart, Sp. 1533–1541.

Töpfer, A./Wieder, M. (1996): Effiziente Kundenbindungsprogramme, in: Töpfer, A. (Hrsg.): Kundenzufriedenheit messen und steigern, Neuwied, S. 303–342.

Tornabene, S. G./Greenberger, L. S. (1998): The Future of Utility Advertising, in: Electric Perspectives, Vol. 23, Heft 4, S. 14–21.

VDEW Arbeitskreis Controlling (1997): Instandhaltungs-Controlling in Energieversorgungsunternehmen (EVU), in: Elektrizitätswirtschaft, 96. Jg., Heft 19, S. 994–1005.

VDEW Arbeitskreis Controlling (1998): Konzept für ein Vertriebs-Controlling-System in einem Energieversorgungsunternehmen (EVU), in: Elektrizitätswirtschaft, 97. Jg., Heft 6, S. 12–19.

VDEW Arbeitskreis Materialwirtschafts-Controlling (1997): Materialwirtschafts-Controlling in Energieversorgungsunternehmen, in: Elektrizitätswirtschaft, 96. Jg., Heft 22, S. 1254–1258.

Weinberger, M. (1996): Energy Services Companies in den Vereinigten Staaten, in: Energiewirtschaftliche Tagesfragen, 46. Jg., Heft 9, S. 576–577.

Wietfeld, A. M. (1998): Energiemarketing: Evaluierung von Demand-Side Management Programmen unter dem besonderen Aspekt von Dienstleistungskriterien, Energiewirtschaft und Technik Verlagsellschaft mbH, Essen.

Womack, J. P./Jones, D. T./Roos, D. (1990): The Machine That Changed the World. Based on the Massachusetts Institute of Technology 5-Million-Dollar 5-Year Study on the Future of the Automobile Industry, Rawson Associates, 1990.

Yajima, M. (1997): Deregulatory Reforms of the Electricity Supply Industry, Westport/Connecticut, S.19–20.

Zinow, B.-M. (1997): Wettbewerb in der US-Elektrizitätswirtschaft – Eine VDEW-Studienreise, in: Elektrizitätswirtschaft, 96. Jg., Heft 25, S. 1492–1496.

Stichwortverzeichnis

Druck: KN Digital Printforce GmbH · Schockenriedstraße 37 · 70565 Stuttgart